# 破産手続書式集

## 新 版

監　修
深山 雅也

編　集
第二東京弁護士会
倒産法研究会

慈学社

旧版　破産法書式集　監修者：宮川勝之　2006年9月刊
編集：第二東京弁護士会倒産法制等民事法制検討委員会

## は　じ　め　に

　本書は平成18年に第二東京弁護士会倒産法制等民事法制検討委員会が編集して制作された『破産法書式集』の新版である（以下、『破産法書式集』を旧版と呼ぶ）。旧版は、平成8年から始まった倒産法制の一連の改正作業が、平成17年6月の会社法の制定により会社整理が廃止されたことで終了したことを受け、倒産法制の基本をなす破産法に関する書式をまとめたものである。当時は中小企業金融円滑化法制定前であり破産事件の数も非常に多く、旧版は多くの方に利用されてきた。

　その後、旧版が発刊されてから10年が経過し、内容が古くなった書式もあり、また新しい裁判所の運用に対応した書式が出現していることから、全面的に見直す必要が生じていた。他方において、平成20年のリーマンショック後に制定された中小企業金融円滑化法の影響により、破産や民事再生などの法的倒産手続件数が激減し、その後においても「経営者保証に関するガイドライン」を利用した私的整理手続が好まれる傾向が生じている状況において、破産に関する書式を改めて整備することの意義について疑問を呈する意見もなくはなかった。

　しかしながら、私的整理では解決し得ないケースも少なくなく、また現在は金融機関のリスケジュール対応でなんとか生き延びているけれども、いつ破綻が顕在化するかわかならい状況の企業が残念ながら少なくないことからすれば、破産手続に関する書式を全面的に見直し、より使い勝手のよい書式集とすることで、今後の破産事件に適切に対応できる万全の準備を整えておくことには大きな意義がある。このような趣旨から、今回、第二東京弁護士会倒産法研究会において全面改訂作業を行ったのが本書である。

　旧版以降、東京地方裁判所や大阪地方裁判所等にて専用の書式を公表し、実務運用として定着していることから、そのような書式については出典表示をした上で、できるだけそのまま掲載した（しかしながら、今後の利便性を考慮して「平成」の元号を空欄に修正した編集を実施している。）。また、破産手続実務に関する書籍が数多く発刊されていることから、手に入るできる限りの書籍を調査し、本書に取り入れるべき新たな情報があればできる限り取り入れた。その上で、旧版と同様に、全編にわたって、東京地方裁判所民事第20部（破産再生部）の裁判官の皆様にご高閲を頂き、貴重なご意見を頂くことができた。多忙な業務の中で丁寧にご対応を頂いた裁判官各位に対し、この場を借りて深く御礼申し上げる次第である。

　旧版を制作した第二東京弁護士会倒産法制等民事法制検討委員会は、倒産法制

改正作業に対応するために設置された委員会であり、当時、東京地方裁判所民事第20部との連絡を担当していた。他方、第二東京弁護士会の倒産実務家の研鑽の場であった第二東京弁護士会倒産法研究会は、東京地方裁判所民事第8部（商事部）との連絡を担当しており、当時の同委員会と同研究会は第二東京弁護士会の倒産専門家においては活動における車の両輪であった。その後、同委員会が無くなり、現在においては東京地方裁判所民事第20部との連絡の担当も倒産法研究会が担っている。

　この倒産法研究会は昭和63年4月に発足し、今年4月に満30歳を迎えた。今年3月8日には30周年記念パーティを実施することができ、新たなスタートを切ることができた。当研究会の一番の特色は、ベテラン先輩弁護士、中堅弁護士、若手弁護士が自由に交流することができる風土を有していることであり、他会からの倒産弁護士の参加も少なくない。本書の制作においても、旧版制作時の委員会委員長であったベテラン深山雅也弁護士の監修のもと、実質的な制作総指揮を中堅の柴田義人弁護士が担い、髙井の他、古里健治弁護士、内藤滋弁護士、権田修一弁護士、小笹勝章弁護士、金井暁弁護士の各中堅弁護士が班長を務め、事務連絡担当を若手の野中英匡弁護士が担当し、さらに22名の若手弁護士が作業に従事した。特に参考文献欄記載の類書を渉猟するにあたっては若手弁護士のうち、片山いずみ弁護士、阿井崇宏弁護士、奥田美希弁護士、依田俊一弁護士が網羅的な文献収集を担いその作業結果が本書の基盤となった。忙しい中で、短期間にて大量の作業を担当してくれたこれら執筆陣には厚く御礼申し上げる（本書制作の最初から最後まで、総指揮を務めた柴田義人弁護士には特に感謝申し上げる。）。さらに、旧版に引き続き、本書の発刊に多大なご配慮やご示唆を頂いた慈学社出版の村岡侖衞氏に厚く御礼申し上げる次第である。

　平成30年4月

第二東京弁護士会倒産法研究会

代表幹事　髙井　章光

## 監修のことば

　現行破産法が平成17年1月1日に施行されてから13年あまりが経過した。大正11年に制定された旧破産法を全面的に見直した現行破産法は、債務者の財産の適正かつ公正な清算を迅速に図り、債権者、債務者、その他の利害関係人の利害及び権利関係を適切に調整するとともに、債務者の経済生活の再生の機会の確保を図ることを目的として制定されたものである。そして、その目的を実現するため、土地管轄の緩和、文書閲覧等の制度の整備、破産者等の説明義務の強化、自由財産の範囲の拡張、債権調査・確定手続の合理化、破産管財人の権限の強化、配当手続の合理化・迅速化など、手続面において新たな規律や制度を設けるとともに、租税等の請求権の一部の破産債権化、労働債権の一部の財団債権化、否認の要件・効果の見直し、相殺制限の要件の見直しなど、倒産実体法の規律が改められた。

　現行法施行当初は斬新とも感じられたこれらの規律や制度は、今やすっかり破産実務に定着した感があるが、今日の破産手続は、裁判所（裁判官）をはじめとする破産実務を担う多くの法律実務家によって支えられ、育てられてきたものといえよう。

　『破産手続書式集　新版』は、第二東京弁護士会倒産法制等民事法制検討委員会の編集により平成18年に発刊された『破産法書式集』の全面改訂版であるとともに大幅増補版である。改訂・増補作業に際しては、きわめて多数にわたる既存の類書も参照し、また、今回も東京地方裁判所破産再生部のご高閲を賜り、質・量ともに、破産手続に関する書式集としての「決定版」を目指したものである。

　本書が、『破産法書式集』と同様もしくはそれ以上に、多くの法律実務家に活用されることを切に願うとともに、今後の破産手続のさらなる充実の一助となること期待する次第である。

　　平成30年4月

　　　　　　　　　　　　　　　　　　　　　　　　　弁護士　深山　雅也

## 本書の使い方

1 本書は、破産事件に関わる債権者、申立人、破産管財人等のすべての関係者が実務でただちに利用できることを目指して作りました。

2 本書に掲載した書式は、原則として東京地方裁判所の運用に即しており、同裁判所民事第20部が破産管財人向けに編纂した『破産管財の手引き 第2版』に掲載された書式や同裁判所が東京三弁護士会に配付した破産事件関連の書式例のほとんどを掲載しています。ただし、同地裁の運用は、より適切な処理のために、しばしば変更されることがあるのでご注意ください。また、同地裁における実務ではほとんど利用されない書式も、その旨注意書きに記載した上、参考のために掲載しています。

なお、申立書等、裁判所に提出する資料について、マイナンバーの記載のないものを提出することに留意して下さい。

3 収録にあたって各書式毎にページを改め、冒頭に「書式番号」と「書式名」を示す小見出しを枠で囲んで掲げた。また、枠外左端に、当該書式の冒頭よりの通し番号を掲げた。

例 235　|書式番号| 4-5-1-8 |書式名| 地代の支払ができない旨の通知書

また、書式本文中の書式タイトルは、書式中の一般の文字より文字サイズを大きくしゴチック体を用いて表示した。

なお、書式中、年月日、人名等で記入されるべきところについては、文字数が少ない場合は空白のスペースで示したり、○○○○の記号をもって示したが、文字数が多いと想定される場合には、アンダーラインを用いて空白スペースを示した場合もある。

4 当該書式についての本書編者の注は、各書式末尾にゴチック体の〔注1〕〔注2〕等の表示とともに解説文を小さなゴチック体の文字で掲げた。

例
〔注1〕 法192条1項による商事留置権の消滅請求制度に係る許可に基づき破産管財人が商事留置権者に対して商事留置権消滅請求を行った場合でも、商事留置権者は弁済金額が商事留置権の目的物の価額に満たないと考える場合には、商事留置権者は商事留置権を主張し、引き渡しを拒否することがありうる。その場合には、破産管財人は、通常の民事訴訟手続により、当該目的物の引渡しを求める訴訟を提起することが考えられる。

なお、転載した元の書式に注がついている場合、その注は転載元の書籍に掲げられている形（例えば、（注1）ないし※1等）など、括弧の形ないし記号について、

上に掲げた本書式集で付された注記と区別できるようにした

 例 ※１ 担当係を忘れずに表示してください。
   ※２ （投資）有価証券、出資金等もこれに準じます。
 （注１） 破産法72条2項12号参照。
 （注２） 東京地方裁判所民事第20部においては、債務者との間の権利関係を解消する絶対的放棄ではなく、換価に値しない財産を破産財団から除外し、破産者又は別除権者の自由な処分に委ねる相対的放棄によっています。

5 書式集の性格上、一般的に用いられる書式の実例を参考とし、また多くの出版物等からの転載を行っているが、公刊されている書籍、ＨＰ等から転載・収録した場合、以下の様に「出典」の表示を行った。

 例 [出典] 東京地裁から東京三弁護士会に配付された書式による。

6 他の公的機関等が使用している書式も掲載していますが、ご利用の前に最新の書式を確認されることをお勧めします。

7 参考文献は別表に掲げた通りである。

執筆者一同

## 参考文献一覧

| 番号 | 編著者名 | 書名 | 出版社 | 出版年 |
|---|---|---|---|---|
| 1 | 木内道祥・小松陽一郎 | 新破産法 Q&A | 青林書院 | 2004 |
| 2 | 長屋憲一監修 | 新破産法手続と実務 Q&A | 清文社 | 2004 |
| 3 | パラリーガルクラブ | 法律事務職員簡単倒産マニュアル　破産手続　個人債務者再生手続（お助け BOOK　5） | 弘文堂 | 2006 |
| 4 | 第二東京弁護士会倒産法制等民事法制検討委員会 | 破産法書式集 | 慈学社出版 | 2006 |
| 5 | 個人再生実務研究会 | 破産法の理論　実務と書式　消費者破産編　第2版 | 民事法研究会 | 2007 |
| 6 | 木内道祥・小松陽一郎 | 破産法の法律相談（新青林法律相談 20） | 青林書院 | 2007 |
| 7 | 山田尚武　外 | 債権者のための取引先倒産対応マニュアル　破産・再生手続と会計・税務 | 新日本法規 | 2007 |
| 8 | 四宮章夫　外 | 破産法の理論　実務と書式　事業者破産編　第2版 | 民事法研究会 | 2008 |
| 9 | 第一東京弁護士会消費者問題対策委員会 | 08新版　クレジット　サラ金　事件処理マニュアル | 新日本法規 | 2008 |
| 10 | 大阪地方裁判所・大阪弁護士会破産管財運用検討プロジェクトチーム | 新版　破産管財手続の運用と書式 | 新日本法規 | 2009 |
| 11 | 近藤基 | 債権配当の実務と書式　第2版 | 民事法研究会 | 2009 |
| 12 | 東京弁護士会弁護士研修センター運営委員会 | 倒産法の実務—破産手続から管財業務の破産手続を中心に（弁護士専門研修講座） | ぎょうせい | 2009 |
| 13 | 三山裕三 | 会社再建・清算のノウハウ　4版：民事再生・任意整理・破産の実務 | レクシスネクシス・ジャパン | 2009 |
| 14 | 宗宮英俊・佐藤裕義 | 抗告・異議申立ての実務と書式 | 新日本法規出版 | 2009 |
| 15 | 木村・浦川・片山法律事務所 | 書式　個人破産の実務　全訂4版　申立てから手続終了までの書式と理論（裁判事務手続講座　第7巻） | 民事法研究会 | 2010 |

| | | | | |
|---|---|---|---|---|
| 16 | 事業再生研究機構 税務問題委員会編 | 清算法人税申告の実務 | 商事法務 | 2010 |
| 17 | 第一東京弁護士会 | 破産管財の実務　破産手続の基本と実際　改訂版 | 金融財政事情研究会/きんざい | 2010 |
| 18 | 福岡県弁護士会倒産業務等支援センター委員会・福岡地方裁判所第4民事部(破産再生係) | 破産法実務 | 福岡県弁護士会 | 2010 |
| 19 | 立花宣男 | 株式会社の解散・特別清算・会社非訟・会社更生・民事再生・破産の登記の手続 | 日本法令 | 2011 |
| 20 | 福岡県弁護士会消費者委員会 | 消費者事件実務マニュアル：被害救済の実務と書式 | 民事法研究会 | 2011 |
| 21 | パラリーガルクラブ | 法律事務職員簡単手続法マニュアル | 弘文堂 | 2011 |
| 22 | 愛知県弁護士会倒産法問題特別委員会 | 事業者破産の申立て | 愛知県弁護協同組合 | 2011 |
| 23 | 東京弁護士会法友全期会債務整理・企業再生研究会 | スムーズな清算・再生のための倒産手続選択ハンドブック　改訂版 | ぎょうせい | 2012 |
| 24 | 野村剛司・石川貴康・新宅正人 | 破産管財実践マニュアル　第2版 | 青林書院 | 2013 |
| 25 | 黒木正人 | 担保不動産の任意売却マニュアル　新訂第2版 | 商事法務 | 2013 |
| 26 | 新保義隆・土田一裕 | 破産手続の手引　改訂2版　申立代理人と管財人の実務 | 三協法規出版 | 2013 |
| 27 | 裁判所職員総合研修所 | 破産事件における書記官事務の研究—法人管財事件を中心として（裁判所書記官実務研究報告書） | 司法協会 | 2013 |
| 28 | 法律事務職員研修テキスト編集委員会　編 | 法律事務職員実務講座 改訂版：応用編3(上)：破産・個人再生 | 法律事務職員全国研修センター | 2013 |
| 29 | 林信行・鈴木惠美・炭本正二 | 法人破産申立入門 | 第一法規 | 2013 |
| 30 | 弁護士業務書式研究会 | 弁護士業務書式文例集　4訂版 | 日本法令 | 2014 |
| 31 | 中森亘　外 | 破産管財BASIC—チェックポイントとQ&A | 民事法研究会 | 2014 |
| 32 | 内藤卓 | 解散・倒産・非訟 | 中央経済社 | 2014 |
| 33 | 債務整理実務研究会 | 事例に学ぶ債務整理入門：事件対応の思考と実務 | 民事法研究会 | 2014 |

| | | | | |
|---|---|---|---|---|
| 34 | 佐藤鉄男・松村正哲 | 担保権消滅請求の理論と実務 | 民事法研究会 | 2014 |
| 35 | 森・濱田松本法律事務所、KPMG FAS | 倒産法全書 第2版 | 商事法務 | 2014 |
| 36 | 日本弁護士補助職協会「研修テキスト編集委員会」 | 法律事務職員基本研修テキスト | 日本弁護士補助職協会 | 2014 |
| 37 | 東京弁護士会倒産法部 | 破産申立マニュアル 第2版 | 商事法務 | 2015 |
| 38 | 岡伸浩 外 | 破産管財人の財産換価 | 商事法務 | 2015 |
| 39 | 中山孝雄・金澤秀樹編 | 破産管財の手引（CD-ROM付） 第2版 | 金融財政事情研究会 | 2015 |
| 40 | 柳澤義一 外 | 破産・再生・組織変更 第8次改訂 | ぎょうせい | 2015 |
| 41 | 東京弁護士会弁護士業務改革委員会 | 法律事務職員研修「中級講座」資料 | 東京弁護士会弁護士業務改革委員会 | 2015 |
| 42 | 森純子外7名編 | はい6民です お答えします 倒産実務Q&A | 大阪弁護士協同組合 | 2015 |
| 43 | 日本弁護士補助職協会 | 法律事務職員応用研修テキスト（4）―破産管財 | 日本弁護士補助職協会 | 2016 |
| 44 | 愛知県弁護士会倒産実務委員会 | 破産管財書式集 3訂 | 愛知県弁護士協同組合 | 2016 |
| 45 | 法律事務職員テキスト編集委員会 | 法律事務職員実務講座―応用編(3・下) 破産管財第3版（研修テキスト） | 法律事務職員全国研修センター | 2016 |
| 46 | 野村剛司 | 法人破産申立て実践マニュアル | 青林書院 | 2016 |
| 47 | 中森亘 外 | 破産管財PRACTICE―留意点と具体的処理事例 | 民事法研究会 | 2017 |
| 48 | 岡伸浩 外 | 破産管財人の債権調査・配当 | 商事法務 | 2017 |
| 49 | 大阪弁護士会弁護士業務改革委員会 | 法律事務の手引（別冊債務整理編）―任意整理、破産申立、管財業務、個人再生（CD-ROM付）全訂第9版 | 大阪弁護士協同組合 | 2017 |
| 50 | 縣俊介・石川貴康・田川淳一・内藤滋・野村剛司 編 | 倒産債権の届出・調査・確定・弁済・配当マニュアル | 三協法規出版 | 2017 |
| 51 | 野村剛司 編 | 実践フォーラム 破産実務 | 青林書院 | 2017 |

・書式・手続という観点から参考とし、又は引用させていただいた文献に限定して掲載した。
・上掲39の中山孝雄・金澤秀樹編『破産管財の手引（第2版）』を、本文の各書式における出典表示では『手引』として表示した。

# 目　次

## 第1部　個人（事業者を除く個人）の破産の申立て

### 第1章　申立前

| | 書式番号 | | |
|---|---|---|---|
| 1 | 1-1-1 | 委任契約書 | 27 |
| 2 | 1-1-2 | 受任通知書 | 29 |
| 3 | 1-1-3 | 債権調査票 | 30 |
| 4 | 1-1-4 | 受任通知書（対ヤミ金） | 31 |
| 5 | 1-1-5 | 債権放棄書 | 33 |
| 6 | 1-1-6 | 過払金返還請求書 | 34 |
| 7 | 1-1-7 | 過払金計算書 | 36 |

### 第2章　申立て

| | 書式番号 | | |
|---|---|---|---|
| 8 | 1-2-1 | 破産・免責申立書 | 38 |
| 9 | 1-2-2 | 破産申立書（管財）【大阪】 | 40 |
| 10 | 1-2-3 | 破産申立書（同時廃止）【大阪】 | 42 |
| 11 | 1-2-4 | 委任状（個人） | 44 |
| 12 | 1-2-5 | 打合せ補充メモ（個人用） | 45 |
| 13 | 1-2-6 | 管財補充報告書【大阪】 | 47 |
| 14 | 1-2-7 | 債権者一覧表（一般用） | 51 |
| 15 | 1-2-8 | 債権者一覧表（一般用）記入例 | 52 |
| 16 | 1-2-9 | 債権者一覧表（公租公課用） | 53 |
| 17 | 1-2-10 | 係属中の訴訟等一覧表【大阪】 | 54 |
| 18 | 1-2-11 | 資産目録（一覧） | 55 |
| 19 | 1-2-12 | 資産目録（明細） | 57 |
| 20 | 1-2-13 | 陳述書 | 62 |
| 21 | 1-2-14 | 家計全体の状況（収支報告書） | 66 |
| 22 | 1-2-15 | 作成書類チェックリスト（個人） | 69 |
| 23 | 1-2-16 | 必要書類指示シート | 71 |
| 24 | 1-2-17 | 退職金見込額証明書 | 74 |
| 25 | 1-2-18 | 解約返戻金照会書 | 75 |
| 26 | 1-2-19 | オーバーローンの上申書 | 76 |

### 第3章　自由財産

| | 書式番号 | | |
|---|---|---|---|
| 27 | 1-3-1 | 自由財産拡張申立書 | 78 |
| 28 | 1-3-2 | 自由財産拡張に関する意見書 | 80 |

| 29 | 書式番号 1-3-3 | 個人破産の換価基準【東京】 | 81 |
| 30 | 書式番号 1-3-4 | 自由財産拡張制度の運用基準【大阪】 | 82 |
| 31 | 書式番号 1-3-5 | 自由財産拡張制度の運用基準の適用例【大阪】 | 84 |

### 第4章　その他

| 32 | 書式番号 1-4-1 | 強制執行停止上申書 | 85 |

## 第2部　法人の破産の申立て

### 第1章　申立前の準備

| 33 | 書式番号 2-1-1 | 申立前後のスケジュール表 | 86 |
| 34 | 書式番号 2-1-2 | 初回相談時に受領すべき資料 | 88 |
| 35 | 書式番号 2-1-3 | 初回相談時に聴取すべき事項 | 89 |
| 36 | 書式番号 2-1-4 | 委任契約書 | 91 |
| 37 | 書式番号 2-1-5 | 申立代理人の役割確認表（法人） | 93 |
| 38 | 書式番号 2-1-6 | 作成・収集書類チェックリスト | 96 |
| 39 | 書式番号 2-1-7 | 法人用必要書類の書き方について | 98 |
| 40 | 書式番号 2-1-8 | 破産手続開始申立添付書類リスト（債権者申立て） | 101 |
| 41 | 書式番号 2-1-9 | 受任通知書 | 102 |
| 42 | 書式番号 2-1-10 | 売掛先に対する通知書 | 103 |
| 43 | 書式番号 2-1-11 | 預り品一覧表 | 104 |
| 44 | 書式番号 2-1-12 | 被課税公租公課チェック表（法人用） | 105 |
| 45 | 書式番号 2-1-13 | 事前相談メモ | 106 |

### 第2章　破産手続開始申立て

#### 第1節　申立書

| 46 | 書式番号 2-2-1-1 | 破産手続開始申立書（債務者申立て） | 107 |
| 47 | 書式番号 2-2-1-2 | 破産手続開始申立書（債務者申立て）【大阪地裁】 | 109 |
| 48 | 書式番号 2-2-1-3 | 破産手続開始申立書（債権者申立て） | 111 |
| 49 | 書式番号 2-2-1-4 | 破産手続開始申立書（準自己破産） | 113 |
| 50 | 書式番号 2-2-1-5 | 特別代理人選任申立書 | 114 |
| 51 | 書式番号 2-2-1-6 | 特別代理人就任承諾書兼報酬放棄書 | 115 |
| 52 | 書式番号 2-2-1-7 | 管財人引継資料一覧表（法人用） | 116 |

#### 第2節　債権者一覧表

| 53 | 書式番号 2-2-2-1 | 債権者一覧表（総括表） | 118 |
| 54 | 書式番号 2-2-2-2 | 借入金一覧表 | 119 |
| 55 | 書式番号 2-2-2-3 | 手形・小切手債権一覧表 | 120 |
| 56 | 書式番号 2-2-2-4 | 買掛金一覧表 | 121 |
| 57 | 書式番号 2-2-2-5 | リース債権一覧表 | 122 |

| | | | |
|---|---|---|---|
| 58 | 書式番号 **2-2-2-6** | 敷金債権一覧表 ……………………………………… | 123 |
| 59 | 書式番号 **2-2-2-7** | 労働債権一覧表 ……………………………………… | 124 |
| 60 | 書式番号 **2-2-2-8** | 公租公課一覧表 ……………………………………… | 125 |

### 第3節　財産目録

| | | | |
|---|---|---|---|
| 61 | 書式番号 **2-2-3-1** | 財産目録（総括表） ………………………………… | 126 |
| 62 | 書式番号 **2-2-3-2** | 預貯金目録 …………………………………………… | 127 |
| 63 | 書式番号 **2-2-3-3** | 受取手形・小切手目録 ……………………………… | 128 |
| 64 | 書式番号 **2-2-3-4** | 売掛金目録 …………………………………………… | 129 |
| 65 | 書式番号 **2-2-3-5** | 在庫商品目録 ………………………………………… | 130 |
| 66 | 書式番号 **2-2-3-6** | 貸付金目録 …………………………………………… | 131 |
| 67 | 書式番号 **2-2-3-7** | 不動産目録 …………………………………………… | 132 |
| 68 | 書式番号 **2-2-3-8** | 機械・工具類目録 …………………………………… | 133 |
| 69 | 書式番号 **2-2-3-9** | 什器備品目録 ………………………………………… | 134 |
| 70 | 書式番号 **2-2-3-10** | 自動車目録 …………………………………………… | 135 |
| 71 | 書式番号 **2-2-3-11** | 電話加入権目録 ……………………………………… | 136 |
| 72 | 書式番号 **2-2-3-12** | 有価証券等目録 ……………………………………… | 137 |
| 73 | 書式番号 **2-2-3-13** | 賃貸借保証金・敷金目録 …………………………… | 138 |
| 74 | 書式番号 **2-2-3-14** | 保険目録 ……………………………………………… | 139 |
| 75 | 書式番号 **2-2-3-15** | 勘定科目内訳明細書と財産目録との対照報告書【名古屋】 …… | 140 |

### 第4節　その他の添付書類

| | | | |
|---|---|---|---|
| 76 | 書式番号 **2-2-4-1** | 担保一覧表 …………………………………………… | 142 |
| 77 | 書式番号 **2-2-4-2** | 担保評価・担保設定状況一覧表 …………………… | 143 |
| 78 | 書式番号 **2-2-4-3** | リース物件一覧表 …………………………………… | 144 |
| 79 | 書式番号 **2-2-4-4** | 最終の決算書に記載されており、かつ申立書の財産目録に記載のない財産の処分状況一覧表 ………………………… | 145 |
| 80 | 書式番号 **2-2-4-5** | 仕掛工事一覧表 ……………………………………… | 146 |
| 81 | 書式番号 **2-2-4-6** | 賃借物件リスト ……………………………………… | 147 |
| 82 | 書式番号 **2-2-4-7** | 水道光熱費等一覧表 ………………………………… | 148 |
| 83 | 書式番号 **2-2-4-8** | 清算貸借対照表 ……………………………………… | 149 |
| 84 | 書式番号 **2-2-4-9** | 委任状（自己破産申立て） ………………………… | 150 |
| 85 | 書式番号 **2-2-4-10** | 委任状（準自己破産申立て） ……………………… | 151 |
| 86 | 書式番号 **2-2-4-11** | 取締役会議事録 ……………………………………… | 152 |
| 87 | 書式番号 **2-2-4-12** | 取締役同意書 ………………………………………… | 153 |
| 88 | 書式番号 **2-2-4-13** | 陳述書（代表者　簡易版） ………………………… | 154 |
| 89 | 書式番号 **2-2-4-14** | 陳述書（代表者　詳細版） ………………………… | 155 |
| 90 | 書式番号 **2-2-4-15** | 報告書（申立代理人弁護士） ……………………… | 158 |
| 91 | 書式番号 **2-2-4-16** | 報告書【大阪】 ……………………………………… | 160 |

## 第3章　申立直後の書類

| | | | |
|---|---|---|---|
| 92 | 書式番号 **2-3-1** | 破産申立ての通知 …………………………………… | 164 |

| 93 | 書式番号 2-3-2 | 打合せ補充メモ（法人用） | 165 |
| 94 | 書式番号 2-3-3 | 破産管財人補助者推薦の上申書 | 168 |
| 95 | 書式番号 2-3-4 | 相殺禁止のご連絡 | 169 |
| 96 | 書式番号 2-3-5 | 売掛金回収状況一覧表 | 170 |
| 97 | 書式番号 2-3-6 | 預かり金・回収金精算書 | 171 |
| 98 | 書式番号 2-3-7 | 破産手続開始申立取下書 | 172 |
| 99 | 書式番号 2-3-8 | 破産手続開始申立取下げの許可申立書（債務者申立て） | 173 |
| 100 | 書式番号 2-3-9 | 破産手続開始申立取下げの許可申請書（債権者申立て） | 175 |
| 101 | 書式番号 2-3-10 | 即時抗告申立書（債権者申立て） | 177 |
| 102 | 書式番号 2-3-11 | 移送の上申書 | 179 |
| 103 | 書式番号 2-3-12 | 費用仮支弁の上申書 | 180 |

## 第4章　申立前後の従業員関係書類

| 104 | 書式番号 2-4-1 | 従業員に関するチェックリスト | 181 |
| 105 | 書式番号 2-4-2 | 従業員宛の破産の通知 | 183 |
| 106 | 書式番号 2-4-3 | 従業員への説明書面 | 184 |
| 107 | 書式番号 2-4-4 | 従業員名簿 | 188 |
| 108 | 書式番号 2-4-5 | 解雇通知書 | 189 |
| 109 | 書式番号 2-4-6 | 解雇承諾書 | 190 |
| 110 | 書式番号 2-4-7 | 源泉徴収票 | 191 |
| 111 | 書式番号 2-4-8 | 雇用保険被保険者資格喪失届 | 192 |
| 112 | 書式番号 2-4-9 | 雇用保険被保険者離職証明書 | 193 |
| 113 | 書式番号 2-4-10 | 健康保険厚生年金保険被保険者資格喪失届 | 195 |
| 114 | 書式番号 2-4-11 | 健康保険厚生年金保険適用事業所全喪届 | 196 |
| 115 | 書式番号 2-4-12 | 健康保険厚生年金保険資格喪失証明書 | 197 |
| 116 | 書式番号 2-4-13 | 健康保険任意継続被保険者資格取得申請書 | 198 |
| 117 | 書式番号 2-4-14 | 給与支払報告特別徴収に係る給与所得者異動届出書 | 199 |

# 第3部　財産の保全と保全管理命令

## 第1章　保全処分その他の財産保全

| 118 | 書式番号 3-1-1 | 告示書（申立代理人名義） | 200 |
| 119 | 書式番号 3-1-2 | 強制執行手続取消の申立書 | 201 |
| 120 | 書式番号 3-1-3 | 包括的禁止命令申立書 | 202 |
| 121 | 書式番号 3-1-4 | 包括的禁止命令解除申立書 | 204 |
| 122 | 書式番号 3-1-5 | 保全処分申立書（弁済禁止・処分禁止等） | 206 |
| 123 | 書式番号 3-1-6 | 競売手続中止命令申立書 | 208 |
| 124 | 書式番号 3-1-7 | 強制執行の中止申立書（債権） | 210 |
| 125 | 書式番号 3-1-8 | 動産仮差押命令申立書 | 212 |

| 126 | 書式番号 **3-1-9** | 不動産仮差押命令申立書 ……………………………………… *214* |

### 第2章　保全管理命令

| 127 | 書式番号 **3-2-1** | 保全管理命令申立書 ……………………………………………… *215* |
| 128 | 書式番号 **3-2-2** | 事業譲渡許可申請書（保全管理人申立て） ……………… *217* |
| 129 | 書式番号 **3-2-3** | 常務外の行為の許可申請書 ………………………………… *218* |
| 130 | 書式番号 **3-2-4** | 保全管理人の任務終了報告書 ……………………………… *219* |
| 131 | 書式番号 **3-2-5** | 保全管理人代理選任許可申立書 …………………………… *220* |

## 第4部　申立て後から開始決定直後まで

### 第1章　裁判所

| 132 | 書式番号 **4-1-1** | 開始決定（同時廃止） ………………………………………… *221* |
| 133 | 書式番号 **4-1-2** | 開始決定（自然人） …………………………………………… *222* |
| 134 | 書式番号 **4-1-3** | 開始決定（法人） ……………………………………………… *223* |
| 135 | 書式番号 **4-1-4** | 開始決定（留保型・一括指定型） ………………………… *224* |
| 136 | 書式番号 **4-1-5** | 破産手続開始通知書（自然人） …………………………… *225* |
| 137 | 書式番号 **4-1-6** | 破産手続開始通知書（法人） ……………………………… *227* |
| 138 | 書式番号 **4-1-7** | 破産手続開始通知書（法人）英語版 ……………………… *229* |
| 139 | 書式番号 **4-1-8** | 破産債権届出書（法人）英語版（開始通知同封用） …… *231* |
| 140 | 書式番号 **4-1-9** | 破産手続開始通知書（留保型・一括指定型） …………… *234* |
| 141 | 書式番号 **4-1-10** | 破産手続開始通知書（留保型・一括指定型）英語版 …… *236* |
| 142 | 書式番号 **4-1-11** | 破産手続開始通知書（牽連破産の債権届出についての注意書付・期日型） ……………………………………………… *238* |

### 第2章　破産管財人

#### 第1節　初動一般

| 143 | 書式番号 **4-2-1-1** | 破産管財人初動活動チェックリスト ……………………… *239* |
| 144 | 書式番号 **4-2-1-2** | 破産手続開始通知に同封する通知（外国人債権者用・英文） … *247* |
| 145 | 書式番号 **4-2-1-3** | 破産手続開始通知に同封する通知（外国人債権者用・邦訳） … *248* |
| 146 | 書式番号 **4-2-1-4** | 破産管財人選任及び印鑑証明書 …………………………… *249* |
| 147 | 書式番号 **4-2-1-5** | 資格証明書等交付申請書 …………………………………… *250* |
| 148 | 書式番号 **4-2-1-6** | 金銭等の保管方法届出書 …………………………………… *251* |
| 149 | 書式番号 **4-2-1-7** | 訴訟中断上申書 ………………………………………………… *252* |

#### 第2節　破産管財人代理・履行補助者選任

| 150 | 書式番号 **4-2-2-1** | 破産管財人補助者推薦の上申書 …………………………… *253* |
| 151 | 書式番号 **4-2-2-2** | 旧役員を補助者とする上申書 ……………………………… *254* |
| 152 | 書式番号 **4-2-2-3** | 破産管財人代理選任許可申立書 …………………………… *255* |

### 第3節　事業継続許可

- 153　書式番号 4-2-3-1　事業継続許可申立書 …………………… 256

### 第4節　資産保全関係（封印執行等）

- 154　書式番号 4-2-4-1　告示書 …………………………………… 258
- 155　書式番号 4-2-4-2　不法占拠者の明渡し交渉を伴う建物封印執行のマニュアル …… 259
- 156　書式番号 4-2-4-3　封印執行申立て ………………………… 262
- 157　書式番号 4-2-4-4　封印除去申立書 ………………………… 263
- 158　書式番号 4-2-4-5　警察援助要請許可申立書 ……………… 264
- 159　書式番号 4-2-4-6　臨場要請書 ……………………………… 265

### 第5節　従業員関係

- 160　書式番号 4-2-5-1　元従業員向け連絡文書 ………………… 266
- 161　書式番号 4-2-5-2　未払賃金立替払に関する書類の送付用文書 …… 267
- 162　書式番号 4-2-5-3　未払賃金の立替払請求書・証明書 …… 268
- 163　書式番号 4-2-5-4　給料請求権等弁済許可申立書 ………… 271
- 164　書式番号 4-2-5-5　給料請求権等弁済許可に関する報告書 …… 273
- 165　書式番号 4-2-5-6　給料請求権等弁済許可申立てをしないことについての報告書 …… 274
- 166　書式番号 4-2-5-7　給料請求権等の弁済許可申立てをしないことについての連絡書面 …………………………………… 276
- 167　書式番号 4-2-5-8　財団債権承認許可申立書（労働債権） …… 278
- 168　書式番号 4-2-5-9　財団債権としての労働債権弁済通知 …… 279
- 169　書式番号 4-2-5-10　異時廃止の場合の財団債権としての労働債権弁済通知 …… 281
- 170　書式番号 4-2-5-11　労働債権の振込依頼書兼債権届出取下書 …… 283
- 171　書式番号 4-2-5-12　従業者に対する説明請求許可申立書 …… 284
- 172　書式番号 4-2-5-13　破産管財人から労働債権者への情報通知書 …… 285

## 第3章　連鎖倒産防止関係

- 173　書式番号 4-3-1　各種セーフテイネットの紹介 ……………… 286

# 第5部　破産手続を通じて使用する書式

## 第1章　文書の閲覧

- 174　書式番号 5-1-1　文書等閲覧請求書 …………………………… 290
- 175　書式番号 5-1-2　民事事件記録等閲覧・謄写票（原符） …… 291
- 176　書式番号 5-1-3　文書閲覧等制限申立書 …………………… 292
- 177　書式番号 5-1-4　閲覧等制限決定取消申立書 ……………… 294
- 178　書式番号 5-1-5　即時抗告申立書（文書閲覧制限） ……… 296

## 第2章　その他の申請・届出・連絡

- 179　書式番号 5-2-1　破産管財人連絡書 …………………………… 297

| | | | |
|---|---|---|---|
| 180 | 書式番号 **5-2-2** | 申立代理人連絡書 | 298 |
| 181 | 書式番号 **5-2-3** | 旅行に関する届出書 | 299 |
| 182 | 書式番号 **5-2-4** | 住所変更同意申請書 | 300 |
| 183 | 書式番号 **5-2-5** | 住所変更に関する届出書 | 301 |
| 184 | 書式番号 **5-2-6** | 郵便物転送嘱託に関する上申書 | 302 |
| 185 | 書式番号 **5-2-7** | 郵便物転送嘱託延長に関する上申書 | 303 |
| 186 | 書式番号 **5-2-8** | 死亡報告書 | 304 |

## 第6部　財団の管理・換価編

### 第1章　一　般

| | | | |
|---|---|---|---|
| 187 | 書式番号 **6-1-1** | 財団債権承認許可申立書 | 305 |
| 188 | 書式番号 **6-1-2** | 和解許可申立書 | 307 |
| 189 | 書式番号 **6-1-3** | 訴え提起許可申立書 | 309 |
| 190 | 書式番号 **6-1-4** | 無資力証明申請書 | 311 |
| 191 | 書式番号 **6-1-5** | 訴訟手続中断の上申書 | 312 |
| 192 | 書式番号 **6-1-6** | 訴訟手続受継申立書 | 313 |
| 193 | 書式番号 **6-1-7** | 破産者に対する財産引渡命令申立書 | 314 |
| 194 | 書式番号 **6-1-8** | 取引履歴開示請求書 | 315 |
| 195 | 書式番号 **6-1-9** | 相殺禁止の連絡 | 316 |
| 196 | 書式番号 **6-1-10** | 預金債権等に関する依頼及び照会・回答書 | 317 |
| 197 | 書式番号 **6-1-11** | 解約返戻金等に関する依頼及び照会・回答書 | 319 |

### 第2章　保全・執行関連

| | | | |
|---|---|---|---|
| 198 | 書式番号 **6-2-1** | 上申書（債権差押えの執行取消関係） | 321 |
| 199 | 書式番号 **6-2-2** | 上申書（供託金交付手続関係） | 322 |
| 200 | 書式番号 **6-2-3** | 合意書（執行供託された新得財産関係） | 324 |
| 201 | 書式番号 **6-2-4** | 上申書（債権仮差押決定失効通知関係） | 325 |
| 202 | 書式番号 **6-2-5** | 仮差押えの効力の失効証明申請書 | 327 |
| 203 | 書式番号 **6-2-6** | 上申書（不動産仮差押えの執行取消し関係） | 328 |

### 第3章　契約関係の処理

| | | | |
|---|---|---|---|
| 204 | 書式番号 **6-3-1** | 双方未履行の双務契約の解除に関する催告書 | 330 |
| 205 | 書式番号 **6-3-2** | 双方未履行の双務契約の解除通知書 | 331 |
| 206 | 書式番号 **6-3-3** | 双方未履行の双務契約の履行請求書 | 332 |
| 207 | 書式番号 **6-3-4** | 双方未履行双務契約の履行の請求許可申立書 | 333 |
| 208 | 書式番号 **6-3-5** | 建物賃貸借契約解除に伴う合意書 | 335 |
| 209 | 書式番号 **6-3-6** | 破産管財人による契約終了の通知 | 337 |

## 第4章　債権回収

- 210　書式番号 6-4-1　債務者への通知書（売掛金等の管理関係、回答書付き） ………… 338
- 211　書式番号 6-4-2　売掛金請求書 …………………………………………………………… 340
- 212　書式番号 6-4-3　事前の包括的和解許可申立書 ………………………………………… 341
- 213　書式番号 6-4-4　賃借人宛連絡文 ………………………………………………………… 343

## 第5章　資産処分

### 第1節　一般

- 214　書式番号 6-5-1-1　資産売却許可申立書 ………………………………………………… 345
- 215　書式番号 6-5-1-2　資産放棄許可申立書 ………………………………………………… 347
- 216　書式番号 6-5-1-3　債権放棄許可申立書 ………………………………………………… 349
- 217　書式番号 6-5-1-4　取戻権承認許可申立書 ……………………………………………… 351

### 第2節　不動産

- 218　書式番号 6-5-2-1　不動産売却等許可申立書 …………………………………………… 353
- 219　書式番号 6-5-2-2　破産登記嘱託の上申書 ……………………………………………… 355
- 220　書式番号 6-5-2-3　破産登記抹消嘱託の上申書 ………………………………………… 356
- 221　書式番号 6-5-2-4　不動産売買契約書（一括決済型） ………………………………… 357
- 222　書式番号 6-5-2-5　不動産売買契約書（手付・残金方式） …………………………… 360
- 223　書式番号 6-5-2-6　担保権抹消の依頼書 ………………………………………………… 362
- 224　書式番号 6-5-2-7　売買代金配分表 ……………………………………………………… 363
- 225　書式番号 6-5-2-8　滞納処分（差押）解除願い ………………………………………… 364
- 226　書式番号 6-5-2-9　不動産放棄事前通知書 ……………………………………………… 366
- 227　書式番号 6-5-2-10　不動産放棄許可申立書 …………………………………………… 368
- 228　書式番号 6-5-2-11　不動産放棄許可申立書及び破産登記抹消嘱託の上申書 ……… 370
- 229　書式番号 6-5-2-12　届出書（不動産競売関係、執行部提出用） …………………… 372
- 230　書式番号 6-5-2-13　不動産の入札要領 ………………………………………………… 373
- 231　書式番号 6-5-2-14　買受申出書 ………………………………………………………… 375
- 232　書式番号 6-5-2-15　不動産入札要領（2段階BID・第1次案内） ………………… 376
- 233　書式番号 6-5-2-16　不動産入札要領（2段階BID・最終案内） ………………… 378
- 234　書式番号 6-5-2-17　不動産の入札要領（多数の不動産につき一括） ……………… 380

### 第3節　動産

- 235　書式番号 6-5-3-1　車両売買契約書 ……………………………………………………… 383
- 236　書式番号 6-5-3-2　在庫商品一括売却案内 ……………………………………………… 385

### 第4節　債権

- 237　書式番号 6-5-4-1　売掛金バルクセールの入札要領 …………………………………… 386
- 238　書式番号 6-5-4-2　売掛金譲渡（バルクセール）契約書 ……………………………… 388

### 第5節　その他資産等

- 239　書式番号 6-5-5-1　株式（非上場）譲渡契約書 ………………………………………… 390
- 240　書式番号 6-5-5-2　事業譲渡契約書 ……………………………………………………… 392

| | | | |
|---|---|---|---|
| 241 | 書式番号 6-5-5-3 | 事業譲渡許可申立書 | 394 |
| 242 | 書式番号 6-5-5-4 | 事業譲渡に関する労働組合の意見書 | 396 |

## 第6章　別除権

### 第1節　別除権の処理

| | | | |
|---|---|---|---|
| 243 | 書式番号 6-6-1-1 | 別除権者に対する財産提示請求書 | 397 |
| 244 | 書式番号 6-6-1-2 | 別除権付破産債権の不足債権額証明等の催告書 | 398 |
| 245 | 書式番号 6-6-1-3 | 別除権行使による不足額の確定上申書 | 399 |
| 246 | 書式番号 6-6-1-4 | 別除権放棄書 | 400 |
| 247 | 書式番号 6-6-1-5 | 別除権協定書 | 401 |
| 248 | 書式番号 6-6-1-6 | 別除権者の処分期間決定申立書 | 402 |
| 249 | 書式番号 6-6-1-7 | 処分期間指定事件に関する即時抗告申立書 | 404 |
| 250 | 書式番号 6-6-1-8 | 建物の抵当権者に対する地代等に関する通知書 | 405 |

### 第2節　担保権消滅制度

| | | | |
|---|---|---|---|
| 251 | 書式番号 6-6-2-1 | 担保権消滅許可申立書 | 406 |
| 252 | 書式番号 6-6-2-2 | 土地建物売買契約書（担保権消滅請求用） | 409 |
| 253 | 書式番号 6-6-2-3 | 買主に対する担保権消滅制度の説明 | 413 |
| 254 | 書式番号 6-6-2-4 | 担保権実行書面提出書 | 414 |
| 255 | 書式番号 6-6-2-5 | 買受申出書 | 415 |
| 256 | 書式番号 6-6-2-6 | 担保権消滅許可決定に対する即時抗告申立書 | 417 |

### 第3節　商事留置権

| | | | |
|---|---|---|---|
| 257 | 書式番号 6-6-3-1 | 商事留置権消滅請求及び弁済許可申立書 | 419 |
| 258 | 書式番号 6-6-3-2 | 商事留置権消滅請求通知書 | 421 |
| 259 | 書式番号 6-6-3-3 | 商事留置権消滅を理由とする財産返還請求訴訟の訴状 | 422 |

## 第7章　相　殺

| | | | |
|---|---|---|---|
| 260 | 書式番号 6-7-1 | 債権者による相殺が無効である旨の通知書 | 424 |
| 261 | 書式番号 6-7-2 | 相殺権行使に関する催告書 | 426 |
| 262 | 書式番号 6-7-3 | 相殺許可申立書 | 428 |

## 第8章　否　認

### 第1節　否認対象行為にかかる任意交渉

| | | | |
|---|---|---|---|
| 263 | 書式番号 6-8-1-1 | 支払停止の報告書 | 430 |
| 264 | 書式番号 6-8-1-2 | 弁済金返還請求書（内容証明郵便） | 431 |
| 265 | 書式番号 6-8-1-3 | 反対給付がある場合の差額償還請求書（内容証明郵便） | 432 |
| 266 | 書式番号 6-8-1-4 | 合意書（否認対象行為にかかる和解） | 434 |

### 第2節　否認にかかる保全処分

| | | | |
|---|---|---|---|
| 267 | 書式番号 6-8-2-1 | 否認権のための保全処分申立書（不動産仮差押） | 436 |
| 268 | 書式番号 6-8-2-2 | 否認権のための保全処分申立書（動産仮処分） | 439 |
| 269 | 書式番号 6-8-2-3 | 否認権のための保全処分に対する即時抗告申立書（動産仮処分） | |

| | | | …………………………………………………………………………… | 442 |
|---|---|---|---|---|
| 270 | 書式番号 | 6-8-2-4 | 否認権のための保全処分の続行届出書 ……………………… | 444 |
| 271 | 書式番号 | 6-8-2-5 | 否認権のための保全処分申立書（不動産処分禁止）……… | 445 |

### 第3節　否認請求

| 272 | 書式番号 | 6-8-3-1 | 否認請求の申立書1（金銭償還　債権帰属確認　詐害行為）…… | 447 |
|---|---|---|---|---|
| 273 | 書式番号 | 6-8-3-2 | 否認請求の申立書2（動産引渡請求・対価的均衡を欠く代物弁済）…………………………………………………………………… | 449 |
| 274 | 書式番号 | 6-8-3-3 | 否認請求の申立書3（抵当権に関する否認登記請求　無償行為否認）…………………………………………………………………… | 451 |
| 275 | 書式番号 | 6-8-3-4 | 否認請求の申立書4（弁済金返還請求　偏頗行為）……………… | 453 |
| 276 | 書式番号 | 6-8-3-5 | 否認請求の申立書5（対抗要件否認）…………………………… | 455 |
| 277 | 書式番号 | 6-8-3-6 | 否認請求の申立ての趣旨・例文 ………………………………… | 458 |
| 278 | 書式番号 | 6-8-3-7 | 否認請求一部認容決定に対する異議の訴えの訴状 ………… | 460 |

### 第4節　否認訴訟

| 279 | 書式番号 | 6-8-4-1 | 否認の訴えの訴状（否認登記請求　廉価売買）……………… | 462 |
|---|---|---|---|---|

### 第5節　否認権行使後の対応

| 280 | 書式番号 | 6-8-5-1 | 反対給付の価額償還請求書（内容証明郵便）………………… | 464 |
|---|---|---|---|---|
| 281 | 書式番号 | 6-8-5-2 | 否認の登記申請書 ………………………………………………… | 466 |

## 第9章　役員の責任の追及

| 282 | 書式番号 | 6-9-1 | 役員の財産に対する保全処分申立書 …………………………… | 467 |
|---|---|---|---|---|
| 283 | 書式番号 | 6-9-2 | 即時抗告申立書 …………………………………………………… | 469 |
| 284 | 書式番号 | 6-9-3 | 役員責任査定申立書 ……………………………………………… | 471 |
| 285 | 書式番号 | 6-9-4 | 役員責任査定決定に対する異議の訴えの訴状 ……………… | 473 |

# 第7部　債権の届出・調査・確定編

## 第1章　債権の届出

| 286 | 書式番号 | 7-1-1 | 破産債権届出書 …………………………………………………… | 475 |
|---|---|---|---|---|
| 287 | 書式番号 | 7-1-2 | 委任状 ……………………………………………………………… | 476 |
| 288 | 書式番号 | 7-1-3 | 一般調査期日終了後の破産債権届出書 ……………………… | 477 |
| 289 | 書式番号 | 7-1-4 | 代理委員選任許可申請書 ………………………………………… | 478 |
| 290 | 書式番号 | 7-1-5 | 新たに判明した債権者への発送（送信）報告書 …………… | 480 |
| 291 | 書式番号 | 7-1-6 | 債権届出取下書 …………………………………………………… | 481 |
| 292 | 書式番号 | 7-1-7 | 届出名義の変更 …………………………………………………… | 482 |
| 293 | 書式番号 | 7-1-8 | 破産債権者の住所・氏名変更届 ………………………………… | 483 |
| 294 | 書式番号 | 7-1-9 | 破産債権者の本店・商号・代表者変更届 ……………………… | 484 |
| 295 | 書式番号 | 7-1-10 | 債権放棄に対し債権届出取下書を催告する通知書 ………… | 485 |

## 第2章　債権の調査

| | | | |
|---|---|---|---|
| 296 | 書式番号 7-2-1 | 未払労働債権一覧表 | 486 |
| 297 | 書式番号 7-2-2 | 公租公課一覧表 | 487 |
| 298 | 書式番号 7-2-3 | 債権認否一覧表 | 489 |
| 299 | 書式番号 7-2-4 | 債権認否及び配当表 | 490 |
| 300 | 書式番号 7-2-5 | 優先的破産債権（公租公課）一覧表及び配当表 | 491 |
| 301 | 書式番号 7-2-6 | 債権調査後の債権額等変更一覧表 | 492 |
| 302 | 書式番号 7-2-7 | 不足書類追加提出のお願い | 494 |
| 303 | 書式番号 7-2-8 | 異議通知書（期日方式） | 495 |
| 304 | 書式番号 7-2-9 | 異議撤回書 | 497 |
| 305 | 書式番号 7-2-10 | 将来の求償権代位弁済届出（異議の撤回） | 498 |

## 第3章　債権の確定

| | | | |
|---|---|---|---|
| 306 | 書式番号 7-3-1 | 破産債権査定申立書 | 499 |
| 307 | 書式番号 7-3-2 | 答弁書（破産債権査定申立事件） | 501 |
| 308 | 書式番号 7-3-3 | 破産債権査定決定に対する異議の訴え | 503 |
| 309 | 書式番号 7-3-4 | 異議のある破産債権に関する訴訟の受継申立書 | 505 |
| 310 | 書式番号 7-3-5 | 破産債権確定訴訟結果の記載の申立書 | 507 |
| 311 | 書式番号 7-3-6 | 破産債権者表更正の申立書 | 508 |

# 第8部　債権者集会・債権者委員会

## 第1章　債権者集会

| | | | |
|---|---|---|---|
| 312 | 書式番号 8-1-1 | 債権者集会招集申立書 | 509 |
| 313 | 書式番号 8-1-2 | 代理権証明文書 | 510 |
| 314 | 書式番号 8-1-3 | 破産管財人報告書 | 511 |
| 315 | 書式番号 8-1-4 | 破産管財人報告書（詳細版） | 512 |
| 316 | 書式番号 8-1-5 | 財産目録 | 514 |
| 317 | 書式番号 8-1-6 | 収支計算書 | 516 |
| 318 | 書式番号 8-1-7 | 財産目録及び収支計算書 | 518 |
| 319 | 書式番号 8-1-8 | 破産貸借対照表 | 520 |
| 320 | 書式番号 8-1-9 | 債権者集会打合せメモ | 522 |
| 321 | 書式番号 8-1-10 | 債権者集会必要書類準備チェック表 | 524 |

## 第2章　債権者委員会

| | | | |
|---|---|---|---|
| 322 | 書式番号 8-2-1 | 書面による計算報告の申立書 | 526 |
| 323 | 書式番号 8-2-2 | 異議申述書 | 527 |
| 324 | 書式番号 8-2-3 | 債権者委員会承認の申立書 | 528 |

325 書式番号 **8-2-4** 費用償還請求許可申立書 …………………………………… *530*
326 書式番号 **8-2-5** 破産管財人に対する報告命令申出書 …………………………… *531*
327 書式番号 **8-2-6** 変更届出書 …………………………………………………… *533*

## 第9部　破産管財人の税務

328 書式番号 **9-1** 補助者使用許可申立書 ………………………………………… *534*
329 書式番号 **9-2** 異動届出書 …………………………………………………… *535*
330 書式番号 **9-3** 解散事業年度の確定申告書 …………………………………… *537*
331 書式番号 **9-4** 欠損金の繰戻しによる還付請求書 …………………………… *538*
332 書式番号 **9-5** 審査請求書 …………………………………………………… *541*
333 書式番号 **9-6** 粉飾事項の調査許可申立書 …………………………………… *542*
334 書式番号 **9-7** 換価完了証明申立書 …………………………………………… *544*
335 書式番号 **9-8** 清算確定申告書（簡易版） …………………………………… *545*
336 書式番号 **9-9** 延滞金額減免申請書 …………………………………………… *548*
337 書式番号 **9-10** 労働保険の確定申告書 ………………………………………… *549*
338 書式番号 **9-11** 労働保険料還付請求書 ………………………………………… *550*

## 第10部　財団債権

339 書式番号 **10-1** 財団債権弁済のご通知【名古屋】 …………………………… *552*
340 書式番号 **10-2** 財団債権弁済報告書【名古屋】 ……………………………… *553*
341 書式番号 **10-3** 財団債権の債権現在額通知のご依頼【名古屋】 …………… *554*
342 書式番号 **10-4** 財団債権としての労働債権弁済のご通知 …………………… *555*
343 書式番号 **10-5** 財団債権支払いのご通知 ……………………………………… *556*

## 第11部　配　当

### 第1章　配当の準備

344 書式番号 **11-1-1** 配当スケジュール ……………………………………………… *557*
345 書式番号 **11-1-2** 根抵当権の被担保債権額の照会書 …………………………… *558*
346 書式番号 **11-1-3** 外国倒産手続における弁済届出書 …………………………… *559*
347 書式番号 **11-1-4** 配当率計算書 …………………………………………………… *560*

### 第2章　簡易配当

348 書式番号 **11-2-1** 簡易配当許可申立書（A・財団少額型） …………………… *562*
349 書式番号 **11-2-2** 簡易配当の御通知（A・財団少額型） ……………………… *563*
350 書式番号 **11-2-3** 簡易配当許可申立書（B・異議確認型） …………………… *565*
351 書式番号 **11-2-4** 簡易配当の御通知（B・異議確認型） ……………………… *566*

| | | | |
|---|---|---|---|
| 352 | 書式番号 **11-2-5** | 配当額変更のご通知【名古屋】 | 568 |
| 353 | 書式番号 **11-2-6** | 振込送金依頼書 | 570 |
| 354 | 書式番号 **11-2-7** | 除斥期間等の起算日届出書 | 572 |
| 355 | 書式番号 **11-2-8** | 配当の実施及び任務終了の計算報告書 | 574 |

### 第3章　最後配当

| | | | |
|---|---|---|---|
| 356 | 書式番号 **11-3-1** | 最後配当許可申立書 | 575 |
| 357 | 書式番号 **11-3-2** | 配当表 | 576 |
| 358 | 書式番号 **11-3-3** | 配当表の更正書 | 577 |
| 359 | 書式番号 **11-3-4** | 配当表に対する異議申立書 | 578 |
| 360 | 書式番号 **11-3-5** | 配当表に対する異議申立て却下決定に対する即時抗告申立書 | 579 |
| 361 | 書式番号 **11-3-6** | 配当公告（官報公告型） | 581 |
| 362 | 書式番号 **11-3-7** | 最後配当公告掲載報告書（官報公告型） | 582 |
| 363 | 書式番号 **11-3-8** | 最後配当の通知書（官報公告型） | 583 |
| 364 | 書式番号 **11-3-9** | 最後配当の通知書（通知型） | 585 |
| 365 | 書式番号 **11-3-10** | 最後配当の通知書（優先的破産債権のみの配当事案） | 587 |
| 366 | 書式番号 **11-3-11** | 配当額確定の御通知（通知型） | 588 |
| 367 | 書式番号 **11-3-12** | 配当金についての御連絡 | 589 |

### 第4章　同意配当、中間配当及び追加配当

| | | | |
|---|---|---|---|
| 368 | 書式番号 **11-4-1** | 同意配当許可申立書 | 590 |
| 369 | 書式番号 **11-4-2** | 中間配当許可申立書 | 591 |
| 370 | 書式番号 **11-4-3** | 中間配当通知書 | 592 |
| 371 | 書式番号 **11-4-4** | 中間配当の御通知（通知型） | 593 |
| 372 | 書式番号 **11-4-5** | 配当率の報告書（中間配当） | 594 |
| 373 | 書式番号 **11-4-6** | 中間配当実施報告書 | 595 |
| 374 | 書式番号 **11-4-7** | 中間配当公告掲載報告書 | 596 |
| 375 | 書式番号 **11-4-8** | 中間配当の御通知（官報公告型） | 597 |
| 376 | 書式番号 **11-4-9** | 追加配当許可申立書 | 599 |
| 377 | 書式番号 **11-4-10** | 配当表（追加配当） | 600 |
| 378 | 書式番号 **11-4-11** | 配当額確定の御通知（追加配当） | 601 |
| 379 | 書式番号 **11-4-12** | 追加配当の計算報告書 | 602 |

## 第12部　破産手続の終了

### 第1章　廃止一般

| | | | |
|---|---|---|---|
| 380 | 書式番号 **12-1-1** | 異時廃止手続進行表【大阪】 | 603 |
| 381 | 書式番号 **12-1-2** | 異時廃止手続チェックシート | 605 |
| 382 | 書式番号 **12-1-3** | 破産手続廃止の申立書 | 606 |

| | | | |
|---|---|---|---|
| *383* | 書式番号 **12-1-4** | 破産手続廃止決定証明申請書 …………………………………… | *607* |
| *384* | 書式番号 **12-1-5** | 破産廃止決定に対する即時抗告申立て ………………………… | *608* |

### 第2章　同意廃止

| | | | |
|---|---|---|---|
| *385* | 書式番号 **12-2-1** | 同意廃止の申立て ………………………………………………… | *609* |
| *386* | 書式番号 **12-2-2** | 同意廃止の申立てに対する意見書 ……………………………… | *610* |

### 第3章　その他廃止関係書類

| | | | |
|---|---|---|---|
| *387* | 書式番号 **12-3-1** | 管財人事務についてのご通知【大阪】 ………………………… | *611* |
| *388* | 書式番号 **12-3-2** | 破産手続廃止の上申書【名古屋】 ……………………………… | *613* |
| *389* | 書式番号 **12-3-3** | 破産手続廃止決定のご連絡【名古屋】 ………………………… | *614* |

### 第4章　終　結

| | | | |
|---|---|---|---|
| *390* | 書式番号 **12-4-1** | 破産手続終結決定証明書 ………………………………………… | *615* |
| *391* | 書式番号 **12-4-2** | 破産手続終結の上申書【名古屋】 ……………………………… | *616* |

## 第13部　免責および復権

### 第1章　免　責

| | | | |
|---|---|---|---|
| *392* | 書式番号 **13-1-1** | 免責申立書 ………………………………………………………… | *617* |
| *393* | 書式番号 **13-1-2** | 免責申立書添付用債権者名簿 …………………………………… | *618* |
| *394* | 書式番号 **13-1-3** | 上申書 ……………………………………………………………… | *620* |
| *395* | 書式番号 **13-1-4** | 通知書 ……………………………………………………………… | *621* |
| *396* | 書式番号 **13-1-5** | 免責に関する意見書（破産管財人） …………………………… | *622* |
| *397* | 書式番号 **13-1-6** | 免責に関する管財人の意見書（不許可相当） ………………… | *623* |
| *398* | 書式番号 **13-1-7** | 免責に関する意見書（債権者） ………………………………… | *625* |
| *399* | 書式番号 **13-1-8** | 免責許可決定書 …………………………………………………… | *626* |
| *400* | 書式番号 **13-1-9** | 免責不許可に対する即時抗告申立て …………………………… | *627* |
| *401* | 書式番号 **13-1-10** | 免責取消申立て（有罪判決） …………………………………… | *628* |
| *402* | 書式番号 **13-1-11** | 免責取消申立て（不正の方法） ………………………………… | *629* |
| *403* | 書式番号 **13-1-12** | 強制執行停止上申（異時廃止、破産終結） …………………… | *630* |
| *404* | 書式番号 **13-1-13** | 強制執行取消上申（免責確定） ………………………………… | *631* |
| *405* | 書式番号 **13-1-14** | 免責許可申立係属証明申請書 …………………………………… | *632* |

### 第2章　復　権

| | | | |
|---|---|---|---|
| *406* | 書式番号 **13-2-1** | 復権の申立て ……………………………………………………… | *633* |
| *407* | 書式番号 **13-2-2** | 復権の申立てに対する意見書 …………………………………… | *634* |

目次 25

# 第14部　相続財産（及び信託財産）破産

## 第1章　相続財産破産

| 408 | 書式番号 **14-1-1** | 相続財産破産手続開始申立書 ……………………………… 635 |
| 409 | 書式番号 **14-1-2** | 破産手続続行申立書 ………………………………………… 637 |
| 410 | 書式番号 **14-1-3** | 即時抗告申立書（続行申立却下）………………………… 639 |
| 411 | 書式番号 **14-1-4** | 受遺者に対する否認通知書 ………………………………… 640 |
| 412 | 書式番号 **14-1-5** | 相続財産の管理報告書 ……………………………………… 641 |
| 413 | 書式番号 **14-1-6** | 相続財産の処分行為に対する利得返還請求書 ………… 643 |
| 414 | 書式番号 **14-1-7** | 相続放棄承認申述書 ………………………………………… 644 |
| 415 | 書式番号 **14-1-8** | 特定遺贈の承認又は放棄 …………………………………… 646 |
| 416 | 書式番号 **14-1-9** | 否認後の残余財産分配の通知書 …………………………… 647 |

## 第2章　信託財産破産

| 417 | 書式番号 **14-2-1** | 信託財産破産手続開始申立書 …………………………… 648 |
| 418 | 書式番号 **14-2-2** | 信託財産破産に関する同意廃止申立て ………………… 650 |

# 第15部　他の手続への移行

| 419 | 書式番号 **15-1-1** | 再生手続開始申立許可申立書 …………………………… 652 |
| 420 | 書式番号 **15-1-2** | 再生手続開始申立書 ……………………………………… 653 |

部名・章名による　目　次

第1部　個人（事業者を除く個人）の破産の申立て　27
　第1章　申立前　27
　第2章　申立て　38
　第3章　自由財産　78
　第4章　その他　85
第2部　法人の破産の申立て　86
　第1章　申立前の準備　86
　第2章　破産手続開始申立て　107
　第3章　申立直後の書類　164
　第4章　申立前後の従業員関係書類　181
第3部　財産の保全と保全管理命令　200
　第1章　保全処分その他の財産保全　200
　第2章　保全管理命令　215
第4部　申立て後から開始決定直後まで　221
　第1章　裁判所　221
　第2章　破産管財人　239
　第3章　連鎖倒産防止関係　286
第5部　破産手続を通じて使用する書式　290
　第1章　文書の閲覧　290
　第2章　その他の申請・届出・連絡　297
第6部　財団の管理・換価編　305
　第1章　一般　305
　第2章　保全・執行関連　321
　第3章　契約関係の処理　330
　第4章　債権回収　338
　第5章　資産処分　345

　第6章　別除権　397
　第7章　相殺　424
　第8章　否認　430
　第9章　役員の責任の追及　467
第7部　債権の届出・調査・確定編　475
　第1章　債権の届出　475
　第2章　債権の調査　486
　第3章　債権の確定　499
第8部　債権者集会・債権者委員会　509
　第1章　債権者集会　509
　第2章　債権者委員会　526
第9部　破産管財人の税務　534
第10部　財団債権　552
第11部　配当　557
　第1章　配当の準備　557
　第2章　簡易配当　562
　第3章　最後配当　575
　第4章　同意配当、中間配当及び追加配当　590
第12部　破産手続の終了　603
　第1章　廃止一般　603
　第2章　同意廃止　609
　第3章　その他廃止関係書類　611
　第4章　終結　615
第13部　免責および復権　617
　第1章　免責　617
　第2章　復権　633
第14部　相続財産（及び信託財産）破産　635
　第1章　相続財産破産　635
　第2章　信託財産破産　648
第15部　他の手続への移行　652

| 書式番号 1-1-1 | 書式名 委任契約書 |

年　月　日

# 契　約　書

後記依頼者を甲とし、後記受任弁護士を乙として、次のとおり契約する。

1　甲は乙に対し、自己破産申立事件を委任し、乙はこれを受任する。
2　乙は弁護士法及び所属弁護士会の規則等に従い、誠実に委任事務の処理に当たるものとする。
3　甲が乙に対して支払う弁護士報酬等は次のとおりとする。
　(1)　着手金　　　　　　　　　　円〔消費税（外税）　　　　　　　円〕
　(2)　報酬金（免責決定が得られたとき）
　　　　　　　　　　　　　　　　円〔消費税（外税）　　　　　　　円〕
　(3)　日　当
　　　　1回につき　　　　　　　　円〔消費税（外税）　　　　　　　円〕
　(4)　交通費、通信費、予納金、コピー代等の実費は、実額。
　(5)　債権者に対し、過払金返還請求、慰謝料請求の訴訟等を提起する場合は、別途協議して定める。
4　甲は、乙に対し、上記の弁護士報酬等を次のとおり支払う。
　(1)　着手金　　一括払い（　　年　月　日までに支払う）
　(2)　報酬金　　免責決定後支払う。〔注1〕
　(3)　日当、実費については適宜の時期に支払う。
　(4)　報酬金については、甲乙が協議の上、増額をすることがある。
5　乙は、甲が上記の弁護士報酬、日当または事件処理に必要な実費を支払わないときは、次の処置をとることができる。
　(1)　その支払いがあるまで、事件処理に着手せず、または、その処理を中断すること。ただし、乙は、甲に対しその旨を通知しなければならない。
　(2)　預かり保管中の金員と相殺し、または、事件に関する書類その他の物件を引き渡さないでおくこと。ただし、乙は速やかに甲に対しその旨を通知しなければならない。
6　乙は、次のいずれかの事由が生じたときは、本契約を解除することができる。この場合、既に事件に着手しているときは、乙は、甲に対し、着手金の全額を請求し、または、受領済みの着手金を返還しないことができる。
　(1)　甲が前記の弁護士報酬、日当または事件処理に必要な実費を約定どおり支払わず、かつ、乙が相当期間を定めて催告したにもかかわらず、これに応じないとき。
　(2)　甲が乙に対し虚偽の事実を申告したため、乙の事件処理に著しい不都合が生じたとき。

7 乙は、次のいずれかの事由が生じたときは、甲に対し、弁護士報酬の全額を請求することができる。
 (1) 甲が乙の責めに帰することのできない事由で乙を解任したとき。
 (2) 甲が乙の同意なく依頼事件を終結させたとき。
 (3) 甲が故意または重大な過失で乙の事件処理を不能にしたとき。

（甲）
（依頼者）
（住所）＿＿＿＿＿＿＿＿＿＿＿＿＿＿＿＿＿＿＿
（氏名）＿＿＿＿＿＿＿＿＿＿＿＿＿＿＿＿＿＿＿

（乙）
（受任弁護士）
（住所）＿＿＿＿＿＿＿＿＿＿＿＿＿＿＿＿＿＿＿
（氏名）＿＿＿＿＿＿＿＿＿＿＿＿＿＿＿＿＿＿＿

〔注1〕 成功報酬については、破産債権となり得るという考え方もあるが、自由財産により支払うことは差し支えない。
〔注2〕 後日、管財人に精算書を提出することになるため、委任契約書（報酬契約）は必ず書面化しておくことが望ましい。

| 書式番号 | 1-1-2 | 書式名 | 受任通知書 |

債権者各位

　　　　　　　　　　　　　　　　　　　　　　　　　年　　月　　日

　　　　　　　　　　　　　　　　　　　〒○○○○—○○○○
　　　　　　　　　　　　　　　　　　　東京都千代田区霞が関○丁目○番○号
　　　　　　　　　　　　　　　　　　　　TEL　○○−○○○○−○○○○
　　　　　　　　　　　　　　　　　　　　FAX　○○−○○○○−○○○○
　　　　　　　　　　　　　　　　　　　○○○○代理人
　　　　　　　　　　　　　　　　　　　弁護士　　　○○○○


　　　　　　　　　　　　　受　任　通　知


　冠省　当職は、○○○○（住所：東京都○区○○　生年月日○○年○月○日　以下「当方」といいます。）の債務整理を受任いたしましたので、代理人として、貴社に対し、次のとおりご通知いたします。
　さて、当方の負債の状況は現在調査中であり、破産申立て、任意整理、あるいはその他の手続をとるかは現時点では決定していません。早急に負債の状況を把握した上で債務整理の方針を決定しますので、必要事項を記入した債権調査票、債権証書及び債務名義の写しを、本書面到達後2週間以内に、FAXまたは郵送にて当職宛お送り頂きたくお願い申し上げます。調査完了後に、当職より債務整理の方針等をお知らせいたします。
　なお、今後のご連絡は当職宛にしていただきたく、当方本人またはその家族等に対する直接のご連絡はお控えください。
　取り急ぎ要用のみにて失礼いたします。

　　　　　　　　　　　　　　　　　　　　　　　　　　　　　　草　々


　　　　　　　　　　　　　　添付書類

　　　　　　　　　　　債権調査票　　　1部

〔注1〕　債権調査票の書式については、書式番号1-1-3を参照。
〔注2〕　受任通知書は、支払停止との関係において、重要な意味を持つものである。
〔注3〕　滞納処分を行うことができる租税債権者には送付しないのが通常である。
〔注4〕　債権の存在に疑義がある場合には、「債権の存在を自認するものではありません。」という一文を追加する。

| 書式番号 | 1-1-3 | 書式名 | 債権調査票 |

# 債 権 調 査 票

債務者　　○○○○

債権者名
住　　所
電話番号
担 当 者

1　契約金額（総額）　　　　　　＿＿＿＿＿＿＿円
2　返済済み（支払）額　　　　　＿＿＿＿＿＿＿円
　※　具体的な取引経過についても別紙にて明らかにしてください。
3　貴社主張残債権合計　　　＿＿＿＿＿＿＿（　　年　　月　　日　現在）
　　　　　　（元金　　　　　　　　　円）
　　　　　　（利息　　　　　　　　　円）
　　　　　　（遅延損害金　　　　　　円）
4　債権の種類　□貸付金　□立替金　□売掛金　□連帯保証債務
　　　　　　　　□その他（　　　　　　　　　　　）
5　債権発生（最初の契約）年月日　　　　　年　　月　　日
　（既に完済済みのものも含めた一番当初の債権の発生年月日をご記入ください。）
6　債務者へ最後に貸し付けた（契約）年月日　　　年　　月　　日
7　貴社へ最後に返済（支払）した年月日　　　　　年　　月　　日
8　連帯保証人がいる場合（又は連帯保証債務の場合）
　　保証人の氏名（又は主債務者名）
　　保証金額　　　　　　　　　円
9　債務名義（支払督促、判決、公正証書）がある場合
　　その表示（裁判所、事件番号、公正証書番号等）
10　担保を取っている場合
　　その目的物
11　その他特記事項（ご希望・参考情報等）

〔注１〕　貸付金を前提とした項目もあるため、債権者に応じて、適時修正をして使用することが望ましい。

**書式番号 1-1-4　書式名　受任通知書（対ヤミ金）**

　　　　　　　　　　　　　　　　　　　　　　　　　　　　年　　月　　日

〒○○○－○○○○
東京都○○区○○町○丁目○番○号
○○○○株式会社
代表取締役　　○○○○殿

　　　　　　　　　　　　　　　　　　　　〒○○○－○○○○
　　　　　　　　　　　　　　　　　　　　東京都千代田区霞が関○丁目○番○号
　　　　　　　　　　　　　　　　　　　　TEL　○○－○○○○－○○○○
　　　　　　　　　　　　　　　　　　　　FAX　○○－○○○○－○○○○
　　　　　　　　　　　　　　　　　　　　○○○○代理人
　　　　　　　　　　　　　　　　　　　　弁護士　　　○○○○

## 受　任　通　知

　冠省　当職は、下記の者の代理人として、貴社に通知します。

記

　　　　　　　　住所：東京都○○区○○1－2－3
　　　　　　　　氏名：○○○○
　　　　　　　　　（生年月日　　年　　月　　日）

　貴社は通知人に対して金銭を貸し付けたとして取立行為を行っていますが、貴社の通知人に対する貸付は出資法第5条第2項所定の上限金利である年20パーセントを大幅に超過しており明確な違法行為である上、民事上も公序良俗（民法第90条）に違反する行為として無効です。また、貴社の通知人に対する取立行為、すなわち、通知人または通知人の親族の自宅、勤務先に対する電話による執拗な支払督促行為などは、貸金業規制法第21条に違反するばかりか、威力業務妨害罪を構成しうる悪質な行為です。さらに、貴社が貸金業登録をしていない場合、貸金業法第11条第1項の無登録営業に該当し、同法第47条及び第51条により、1億円以下の罰金刑に処せられる可能性があります。また、違法貸金業者が個人の場合に無登録営業をした場合には、貸金業法第47条により、10年以下の懲役若しくは、3000万円以下の罰金が科される可能性があります。
　つきましては、当職は、貴社に対し、今後一切の取立行為を中止するよう、本書をもって強く警告します。
　併せて、貴社がこれまでに通知人から返済を受けた総額を速やかに後記口座に振り込みご返還いただくとともに、同封の債権放棄書に所定の事項を記入の上、当職宛までご返送されるよう請求します。
　貴社が上記の警告及び請求に応じない場合、当職は、出資法違反、貸金業法違反及び威力業務妨害罪等による告訴、監督省庁に対する貸金業登録抹消の行政処分申立、並びに、取引口座に対

する組織犯罪処罰法等に基づく申告並びに口座凍結の要請等の法的手段をとりますので、その旨申し添えます。

　なお、今後本件に関する当事務所へのお問い合わせは、当職宛にFAXまたは郵便による書面でなされるようお願いします。電話でのお問い合わせはご遠慮下さい。

草々

記

　　　　　　　　○○銀行○○支店　普通口座
　　　　　　　　口座番号　1234567
　　　　　　　　口座名義　○○○○

以　上

〔注1〕　債権放棄書は書式番号1-1-5を参照。
〔注2〕　ヤミ金業者に住所や生年月日を知られていない場合には、本人の特定に最低限必要な情報のみを記載することもありうる。

| 書式番号 | 1-1-5 | 書式名 | 債権放棄書 |

　　　　　　　　　　　　　　　　　　　　　　　　　　　年　　月　　日

〒○○○—○○○○
東京都千代田区霞が関○丁目○番○号
TEL　○○－○○○○－○○○○
FAX　○○－○○○○－○○○○
○○○○代理人
弁護士　　○○○○　殿

　　　　　　　　　　　　　　　　　〒○○○—○○○○
　　　　　　　　　　　　　　　　　東京都千代田区霞が関○丁目○番○号
　　　　　　　　　　　　　　　　　○○○株式会社
　　　　　　　　　　　　　　　　　代表取締役　○○○○　　　㊞

# 債 権 放 棄 書

当社（当方）は、下記の者に対して有する一切の債権を放棄します。

　　　　　　　　　　　　　　記

　　　　住所：東京都○○区○○１－２－３
　　　　氏名：○○○○
　　　　（生年月日　　　年　　月　　日　）

　　　　　　　　　　　　　　　　　　　　　　　　　　以　上

**書式番号 1-1-6　書式名 過払金返還請求書**

　　　　　　　　　　　　　　　　　　　　　　　　　　　　　　年　　月　　日

○○株式会社　御中

　　　　　　　　　　　　　　　　　　〒○○○－○○○○
　　　　　　　　　　　　　　　　　　東京都千代田区霞が関○丁目○番○号
　　　　　　　　　　　　　　　　　　TEL　　○○－○○○○－○○○○
　　　　　　　　　　　　　　　　　　FAX　　○○－○○○○－○○○○
　　　　　　　　　　　　　　　　　　○○○○代理人
　　　　　　　　　　　　　　　　　　弁護士　　　○○○○


　　　　　　　　　　　　　　請　求　書


　冠省　当職は、下記の者の代理人として、貴社に通知します。

　　　　　　　　　　　　　　　記

　　　　　　住所：東京都○○区○○１－２－３
　　　　　　氏名：○○○○
　　　　　　（生年月日　　　年　　月　　日）

　さて、貴社からご送付いただいた取引明細書によれば、通知人は、○○年○月○日より、貴社との間で、継続的に金銭消費貸借取引を行っており、その間、多数回にわたって金銭の借入れ及び弁済をなしています。
　しかるところ、貴社の通知人に対する請求金額は、利息制限法所定の制限を超過した無効な利息に基づいて計算されたものであり、同超過部分についての弁済は、本来、元本に充当されるべきものです。
　そこで、当職が利息制限法所定の上限金利に基づいて再計算を行ったところ、別紙計算書のとおり、金　　　　　　　円の過払金が生じています。同過払金は、元本がなかったにもかかわらず、それを知らずに通知人が支払ったものですから、貴社の不当利得（民法704条）に該当します。
　よって、貴社は通知人に対し、過払金　　　　　　　円及び○月○日から支払済みまで年５分の割合による遅延損害金を、当職の後記預かり金口座に振り込む方法によりお支払いただくよう請求します。
　貴社が上記請求に応じない場合、直ちに法的措置に移行いたしますので、この旨申し添えます。

　　　　　　　　　　　　　　　　　　　　　　　　　　　　　　　　　　以　上

記

　　　　○○銀行○○支店　普通口座
　　　　口座番号　1234567
　　　　口座名義　○○○○

〔注1〕　過払金には資産性があるため、破産者が過払金の存在を認識しながらこれを秘匿して同時廃止決定を受けた場合は免責不許可事由（破産法252条1項1号・8号）となるおそれがあり、詐欺破産罪（同法265条1項1号）として処罰されるおそれがある。また、破産者が過払金の存在を認識しながらこれを秘匿して同時廃止決定を受け、免責決定の確定後に返還訴訟を提起した場合、詐欺破産罪として処罰されるおそれがある上、免責取消事由（同法254条1項）となるおそれがある。
　　　そこで、申立代理人としては、申立段階で資産調査を尽くすべきであり、債務者本人からの事情聴取の結果、一定額の過払金の存在が窺われる場合は、管財事件に付して管財人に引き継ぐのが望ましい。
〔注2〕　過払金計算書については、書式番号1-1-7を参照。

**書式番号 1-1-7　書式名 過払金計算書**

## 利息制限法に基づく法定金利計算書

（1円未満切捨。利息計算は閏年を366日とする。過払利息計算は閏年を366日とする。）

債務者；　　　　　　　　　　　過払利率　　　5％
会員番号；
貸金業者；　　　　　　　　　　作成者；

| | 年月日 | 借入金額 | 弁済額 | 利率 | 日数 | 利息 | 未払利息 | 残元金 | 過払利息 | 過払利息残額 |
|---|---|---|---|---|---|---|---|---|---|---|
| 1 | | | | 0.18 | | | | 0 | | |
| 2 | | | | 0.18 | | | | | | |
| 3 | | | | 0.18 | | | | | | |
| 4 | | | | 0.18 | | | | | | |
| 5 | | | | 0.18 | | | | | | |
| 6 | | | | 0.18 | | | | | | |
| 7 | | | | 0.18 | | | | | | |
| 8 | | | | 0.18 | | | | | | |
| 9 | | | | 0.18 | | | | | | |
| 10 | | | | 0.18 | | | | | | |
| 11 | | | | 0.18 | | | | | | |
| 12 | | | | 0.18 | | | | | | |
| 13 | | | | 0.18 | | | | | | |
| 14 | | | | 0.18 | | | | | | |
| 15 | | | | 0.18 | | | | | | |
| 16 | | | | 0.18 | | | | | | |
| 17 | | | | 0.18 | | | | | | |
| 18 | | | | 0.18 | | | | | | |
| 19 | | | | 0.18 | | | | | | |
| 20 | | | | 0.18 | | | | | | |
| 21 | | | | 0.18 | | | | | | |
| 22 | | | | 0.18 | | | | | | |

| | | | | 0.18 | | | | | |
|---|---|---|---|---|---|---|---|---|---|
| 23 | | | | 0.18 | | | | | |
| 24 | | | | 0.18 | | | | | |
| 25 | | | | 0.18 | | | | | |
| 26 | | | | 0.18 | | | | | |
| 27 | | | | 0.18 | | | | | |
| 28 | | | | 0.18 | | | | | |
| 29 | | | | 0.18 | | | | | |
| 30 | | | | 0.18 | | | | | |
| 31 | | | | 0.18 | | | | | |
| 32 | | | | 0.18 | | | | | |
| 33 | | | | 0.18 | | | | | |
| 34 | | | | 0.18 | | | | | |
| 35 | | | | 0.18 | | | | | |

出典 http://kabarai.net/index.html「ホーム」の「利息計算ソフト」より引用。

第1部 個人（事業者を除く個人）の破産の申立て
第2章 申立て　書式1-2-1　破産・免責申立書

**書式番号 1-2-1　書式名 破産・免責申立書**

# 破産手続開始・免責許可申立書

| 印紙　1500 円 | |
|---|---|
| 郵券　4100 円 | 印紙 |
| 係印 | 備考 | 1500円 |

○○地方裁判所民事第○○部　御中

　　　　年　　月　　日

（ふりがな）
申立人氏名＿＿＿＿＿＿＿＿＿＿＿＿＿＿＿

　　（ふりがな）　　　　　（ふりがな）
　　□旧姓＿＿＿＿＿＿　□通称名＿＿＿＿＿＿（※旧姓・通称で借入れした場合のみ）

生年月日＿＿＿年＿＿月＿＿日生（＿＿歳）
本　籍　別添住民票記載のとおり
現住所　□別添住民票記載のとおり（〒　　－　　）※郵便番号は必ず記入すること
　　　　□※住民票と異なる場合　〒　　－＿＿＿＿＿＿＿＿＿＿＿＿＿＿＿＿＿＿＿
現居所（※住所と別に居所がある場合）〒　　－＿＿＿＿＿＿＿＿＿＿＿＿＿＿＿＿
申立人代理人（※代理人が複数いる場合には主任代理人を明記すること）
　　事務所（送達場所）、電話、ファクシミリ、代理人氏名・印

## 申　立　て　の　趣　旨

1　申立人について破産手続を開始する。
2　申立人（破産者）について免責を許可する。

## 申　立　て　の　理　由

　申立人は、添付の債権者一覧表のとおりの債務を負担しているが、添付の陳述書及び資産目録記載のとおり、支払不能状態にある。

手続についての意見　　　□同時廃止　□管財手続
即日面接（申立日から3日以内）の希望の有無　　□希望する　□希望しない
　生活保護受給　　　　□無　□有→□生活保護受給証明書の写し
　所有不動産　　　　　□無　□有→□オーバーローンの定形上申書あり（　　　倍）
　破産・個人再生・民事再生の関連事件（申立予定を含む）　□無　□有（事件番号　　　　　）

管轄に関する意見
　□住民票上の住所が東京都にある。
　□大規模事件管轄又は関連事件管轄がある。
　□経済生活の本拠が東京都にある。
　　　勤務先の所在地　〒　　－
　□東京地裁に管轄を認めるべきその他の事情がある。

添付書類の確認　　　□個人番号（マイナンバー）が記載された書面を添付していない。

　　　　　　　出典　第二東京弁護士会の会員サイトから引用。各弁護士会においても会員向けに配布
　　　　　　　　　　していると思われる。なお、本申立書を作成するに当たっては、在京三弁護士会作成の
　　　　　　　　　　「申立てに当たり調査・確認すべき事項」を参照する必要がある（在京三弁護士会の会員
　　　　　　　　　　サイトに掲載されている）。

| 書式番号 | 1-2-2 | 書式名 | 破産申立書（管財）【大阪】 |

［印紙 1500円］

# 破産申立書（自然人・管財事件用）

　　　　　　　　　　　　　　　　　　　　　　　　　　　　年　　月　　日

大阪地方裁判所（□　　　　支部）御中
　　　　　　　申立代理人弁護士（担当）_____印
　　　　　　　送達場所（事務所）〒_____
　　　　　　　TEL（　）　－　　　　FAX（　）　－

（ふりがな）
申立人氏名 _____　旧姓・通称・屋号 _____
年　齢（　歳）（　　　年　　月　　日生）
本籍・国籍　□住民票本籍欄記載のとおり　□国籍_____
住 居 所（〒　－　）□住民票記載のとおり　□外国人登録原票記載事項証明書のとおり
□〒_____（住民票と異なる場合↓）
連 絡 先（　）－　　　　　　　　　　　　　□居所についての疎明資料添付

　　　　　　　　　　　　申　立　て　の　趣　旨

1　申立人について破産手続を開始する。
2　別紙財産目録記載の財産のうち、同財産目録の自由財産拡張申立欄に☑を付した財産について、破産財団に属しない財産とする。

　　　　　　　　　　　　申　立　て　の　理　由

　申立人は、1のとおりの債務を負担し、財産総額は2のとおりであるため、支払不能の状態にある。

1　債務の状況（別紙債権者一覧表記載のとおり）
　(1)　一般破産債権総額_____万_____円（債権者_____人）
　(2)　優先的破産債権及び財団債権総額
　　　　_____万_____円（債権者_____人）
2　財産の状況（別紙財産目録記載のとおり）
　　回収見込額合計_____万_____円

　　　　　　　　　　　　参　考　事　項
　　　　　　　　　　（必ずこの欄も記載する。）

1　破産管財人への引継予定の現金_____円
2　法人の代表者であるか（□当・□否）　その法人の破産申立て（□有・□無）

第1部　個人（事業者を除く個人）の破産の申立て
第2章 申立て　書式番号1-2-2　破産申立書（管財）【大阪】

　　その係属する裁判所と事件番号等
　　＿＿＿地方裁判所＿＿支部・＿＿年（フ）第＿＿＿＿号、＿＿＿係
　　その事件の進行（□開始決定済・□同時申立・□開始決定未）
　　その破産管財人の氏名等（弁護士＿＿＿＿＿、TEL（　）＿＿＿－＿＿＿）
　　今後の予定（□予定有　＿＿年　＿＿月ころ・□予定無）
3　現在個人事業者であるか（□当・□否）
4　配偶者の申立て（□有・□無）その係属する裁判所と事件番号等
　　＿＿＿地方裁判所＿＿支部・＿＿年（フ）第＿＿＿＿号、＿＿＿係

| 印　紙 | 郵　券 | 支部申立ての場合 | 受領印 |
|---|---|---|---|
| 1500 円 | 円 | 3470 円 | |

出典　大阪弁護士会から、会員に配布されている書式に一部手を加えた。東京地方裁判所のように、同時廃止も管財事件も同じ申立書式の裁判所も存在する。

## 書式 1-2-3 破産申立書（同時廃止）【大阪】

# 破産申立書（同時廃止用）

年　月　日

大阪地方裁判所第○民事部　御中

　　　　　　　申立代理人弁護士（担当）＿＿＿＿＿＿＿＿＿＿＿＿＿　㊞
　　　　　　　送達場所（事務所）〒　　－
　　　　　　　　　Tel（　）　　－　　　　Fax（　）　　－

申立人氏名　＿＿＿＿＿＿＿＿＿＿＿＿　（旧姓）＿＿＿＿＿＿＿（旧姓で借り入れた場合）
年　　齢　（　　歳）（　　　年　　月　　日生）

本籍・国籍　□住民票本籍欄記載のとおり　□国籍＿＿＿＿＿＿＿＿＿＿＿
住　居　所　□〒（　　－　　）　住民票記載のとおり
　　　　　　□〒＿＿＿＿＿＿＿＿＿＿＿＿＿＿＿＿＿（住民票と異なる場合）
連　絡　先　（　　　）　　－

### 申立ての趣旨

1　申立人につき破産手続を開始する。
2　本件破産手続を廃止する。

### 申立ての理由

　申立人は、債権者一覧表記載のとおり、債権者　　人に対し、金　　万　　円の債務（うち、保証債務と住宅ローンを除く債務額は、金　　万　　円である。）を負担しているが、財産目録記載のとおり、支払不能状態にある。
また、破産財団を構成すべき財産がほとんどなく、破産手続の費用を支弁するに足りない。

### 参考事項

1　現在個人事業者であるか（□当・□否）
　　その店名・屋号等　＿＿＿＿＿＿＿＿＿＿＿＿＿＿＿＿＿＿＿＿＿
　　その事業所所在地　＿＿＿＿＿＿＿＿＿＿＿＿＿＿＿＿＿＿＿＿＿
2　現在法人の代表者であるか（□当・□否）　その法人の破産申立て（□有・□無）
3　生活保護を受給しているか（□有・□無）

4　申立前7年内に個人再生事件の認可決定が確定したことがあるか（□有・□無）
5　申立前7年内に破産免責決定が確定したことがあるか（□有・□無）

　　　　　　〔注1〕　これは大阪地方裁判所の同時廃止用の書式である。ほとんどの裁判所には、それぞれの申立書式のモデルがあるので、確認のこと。
　　　　　　　　　破産申立費用1000円と免責申立費用500円、合計1500円の収入印紙を貼用する。

| 書式番号 | 1-2-4 | 書式名 | 委任状（個人） |

# 委　任　状

（印）

年　月　日

住　所　〒

委任者　　　　　　　印

私は、次の弁護士を代理人と定め下記事項を委任します。

　弁　護　士　　　　○○○○
　　　　　　　　　　○○弁護士会所属
　　　　　　　　　　住所〒○○○－○○○○
　　　　　　　　　　　東京都○○区○○町○丁目○番地○○ビル
　　　　　　　　　　○○法律事務所
　　　　　　　　　　電話○○－○○－○○　FAX　○○－○○－○○

記

一　私　　　　　　　　　　について、○○地方裁判所に対し、自己破産の申立てをなし、その進行に関する一切の件

一　上記破産申立てと同時に免責を申し立て、その進行に関する一切の件

一　復代理人選任の件

以　上

| 書式番号 | 1-2-5 | 書式名 | 打合せ補充メモ（個人用） |

　　　　年（フ）第　　　　号
破産者　　　　　　　　　（関連　　　　　　　　　）
　　　　　　　　　　　　　　　　　　　　年　　月　　日
　　　　　　　　　　　　　　　申立代理人　　　　　　　　　　　　印

## 打合せ補充メモ
（個人用）

> 申立代理人は、必ずこのメモを作成し、打合せ前に破産管財人に送付してください。

1　引継予納金
　(1)　□現金（□２０万　□その他　　　　円）
　　　　□現金以外の換価容易な財産をもって引継予納金に充てる（　　　　　　円）
　　　　（□預金　□解約返戻金　□退職金1/8相当額　□その他（　　　　　））
　(2)　引継方法　□一括（□打合せ時　□　　　月ころ）　□分割（　月～　月）

2　預かり金・回収金精算書（別紙のとおり）
　　※　申立てが複数ある場合には、各事件について作成してください。

3　受任通知の発送
　(1)　受任通知発送の有無　□有（　年　月　日発送）　□無
　(2)　受任通知の発送先　　□債権者　□債務者

4　連絡先等
□(1)　現住所
□(2)　連絡がとれる電話番号　（　　　）　　　携帯　（　　　）
□(3)　現在の勤務先　□正社員　□アルバイト　給与月額　　　　円
　　　名称：
　　　住所：
　　　電話：
□(4)　追加の破産申立て予定の有無
　　　□有　氏名・破産者との関係等
　　　　　（　月　日ころ予定）
　　　□無

5　預かり物品等（預かり物品がある場合、可能な限り、破産管財人との打合せの際お持ちくだ

さい。)
□(1)自動車　□有（　　　台）　□無
　【鍵　　本】【車検証　　枚】
　【任意保険　有（期間　　　年　月　　日まで）・　無　】
□(2)預かり物品明細
　① 個人実印、その他認印【合計　　個】
　② 預貯金通帳【　　冊】
　③ 出資証券【　　冊】
　④ 保険証券【　　枚】
　⑤ 有価証券
　　　・株券・社債＿＿＿＿＿＿＿＿＿＿＿＿＿＿＿＿＿＿＿＿
　　　　　　　　　　＿＿＿＿＿＿＿＿＿＿＿＿＿＿＿＿＿＿＿
　　　・受取手形・小切手【　　通】・ゴルフ会員権【　　通】
　⑥ 鍵【建物　　本、貸金庫　　本】
　⑦ 賃貸借契約書【　　通】
　⑧ クレジットカードのカード会社への返却　□済　□未了
　⑨ その他　□有（　　　　　　　　　　　　）　□無

6　**訴訟**（訴訟関係書類がある場合、可能な限り、破産管財人との打合せの際お持ちください。）
　□(1)係属中の訴訟はない。
　□(2)係属中の訴訟はなくなった。（理由：□取下げ　□その他（　　　　　））
　□(3)係属中の訴訟がある。
　　　①裁判所（係属部）、②事件番号、③事件名、④当事者名、⑤次回期日、⑥備考

7　**不動産**
　□(1)不動産はない。
　□(2)不動産はなくなった。（理由：□競売　□契約解除　□その他　　　　　）
　□(3)不動産あり。
　　　①所在、②用途、③名義人、④現在の占有状況、⑤任意保険の有無
　【例】物件1
　　　①○○区○○町○-○-○　○○ビル○階　②自宅　③被相続人名義　④鍵は債権者○
　　　○が所持していると思われる。不法占拠者あり。⑤有（期間　　○○年○月○日まで）

8　破産者の財産の換価に関する希望・特記事項

　　　　　出典　『手引』より引用（一部改変）。

**書式番号 1-2-6　管財補充報告書【大阪】**

　　　　年（フ）第　　　号
債務者

## 管財補充報告書

　　　　　　　　　　　　　　　　　　　　　　　　　　年　　月　　日

大阪地方裁判所　　　　御中

　　　　　　　　　　　　　　　　　申立代理人＿＿＿＿＿＿＿＿＿＿＿＿㊞

1　一般管財手続（招集型・非招集型）・個別管財手続の希望
　□本件が、一般管財手続（招集型）として取り扱われることを希望する。
　□次の注意事項を了解し、本件が、一般管財手続（非招集型）として取り扱われることに異議がない。
　　注：破産手続開始決定の前後を問わず、一件書類に記載された事実と異なる事実又は一件書類に記載されていない事実が判明する等して、非招集型手続として処理することが不適切であると裁判所が判断した場合は、招集型手続として処理されることになります。
　□本件が、個別管財手続として取り扱われることを希望する。

2　負債の状況（資産及び負債一覧表・債権者一覧表記載のとおり）

3　財産の状況（資産及び負債一覧表・財産目録記載のとおり）

4　遺産分割協議未了の相続財産の有無　　　　　　　　　　　【□有　□無】

5　係属中の訴訟等（支払督促、仮差押、仮処分、競売手続等を含む）の有無　【□有　□無】
　□係属中の訴訟等一覧表記載のとおり

6　倒産直前の弁済、資産譲渡、担保設定等の有無　　　　　　【□有　□無】
　□倒産直前の処分行為等一覧表記載のとおり

7　公租公課の滞納の有無　　　　　　　　　　　　　　　　　【□有　□無】
　□滞納公租公課一覧表のとおり

8　被課税公租公課チェック表
　□添付した。

9　居住物件の状況
　□自己所有でない。
　□自己所有である。
　　□4か月以内に明渡しが可能である。
　　□4か月以内の明渡しは困難である。
　　　その理由
　　　_____
　　　_____
　　　_____

10　住居所
　□住民票記載のとおり　□外国人登録原票記載事項証明書のとおり
　　　郵便取扱支店　郵便事業株式会社_____支店（〒　　－　　）
　□住民票と異なる→破産申立書記載のとおり
　　　郵便取扱支店　郵便事業株式会社_____支店（〒　　－　　）

11　住民票の異動
　□申立て前1年以内に住民票を異動していない。
　□申立て前1年以内に住民票を異動した。
　　　前住所は_____
　　　郵便取扱支店　郵便事業株式会社_____支店（〒　　－　　）

12　居所の異動
　□申立て前1年以内には居所を異動していない。
　□申立て前1年以内に居所を異動した。
　　　前居所は_____
　　　郵便取扱支店　郵便事業株式会社_____支店（〒　　－　　）

13　自由財産拡張の申立てについて
　(1)　金銭及び自由財産の拡張を求める財産の種類
　　□金銭及び別紙財産目録2～8の財産のみである。
　　□金銭及び別紙財産目録2～8以外の財産がある。
　　　□金銭及び別紙財産目録2～8以外の財産を自由財産とすべき具体的理由を記載
　　　　した別紙を添付した。
　(2)　金銭及び自由財産の拡張を求める財産の合計額の99万円超過の有無
　　□99万円以下である。
　　□99万円を超える。
　　　□99万円を超える財産を自由財産とすべき具体的理由を記載した別紙を添付した。

14 破産法41条の財産の内容を記載した書面としては，添付の財産目録を援用することとする（ただし開始決定までに記載内容に変動があった場合には改めて提出する。）。

＊ 以下は、申立人が現在個人事業者である場合、又は申立前6か月以内に個人事業者であった場合にチェックして下さい。

15 事業名称　　　　　　　　　　　　　　　　　　　　　　　　　　　【□有　□無】
　　その店名・屋号_____

16 事業の具体的内容
　　_____
　　_____

17 事業用物件（営業所、店舗、倉庫、社宅、駐車場等）の有無及び状況　【□有　□無】
　(1) 本店の住所_____
　　　郵便取扱支店　郵便事業株式会社_____支店（〒　　－　　）
　　　□自己所有
　　　□賃借（賃料月額_____円、契約上の返戻金_____円）
　　　　□明渡完了
　　　　□明渡未了（その明渡及び原状回復費用見込額_____円）
　　　　　□見積書の写しを提出した。
　(2) ____の住所_____
　　　郵便取扱支店　郵便事業株式会社_____支店（〒　　－　　）
　　　□自己所有
　　　□賃借（賃料月額_____円、契約上の返戻金_____円）
　　　　□明渡完了
　　　　□明渡未了（その明渡及び原状回復費用見込額_____円）
　　　　　□見積書の写しを提出した。

18 従業員の有無及び状況　　　　　　　　　　　　　　　　　　　　　【□有　□無】
　(1) 従業員数　総数_____名
　(2) 解雇通知　____年__月__日（未了の場合の予定日　____年__月__日）
　(3) 労働組合の有無　　　　　　　　　　　　　　　　　　　　　　【□有　□無】
　　　その名称_____

19 支払停止の状況
　　□1回目の手形不渡（またはその見込み）日　　　　_____年___月___日

□２回目の手形不渡（またはその見込み）日　　　　　　＿＿＿＿＿年＿＿月＿＿日
□閉店または廃業の日　　　　　　　　　　　　　　　　＿＿＿＿＿年＿＿月＿＿日

20　取戻権行使の見込みの有無　　　　　　　　　　　　　　　　　　【□有　□無】
　　□リース物件及び預り商品の状況は、リース物件等一覧表記載のとおり

21　売掛金の回収
　　□すべて回収した。
　　□回収していないものもある。
　　　　未回収件数＿＿＿＿＿＿＿＿＿＿件
　　　　未回収金額＿＿＿＿＿＿＿＿＿＿円
　　　　　　　　　回収可能性　　□有
　　　　　　　　　　　　　　　　□無
　　　　　　　　　回収困難な場合
　　　　　　　　　その理由（　　　　　　　　　　　　　　　　　　）

22　貸付金の回収
　　□すべて回収した。
　　□回収していないものもある。
　　　　未回収件数＿＿＿＿＿＿＿＿＿＿件
　　　　未回収金額＿＿＿＿＿＿＿＿＿＿円
　　　　　　　　　回収可能性　　□有
　　　　　　　　　　　　　　　　□無
　　　　　　　　　回収困難な場合
　　　　　　　　　その理由（　　　　　　　　　　　　　　　　　　）

23　機械・工具類・什器備品・在庫商品の有無　　　　　　　　　　　【□有　□無】
　　その評価額＿＿＿＿＿＿＿＿＿＿＿＿＿円
　　　□換価可能
　　　□換価不可能
　　　　　廃棄費用見込額＿＿＿＿＿＿＿＿＿＿円
　　　　　□見積書を提出した。

24　粉飾決算の有無　　　　　　　　　　　　　　　　　　　　　　　【□有　□無】

|出典| 大阪地裁の書式である（一部改変）。

# 書式番号 1-2-7 債権者一覧表（一般用）

## 債権者一覧表（一般用）（最終頁用）

| 番号 | 債権者名 | 債権者住所（送達先） | 借入始期及び終期（元号） | 現在の残高（円） | 原因 使途 | 保証人（保証人名） | 最終の受任通知の日 年 月 日 最終返済日 | 備考（別除権、差押え等がある場合は、注記してください。） |
|---|---|---|---|---|---|---|---|---|
| | | （〒　　－　　） | 年　月　～　年　月　日 | | 原因 A・B・C・D 使途・内容（　　） | □無 □有（　　） | 最終返済日 年　月　日 □一度も返済していない | |
| | | （〒　　－　　） | 年　月　～　年　月　日 | | 原因 A・B・C・D 使途・内容（　　） | □無 □有（　　） | 最終返済日 年　月　日 □一度も返済していない | |
| | | （〒　　－　　） | 年　月　～　年　月　日 | | 原因 A・B・C・D 使途・内容（　　） | □無 □有（　　） | 最終返済日 年　月　日 □一度も返済していない | |
| | | （〒　　－　　） | 年　月　～　年　月　日 | | 原因 A・B・C・D 使途・内容（　　） | □無 □有（　　） | 最終返済日 年　月　日 □一度も返済していない | |
| | | （〒　　－　　） | 年　月　～　年　月　日 | | 原因 A・B・C・D 使途・内容（　　） | □無 □有（　　） | 最終返済日 年　月　日 □一度も返済していない | |
| | | （〒　　－　　） | 年　月　～　年　月　日 | | 原因 A・B・C・D 使途・内容（　　） | □無 □有（　　） | 最終返済日 年　月　日 □一度も返済していない | |
| | | （〒　　－　　） | 年　月　～　年　月　日 | | 原因 A・B・C・D 使途・内容（　　） | □無 □有（　　） | 最終返済日 年　月　日 □一度も返済していない | |
| | | （〒　　－　　） | 年　月　～　年　月　日 | | 原因 A・B・C・D 使途・内容（　　） | □無 □有（　　） | 最終返済日 年　月　日 □一度も返済していない | |
| 債権者数合計　　　　　名 | | | 総債権額　　　　　円 | | | | | |

【原因】欄は、A＝現金の借入れ、B＝物品購入、C＝保証、D＝その他、のいずれかの配号を○で囲む。

出典 東京地裁から東京三弁護士会に配布された書式である（一部改変）。

第1部　個人（事業者を除く個人）の破産の申立て
第2章　申立て　書式番号1-2-8　債権者一覧表（一般用）記入例

**書式番号 1-2-8　書式名　債権者一覧表（一般用）記入例**

（記入の方法）

**債権者一覧表（一般用）（2枚中1枚目）**

| 番号 | 債権者名 | 債権者住所（送達先） | 借入始期及び終期（元号） | 現在の残高（円） | 原因使途 | 保証人（保証人名） | （最初の受任通知の日　　年　月　日）最終返済日 | 備考（別除権、差押え等がある場合、注記してください。） |
|---|---|---|---|---|---|---|---|---|
| 1 | 株式会社○○クレジット | （〒100-0013）千代田区霞が関1-1-20　○○ビル2階 | ○○年10月9日のみ | 236,321 | 原因　B 使途・内容（時計購入） | ■無 □有 | 最終返済日 ○○年1月31日 □一度も返済していない | |

**債権者一覧表（一般用）（2枚中2枚目）（最終頁用）**

| 番号 | 債権者名 | 債権者住所（送達先） | 借入始期及び終期（元号） | 現在の残高（円） | 原因使途 | 保証人（保証人名） | 最終返済日 | 備考 |
|---|---|---|---|---|---|---|---|---|
| 12 | ○○信用保証株式会社 | （〒100-0004）千代田区鍛冶町2-1-1　○○ビル4階 | ○○年6月16日～○○年3月30日 | 1,273,247 | 原因　A 使途・内容（事業資金） | □無 ■有（中野 光一郎） | 最終返済日 ○○年11月30日 □一度も返済していない | 自宅土地建物に抵当権設定 物上保証人（中野光一郎） 公正証書有り 原債権者　株式会社丸角銀行 代位弁済日　○○年8月16日 |
| 債権者数合計（一般用） | 12名 | | | 総債権額 | 532万6429円 | | | |

* 「最初の受任通知の日」欄を必ず記入してください。
* 借入・購入年月日の古いものから記入します。
* 同じ債権者から何回も借り入れている場合は、初めて借り入れた時期を基準に記載順序を定め、金額、使途等はまとめて記載します。
* 保証人が入っている場合の保証人に対する求償債権、親族からの借入れ、公共料金、家賃の滞納分、勤務先からの借入れ、任意の器械からの借入れなども忘れずに記載します。
* 弁済代位により債権者が替わっている場合には、新債権者の名称、基本的に代理人が行った債権調査の結果（返送された債権調査表のままということではありません。）を記載します。ただし、「原因使途」欄等は、原債権者から借り入れたときの事情を記入します。また、「備考」欄に原債権者名、代位弁済日を記入します。
* 「借入始期及び終期」欄及び「現在の残高」欄は、○○年○月○日のみ（手書きの場合は○で囲みます。）。また、使途は、借入金を何れか1回のみの場合には、「○○年○月○日のみ」と記入します。
* 「原因使途」欄について、原因は、A＝現金の借入れ、B＝物品購入、C＝保証、D＝その他。の記号を記入します。また、使途は、借入金を何に使ったか、何を買ったか、誰の債務を保証したか等を、具体的に記入します。
* 「保証人」欄には、具体的な担保物件の種類、債務名義（強制執行受諾文言付公正証書も含む）の有無・種類、訴訟係属の有無を記載します。また、別除権、仮差押え、差押え等の有無を記載します。
* 「備考」欄には、具体的な担保物件の種類、債務名義（強制執行受諾文言付公正証書も含む）の有無・種類、訴訟係属の有無・種類、差押え、仮差押えの有無を記入します。（次の書式番号1-2-9）に記入してください。当該欄の「種別」欄には、所得税、住民税、固定資産税、国民健康保険料、国民年金保険料など具体的に記載します。
* 公租公課（国税徴収法または同法の例により徴収することのできる請求権）は、公租公課用の一覧表（次の書式番号1-2-9）に記入してください。当該書式の「種別」欄には、所得税、住民税、固定資産税、消費税、預かり消費税、預かり源泉所得税、自動車税、国民健康保険料、国民年金保険料などを具体的に記載します。

出典　東京地裁から東京三弁護士会に配布された書式を一部改変した。

## 書式 1-2-9 債権者一覧表（公租公課用）

債権者一覧表（公租公課用）（　枚中　枚目）

| 番号 | 債権者名 | 債権者住所（送達先） | 電話番号 | 種別 | 現在の滞納額 |
|---|---|---|---|---|---|
|  |  | (〒　　) |  |  |  |
|  |  | (〒　　) |  |  |  |
|  |  | (〒　　) |  |  |  |
|  |  | (〒　　) |  |  |  |
|  |  | (〒　　) |  |  |  |
|  |  | (〒　　) |  |  |  |
|  |  | (〒　　) |  |  |  |
| 公租公課合計 | 庁 | | | 現在の滞納額合計 | 円 |
| 債権者合計（公租公課を含む） | 名 | | | 現在の残金額合計 | 円 |

＊　合計欄は、債権者一覧表（一般用）と同（公租公課用）の総合計（債権者数、残金額）を記入して下さい。

出典　東京地裁から東京三弁護士会に配布された書式を一部改変した。

第1部　個人（事業者を除く個人）の破産の申立て
第2章　申立て　書式番号1-2-10　係属中の訴訟等一覧表【大阪】

**書式番号** 1-2-10　**書式名** 係属中の訴訟等一覧表【大阪】

## 係属中の訴訟一覧表

| No. | 事件の種類 | 相手方 | 係属裁判所 | 事件番号 | 備考（訴訟内容、訴訟の進行状況等を記載してください。） |
|---|---|---|---|---|---|
| 1 | 貸金返還請求訴訟 | ○○○○ | ○○地方裁判所 | ○○年（ワ）第○○号 | 第1回口頭弁論期日：○○年○○月○○日午後○時○分 |
| 2 | | | | | |
| 3 | | | | | |

※　上記の係属訴訟には保全処分、支払督促及び民事執行も記載する。

出典　上記は大阪地裁で使用されている書式に、一部改変を加えた。

書式番号 1-2-11　書式名　資産目録（一覧）

# 資産目録（一覧）

下記1から16の項目についてはあってもなくてもその旨を必ず記入します。
【有】と記入したものは、別紙（明細）にその部分だけを補充して記入します。

* 預貯金は、解約の有無及び残高の多寡にかかわらず、各通帳の表紙・中表紙を含め、過去2年以内の取引の明細が分かるように記帳部分全部の写しを提出します。
* 現在事業を営んでいる人又は過去2年以内に事業を営んでいたことがある人は過去2年度分の所得税の確定申告書の写しを、法人代表者の場合は過去2年度分の法人の確定申告書及び決算書の写しを、それぞれ提出します。

1　申立て時における33万円以上の現金　　　　　　　　　　　　【有　　無】
　＊　33万円以上の現金がない場合にも、資産目録（明細）に申立時の現金を全額記入します。

2　預金・貯金　　　　　　　　　　　　　　　　　　　　　　　　【有　　無】
　□過去2年以内に口座を保有したことがない。

3　公的扶助（生活保護、各種扶助、年金等）の受給　　　　　　　【有　　無】

4　報酬・賃金（給料・賞与等）　　　　　　　　　　　　　　　　【有　　無】

5　退職金請求権・退職慰労金　　　　　　　　　　　　　　　　　【有　　無】

6　貸付金・売掛金等　　　　　　　　　　　　　　　　　　　　　【有　　無】

7　積立金等（社内積立、財形貯蓄、事業保証金等）　　　　　　　【有　　無】

8　保険（生命保険、傷害保険、火災保険、自動車保険等）　　　　【有　　無】

9　有価証券（手形・小切手、株式、社債）、ゴルフ会員権等　　　【有　　無】

10　自動車・バイク等　　　　　　　　　　　　　　　　　　　　【有　　無】

11　過去5年間において、購入価格が20万円以上の財産　　　　【有　　無】
　　　　　　　　　　（貴金属、美術品、パソコン、着物等）

12　過去2年間に換価した評価額又は換価額が20万円以上の財産　【有　　無】

13 不動産（土地・建物・マンション等）　　　　　　　　　　　【有　　　無】

14 相続財産（遺産分割未了の場合も含みます。）　　　　　　　【有　　　無】

15 事業設備、在庫品、什器備品等　　　　　　　　　　　　　　【有　　　無】

16 その他、破産管財人の調査によっては回収が可能となる財産　【有　　　無】
　　□過払いによる不当利得返還請求権　□否認権行使　□その他

|出典| 東京地裁から東京三弁護士会に配布された書式である。

| 書式番号 | 1-2-12 | 書式名 | 資産目録（明細） |

## 資産目録（明細）

＊ 該当する項目部分のみを記入して提出します。欄が足りないときは、適宜欄を加えるなどして記入してください。

1　現　金　　　　　　　　　　　　　　　　　　　　　　　　＿＿＿＿＿＿＿円
　　＊　申立て時の現金を全額記入します。

2　預金・貯金
　　＊　債務者名義の預貯金口座（ネットバンクを含む。）について、申立て前1週間以内に記帳して確認した結果に基づいて、その残高及び通帳記帳日を記入してください。残高が0円である場合も、その旨を記入してください。
　　＊　解約の有無及び残高の多寡にかかわらず各通帳の表紙・中表紙を含め、過去2年以内の取引の明細が分かるように記帳部分全部の写しを提出します。
　　＊　いわゆるおまとめ記帳部分は取引明細書も提出します。

| 金融機関・支店名<br>（郵便局、証券会社を含む。） | 口座の種類 | 口座番号 | 申立て時の残高 |
|---|---|---|---|
|  |  |  | 円 |
|  |  |  |  |

　　　　　　　　　　　　　　　　　通帳記帳日＿＿＿＿＿年　　月　　日

3　公的扶助の受給
　　＊　生活保護、各種扶助、児童手当、年金等をもれなく記入します。
　　＊　受給証明書の写しも提出します。
　　＊　金額は、1か月に換算してください。

| 種類 | 金額 | 開始時期 | 受給者の名前 |
|---|---|---|---|
|  | 円／月 | 年　月　日 |  |
|  |  |  |  |

4　報酬・賃金（給料・賞与等）
　　＊　給料・賞与等の支給金額だけでなく、支給日も記入します（月払の給料は、毎月〇日と記

入し、賞与は、直近の支給日を記入します。）。
* 最近２か月分の給与明細及び過去２年度分の源泉徴収票又は確定申告書の控えの各写しを提出します。源泉徴収票のない人、確定申告書の控えのない人、給与所得者で副収入のあった人又は修正申告をした人は、これらに代え、又はこれらとともに、課税（非課税）証明書を提出します。

| 種　類 | 支給日 | 支給額 |
|---|---|---|
|  |  | 円 |
|  |  |  |

5　退職金請求権・退職慰労金
* 退職金の見込額を明らかにするため、使用者又は代理人作成の退職金計算書を添付します。
* 退職後に退職金を未だ受領していない場合は４分の１相当額を記入します。

| 種　類 | 総支給額（見込額） | ８分の１（４分の１）相当額 |
|---|---|---|
|  | 円 | 円 |

6　貸付金・売掛金等
* 相手の名前、金額、発生時期、回収見込額及び回収できない理由を記入します。
* 金額と回収見込額の双方を記入してください。

| 相手方 | 金　額 | 発　生　時　期 | 回収見込額 | 回収できない理由 |
|---|---|---|---|---|
|  | 円 | 年　　月　　日 | 円 |  |
|  |  |  |  |  |

7　積立金等（社内積立、財形貯蓄、事業保証金等）
* 給与明細等に財形貯蓄等の計上がある場合は注意してください。

| 種　類 | 金　額 | 開　始　時　期 |
|---|---|---|
|  | 円 | 年　　月　　日 |
|  |  |  |

8　保険（生命保険、傷害保険、火災保険、自動車保険等）

* 申立人が契約者で、未解約のもの及び過去2年以内に失効したものを記入します（出捐者が債務者か否かを問いません。）。
* 源泉徴収票、確定申告書等に生命保険料の控除がある場合や、家計や口座から保険料の支出をしている場合は、調査が必要です。
* 解約した保険がある場合には、20万円以下であっても、「12 過去2年間に処分した財産」に記入してください。
* 保険証券及び解約返戻金計算書の各写し、失効した場合にはその証明書（いずれも保険会社が作成します。）を提出します。
* 返戻金が20万円以下の場合も全て記入します。

| 保険会社名 | 証券番号 | 解約返戻金額 |
| --- | --- | --- |
|  |  | 円 |
|  |  |  |

9 有価証券（手形・小切手、株式、社債）、ゴルフ会員権等
* 種類、取得時期、担保差入及び評価額を記入します。
* 証券の写しも提出します。

| 種　類 | 取　得　時　期 | 担保差入 | 評価額 |
| --- | --- | --- | --- |
|  | 年　　月　　日 | □有　□無 | 円 |
|  |  |  |  |

10 自動車・バイク等
* 車名、購入金額、購入時期、年式、所有権留保の有無及び評価額を記入します。
* 家計全体の状況に駐車場代・ガソリン代の支出がある場合は、調査が必要です。
* 自動車検査証又は登録事項証明書の写しを提出します。

| 車　名 | 購入金額 | 購入時期 | 年式 | 所有権留保 | 評価額 |
| --- | --- | --- | --- | --- | --- |
|  | 円 | 年　月　日 | 年 | □有　□無 | 円 |
|  |  |  |  |  |  |

11 過去5年間において、購入価格が20万円以上の財産
　（貴金属、美術品、パソコン、着物等）

* 品名、購入価格、取得時期及び評価額（時価）を記入します。

| 品　名 | 購入金額 | 取得時期 | 評価額 |
|---|---|---|---|
|  | 円 | 年　　月　　日 | 円 |
|  |  |  |  |

12　過去2年間に換価した評価額又は換価額が20万円以上の財産
　　* 過去2年間に換価した財産で、評価額又は換価額のいずれかが20万円以上の財産は全て記入します。
　　* 不動産の売却、自動車の売却、保険の解約、定期預金の解約、過払金の回収等について、換価時期、換価時の評価額、実際の換価額、換価の相手方、取得した金銭の使途を記入します。
　　* 換価に関する契約書・領収書の写し等換価を証明する資料を提出します。
　　* 不動産を換価した場合には、換価したことが分かる登記事項証明書等を提出します。
　　* 使途に関する資料を提出します。

| 財産の種類 | 換　価　時　期 | 評価額 | 処分額 | 相手方 | 使　途 |
|---|---|---|---|---|---|
|  | 年　　月　　日 | 円 | 円 |  |  |
|  |  |  |  |  |  |

* 賞与の受領、退職金の受領、敷金の受領、離婚に伴う給付等によって取得した現金についても、取得時期、取得額、使途を記入します。
* 給与明細書等受領を証明する資料を提出します。
* 使途に関する資料を提出します。

| 財産の種類 | 取　得　時　期 | 取得額 | 使　途 |
|---|---|---|---|
|  | 年　　月　　日 | 円 |  |
|  |  |  |  |

13　不動産（土地・建物・マンション等）
　　* 不動産の所在地、種類（土地・借地権付建物・マンション等）を記入します。
　　* 共有等の事情は、備考欄に記入します。
　　* 登記事項証明書を提出します。
　　* オーバーローンの場合は、定形の上申書とその添付資料を提出します。
　　* 遺産分割未了の不動産も含みます。

| 不動産の所在地 | 種類 | 備考 |
|---|---|---|
|  |  |  |
|  |  |  |

14 相続財産
   * 被相続人、続柄、相続時期及び相続した財産を記入します。
   * 遺産分割未了の場合も含みます（不動産は13に記入します。）。

| 被相続人 | 続柄 | 相続時期 | 相続した財産 |
|---|---|---|---|
|  |  | 年　月　日 |  |
|  |  |  |  |

15 事業設備、在庫品、什器備品等
   * 品名、個数、購入時期及び評価額を記入します。
   * 評価額の疎明資料も添付します。

| 品名 | 個数 | 購入時期 | 評価額 |
|---|---|---|---|
|  |  | 年　月　日 |  |
|  |  |  |  |

16 その他、破産管財人の調査によっては回収が可能となる財産
   * 相手方の氏名、名称、金額及び時期等を記入します。
   * 現存していなくても回収可能な財産は、同時破産廃止の要件の認定資料になります。
   * 債務者又は申立代理人によって回収可能な財産のみならず、破産管財人の否認権行使によって回収可能な財産も破産財団になります。
   * ほかの項目に該当しない財産（敷金、過払金、保証金等）もここに記入します。

| 相手方 | 金額 | 時期 | 備考 |
|---|---|---|---|
|  |  | 年　月　日 |  |
|  |  |  |  |

出典 東京地裁から東京三弁護士会に配布された書式である。

第1部 個人（事業者を除く個人）の破産の申立て
第2章 申立て 第1節 書式番号1-2-13 陳述書

| 書式番号 | 書式名 |
|---|---|
| 1-2-13 | 陳　述　書 |

申立人債務者＿＿＿＿＿＿＿＿＿＿＿＿に関する
　　　□陳述書（作成名義人は申立人　　　　　　　　　　印）
　　　□報告書（作成名義人は申立代理人　　　　　　　　印）
＊　いずれか書きやすい形式で本書面を作成してください。
＊　適宜、別紙を付けて補充してください。

1　過去10年前から現在に至る経歴　　　　　　　　　　□補充あり

| 就　業　期　間 | 地　位 |
|---|---|
| 就業先（会社名等） | 業務の内容 |
| 　年　月～　年　月 | □自営　□法人代表者　□勤め　□パート・バイト<br>□無職　□他（　　　　　　） |
|  |  |
| 　年　月～　年　月 | □自営　□法人代表者　□勤め　□パート・バイト<br>□無職　□他（　　　　　　） |
|  |  |
| 　年　月～　年　月 | □自営　□法人代表者　□勤め　□パート・バイト<br>□無職　□他（　　　　　　） |
|  |  |

＊　流れが分かるように時系列に記入します。
＊　破産につながる事情を記入します。10年前というのは一応の目安にすぎません。
＊　過去又は現在、法人の代表者の地位にある場合は、必ず記入します。

2　家族関係等　　　　　　　　　　　　　　　　　　□補充あり

| 氏　名 | 続柄 | 年齢 | 職業 | 同居 |
|---|---|---|---|---|
|  |  |  |  |  |
|  |  |  |  |  |
|  |  |  |  |  |
|  |  |  |  |  |

＊　申立人の家計の収支に関係する範囲で記入してください。

＊　続柄は申立人から見た関係を記入します。
　　＊　同居の場合は同居欄に○を、別居の場合は同欄に×を記入します。

3　現在の住居の状況　　　　　　　　　　　　　　　　　□補充あり
　　ア　申立人が賃借　　イ　親族・同居人が賃借　　ウ　申立人が所有・共有
　　エ　親族が所有　　オ　その他（　　　　　　　　　　　　　　　　）
　＊ア、イの場合は、次のうち該当するものに○印をつけてください。
　　　a　民間賃借　　b　公営賃借　　c　社宅・寮・官舎
　　　d　その他（　　　　　　　　　　　　　　　　　　　　　　　）

4　今回の破産申立費用（弁護士費用を含む。）の調達方法　　□補充あり
　　□申立人自身の収入　□法テラス
　　□親族・友人・知人・（　　　　　　）からの援助・借入れ
　　　（→その者は、援助金・貸付金が破産申立費用に使われることを
　　　　　□知っていた　□知らなかった）
　　□その他（　　　　　　　　　　　　　　　　）

5　破産申立てに至った事情　　　　　　　　　　　　　　□補充あり
　＊　債務発生・増大の原因、支払不能に至る経過及び支払不能となった時期を、時系列で分かりやすく記載してください。
　＊　事業者又は事業者であった人は、事業内容、負債内容、整理・清算の概況、資産の現況、帳簿・代表者印等の管理状況、従業員の状況、法人の破産申立ての有無などをここで記載します。

6　免責不許可事由　　　　　　　　　　　　□有　□無　□不明
　＊　有又は不明の場合は、以下の質問に答えてください。
　問1　本件破産申立てに至る経過の中で、当時の資産・収入に見合わない過大な支出又は賭博その他の射幸行為をしたことがありますか（破産法252条1項4号）。　□補充あり
　　　　　□有（→次の①～⑥に答えます。）　　□無
　　①　内容　ア　飲食　イ　風俗　ウ　買物（対象　　　　　）　エ　旅行
　　　　　　　オ　パチンコ　カ　競馬　キ　競輪　ク　競艇　ケ　麻雀
　　　　　　　コ　株式投資　サ　商品先物取引　シ　FX（外国為替証拠金取引）
　　　　　　　ス　その他（　　　　　　　　　　　　）
　　　＊　①の内容が複数の場合は、その内容ごとに②～⑥につき答えてください。
　　②　時期　　　　　年　　月頃～　　　　年　　月頃
　　③　②の期間中にその内容に支出した合計額
　　　　　　　ア　約　　　万円　イ　不明
　　④　同期間中の申立人の資産及び収入（ギャンブルや投資・投機で利益が生じたときは、その利益を考慮することは可）からみて、その支出に充てることができた金額
　　　　　　　ア　約　　　万円　イ　不明
　　⑤　③－④の額　　ア　約　　　万円　イ　不明

⑥ ②の終期時点の負債総額　ア　約_____万円　　イ　不明

問2　破産手続開始を遅延させる目的で、著しく不利益な条件で債務を負担したり、又は信用取引により商品を購入し著しく不利益な条件で処分してしまった、ということがありますか（破産法252条1項2号）。　　　　　　　　　　　　　　　　　　　　□補充あり
　　　　□有（→次の①～③に答えます。）　　□無
　① 内容　ア　高利借入れ（→次の②に記入）　イ　換金行為（→次の③に記入）
　　　　　ウ　その他（　　　　　　　　　　　　　　　　　　　　）

　② 高利（出資法違反）借入れ　　　　　　　　　　　　　　　　　　（単位：円）

| 借入先 | 借入時期 | 借入金額 | 約定利率 |
|---|---|---|---|
|  |  |  |  |
|  |  |  |  |
|  |  |  |  |

　③ 換金行為　　　　　　　　　　　　　　　　　　　　　　　　　　（単位：円）

| 品　名 | 購入価格 | 購入時期 | 換金価格 | 換金時期 |
|---|---|---|---|---|
|  |  |  |  |  |
|  |  |  |  |  |
|  |  |  |  |  |

問3　一部の債権者に特別の利益を与える目的又は他の債権者を害する目的で、義務ではない担保の提供、弁済期が到来していない債務の弁済又は代物弁済をしたことがありますか（破産法252条1項3号）。　　　　　　　　　　　　　　　　　　　　　　　　□補充あり
　　　　□有（→以下に記入します。）　　□無
　　　　　　　　　　　　　　　　　　　　　　　　　（単位：円）

| 時　期 | 相手の名称 | 弁済額 |
|---|---|---|
|  |  |  |
|  |  |  |

問4　破産手続開始の申立日の1年前の日から破産手続開始の申立日までの間に、他人の名前を勝手に使ったり、生年月日、住所、負債額及び信用状態等について虚偽の事実を述べて、借金をしたり、信用取引をしたことがありますか（破産法252条1項5号）。　□補充あり
　　　　□有（→以下に記入します。）　　□無

(単位：円)

| 時期 | 相手方 | 金額 | 内容 |
|---|---|---|---|
|  |  |  |  |
|  |  |  |  |

問5　破産手続開始（免責許可）の申立前7年以内に以下に該当する事由がありますか（破産法252条1項10号関係）。
　　　□有（番号に○をつけてください。）　　□無
　　　1　免責許可決定の確定
　　　　　　免責許可決定日　　　　　年　　　月　　　日
　　　　　　　（決定書写しを添付）
　　　2　給与所得者等再生における再生計画の遂行
　　　　　　再生計画認可決定日　　　　年　　　月　　　日
　　　　　　　（決定書写しを添付）
　　　3　ハードシップ免責決定（民事再生法235条1項、244条）の確定
　　　　　　再生計画認可決定日　　　　年　　　月　　　日
　　　　　　　（決定書写しを添付）

問6　その他、破産法所定の免責不許可事由に該当すると思われる事由がありますか。
　　　　　　　　　　　　　　　　　　　　　　　　　　　　　　　□補充あり
　　　□有　　□無
　　　有の場合は、該当法条を示し、その具体的事実を記載してください。

問7　①　破産手続開始の申立てに至る経過の中で、商人（商法4条。小商人［商法7条、商法施行規則3条］を除く。）であったことがありますか。
　　　　□有（→次の②に答えます。）　　□無
　　　②　業務及び財産の状況に関する帳簿（商業帳簿等）を隠滅したり、偽造、変造したことがありますか（破産法252条1項6号）。　　　　　　　　　　　　　□補充あり
　　　　□有　　□無
　　　　有の場合は、aその時期、b内容、c理由を記載してください。

問8　本件について免責不許可事由があるとされた場合、裁量免責を相当とする事情として考えられるものを記載してください。

以　上

出典　東京地裁から東京三弁護士会に配布された書式である。

| 書式番号 | 1-2-14 | 書式名 | 家計全体の状況（収支報告書） |

## 家計全体の状況①（　　　年　月分）

（　　年　月　日〜　　年　月　日）

* **申立直前の2か月分**（起算日は任意）の状況を提出します。
* 世帯全体の収支を記載します。
* 「他の援助」のある人は、（　）に援助者の名前も記入します。
* 「交際費」「娯楽費」その他多額の支出は、（　）に具体的内容も記入します。
* 「保険料」のある人は、（　）に保険契約者の名前も記入します。
* 「駐車場代」「ガソリン代」のある人は、（　）に車両の名義人も記入します。

| 収入 | | 支出 | |
|---|---|---|---|
| 費　目 | 金額（円） | 費　目 | 金額（円） |
| 前月繰越金（現金） | | | |
| （預貯金） | | | |
| 前月繰越金計（A） | | | |
| 給料・賞与（申立人） | | 家賃（管理費含む）、地代 | |
| 給料・賞与（配偶者） | | 住宅ローン | |
| 給料・賞与（　　　） | | 食費 | |
| 自営収入（申立人） | | 日用品 | |
| 自営収入（配偶者） | | 水道光熱費 | |
| 自営収入（　　　） | | 通信費（電話代等） | |
| 年金（申立人） | | 新聞代 | |
| 年金（配偶者） | | 保険料（　　　　） | |
| 年金（　　　　） | | 駐車場代（　　　） | |
| 生活保護 | | ガソリン代（　　　） | |
| 児童手当 | | 医療費 | |
| 他の援助（　　　） | | 教育費 | |
| その他（　　　） | | 交通費 | |
| | | 被服費 | |
| | | 交際費（　　　　） | |
| | | 娯楽費（　　　　） | |
| | | 返済（対業者） | |
| | | 返済（対親戚・知人） | |
| | | 返済（　　　　） | |
| | | その他（　　　　） | |

第1部　個人（事業者を除く個人）の破産の申立て
第2章　申立て　書式番号1-2-14　家計全体の状況（収支報告書）

| | | | |
|---|---|---|---|
| 当月収入計（B） | | 当月支出計（C） | |
| | | 次月繰越金（現金） | |
| | | （預貯金） | |
| | | 次月繰越金計（D） | |
| 合計（A＋B） | | 合計（C＋D） | |

## 家計全体の状況②（　　　年　　月分）

（　　年　月　日～　　年　月　日）

* **申立直前の2か月分**（起算日は任意）の状況を提出します。
* 世帯全体の収支を記載します。
* 「他の援助」のある人は、（　）に援助者の名前も記入します。
* 「交際費」「娯楽費」その他多額の支出は、（　）に具体的内容も記入します。
* 「保険料」のある人は、（　）に保険契約者の名前も記入します。
* 「駐車場代」「ガソリン代」のある人は、（　）に車両の名義人も記入します。

| 収入 | | 支出 | |
|---|---|---|---|
| 費目 | 金額（円） | 費目 | 金額（円） |
| 前月繰越金（現金） | | | |
| （預貯金） | | | |
| 前月繰越金計（A） | | | |
| 給料・賞与（申立人） | | 家賃（管理費含む）、地代 | |
| 給料・賞与（配偶者） | | 住宅ローン | |
| 給料・賞与（　　　　） | | 食費 | |
| 自営収入（申立人） | | 日用品 | |
| 自営収入（配偶者） | | 水道光熱費 | |
| 自営収入（　　　　） | | 通信費（電話代等） | |
| 年金（申立人） | | 新聞代 | |
| 年金（配偶者） | | 保険料（　　　　） | |
| 年金（　　　　） | | 駐車場代（　　　　） | |
| 生活保護 | | ガソリン代（　　　　） | |
| 児童手当 | | 医療費 | |
| 他の援助（　　） | | 教育費 | |
| その他（　　） | | 交通費 | |

| | | | |
|---|---|---|---|
| | | 被服費 | |
| | | 交際費（　　　　） | |
| | | 娯楽費（　　　　） | |
| | | 返済（対業者） | |
| | | 返済（対親戚・知人） | |
| | | 返済（　　　　） | |
| | | その他（　　　　） | |
| | | | |
| 当月収入計（B） | | 当月支出計（C） | |
| | | 次月繰越金（現金） | |
| | | （預貯金） | |
| | | 次月繰越金計（D） | |
| 合計（A＋B） | | 合計（C＋D） | |

〔注1〕 申立ての直前2か月分（起算日は任意）について作成することになっている。
〔注2〕 実際には、家計全体の状況①と②をそれぞれ1頁にまとめる。

## 書式番号 1-2-15　作成書類チェックリスト（個人）

| | 書　　類 | 備　　考 | |
|---|---|---|---|
| | 住民票 | 家族全員の記載のあるもの、本籍等記載の省略不可<br>マイナンバーの記載がないもの、外国籍の場合には国籍の表示が必要 | |
| | 委任契約書 | | |
| | 破産・免責申立書 | 東京地裁の様式あり | |
| | 収入印紙 | 1,500 円 | ただし、債権者申立ては 20,000 円 |
| | 郵便切手 | 4,100 円 | （特定管財 14,100 円） |
| | 予納金 | 同時廃止：即日面接事件　　10,290 円<br>　　　　　　上記以外　　　　15,000 円<br>管財事件：20 万円及び 1 名につき 16,090 円<br>　　　　　　ただし、特定管財事件の場合、別途規定あり | |
| | 委任状 | | |
| | 債権者一覧表 | 東京地裁の様式あり | |
| | 資産目録 | 東京地裁の様式あり | |
| | 陳述書 | 東京地裁の様式あり | |
| | 家計全体の状況（最近 2 か月分） | 東京地裁の様式あり | |
| | 債権者・債務者送付用宛名入り封筒 | 封筒は裁判所に備えつけのものを使用すること。<br>タックシール使用可 | |

所有不動産について

| | 書類 | 備考 |
|---|---|---|
| | オーバーローン上申書 | 東京地裁の様式あり |
| | 不動産登記簿謄本・ローン残高証明<br>不動産評価書類 | 登記簿謄本は 3 か月以内のもの |

資産等について

| | 書類 | 備考 |
|---|---|---|
| | 給与明細書（最近 2 か月分） | |
| | 源泉徴収票（前年度分） | ない場合は課税（非課税）証明書 |

| | | |
|---|---|---|
| | 通帳（自分名義のもの全部） | 過去2年分の全取引の記載のあるもの。おまとめ記帳分については、取引明細添付。インターネットバンキングの場合には取引明細書を添付する。 |
| | 受給証明書 | 生活保護、各種扶助、年金などを受給している場合 |
| | 保険証券 | 解約返戻金照会書<br>解約している場合は解約返戻金計算書 |
| | 有価証券 | 株券などの有価証券のコピー |
| | 車の見積り書、車検証または登録事項証明書 | 車、バイクを所有している場合 |
| | 退職金に関する資料<br>（過去2年間に受け取ったものを含む。） | ①仮に現時点で退職した場合の退職金見込額証明書または、退職金支給規定。②退職金がない場合は、退職金なきことの証明書（会社作成のもの。出してもらえない場合は、報告書）。③過去2年間に退職金を受け取った場合は、退職金支給額証明書または退職源泉票。支給された退職金の使途を記載した書面（支給された退職金を使ってしまった場合）。 |
| | 過去5年間に処分した不動産に関する資料 | 不動産登記簿謄本。固定資産評価証明書（裁判所での競売手続中の場合、任意で売却した場合）。売買契約書のコピー。代金使途を記載した書面。抵当権者等の領収書のコピー。競売開始決定正本・最低競売価格通知書のコピー・配当表のコピー。 |
| | 差押・仮差押決定正本のコピー | |

〔注1〕 東京地方裁判所における必要最小限の書類等を列挙した。
〔注2〕 委任契約書については、書式番号1-1-1を参照。
〔注3〕 破産・免責申立書については、書式番号1-2-1を参照。
〔注4〕 債権者一覧表については、書式番号1-2-7を参照。
〔注5〕 資産目録については、書式番号1-2-11を参照。
〔注6〕 陳述書については、書式番号1-2-13を参照。
〔注7〕 家計全体の状況については、書式番号1-2-14を参照。
〔注8〕 資産等を示す書類についても、必ずマイナンバーの記載のないものを提出する必要がある。

| 書式番号 | 1-2-16 | 書式名 | 必要書類指示シート |

## 必要書類等
―次回の打合せ時に以下のものをご持参下さい―

1　全ての方
　☐　ご印鑑（認め印でも可）
　☐　住民票（3か月以内に発行されたもので、家族全員の記載があり、世帯主・続柄・本籍等が省略されていないもの、マイナンバーの記載がないもの）
　　　※　外国籍の場合には国籍の表示が必要。
　☐　負債の現在額を証明する文書（契約書、請求書、督促状、領収書、残高証明書、その他債権者から送られてきたもの）
　　　※　手元に残っている範囲で結構です。今後送られてきたものは捨てずに残しておいて下さい。
　☐　カード類（クレジットカード、金融業者の会員カードなど）
　☐　債権者一覧表
　　　※　別紙見本に従って正確にご記入下さい。
　☐　報告書
　　　※　できる限り詳しくご記入下さい。
　☐　裁判所から届いた訴訟関係書類（支払督促、貸金請求等、債権者との間で訴訟等がある場合）
　☐　差押え・仮差押え決定正本のコピー

2　借地・アパート等に住んでいる方
　☐　住居・駐車場の賃貸借契約書

3　不動産を所有している方（同居者が不動産を所有している場合も含みます）
　☐　不動産登記簿謄本または登記事項証明書（3か月以内に法務局で発行されたもの）
　☐　所有不動産及び借地の固定資産評価証明書（3か月以内に都税事務所（または市町村役場）で発行されたもの）
　☐　不動産の査定書、同じマンションの販売チラシ等、時価の分かる資料
　☐　住宅購入関係書類（売買契約書、住宅ローン契約書、保険会社との契約書等）
　☐　住宅ローンの返済表
　☐　不動産競売関係書類（不動産が差押えを受けている場合。不動産競売開始決定・期間入札の通知書・配当期日呼出状など。）

4　自動車・オートバイ等を所有している方
　☐　車検証のコピーまたは登録事項証明書（3か月以内に法務局で発行されたもの）
　☐　自動車・オートバイ等の査定書またはそれに代わる書面（イエローブック、レッドブックなど。）

※ 近隣の中古車センターなどで簡単な査定書を書いてもらって下さい。

5 生命保険・損害保険等の保険に加入している方、または以前加入していたことがあって2年以内に解約したこと（または失効させたこと）がある方
   □ 保険証券（生命保険、損害保険、自動車保険の任意保険等種類を問わず全て）
   □ 保険会社が発行する、各保険の解約返戻金計算書（現在も保険に加入している場合は今解約されたらいくら返金されるかの見込額を計算した証明書、既に保険を解約している場合はいくら返金されたかの証明書）
   □ 保険が失効していることの証明書（保険契約が既に失効してしまっている場合）

6 現在給料をもらっている方（お勤めの方）・同居人が給料をもらっている方
   □ 給与明細書（あなた及び同居者の直近2か月分）
   □ 源泉徴収票（あなた及び同居者の直近2年分）
   □ 確定申告書控え（あなた及び同居者の直近2年分）
   □ 区民税・都民税の所得（課税）証明書（あなた及び同居者の直近2年分。確定申告をしていない場合、または源泉徴収票がない場合）
      ※ 区役所で、「所得の記載された課税証明書」を取得して下さい。
   □ 退職金見込証明書（仮に現在の勤務先を退職した場合の、退職金の見込額を証明する書類。退職金が支払われない場合は、退職金がないことが分かる書類。）
   □ 積立額証明書（社内預金等積み立てがある場合）

7 預金口座がある方（残高がない場合も含みます）
   □ 預金通帳
      ※ 近時使用していないものも含めて、全て記帳をしてからお持ち下さい。
         直近2年分の記載がある通帳を全てお持ち下さい。
         水道光熱費の引き落としに使用している口座の通帳は、ご自身の名義でなくともお持ち下さい。
   □ 取引明細書（通帳を破棄・紛失している場合、または、通帳に、1年以内に「一括記帳」（おまとめ）がされている場合）
      ※ インターネットバンキングの場合も同様に取引明細書をコピーする。

8 生活保護・年金その他の公的扶助を受けている方
   □ 年金、雇用保険、児童扶養手当等の受給を証明する書類
   □ 保護決定通知書（3か月分）
   □ 生活保護受給証明書
      ※ 生活保護の窓口で取得して下さい。

9 現在事業を行っている方、または過去2年以内に事業を行っていた方
   □ 事業に関する陳述書
   □ 商業登記簿謄本
   □ 売掛金一覧表及びその疎明資料

- □ 什器備品、在庫商品一覧表及び処分状況一覧表
- □ 営業所の賃貸借契約書
- □ 未払賃金一覧表
- □ 買掛債務一覧表
- □ 決算書（過去3年分）

10 その他、特別の書類
- □ 診断書（精神的または身体的な障害により就労困難な場合）
- □ 身体障害者手帳（身体障害者認定を受けている場合）
- □ 関連破産・再生事件に関する資料（関連破産・再生事件のある場合）
- □ 貸付金に関する資料（貸付金がある場合）
- □ 有価証券、ゴルフ会員権、その他の会員権等、高価品に関する資料
- □ 財産分与に関する資料（過去2年以内に離婚をした場合）
- □ 相続財産に関する資料（相続財産がある場合。相続分を示す資料、相続人関係図、相続人と被相続人の戸籍謄本等）

次回お打合せ　　　年　月　日（　）　　時　　分

〔注1〕 提出書類については、必ずマイナンバーの記載がないものを提出する必要がある。
出典 各地方裁判所における必要書類を可能な限り網羅したもの。

## 退職金見込額証明書

下記従業員について、本日現在の退職金見込額は以下のとおりです。

記

　　　　　　従業員氏名　_____
　　　　　　退職金見込額　金_____円

　　　　　　　年　　　月　　　日
　　　　　　住　所　_____
　　　　　　会社名　_____印

〔注1〕　事業所に退職金規程が存在しない場合には退職金は支払われないため、本文に「当社に退職金規程を置いておりませんので、現在、下記従業員につきましては、退職となっても、当社から退職金支払の予定はありません。」と記載することも考えられる。

| 書式番号 1-2-18 | 書式名 解約返戻金照会書 |

　　　　　　　　　　　　　　　　　　　　　　　　　　　年　　月　　日

## 解約返戻金のご照会

○○生命保険相互会社
ご担当　○○○○　殿

　　　　　　　　　　　　　　　　　　　東京都○○区○○１−２−３
　　　　　　　　　　　　　　　　　　　○○○○（氏名）
　　　　　　　　　　　　　　　　　　　（生年月日　　　年　　月　　日）
　　　　　　　　　　　　　　　　　　　証券番号：1234 組 5678 − 9

　冠省　お忙しいところ恐縮ですが、当方と貴社との間の本日現在における解約返戻金・積立金等の有無及び解約返戻金・積立金等の見込額について当方宛ご回答いただきたく照会いたします。
　　　　　　　　　　　　　　　　　　　　　　　　　　　　　　　　　草　々

| 書式番号 | 1-2-19 | 書式名 | オーバーローンの上申書 |

○○地方裁判所民事第○部　御中

年　　月　　日

債　務　者

代理人弁護士

# 上　申　書

　債務者は次の不動産を所有しておりますが、以下のとおり、１．５倍以上のオーバーローンの状況にありますので、当該不動産に関しては同時廃止に支障がないことを上申します。

添付の不動産全部事項証明書に記載の（以下レ点を付したもの）

　　□　土地　　筆　　　　　　（地番　　　　　　　　　　　）
　　□　建物　　　　　　　　　（家屋番号　　　　　　　　　）
　　□　区分所有権等付建物　　（部屋番号　　　　　　　　　）について

　　　　（被担保債権の残額）　　　　　　　　　　　円
　　　―――――――――――――――――――――――――
　　　　※（評　価　額）　　　　　　　　　　　　　円

　　　　　　　＝　約_____．_____倍（小数点第２位まで）

添付書類（以下、３はレ点を付したもの）
　１　不動産全部事項証明書
　２　ローン残高証明書
　３　□　不動産取引業者の査定書　　　通
　　　□　鑑定評価書

※評価額について
１　信頼の置ける不動産取引業者２社以上の査定額の平均額又は鑑定評価書の評価額を基準とします（固

定資産評価証明書は不可）。
2 借地権等付建物については、借地権等価格を加えた時価による必要があります。
3 共有不動産において、不動産全体に抵当権が設定されている場合は、被担保債権の残額を共有持分の時価で除して計算するのではなく、被担保債権の残額を不動産全体の時価で除して算定する必要があります。

※ 即日面接において同時廃止を希望されるときには、この書面の添付が必要です。

出典　『手引』432頁より、一部改変を加えて引用。

| 書式番号 27 | 1-3-1 | 書式名 自由財産拡張申立書 |

○○年（フ）第○○号

# 自由財産拡張申立書

○○年○月○日

○○地方裁判所民事○部　御中

　　　　　　　　　　　　　　　　　　　申立人　○○○○
　　　　　　　　　　　　　　　　　　　代理人弁護士　○○○○　印
　　　　　　　　　　　　　　　　　　　電　話　○○-○○○○-○○○○
　　　　　　　　　　　　　　　　　　　ＦＡＸ　○○-○○○○-○○○○

第1　申立ての趣旨

　別紙財産目録（略）記載の財産を破産財団に属しない財産とするとの裁判を求める。

第2　申立ての理由

1　申立人（債務者）は、自ら破産手続開始の申立て中であるが、十二指腸潰瘍及び鬱病に罹患し、借家において病気療養中である。そのため、生活費及び治療費が必要である。申立人は妻と子の3人世帯であるが、現在失業中であり、妻の収入も月額15万円程度に過ぎず、他に手持ち現金もない。
2　他方、別紙財産目録（略）記載の生命保険の解約返戻金は、換価すれば約○○万円に過ぎない。
　　したがって、別紙財産目録（略）記載の生命保険の解約返戻金は、申立人およびその家族の生存に不可欠な財産である。
3　よって、申立人は、破産法34条4項に基づき、本件申立てに及ぶ次第である。

証拠方法

（略）

以上

〔注1〕 条文上（破産法34条4項）破産手続開始の決定があったときから当該決定が確定した日以後1か月を経過するまでの間に決定がなされる必要があるとされている。

〔注2〕 東京地裁では、①残高20万円以下の預貯金、②見込額が20万円以下の生命保険解約返戻金、③処分見込額が20万円以下の自動車、④居住用家屋の敷金債権、⑤電話加入権、⑥支給見込額の8分の1相当額が20万円以下である退職金債権、⑦支給見込額の8分の1相当額が20万円を超える退職金債権の8分の7等について、原則として換価等を要しないものとしており、換価等をしない場合には、その範囲内で自由財産拡張の裁判があったものと取り扱われる。したがって、その範囲内では、あえて自由財産拡張の裁判を求める必要はない。詳しくは、書式番号1-3-5を参照のこと。

| 書式番号 1-3-2 | 書式名 自由財産拡張に関する意見書 |

○○年（フ）第○○○○号
破産者　○○○○

# 自由財産拡張に関する意見書

○○年○○月○○日

○○地方裁判所民事第○○部○○係　御中

　　　　　　　　　　　　　　　　　　　　　破産管財人　　○○○○
　　　　　　　　　　　　　　　　　　　　　TEL　○○－○○○○－○○○○
　　　　　　　　　　　　　　　　　　　　　FAX　○○－○○○○－○○○○

第1　意見の趣旨
　　破産者から自由財産拡張の申立てがあった財産のうち、破産管財人作成にかかる別紙記載の財産を破産財団に属しない財産とすることは相当ではない。

第2　意見の理由
　　破産者の収入は月○万円程度であることに加えて、近々相当額の賞与が支給される見込であり、また家計の状況を見ると家賃としての支出が○万円、娯楽費等の支出が約○万円と多く、生活に窮迫している状況は認められないため。

**書式番号 1-3-3　個人破産の換価基準【東京】**

## 【個人破産の換価基準】

1　換価等をしない財産
（1）　個人である破産者が有する次の①から⑩までの財産については、原則として、破産手続における換価又は取立て（以下「換価等」という。）をしない。
　　①　99万円に満つるまでの現金
　　②　残高が20万円以下の預貯金
　　③　見込額が20万円以下の生命保険解約返戻金
　　④　処分見込価額が20万円以下の自動車
　　⑤　居住用家屋の敷金債権
　　⑥　電話加入権
　　⑦　支給見込額の8分の1相当額が20万円以下である退職金債権
　　⑧　支給見込額の8分の1相当額が20万円を超える退職金債権の8分の7
　　⑨　家財道具
　　⑩　差押えを禁止されている動産又は債権
（2）　上記(1)により換価等をしない場合は、その範囲内で自由財産の範囲の拡張の裁判があったものとして取り扱う（ただし、①、⑨のうち生活に欠くことのできない家財道具及び⑩は、破産法34条3項所定の自由財産である。）。

2　換価等をする財産
（1）　破産者が上記①から⑩までに規定する財産以外の財産を有する場合には、当該財産については、換価等を行う。ただし、破産管財人の意見を聴いて相当と認めるときは、換価等をしないものとすることができる。
（2）　上記(1)ただし書により換価等をしない場合には、その範囲内で自由財産の範囲の拡張の裁判があったものとして取り扱う。

3　換価等により得られた金銭の債務者への返還
（1）　換価等により得られた金銭の額及び上記1(1)の①から⑦までの財産（⑦の財産の場合は退職金の8分の1）のうち換価等をしなかったものの価額の合計額が99万円以下である場合で、破産管財人の意見を聴いて相当と認めるときは、当該換価等により得られた金銭から破産管財人報酬及び換価費用を控除した額の全部又は一部を破産者に返還させることができる。
（2）　上記(1)により破産者に返還された金銭に係る財産については、自由財産の範囲の拡張の裁判があったものとして取り扱う。

4　この基準によることが不相当な事案への対処
　　この基準によることが不相当と考えられる事案は、破産管財人の意見を聴いた上、この基準と異なった取扱いをするものとする。

出典　『手引』138頁からの引用。

## 自由財産拡張制度の運用基準【大阪】

1 拡張の判断の基準

　拡張の判断に当たっては、まず①拡張を求める各財産について後記2の拡張適格財産性の審査を経た上で、②拡張適格財産について後記3の99万円枠の審査を行う。なお、99万円を超える現金は、後記2の審査の対象とはならず、後記3の99万円枠の審査の対象となる。

2 拡張適格財産性の審査
(1) 定型的拡張適格財産
　　以下の財産は、拡張適格財産とする。
　　①預貯金・積立金（なお、預貯金のうち普通預金は、現金に準じる。）
　　②保険解約返戻金
　　③自動車
　　④敷金・保証金返還請求権
　　⑤退職金債権
　　⑥電話加入権
　　⑦申立時において、回収済み、確定判決取得済み又は返還額及び時期について合意済みの過払金返還請求権
(2) (1)以外の財産
　　原則として拡張適格財産とならない。
　　ただし、破産者の生活状況や今後の収入の見込み、拡張を求める財産の種類、金額その他の個別的な事情に照らして、当該財産が破産者の経済的再生に必要かつ相当であるという事情が認められる場合には、拡張適格財産とする（相当性の要件）。

(3) 手続開始時に財産目録に記載のない財産
　　原則として拡張適格財産とならない。ただし、破産者が当該財産を財産目録に記載していなかったことにつきやむを得ない事情があると認められる場合については、その財産の種類に応じて(1)又は(2)の要件に従って拡張適格財産性を判断する。

3 99万円枠の審査
(1) 拡張適格財産の価額の評価
　　原則として時価で評価する。
　　ただし、敷金・保証金返還請求権（前記2(1)④）は契約書上の金額から滞納賃料及び明渡費用等（原則として60万円）を控除した額で評価し、退職金債権（同⑤）は原則として支給見込額の8分の1で評価し、電話加入権（同⑥）は0円として評価する。

(2) 現金及び拡張適格財産の合計額が 99 万円以下の場合

原則として拡張相当とする。

なお、後記(3)の場合に 99 万円超過部分に相当する現金を破産財団に組み入れることにより、財産の評価額を組入額分低減させ、実質的に拡張を求める財産の額を 99 万円以下とすることが可能である。

(3) 現金及び拡張適格財産の合計額が 99 万円を超える場合

原則として 99 万円超過部分について拡張不相当とする。

ただし、破産者の生活状況や今後の収入見込み、拡張を求める財産の種類、金額その他の個別的な事情に照らして、拡張申立てされた 99 万円超過部分の財産が破産者の経済的再生に必要不可欠であるという特段の事情が認められる場合には、例外的に拡張相当とする（不可欠性の要件）。

〔注 1〕 大阪地裁の運用基準である、

出典 『新版 破産管財手続の運用と書式』（大阪地方裁判所・大阪弁護士会破産管財運用検討プロジェクトチーム）70 頁以下。

| 書式番号 | 1-3-5 | 書式名 | 自由財産拡張制度の運用基準の適用例【大阪】 |

## 自由財産拡張制度の運用基準の適用例

　この適用例は，破産者が以下の設例の各財産を有しており，そのすべてについて，手続開始時に財産目録に記載されており，破産者が自由財産拡張申立てを行っていることを前提とする。

1　設例1
　　現金30万円〔注1〕，保険解約返戻金20万円，自動車20万円
　（あてはめ）
　　拡張相当（運用基準［書式1-3-4］2(1)①②③により、保険解約返戻金や自動車は「定型的拡張適格財産」であり、現金との合計額が99万円以下であるから、3(2)により拡張相当となる）。

2　設例2
　　現金30万円〔注1〕，保険解約返戻金50万円
　（あてはめ）
　　拡張相当（運用基準［書式1-3-4］2(1)②→3(2)により同上）。

3　設例3
　　現金30万円〔注1〕，保険解約返戻金20万円，株式20万円
　（あてはめ）
　　現金・保険解約返戻金は拡張相当（運用基準［書式1-3-4］2(1)②③→3(2)）。株式は，特段の事情がない限り拡張不相当（運用基準［書式1-3-4］2(2)）。

4　設例4
　　現金50万円〔注1〕，保険解約返戻金20万円，自動車20万円，退職金予定額の8分の1の額20万円
　（あてはめ）
　　現金だけでなく、運用基準［書式1-3-4］2(1)により、保険解約金返戻金、自動車、退職金予定額もすべて拡張適格財産だが、合計額が110万円で99万円を超えるため，同3(3)によりすべてを拡張相当とすることはできない。99万円超の部分は原則として拡張不相当となり、後は破産者の経済的再生に必要不可欠であるという特段の事情（不可欠性の要件）が充たされて例外と認められるかを検討することになる。

5　設例5
　　現金40万円〔注1〕，保険解約返戻金20万円，自動車30万円，退職金予定額の8分の1の額20万円
　（あてはめ）
　　現金だけでなく、運用基準［書式1-3-4］2(1)により、保険解約金返戻金、自動車、退職金予定額もすべて拡張適格財産だが、合計額が110万円で99万円を超えるため，同3(3)によりすべてを拡張相当とすることはできない。99万円超の部分は原則として拡張不相当となる（不可欠性の要件が充たされる場合の例外あり）。

〔注1〕　99万円以下の金銭は「本来的自由財産」（『新版　破産管財手続の運用と書式』65頁以下）。

出典　『新破産法Q&A』（木内道祥・小松陽一郎）の事例に、「書式1-3-4」の運用基準（大阪地裁）を適用した。同書には、旧基準に照らした場合のあてはめが掲載されている。

**書式番号 1-4-1　強制執行停止上申書**

# 強制執行停止上申書

○○地方裁判所民事第○○部御中

　　　　　　　　　　　　　　　当事者　　別紙当事者目録記載のとおり

　上記当事者間の○○地方裁判所○○年（ル）第○○○○号債権差押命令申立事件について、債務者が申し立てた破産手続開始申立事件（○○地方裁判所○○年（フ）第○○○○号）において、破産法216条1項の破産手続廃止の決定が、○○年○月○日にされたので、強制執行を停止されたく上申する。
　なお、債務者は、破産手続開始の申立ての際に、免責許可を求めない旨の意思を表示していない。

　　　　　　　　　年　　　月　　　日

　　　　　　　　　　　　　債務者　　　　　　　　　　　　印


添付書類
　　破産手続開始及び破産廃止決定正本　　　　1通

　　〔注1〕　破産法249条1項。
　　出典　東京地裁から東京三弁護士会に配付された書式である。

書式2-1-1　申立前後のスケジュール表

## 破産申立手続前後のスケジュール表〔注1〕

| | 項　目 | 備　考 |
|---|---|---|
| 1 | 相　談 | 破産手続開始の方針決定。 |
| 2 | 労働組合への説明 | 事業所閉鎖その他の手続に協力してもらうため、従業員に最初に説明するのがよい。 |
| 3 | 従業員への説明 | |
| 4 | 事業所閉鎖・保全措置の実施 | 営業停止が公表されたときの混乱に備えて準備する。 |
| 5 | 受任通知書の送付 | 書式2-1-9参照。受任通知を送付する場合、これにより破産することが公表されるので、後記売掛先に対する通知や相殺禁止の通知を前倒しで送る。 |
| 6 | 解雇通知 | 残務整理に必要な従業員以外は、解雇を検討する。 |
| 7 | 従業員関係手続 | 書式2-4-2～書式2-4-14参照。 |
| 8 | 賃貸借契約、請負契約等の整理 | 負債の拡大を防ぐため、解約すべきものは申立前に解約するなどして、整理しておくことが望ましい。 |
| 9 | 申立書類の作成 | 書類チェックリスト（書式2-1-6）参照。 |
| 10 | 取締役会 | 破産手続開始の決議。取締役会議事録の作成。 |
| 11 | 裁判所への申立て | 申立書類一式及び予納金を用意。 |
| 12 | 保全処分その他財産保全手続 | 〔注2〕 |
| 13 | 各種通知 | 破産申立通知（書式2-3-1）<br>売掛先に対する通知（書式2-1-10）<br>相殺禁止のご連絡（書式2-3-4）参照。 |
| 14 | 債権者説明会 | 破産申立ての場合、債権者説明会は必ずしも開催されない。開始決定までに時間がかかる場合、混乱が予想される場合等、開催することが適切な場合もある。 |

第 2 部　法人の破産の申立て
第 1 章　申立前の準備　　書式番号 2-1-1　申立前後のスケジュール表

〔注 1〕　上記スケジュールは、非公開会社で、営業停止から破産申立てまである程度期間がある場合を想定している。スケジュールは事案ごとに異なるので、検討して頂きたい。
〔注 2〕　強制執行取消申立て、包括的禁止命令申立て、保全処分申立て、中止命令申立て及び保全管理命令申立て等が必要であれば適宜行う。書式番号 3-1-2～書式番号 3-2-1 参照。なお、破産手続開始申立てから同開始決定が出るまでの期間が短い場合には、必要性が低いと考えられる。東京地裁では通常行われていない。

## 初回相談時に受領すべき資料

1 必須資料

| | 資　料　名 | 備　考 |
|---|---|---|
| ① | 登記事項全部証明書 | |
| ② | 決算書・税務申告書控え | 附属明細書を含むものを、できれば直近三期分 |
| ③ | 直近の月次試算表（貸借対照表、損益計算書） | |
| ④ | 資金繰り表 | 少なくとも1か月分 |

2 受領するのが望ましい資料

| | 資　料　名 | 備　考 |
|---|---|---|
| ① | 会社案内（会社概要） | 事業規模、事業内容等を把握するために必要 |
| ② | 定款 | |
| ③ | 株主名簿 | |
| ④ | 会社組織図 | |
| ⑤ | 従業員一覧 | |
| ⑥ | 事業所一覧 | |
| ⑦ | 債権者一覧 | 金融機関など主たる債権者が把握できればよい |
| ⑧ | 財産目録 | 主たる財産が把握できるものでよい |
| ⑨ | 所有不動産の不動産登記簿謄本 | |

# 初回相談時に聴取すべき事項

## 1 資金繰り等

| 項目 | | 備考 |
|---|---|---|
| ① | 資金ショートの見込み | 手形小切手が不渡りとなる可能性の有無<br>給与の遅配等の有無<br>公租公課の滞納状況 |
| ② | 資産・負債の状況 | |
| ③ | 不動産 | 所有か、賃借か<br>担保設定状況 |

## 2 法人について

| 項目 | | 備考 |
|---|---|---|
| ① | 事業内容 | 業種、商流、競合他社 |
| ② | 事業規模 | 売上額、主要取引先 |
| ③ | 事業所 | 本店、支店、工場 |
| ④ | 組織 | 役員、株主、従業員、労働組合 |

## 3 債権者

| 項目 | | 備考 |
|---|---|---|
| ① | 金融機関 | 取引行数、メインバンク、借入額 |
| ② | 取引先 | 仕入先、販売先 |

## 4 再建可能性等

| 項目 | | 備考 |
|---|---|---|
| ① | 窮境原因 | |
| ② | 再建可能性 | 事業の将来性<br>スポンサーの有無 |

| ③ | 破産した場合の影響 | 取引先への影響、社会的影響 |

5 その他

| | 項　目 | 備　考 |
|---|---|---|
| ① | 協力者 | 経理担当者の確認 |
| ② | 否認対象行為 | 有無、ある場合はその内容 |
| ③ | 訴訟係属 | 有無、ある場合はその内容 |

## 契 約 書

　　　　　　　　　　　　　　　　　　　　　　　　　　年　　月　　日

後記依頼者を甲及び乙とし、後記受任弁護士を丙として、次のとおり契約する。

1　甲及び乙は丙に対し、破産申立事件を委任し、丙はこれを受任する。
2　丙は弁護士法及び所属弁護士会の規則等に従い、誠実に委任事務の処理に当たるものとする。
3　甲及び乙が丙に対して支払う弁護士報酬等は次のとおりとする。
　(1)　着手金
　　　　甲につき＿＿＿＿＿＿円
　　　　乙につき＿＿＿＿＿＿円
　(2)　報酬金
　　　　甲につき破産手続の申立てをするとき　＿＿＿＿＿＿円
　　　　乙につき免責決定が得られたとき　≦＿＿＿＿＿＿円
　(3)　日　当
　　　　　1回につき　＿＿＿＿＿＿円
　(4)　交通費、通信費、予納金、コピー代等の実費は、実額。
　(5)　債権者に対し、過払金返還請求、慰藉料請求の訴訟等を提起する場合は、別途協議して定める。
4　甲及び乙は、丙に対し、上記の弁護士報酬等を次のとおり支払う。
　(1)　着手金　一括（　　　年　　月　　日までに支払う）
　(2)　報酬金は甲につき破産手続申立て時に、乙につき免責決定後支払う。
　(3)　日当、実費については適宜の時期に支払う。
　(4)　報酬金については、甲乙丙が協議の上、かつ、丙の所属する弁護士会の定める手続きを経て増額をすることがある。
5　丙は、甲又は乙が上記の弁護士報酬、日当または事件処理に必要な実費を支払わないときは、次の処置をとることができる。
　(1)　その支払いがあるまで、事件処理全部に着手せず、または、その処理を中断すること。ただし、丙は、甲又は乙に対しその旨を通知しなければならない。
　(2)　預かり保管中の金員と相殺し、または、事件に関する書類その他の物件を引き渡さないでおくこと。ただし、丙は速やかに甲又は乙に対しその旨を通知しなければならない。
6　丙は、次のいずれかの事由が生じたときは、本契約全部を解除することができる。この場合、既に事件に着手しているときは、丙は、甲及び乙に対し、着手金の全額を請求し、または、受領済みの着手金を返還しないことができる。

(1) 甲又は乙が前記の弁護士報酬、日当または事件処理に必要な実費を約定どおり支払わず、かつ、丙が相当期間を定めて催告したにもかかわらず、これに応じないとき。
(2) 甲又は乙が丙に対し虚偽の事実を申告したため、丙の事件処理に著しい不都合が生じたとき。

7 丙は、次のいずれかの事由が生じたときは、甲又は乙に対し、弁護士報酬の全額を請求することができる。
(1) 甲又は乙が丙の責めに帰することのできない事由で丙を解任したとき。
(2) 甲又は乙が丙の同意なく依頼事件を終結させたとき。
(3) 甲又は乙が故意または重大な過失で丙の事件処理を不能にしたとき。

　　（甲）　　　（住所）
　　（法人）　　（商号）
　　　　　　　　（代表者氏名）

　　（乙）　　　（住所）
　　（代表者）　（氏名）

　　（丙）　　　（住所）
　　（受任弁護士）（氏名）

〔注1〕 法人については、報酬金が破産債権とならないよう、申立て時に支払うこととしている。確実に手続が進められるよう、予納金その他の実費と弁護士報酬を早期に弁護士に預けるなどして確保しておくことが望ましい。
〔注2〕 個人の分の成功報酬については、破産債権となり得るという考え方もあるが、自由財産により支払うことは差し支えない。

| 書式番号 | 2-1-5 | 書式名 | 申立代理人の役割確認表（法人） |

## 申立代理人の役割確認表（法人）

1　申立準備
（受任通知）
　□　受任通知（時期は事案によっては申立後の場合もあり得る。）
（現金）
　□　予納金準備・保管
（帳簿等管理）
　□　決算書・帳簿（総勘定元帳・現金出納帳・預金出納帳等）、税務申告書等の確保
　□　経理データバックアップ（外付けハードディスク・CDなど）、使用ソフト確認
　□　経理担当者の協力確保
（印鑑）
　□　実印預かり
　□　銀行印預かり
（権利証等・有価証券）
　□　登記済権利証・登記識別情報通知書預かり（　　　通）
　□　受取手形・小切手預かり（　　　通）
　□　有価証券預かり（　　　通）
　□　手形・小切手支払日確認／取立処理
（事務所・倉庫等）
　□　鍵預かり
　□　張り紙
（賃借物件）
　□　明渡費用確認（見積書）
　□　明渡手続（動産等の処分を含む。）
（従業員関係）
　□　従業員の解雇、解雇通知の受領証の徴収
　□　給与所得者異動届出書の提出
　□　解雇予告手当、未払給料、退職金の計算
　□　雇用保険被保険者離職票の作成、提出
　□　社会保険の資格喪失届の作成、提出
　□　給与所得の源泉徴収票の作成、提出、交付
　□　退職金規程・賃金台帳・従業員名簿等の確保
（入金管理）

- ☐ 管財人引継用口座開設
- ☐ 売掛先への入金口座変更連絡

（預金）
- ☐ 通帳記入
- ☐ 取引履歴取寄せ（一括記載がある場合）
- ☐ 口座解約または引き出し

（売掛金関係）
- ☐ 売掛台帳・請求書（控）・納品書等の確保

（賃貸物件）
- ☐ 賃借人への受任通知、振込先変更案内

（自動車・機械・工具類・什器備品・在庫商品関係）
- ☐ 鍵・車検証預かり
- ☐ 保管状況確認
- ☐ 評価額・廃棄費用確認（見積書）

（リース物件）
- ☐ 返還
- ☐ 受領書の受取り

2　申立て（裁判所への持参物）
- ☐ 申立関係書類一式
- ☐ 官報公告費用
- ☐ 郵券

3　申立てから破産手続開始決定まで
- ☐ 集会の期日調整
- ☐ 管財人候補者との面談期日の調整
- ☐ 管財人候補者への具体的な資料・情報の提供
- ☐ 宛名シールの作成及び管財人候補者への直送
  - ☐ 債権者用
  - ☐ 財産所持者等（売掛先、貸付先等）用
  - ☐ 公租公課庁用
  - ☐ 労働組合等用
  - ☐ 許認可官庁用（許認可事業がある場合）
- ☐ 申立書副本・引継書類等の写しの管財人候補者への直送
- ☐ 管財人との面談（開始決定後の場合もあり得る。）、引継
- ☐ 引継予納金

第2部　法人の破産の申立て
第1章　申立前の準備　書式番号2-1-5　申立代理人の役割確認表（法人）

4　破産手続開始決定から財産状況報告集会まで
　□　開始決定等の受領
　□　債権者宛の通知書が送付できなかった場合における債権者の所在調査、所在が判明したときの管財人への連絡、裁判所への報告書の提出
　□　新たな債権者が判明した場合における管財人への連絡、所在を記載した報告書
　□　代表者・申立人の財産状況報告集会への出頭確保

　　〔注1〕　大阪地方裁判所で用いられている書式である。

## 作成・収集書類チェックリスト（法人用）

［裁判所作成添付書類等チェックリスト参照］

| | 書 類 名 | 準備担当者 | 期限 | 部数 | 備　　考 |
|---|---|---|---|---|---|
| | 提出必須書類 | | | | |
| 1 | 申立書 | | | | 破産法20条1項 |
| 2 | 収入印紙（申立書貼付用） | | | | 1,000円 |
| 3 | 予納郵券 | | | | 自己破産申立ての場合、4,100円 |
| 4 | 予納金 | | | | 金額は各裁判所により異なる。東京地裁においては、法人の自己破産申立ての管財事件の場合、20万円及び法人1件につき13,197円 |
| 5 | 履歴事項全部証明書 | | | | 破産規則14条3項2号（登記事項全部証明書でも可） |
| 6 | 取締役会議事録 | | | | 取締役全員の同意書によって代えることも出来る |
| 7 | 委任状 | | | | 必要的 |
| 8 | 債権者一覧表 | | | | 破産法20条2項、破産規則14条1項各号〔注1〕 |
| 9 | 債務者一覧表 | | | | 記載方法につき〔注2〕参照 |
| 10 | 貸借対照表・損益計算書 | | | | 破産規則14条3項3号。直近二期分 |
| 11 | 財産目録 | | | | 資産ごと個別に作成（破産規則14条3項6号） |
| 12 | 代表者の陳述書 | | | | 記載内容につき〔注3〕参照 |
| 13 | 債権者・債務者送付用宛名入り封筒 | | | | 封筒は裁判所受付備え付けのものを利用すること |
| | 適宜添付する書類〔注4〕 | | | | |
| 14 | 清算貸借対照表 | | | | 破産申立日現在のもの |
| 15 | 不動産登記簿謄本 | | | | 3か月以内のもの |
| 16 | その他の登録ある財産の原簿 | | | | 自動車登録証、特許原簿等 |

第2部　法人の破産の申立て
第1章　申立前の準備　書式番号2-1-6　作成・収集書類チェックリスト

| | | | | |
|---|---|---|---|---|
| 17 | 税金の申告書の控えのコピー | | | 直近三期分 |
| 18 | 賃貸借契約書のコピー | | | |
| 19 | 預貯金通帳のコピー | | | 表紙、直近二期分 |
| 20 | 会員権証書のコピー | | | |
| 21 | 有価証券のコピー | | | |
| 22 | 生命保険証書、解約返戻金計算書のコピー | | | |
| 23 | 訴訟関係書類のコピー | | | |
| | その他用意する書類 | | | |
| 24 | 打合せ補充メモ（法人用） | | | 書式2-3-2参照〔注5〕 |
| 25 | 申立代理人名の告示書 | | | 商品搬出等に対して警告するもの |
| 26 | 保全処分その他財産保全手続の申立書 | | | 強制執行取消申立て、包括的禁止命令、保全処分申立て、中止命令申立て又は保全管理命令申立てを行う場合に用意する〔注6〕 |
| 27 | 保全手続命令決定謄本提出先一覧表 | | | 住所付のもの |

以　上

〔注1〕　一般債権、優先債権、財団債権に分け、それぞれ債権者名、同住所及び債権額を記載し、さらに区分ごとの債権者数、債権合計額を記載する（通し番号入り）。
〔注2〕　債務の種類に分け、債務者名、同住所及び債務額を記載し、区分ごとに債務者数、債務合計額を記載する（通し番号入り）。
〔注3〕　陳述書には、(1)業務内容、倒産に至る経緯、(2)資産・負債の概要、整理・清算の概要、(3)事業用施設の処理状況、在庫等資産の処分状況、帳簿・代表印の保管状況、(4)従業員の状況、労働組合の有無、解雇の有無、給料・解雇予告手当・退職金の支払状況及び(5)係属訴訟の事件番号、事件名、当事者名、裁判所（係属部）、経過・見込みを記載する。
〔注4〕　清算貸借対照表は、必ずしも作成する必要はなく、財産目録で足りる。No.15～23の書類は、該当がある場合に添付する。
〔注5〕　申立てに際して必須の書類ではなく、申立後に行われる管財人候補者との打合せのために作成する。
〔注6〕　東京地裁では、申立てから開始決定までの期間が短いため、保全処分等の申立ては通常必要ない。

## 法人用必要書類の書き方

1 債権者一覧表

　会社の債権者を記載します。統括表に全債権者を記載し、他の頁はその債権者を分類します。

　債権者には、裁判所から通知が行きますので、郵便番号及び住所は正確に記載します。また、弁護士からFAXで通知を行う可能性もありますので、分かるようであればFAX番号も記載して下さい。なお、東京地裁の運用では、個人情報保護の観点から、債権者等が個人である場合には、電話番号やFAX番号を記載せず、別途、破産管財人への引継事項とするのが一般的となっています。

　また、備考欄に担保権（抵当権等）や保証人が付いているか、付いている場合には保証人の名前を記載して下さい。

2 財産目録

　会社にある資産の種類、金額等を記載する書類です。

(1) 財産目録総括表

　名目額とは、簿価と考えて下さい。回収見込額は、その簿価から実際に破産開始後に回収できる額を記載します。現金については、名目額と回収可能額に差はありませんが、例えば在庫については、簿価と実際に破産後に当該在庫を売却して回収できる額には差が生じます。回収見込額はあくまで予測ですので、例えば在庫については簿価の10％で売却できると予想して、名目額の10％の金額を回収見込額に記載します。

(2) 預貯金目録

　残高の欄には、通帳の残高をそのまま記載して下さい。

　破産申立時までに金額が変動する場合がありますが、預貯金目録作成時の金額を記載します。破産申立直前に、金額が確定した場合には、そのときに修正します（直前の修正については、通帳のコピーを見て弁護士が行うことも多いと思います。）。

　預貯金において、残高と回収見込額に差が生じるのは、銀行から相殺される場合があるためです。銀行から借入している場合には、相殺されますので、預貯金額から借入金を差し引いた額を回収見込額として計算します。そして、備考欄にその旨を記載します。

(3) 受取手形・小切手目録

　受取手形・小切手については、基本的に名目額（額面）と回収見込額に差が生じないと思われますが、振出先の経済状況等で実際には回収不可能になっているもの等がある場合には、回収見込額を修正します。

(4) 売掛金目録

　回収見込額を記載する欄があります。また、回収不可能となっていると考える場合には、

その理由を簡単に記載して下さい（例えば、「相手方破産のため」など。）。
⑸　在庫商品目録
　　在庫がある場合には、おおまかに分類分けをして、記載します。回収見込額については、実際の売却価格の10％等合理的と考える額を記載します。また、換価可能性（買い手がいるかどうか。）の欄は、○又は×を記載します。
⑹　貸付金目録
　　会社が貸し付けている金銭を全て記載します。社長に貸し付けているような場合も記載します。そのうえで、社長も自己破産する場合には、回収見込額をゼロ円、理由を「相手方破産のため」等と記載します。
⑺　不動産目録
　　会社の所有している不動産（建物も含む）を記載します。「種類」の欄には土地か建物かを記載します。
　　評価額は、評価書を取っている場合にはその内容を記載します。査定を行っていない場合には、購入価格や土地の形状等からおおよその評価額を、回収見込額については、実際に売却できるかどうかという観点から記載して下さい。
⑻　機械・工具類目録
　　機械の名称、個数、所在場所等を記載します。工具類のうち、細かいものについては、大まかに分類分けして記載して下さい（例えば、ペンチ類等）。回収見込額については、おおよそいくらくらいで売却できるかを検討して下さい。工具類で価値のないと思われるものについては、回収見込額はゼロ円として問題ありません。
⑼　什器備品目録
　　什器備品については、工場の機械類ではなく、経理や一般的な業務に使うもの（パソコンやプリンター等も含む）を記載して下さい。基本的に無価値であると思いますが、カラー印刷機等について売却できそうであれば、回収見込額を記載します。
⑽　自動車目録
　　会社が保有している自動車を記載します。リースについては、リース物件一覧表に記載するので、ここで記載する必要はありません。
　　ローンで支払っている場合には、販売会社がローン完済までは所有権を留保するということになっていることが多いです。契約書等を確認し（若しくは車検証の所有者の欄を確認して下さい。）、留保されている場合には、「所有権留保の有無」の欄に○×を記載して下さい。
⑾　電話加入権目録
　　複数ある場合には、複数記載して下さい（特に、工場や支店等の加入権は脱漏しやすいのでご留意下さい。）。
⑿　有価証券等目録
　　株式やゴルフの会員権、信用金庫の出資証等があれば記載して下さい。
⒀　賃借保証金・敷金目録
　　会社が賃借している物件がある場合、敷金や保証金を差し入れていることが多いと思います。その詳細を記載します。

「滞納額」とは家賃の滞納額を記載します。回収見込額は、返戻額から、原状回復に予想される金額や滞納額を差し引いた金額を記載します。

(14) 保険目録

　解約返戻金の有無にかかわらず、会社が契約者となっている保険を全て記載します。解約返戻金がある場合には、その見込額を記載します（分からない場合は、保険会社に問い合わせる場合もありますが、破産の申立てまでに時間がない場合等は空白でも問題ありません。）。

## 2-1-8 破産手続開始申立添付書類リスト（債権者申立て）

### 破産手続開始申立書添付書類リスト（債権者申立て）

| 文 書 名 | 備 考 |
|---|---|
| 資格証明書 | 申立人が法人の場合。 |
| 申立債権の存在を証する書面の写し | 破産法18条2項により疎明資料が必要。 |
| 債権者一覧表 | 申立債権者において作成することが著しく困難である場合以外は、原則として添付する必要がある。破産規則14条2項参照。 |
| 履歴事項全部証明書 | 債務者が法人の場合。破産規則14条3項2号。 |
| 貸借対照表及び損益計算書 | 入手が困難と考えられるが、事情の許す限り添付する。破産規則14条3項3号。 |
| 財産目録 | 破産規則14条3項6号。 |
| 破産原因の存在を疎明する書面の写し | 一個の書面で破産原因の存在を疎明することが難しいので、下記のうち出来る限りの書面を添付する。 |
|  | 不渡りの付箋の付いた手形又は小切手。 |
|  | 強制執行調書謄本、強制競売取消決定謄本、配当表謄本、代金交付表謄本。 |
|  | 会社更生の調査委員などの意見書又は報告書。 |
|  | 銀行取引停止処分があった旨の手形交換所の証明書、同旨の弁護士照会に対する回答書、手形交換所の取引停止報告書、取引停止による当座預金解約通知書、取引停止及び不渡り処分があった旨の業界誌などの記事。 |
|  | 調査会社等の信用調査報告書。 |
|  | 私的整理の債権者集会の招請状、経過報告書、議事録及びそれらに添付された資料。 |
|  | 官公庁の差押え通知書、交付要求通知書、差押決定謄本。 |
|  | 報告書（債務者の廃業、逃亡、債権者の取付状況、債務者の事実などを具体的に列挙して破産原因の存在を判断したことを記載したもの）。 |

以 上

| 書式番号 2-1-9 | 書式名 受任通知書 |

○○株式会社御中

年　月　日

〒○○○—○○○○
東京都千代田区霞が関○丁目○番○号
　　TEL　○○－○○○○－○○○○
　　FAX　○○－○○○○－○○○○
株式会社○○及び代表取締役○○代理人
弁護士　　○○○○

# 受　任　通　知

　拝啓　時下益々ご清栄のこととお喜び申し上げます。
　当職は、株式会社○○（本店所在地：東京都○○区○○○丁目○番○号。以下「当社」といいます。）及びその代表取締役○○（住所：東京都○○区○○　生年月日○○年○月○日）の債務整理を受任いたしましたので、代理人として、貴社に対し、次のとおりご通知いたします。
　当社は債権者○社合計○万○円の負債を抱え、約定弁済が不可能となっております。現在、当社と致しましては、破産の申立ての方向で検討しております。そこで、貴社にその旨ご連絡するとともに、同封の書面にご記入の上、当職宛てにご返送下さい。なお、正式な債権届出書は、開始決定後にお送りします。
　今後方針が固まり次第再度ご連絡させて頂きたく存じますので、何卒宜しくお願い致します。
敬　具

〔注１〕　本書面を送付することで、支払停止となる。

| 書式番号 | 2-1-10 | 書式名 | 売掛先に対する通知書 |

　　　　　　　　　　　　　　　　　　　　　　　　　　　年　　　月　　　日

○○○○　御中

　　　　　　　　　　　　　　　　　　　　　　株式会社　　○○○○
　　　　　　　　　　　　　　　　　　　　　　代理人弁護士　○○○○

## 通　知　書

　拝啓　時下、益々ご清栄のこととお慶び申し上げます。
　当職は、株式会社○○○○（以下「当社」といいます。）から依頼を受けた代理人として、本通知書を出状しております。当社は、○○年○月○○日に支払不能に落ち入り、同月○○日に○○地方裁判所民事第○部に破産手続開始の申立てを行う予定となっております。
　破産手続が開始されますと破産管財人が裁判所により選任され、破産管財人が貴社に対する売掛債権を含め当社の資産を法律に従って管理することになりますが、破産管財人が選任されるまでの間に一部債権者が当社の貴社に対する債権等を取り立てる等の違法な行為を行う等混乱が生じる可能性があります。
　従いまして、かかる混乱を避けるため、破産管財人が選任されるまでの間、当社が貴社に対して有する売掛債権を当社ではなく当職管理の下記銀行口座宛お支払頂きますようお願い申し上げます。貴社からの振込金は当職が管理し、破産管財人に引継ぎをいたします。当職の調査によりますと、当社が貴社に対する売掛金の残債権は合計○○○○円となっております。
　万一、当社の債権者等の第三者に支払われた場合には、法律上弁済の効果が生ぜず、二重払をしていただくことになりかねませんので、破産管財人が選任されるまでは、当職以外の方に対するお支払はなされませんよう宜しくお願い申し上げます。

　　　　　　　　　　　　　　　　　　　　　　　　　　　　　　　　　敬　具

記

　　　　　　　　　取扱銀行　○○銀行○○○支店
　　　　　　　　　口座種類　普通預金
　　　　　　　　　口座番号　○○○○○○○番
　　　　　　　　　口座名義　預り金口　弁護士○○○○

　　　　　　　　　　　　　　　　　　　　　　　　　　　　　　　　　以　上

| 書式番号 | 2-1-11 | 書式名 | 預り品一覧表 |

## 預り品一覧表

1　全　　般
　① 疎明資料
　② 印鑑・印鑑登録カード
　③ 建物・自動車の鍵
　④ 会社の金庫内の物品
　⑤ 郵便物

2　経理書類
　① 決算報告書
　② 賃金台帳
　③ 元帳

3　資　　産
　① 現金
　② 通帳・キャッシュカード
　③ クレジットカード
　④ 受取手形・小切手
　⑤ 登記済権利証・登記識別情報通知書
　⑥ 自動車車検証

4　従　業　員
　① 退職届
　② 従業員に貸与していた物品（カードキー、パソコン等）

〔注1〕 申立代理人として預かることが多い物品の手控えとして用いる。

# 書式 2-1-12 被課税公租公課チェック表（法人用）

## 被課税公租公課一覧表 [注1]

| チェック | 税　目 | 所　　　轄 | 郵便番号 | 所　在　地 | 電話番号 | 直近年度（〇〇年） | 直近年度の税額 | 備　考　[注2] |
|---|---|---|---|---|---|---|---|---|
| ☐ | 法人税 | （　）税務署 | | | | | | |
| ☐ | 法人県民税 | （　）県税事務所・地域振興局 | | | | | | |
| ☐ | 同上 | （　）県税事務所・地域振興局 | | | | | | |
| ☐ | 法人等市民税・町村民税 | （　）市税事務所・市区役所・町村役場 | | | | | | |
| ☐ | 同上 | （　）市税事務所・市区役所・町村役場 | | | | | | |
| （法人住民税均等割部分、法人税所得割部分に注意） | | | | | | | | |
| ☐ | 法人事業税 | （　）県税事務所 | | | | | | |
| ☐ | 同上 | （　）県税事務所 | | | | | | |
| ☐ | 固定資産税・都市計画税 | （　）市税事務所・市区役所・町村役場 | | | | | | |
| ☐ | 同上 | （　）市税事務所・市区役所・町村役場 | | | | | | |
| ☐ | 同上 | （　）市税事務所・市区役所・町村役場 | | | | | | |
| （毎年1月1日現在の所有者に課税されることに注意） | | | | | | | | |
| ☐ | 源泉所得税 | （　）税務署 | | | | | | |
| ☐ | 特別徴収市民税・町村民税 | （　）市税事務所・市区役所・町村役場 | | | | | | |
| ☐ | 同上 | （　）市税事務所・市区役所・町村役場 | | | | | | |
| ☐ | 同上 | （　）市税事務所・市区役所・町村役場 | | | | | | |
| ☐ | 消費税・地方消費税 | （　）税務署 | | | | | | |
| ☐ | 健康保険料・調整保険料・介護保険料 | （　）全国健康保険協会　　支部/保険組合 | | | | | | |
| ☐ | 厚生年金保険料・児童手当拠出金 | （　）年金事務所 | | | | | | |
| ☐ | 厚生年金基金掛金 | （　）厚生年金基金 | | | | | | |
| ☐ | 労働保険料 | （　）労働局 | | | | | | |
| ☐ | 国民健康保険料 | （　）市区役所・町村役場 | | | | | | |
| ☐ | 自動車税 | （　）県事務所 | | | | | | |
| （毎年4月1日現在の登録上の所有者・使用者に課税されることに注意） | | | | | | | | |
| ☐ | 軽自動車税 | （　）市区役所・町村役場 | | | | | | |
| ☐ | 地方自治法に基づく分担金 | （　）市区役所・町村役場 | | | | | | |
| その他 | | | | | | | | |
| ☐ | | | | | | | | |
| ☐ | | | | | | | | |
| ☐ | | | | | | | | |
| | | | | | | | 合　計 | |

勤務決算の有無（有・無）　過去3期分納税申告書の有無（有・無）　納税の有無（有・無）

[注1] 国税徴収法または同法の例により徴収分することのできる請求権を記載するための書式である。滞納しているものだけでなく、課税されている項目にチェックし、必要事項を記載する。
[注2] 滞納や差押等、参考となる事項を詳しく記載する。

| 書式番号 | 2-1-13 | 書式名 | 事前相談メモ |

# 事前相談メモ

〇〇年〇月〇日

〇〇地方裁判所民事第〇部　御中

| 代理人名 | 〇〇法律事務所<br>弁護士　〇〇〇〇<br>TEL：〇〇　　　　　　　　　　FAX：〇〇 | | |
|---|---|---|---|
| 債務者名 | 　<br>主な事業内容 | | |
| 支店の有無 | 有　　　　無 | 従業員数 | 名 |
| 負債総額 | 万円 | 債権者数 | 名 |
| 申立予定日 | 〇月〇日　　午前　　午後 | 開始決定希望日 | 〇月〇日　　午前　　午後 |
| 予納金の額 | 円 | 保全の必要性 | 有　　　　無 |

本件の問題点

|  |
|---|
|  |

〔注1〕　申立前に裁判所に相談する事項がある場合に用いるものである。

| 書式番号 2-2-1-1 | 書式名 破産手続開始申立書（債務者申立て） |

## 破産手続開始の申立書

〒　東京都○○区○○○丁目○番○号
　　　　　　　　　申立人（債務者）　　○○株式会社
　　　　　　　　　上記代表者代表取締役　　○○○○
〒　東京都○○区○○○丁目○番○号
　　　　　　　　　上記申立人代理人弁護士　　○○○○
　　　　　　　　　電話
　　　　　　　　　FAX

申立ての趣旨

　債務者○○についての破産手続を開始する。
との決定を求める。

申立ての理由

第1　債務者の業務内容
　1　会社の事業目的
　2　工場、営業所等の施設
　3　従業員
　4　事業監督官庁〔注1〕

第2　破産原因の存在
　1　破産原因の生じた事情
　2　債務超過の事実〔注2〕

第3　債務者の申立時における状況
　1　私的整理実行の有無とその経過
　2　資産の処分状況
　3　従業員の処遇と動静

第4　債務者の資産と負債の状況
　1　資産の内容
　　別紙財産目録記載のとおり。（別紙省略）

2　負債の内容
　　別紙債権者一覧表記載のとおり。（別紙省略）

［第5　管轄〔注3〕
　　会社の管理機能は、親会社である〇〇株式会社（東京都〇〇区）が担当しており、会社の実質的な主たる営業所は東京にある。］

添付書類

| | |
|---|---|
| 履歴事項全部証明書 | 1通 |
| 取締役会議事録 | 1通 |
| 計算書類 | 各1通 |
| 債権者一覧表 | 各1通 |
| 債務者一覧表 | 各1通 |
| 財産目録 | 1通 |
| 陳述書 | 1通 |
| 委任状 | 1通 |

〇〇年〇月〇日

申立代理人弁護士　〇〇〇〇

〇〇地方裁判所民事第〇部　御中

〔注1〕　もしあれば記載する。
〔注2〕　支払不能、支払停止の事実を記載しても良い。
〔注3〕　子会社の場合など管轄につき特記する場合に記載する。

| 書式番号 | 2-2-1-2 | 書式名 | 破産手続開始申立書（債務者申立て）【大阪地裁】 |

印紙
1500円

# 破産申立書（法人用）

年　月　日

大阪地方裁判所（□　　　支部）御中

　　　　　申立代理人弁護士（担当）　_____　印
　　　　　送達場所（事務所）〒_____
　　　　　　TEL（　　）　　　　－　　　FAX（　　）　　　－

ふりがな
債務者(商号)　_____
代　表　者　　_____
申　立　人　　_____（準自己破産の場合のみ）
本店所在地（〒　　　－　　　）□登記事項証明書（商業登記簿謄本）記載のとおり
□〒　　　　　　　　　　　　　　　　　　（登記事項と異なる場合のみ）

## 申　立　て　の　趣　旨
　債務者_____について破産手続を開始する。

## 申　立　て　の　理　由
　債務者は、1のとおりの債務を負担し、財産総額は2のとおりであるため、支払不能又は債務超過の状態にある。
1　債務の状況（別紙債権者一覧表記載のとおり）
　(1)　一般破産債権総額_____万_____円（債権者_____人）
　(2)　優先的破産債権及び財団債権総額
　　　　　_____万_____円（債権者_____人）
2　財産の状況（別紙財産目録記載のとおり）
　　回収見込額合計_____万_____円

## 参　考　事　項
(必ずこの欄も記載する。)
1　破産管財人への引継予定の現金　_____円
2　代表者の破産申立てをしたか（□有・□無）
　　その係属する裁判所と事件番号等
　　_____地方裁判所_____支部・____年（フ）第_____号、_____係

その事件の進行（□開始決定済・□同時申立・□開始決定未）
その破産管財人の氏名等（弁護士＿＿＿＿＿＿＿、TEL（　）　－　）
今後の予定（□予定有　＿＿年＿＿月ころ・□予定無）

| 印　紙 | 郵　券 | 支部申立ての場合 | 受領印 |
|---|---|---|---|
| 1500 円 | 円 | 3470 円 | |

〔注1〕 大阪地方裁判所で用いられている書式である。

| 書式番号 | 書式名 |
|---|---|
| 2-2-1-3 | 破産手続開始申立書（債権者申立て） |

## 破産手続開始申立書

当事者の表示

別紙記載のとおり。（別紙省略）

申立ての趣旨

　債務者○○についての破産手続を開始する

との決定を求める。

申立ての理由

第1　申立債権の存在

　申立人は、債務者に対し、別紙債権目録記載の種類、原因、額の債権を有している。（別紙省略）

第2　債務者の業務内容
　1　会社の事業目的
　2　工場、営業所等の施設
　3　従業員
　4　事業監督官庁〔注1〕

第3　破産原因の存在
　1　破産原因の生じた事情
　2　債務超過の事実〔注2〕

第4　申立てに至る経緯
　1　私的整理実行の有無とその経過〔注3〕
　2　債務者の不誠実な対応
　3　破産手続を開始する必要性

第5　債務者の資産と負債の状況
　1　資産の内容

　　申立時における債務者の資産の内容は別紙記載の資産目録（又は貸借対照表）のとおりであり、その合計は、帳簿価額をもってすれば金○○円であるが、これが正味の処分価額にすれば約金○○円であると見込まれる。

　2　負債の内容

　　申立時における債務者の負債の内容は、別紙記載の債務一覧表（又は貸借対照表）のとお

りであり、その合計は債権者数総計〇〇名、総額〇〇円である。
　その種類の内訳は、一般債権者〇〇名、〇〇円、優先債権者〇〇名、〇〇円、別除権者〇〇名、〇〇円である。なお、現時点で財団債権と目されるものがおよそ〇〇件で、金〇〇円程度が見込まれる。

疎明方法

疎甲第1号証　　　　　破産原因の存在を疎明する書面〔注4〕

添付書類

疎甲号証の写し　　　　各1通
資格証明書　　　　　　1通
履歴事項全部証明書　　1通
債権者一覧表　　　　　各1通〔注5〕
財産目録　　　　　　　1通
委任状　　　　　　　　1通


〇〇年〇月〇日

　　　　　　　　　　　　　　　　　　申立人（債権者）代理人弁護士　　〇〇〇〇


〇〇地方裁判所民事第〇部　御中


〔注1〕　もしあれば記載する。
〔注2〕　支払不能、支払停止の事実を記載しても良い。
〔注3〕　当書式は、私的整理が実行された後に、債権者から破産を申し立てることを前提として作成されている。私的整理実行がない場合には、入手できる資料や情報が限定されるので、分かりうる限り記載する。
〔注4〕　一個の書面では存在を疎明することが難しいので、極力多くの書面を添付する。添付するリストとしては書式2-1-8を参照。
〔注5〕　債権者としては入手が困難と考えられるが、原則として提出が必要である（破産規則14条2項参照。）

第2部　法人の破産の申立て
第2章　破産手続開始申立て　第1節　書式番号2-2-1-4　破産手続開始申立書（準自己破産）

書式番号 2-2-1-4　書式名　破産手続開始申立書（準自己破産）

## （準自己）破産手続開始申立書

年　　月　　日

○○地方裁判所　御中

申立人代理人弁護士　　○○○○

〒○○○－○○○○
　　○○県○○市
　　申立人　○○株式会社取締役　　○○○○

〒○○○－○○○○
　　○○法律事務所（送達場所）
　　上記申立人代理人　弁護士　　○○○○
　　TEL：○○　　　　FAX：○○

〒○○○－○○○○
　　○○県○○市
　　債務者　○○株式会社
　　上記代表者　　　　代表取締役○○○○

申立ての趣旨

　債務者株式会社○○について、破産手続を開始するとの決定を求める。

申立ての理由

1　債務者の業務内容

2　破産手続開始原因の存在

3　債務者の申立時における状況

4　債務者の資産と負債の状況

添付書類

〔注1〕　準自己破産申立てとは、取締役会決議を得ることが困難である場合等に取締役がする申立てである。そのため、申立人が取締役個人となる点にご留意いただきたい。

| 書式番号 | 2-2-1-5 | 書式名 | 特別代理人選任申立書 |

# 特別代理人選任申立書

〇〇年〇月〇日

〇〇地方裁判所民事第〇部　御中

申立人　　　〇〇〇〇
代理人弁護士　〇〇〇〇

1　申立ての趣旨
　　申立人が御庁に対して申し立てようとする、下記法人の破産事件について、同人の特別代理人の選任を求める。

記

　　　住　所　〇〇
　　　法人名　〇〇株式会社
　　　代表者　〇〇〇〇

2　申立ての理由
　　上記法人の代表者である〇〇が、〇〇年〇月〇日に死亡し、現在、同法人の代表者が存在しない状態であるため。

3　特別代理人の推薦
　　〇〇株式会社の特別代理人として、下記の者を推薦します

記

　　　住　所　〇〇
　　　氏　名　弁護士　〇〇〇〇
　　　　TEL：〇〇　　　　　　FAX：〇〇

以上

添付書類

1　戸籍全部事項証明書（写し）
2　就任承諾書兼報酬放棄書

〔注1〕　代表者以外に役員が存在するものの、送達先として必要な新代表者を選任することができない場合に用いる書式である。
〔注2〕　就任承諾書兼報酬放棄書は、書式2-2-1-6を参照いただきたい。

| 書式番号 | 書式名 |
|---|---|
| 2-2-1-6 | 特別代理人就任承諾書兼報酬放棄書 |

特別代理人就任承諾書兼報酬放棄書

○○年○月○日

○○地方裁判所民事第○部　御中

　　　　　　　　　　　　　　　〒○○○－○○○○
　　　　　　　　　　　　　　　○○県○○市
　　　　　　　　　　　　　　　○○法律事務所
　　　　　　　　　　　　　　　弁護士　○○○○
　　　　　　　　　　　　　TEL：○○○○　　　FAX：○○○○

　私は、下記法人の特別代理人に就任することを承諾します。

記

　　　住　所　○○○○
　　　法人名　○○株式会社
　　　代表者　○○○○

なお、上記法人の特別代理人に就任することによる、私の報酬請求権は、これを放棄します。

　　　　　　　　　　　　　　　　　　　　　　　　　　　　　以　上

| 書式番号 2-2-1-7 | 書式名 管財人引継資料一覧表（法人用） |

# 管財人引継資料一覧表（法人用）

① 全体的資料
　①－1　　□　　商業登記簿謄本写し
　①－2　　□○　決算書（少なくとも直近年度から順に過去２年分、勘定科目明細書を含む）
　①－3　　□○　税務申告書控え（税務署の受付印のあるものを、少なくとも直近年度から順に過去２年分）
　①－4　　□○　債権疎明資料（金銭消費貸借契約書、債権額回答書、債権調査票等）
　①－5　　□　　印鑑（□代表印　□銀行印）
　①－6　　□　　総勘定元帳・現金出納帳
　①－7　　□　　預金出納帳
　①－8　　□　　手形帳・小切手帳
　①－9　　□　　事務所・金庫等の鍵
　①－10　 □○　退職金規程
　①－11　 □○　賃金台帳
　①－12　 □　　申立書及び添付書類等一式のデータを納めた媒体（FD・CD・USBメモリー等。電子メールによる送付も可。）

②◇預金
　②－1　　□○　預金通帳
　②－2　　□○　当座勘定照合表

③◇受取手形
　③－1　　□○　受取手形・小切手

④◇売掛金
　④－1　　□　　売掛台帳
　④－2　　△　　請求書（控）・納品書等

⑥◇貸付金
　⑥－1　　□○　金銭消費貸借契約書

⑦◇不動産
　⑦－1　　□○　登記済権利証・登記識別情報通知書

第2部　法人の破産の申立て
　　　第2章　破産手続開始申立て　第1節　書式番号2-2-1-7　管財人引継資料一覧表（法人用）

　⑦－2　□○　不動産登記簿謄本
　⑦－3　□○　固定資産税評価証明書
　⑦－4　△　　査定書

⑧◇自動車
　⑧－1　□○　車検証
　⑧－2　□　　自動車の鍵
　⑧－3　△　　査定書

⑨◇有価証券
　⑨－1　□○　会員権証書、株券、出資証券

⑩◇保証金、敷金
　⑩－1　□○　賃貸借契約書

⑪◇保険解約返戻金
　⑪－1　□○　保険証券
　⑪－2　□○　解約返戻金証明書

⑫◇過払金
　⑫－1　□○　合意書等

⑬◇係属中の訴訟
　⑬－1　□　　係属中の訴訟等に関する訴訟資料

---

※　◇は財産目録に財産が存在する旨記載した場合にチェックしてください。
　◇にチェックのある項目については、原則的に□の資料を管財人に引き継ぎ、引き継ぐものにチェックをしてください。△の資料は、存在する場合に引き継ぎ、チェックしてください。
※　アンダーラインのある資料（財産）は、申立代理人が責任をもって保管し、引継ぎに留意してください。
※　引き継ぐ資料のうち、○のあるものについては、原本が存在する場合も必ずコピーを一部作成し、申立書等の副本とともに管財人予定者に速やかに引き継ぎ、コピーを作成したことの確認のため○にチェックを入れてください。作成したコピーには、上記の○印内の数字に対応した番号を振って整理してください（従来、裁判所に提出していた疎明資料に代わる資料となります。）。
　また、原本も打ち合わせの時に、管財人に引き継いでください。

〔注1〕　大阪地方裁判所で用いられている書式である。

第2部　法人の破産の申立て
第2章　破産手続開始申立て　第2節　書式番号2-2-2-1　債権者一覧表（総括表）

## 書式2-2-2-1　債権者一覧表（総括表）

### 債権者一覧表（総括表）

（単位：円）

| No. | 債権者名 | 〒 | 住所（送達場所） | 電話番号（Fax番号） | 債権の種類[注1] | 債権額 | 保証人 | 別除権 | 訴訟等 | 調査票 | 契約書 | 備考[注2] |
|---|---|---|---|---|---|---|---|---|---|---|---|---|
| 1 | | | | | | | | | | | | |
| 2 | | | | | | | | | | | | |
| 3 | | | | | | | | | | | | |
| 4 | | | | | | | | | | | | |
| 5 | | | | | | | | | | | | |
| 6 | | | | | | | | | | | | |
| 7 | | | | | | | | | | | | |
| 8 | | | | | | | | | | | | |
| 9 | | | | | | | | | | | | |
| 10 | | | | | | | | | | | | |
| 11 | | | | | | | | | | | | |
| 12 | | | | | | | | | | | | |
| 13 | | | | | | | | | | | | |
| 14 | | | | | | | | | | | | |
| | 小計 | | | | | | | | | | | |
| | 総計 | | | | | | | | | | | |

[注1] 債権の種類は、1（借入金）、2（手形・小切手債権）、3（買掛金）、4（リース債権）、5（敷金債権）、6（労働債権）、7（その他）のうちいずれかを記入する。7（その他）の場合には、備考欄に債権の種類を具体的に記入する。

[注2] 債権者が個人名のときは、債務者との関係を記載する。保証人があるときには、その保証人の氏名及び債務者との関係を記載する。

# 書式2-2-2-2 借入金一覧表

| No. | 債権者名 | 〒 | 住所 | 電話番号(Fax番号) | 借入年月日 | 使途 | 保証人 | 借入金額(円) | 最終弁済日 | 現在の金額(円) | 担保権設定 | 将来の求償権 | 契約書 | 残高証明 |
|---|---|---|---|---|---|---|---|---|---|---|---|---|---|---|
| 1 | | | | | | | | | | | | | | |
| 2 | | | | | | | | | | | | | | |
| 3 | | | | | | | | | | | | | | |
| 4 | | | | | | | | | | | | | | |
| 5 | | | | | | | | | | | | | | |
| 6 | | | | | | | | | | | | | | |
| 7 | | | | | | | | | | | | | | |
| 8 | | | | | | | | | | | | | | |
| 9 | | | | | | | | | | | | | | |
| 10 | | | | | | | | | | | | | | |
| 11 | | | | | | | | | | | | | | |
| 12 | | | | | | | | | | | | | | |
| 13 | | | | | | | | | | | | | | |
| 14 | | | | | | | | | | | | | | |
| 15 | | | | | | | | | | | | | | |
| | | | | | | | | 小計 | | | | | | |
| | | | | | | | | 総計 | | | | | | |

| 書式番号 | 2-2-2-3 | 書式名 | 手形・小切手債権一覧表 |

## 手形・小切手債権一覧表

| No. | 債権者名(受取人) | 〒 | 住所(送達場所) | 電話番号(Fax番号) | 手形・小切手番号 | 支払期日 | 金額(円) |
|---|---|---|---|---|---|---|---|
| 1 | | | | | | | |
| 2 | | | | | | | |
| 3 | | | | | | | |
| 4 | | | | | | | |
| 5 | | | | | | | |
| 6 | | | | | | | |
| 7 | | | | | | | |
| 8 | | | | | | | |
| 9 | | | | | | | |
| 10 | | | | | | | |
| 11 | | | | | | | |
| 12 | | | | | | | |
| 13 | | | | | | | |
| 14 | | | | | | | |
| 15 | | | | | | | |
| | | | | | | 小計 | |
| | | | | | | 総計 | |

**書式番号 2-2-2-4　書式名　買掛金一覧表**

## 買掛金一覧表

| No. | 債権者名 | 〒 | 住 所 | 電話番号<br>(Fax番号) | 金額（円） | 契約書等 | 備 考 |
|---|---|---|---|---|---|---|---|
| 1 | | | | | | | |
| 2 | | | | | | | |
| 3 | | | | | | | |
| 4 | | | | | | | |
| 5 | | | | | | | |
| 6 | | | | | | | |
| 7 | | | | | | | |
| 8 | | | | | | | |
| 9 | | | | | | | |
| 10 | | | | | | | |
| 11 | | | | | | | |
| 12 | | | | | | | |
| 13 | | | | | | | |
| 14 | | | | | | | |
| 15 | | | | | | | |
| | | | | 小 計 | | | |
| | | | | 総 計 | | | |

## 書式 2-2-2-5 リース債権一覧表

### リース債権一覧表

| No. | 債権者名 | 〒 | 住所 | 電話番号<br>(Fax番号) | 金額（円） | リース物件 | リース物件の所在 | 保証人 | 契約書等 |
|---|---|---|---|---|---|---|---|---|---|
| 1 | | | | | | | | | |
| 2 | | | | | | | | | |
| 3 | | | | | | | | | |
| 4 | | | | | | | | | |
| 5 | | | | | | | | | |
| 6 | | | | | | | | | |
| 7 | | | | | | | | | |
| 8 | | | | | | | | | |
| 9 | | | | | | | | | |
| 10 | | | | | | | | | |
| 11 | | | | | | | | | |
| 12 | | | | | | | | | |
| 13 | | | | | | | | | |
| 14 | | | | | | | | | |
| 15 | | | | | | | | | |
| 小　計 | | | | | | | | | |
| 総　計 | | | | | | | | | |

## 敷金債権一覧表

書式番号 2-2-2-6　書式名 敷金債権一覧表

| No. | 債権者名 | 〒 | 所在地 | 賃借人等連絡先 | 受入敷金の額（円） | 未払賃料（円） | 物件の概況 | 備考 |
|---|---|---|---|---|---|---|---|---|
| 1 | | | | | | | | |
| 2 | | | | | | | | |
| 3 | | | | | | | | |
| 4 | | | | | | | | |
| 5 | | | | | | | | |
| 6 | | | | | | | | |
| 7 | | | | | | | | |
| 8 | | | | | | | | |
| 9 | | | | | | | | |
| 10 | | | | | | | | |
| 11 | | | | | | | | |
| 12 | | | | | | | | |
| 13 | | | | | | | | |
| 14 | | | | | | | | |
| 15 | | | | | | | | |
| 合計 | | | | | | | | |

| 書式番号 | 2-2-2-7 | 書式名 | 労働債権一覧表 |

## 労働債権一覧表

| No. | 債権者名 | 〒 | 住所 | 電話番号(Fax番号) | 金額(円) | 債権の種類〔注1〕 | 未払い期間 | 備考 |
|---|---|---|---|---|---|---|---|---|
| 1 | | | | | | | | |
| 2 | | | | | | | | |
| 3 | | | | | | | | |
| 4 | | | | | | | | |
| 5 | | | | | | | | |
| 6 | | | | | | | | |
| 7 | | | | | | | | |
| 8 | | | | | | | | |
| 9 | | | | | | | | |
| 10 | | | | | | | | |
| 11 | | | | | | | | |
| 12 | | | | | | | | |
| 13 | | | | | | | | |
| 14 | | | | | | | | |
| 15 | | | | | | | | |
| | | | | 小計 | | | | |
| | | | | 総計 | | | | |

〔注1〕同一人の債権であっても、可能な限り債権の種類ごとに分けて記入する。

## 公租公課一覧表

| 番号 | 債権者名 | 債権者住所（送達場所） | TEL<br>FAX | 税目 | 滞納額<br>（円） | 具体的納期限 | 備考 |
|---|---|---|---|---|---|---|---|
| 1 | | 〒 | | | | | |
| 2 | | 〒 | | | | | |
| 3 | | 〒 | | | | | |
| 4 | | 〒 | | | | | |
| 5 | | 〒 | | | | | |
| 6 | | 〒 | | | | | |
| 7 | | 〒 | | | | | |
| 8 | | 〒 | | | | | |
| 公租公課合計 | 庁 | | | | | | |
| 現在の滞納額合計 | | | | 億　　万　　円 | | | |

〔注１〕財団債権（破産法148条１項２号・３号）・優先債権（破産法98条）・劣後債権（破産法99条１項１号）に分かれる。

### 書式 2-2-3-1 財産目録（総括表）

## 財産目録

| 番号 | 科目 | 名目額（簿価額等）（円） | 回収見込額（円） | 備考 |
|---|---|---|---|---|
| 1 | 現金 | | | |
| 2 | 預貯金 | | | |
| 3 | 受取手形・小切手 | | | |
| 4 | 売掛金 | | | |
| 5 | 在庫商品 | | | |
| 6 | 貸付金 | | | |
| 7 | 不動産 | | | |
| 8 | 機械・工具類 | | | |
| 9 | 什器備品 | | | |
| 10 | 自動車 | | | |
| 11 | 電話加入権 | | | |
| 12 | 有価証券 | | | |
| 13 | 賃借保証金・敷金 | | | |
| 14 | 保険解約返戻金 | | | |
| 15 | その他 | | | |
|  | 資産総合計 | | | |

## 書式 2-2-3-2 預貯金目録

### 預貯金目録

| 番号 | 金融機関・支店名 | 預金種類 | 口座番号 | 残高(円) | 回収見込額(円) | 相殺予定 | 備考 | 通帳等 |
|---|---|---|---|---|---|---|---|---|
| 1 | | | | | | | | |
| 2 | | | | | | | | |
| 3 | | | | | | | | |
| 4 | | | | | | | | |
| 5 | | | | | | | | |
| 6 | | | | | | | | |
| 7 | | | | | | | | |
| 8 | | | | | | | | |
| 9 | | | | | | | | |
| 10 | | | | | | | | |
| 11 | | | | | | | | |
| 小計 | | | | | | | | |
| 総計 | | | | | | | | |

| 書式番号 | 2-2-3-3 | 書式名 | 受取手形・小切手目録 |

## 受取手形・小切手目録

| 番号 | 振出人 | 〒 | 住所 | TEL FAX | 手形小切手番号 | 所在 | 支払期日 | 金額（円） | 回収見込額（円） | 備考 |
|---|---|---|---|---|---|---|---|---|---|---|
| 1 | | | | | | | | | | |
| 2 | | | | | | | | | | |
| 3 | | | | | | | | | | |
| 4 | | | | | | | | | | |
| 5 | | | | | | | | | | |
| 6 | | | | | | | | | | |
| 7 | | | | | | | | | | |
| 8 | | | | | | | | | | |
| 9 | | | | | | | | | | |
| 10 | | | | | | | | | | |
| 11 | | | | | | | | | | |
| 12 | | | | | | | | | | |
| 13 | | | | | | | | | | |
| | | | | | | | 小計 | | | |
| | | | | | | | 総計 | | | |

書式番号 2-2-3-4　書式名 売掛金目録

## 売掛金目録

| 番号 | 相手方 | 〒 | 住所 | TEL・FAX | 金額(円) | 回収見込額(円) | 回収できない理由 | 契約書等 |
|---|---|---|---|---|---|---|---|---|
| 1 | | | | | | | | |
| 2 | | | | | | | | |
| 3 | | | | | | | | |
| 4 | | | | | | | | |
| 5 | | | | | | | | |
| 6 | | | | | | | | |
| 7 | | | | | | | | |
| 8 | | | | | | | | |
| 9 | | | | | | | | |
| 10 | | | | | | | | |
| 11 | | | | | | | | |
| 12 | | | | | | | | |
| 13 | | | | | | | | |
| | | | | 小計 | | | | |
| | | | | 総計 | | | | |

| 書式番号 | 2-2-3-5 | 書式名 | 在庫商品目録 |

## 在庫商品目録

| 番号 | 品名 | 個数 | 所在場所 | 回収見込額(円) | 換価可能性 | 備考 |
|---|---|---|---|---|---|---|
| 1 | | | | | | |
| 2 | | | | | | |
| 3 | | | | | | |
| 4 | | | | | | |
| 5 | | | | | | |
| 6 | | | | | | |
| 7 | | | | | | |
| 8 | | | | | | |
| 9 | | | | | | |
| 10 | | | | | | |
| | | | 小計 | | | |
| | | | 総計 | | | |

# 書式 2-2-3-6　貸付金目録

## 貸付金目録

| 番号 | 相手方 | 〒 | 住所 | TEL／FAX | 金額(円) | 返済期日 | 回収見込額(円) | 回収見込 | 回収できない理由 | 契約書等 |
|---|---|---|---|---|---|---|---|---|---|---|
| 1 | | | | | | | | | | |
| 2 | | | | | | | | | | |
| 3 | | | | | | | | | | |
| 4 | | | | | | | | | | |
| 5 | | | | | | | | | | |
| 6 | | | | | | | | | | |
| 7 | | | | | | | | | | |
| 8 | | | | | | | | | | |
| 9 | | | | | | | | | | |
| 10 | | | | | | | | | | |
| 11 | | | | | | | | | | |
| 12 | | | | | | | | | | |
| 13 | | | | | | | | | | |
| | | | | 小計 | | | | | | |
| | | | | 総計 | | | | | | |

書式番号 2-2-3-7　書式名 不動産目録

## 不動産目録

| 番号 | 種類 | 所在地 | 地番又は家屋番号 | 評価額 (注1) | 被担保債権額 (円) | 回収見込額 (円) | 課税証明書等 | 査定書 | 被担保債権残額証明書 | 備考 |
|---|---|---|---|---|---|---|---|---|---|---|
| 1 | | | | | | | | | | |
| 2 | | | | | | | | | | |
| 3 | | | | | | | | | | |
| 4 | | | | | | | | | | |
| 5 | | | | | | | | | | |
| 6 | | | | | | | | | | |
| 7 | | | | | | | | | | |
| 8 | | | | | | | | | | |
| 9 | | | | | | | | | | |
| 10 | | | | | | | | | | |
| 11 | | | | | | | | | | |
| 12 | | | | | | | | | | |
| | | | 小計 | | | | | | | |
| | | | 総計 | | | | | | | |

〔注1〕評価額としては、固定資産評価や不動産業者による査定書が考えられる。

**書式番号 2-2-3-8　書式名　機械・工具類目録**

## 機械・工具類目録

| 番号 | 名称 | 個数 | 所在場所 | 回収見込額(円) | 備考 |
|---|---|---|---|---|---|
| 1 | | | | | |
| 2 | | | | | |
| 3 | | | | | |
| 4 | | | | | |
| 5 | | | | | |
| 6 | | | | | |
| 7 | | | | | |
| 8 | | | | | |
| 9 | | | | | |
| 10 | | | | | |
| 11 | | | | | |
| 12 | | | | | |
| 13 | | | | | |
| | | | 小計 | | |
| | | | 総計 | | |

| 書式番号 2-2-3-9 | 書式名 什器備品目録 |

## 什器備品目録

| 番号 | 名　称 | 個数 | 所　在　場　所 | 回収見込額(円) | 備　考 |
|---|---|---|---|---|---|
| 1 | | | | | |
| 2 | | | | | |
| 3 | | | | | |
| 4 | | | | | |
| 5 | | | | | |
| 6 | | | | | |
| 7 | | | | | |
| 8 | | | | | |
| 9 | | | | | |
| 10 | | | | | |
| 11 | | | | | |
| 12 | | | | | |
| 13 | | | | | |
| | | | | 小計 | |
| | | | | 総計 | |

## 書式番号 2-2-3-10　自動車目録

### 自動車目録

| 番号 | 車名 | 年式 | 登録番号 | 回収見込額(円) | 保管場所 | 所有権留保の有無 | 車検証又は登録事項証明書 | 備考 |
|---|---|---|---|---|---|---|---|---|
| 1 | | 年式 | | | | | | |
| 2 | | 年式 | | | | | | |
| 3 | | 年式 | | | | | | |
| 4 | | 年式 | | | | | | |
| 5 | | 年式 | | | | | | |
| 6 | | 年式 | | | | | | |
| 7 | | 年式 | | | | | | |
| 8 | | 年式 | | | | | | |
| 9 | | 年式 | | | | | | |
| 10 | | 年式 | | | | | | |
| 11 | | 年式 | | | | | | |
| | | | 小計 | | | | | |
| | | | 総計 | | | | | |

| 書式番号 | 2-2-3-11 | 書式名 | 電話加入権目録 |

## 電話加入権目録

| No. | 電話番号 | 設置場所 | 電話加入権の有無 | 休止の有無 | 時価（円） | 回収見込額（円） | 備考 |
|---|---|---|---|---|---|---|---|
| 1 | | | | | | | |
| 2 | | | | | | | |
| 3 | | | | | | | |
| 4 | | | | | | | |
| 5 | | | | | | | |
| 6 | | | | | | | |
| 7 | | | | | | | |
| 8 | | | | | | | |
| 9 | | | | | | | |
| 10 | | | | | | | |
| | | | 合計 | | | | |

# 書式番号 2-2-3-12　有価証券等目録

## 有価証券等目録

| 番号 | 財産の内容（ゴルフ会員権・株式・出資証券等） | 数量 | 証券番号 | 回収見込額（円） | 証券の所在 | 取引相場資料 | 備考 |
|---|---|---|---|---|---|---|---|
| 1 | | | | | | | |
| 2 | | | | | | | |
| 3 | | | | | | | |
| 4 | | | | | | | |
| 5 | | | | | | | |
| 6 | | | | | | | |
| 7 | | | | | | | |
| 8 | | | | | | | |
| 9 | | | | | | | |
| 10 | | | | | | | |
| 11 | | | | | | | |
| 12 | | | | | | | |
| 13 | | | | | | | |
| | | | 小計 | | | | |
| | | | 総計 | | | | |

**書式番号 2-2-3-13　書式名 賃貸借保証金・敷金目録**

## 賃貸借保証金・敷金目録

| 番号 | 賃借物件 | 賃借保証金・敷金差入額（円） | 契約上の返戻金（円） | 滞納額（円） | 原状回復費用の見込額（円） | 回収見込額（円） | 契約書 |
|---|---|---|---|---|---|---|---|
| 1 | | | | | | | |
| 2 | | | | | | | |
| 3 | | | | | | | |
| 4 | | | | | | | |
| 5 | | | | | | | |
| 6 | | | | | | | |
| 7 | | | | | | | |
| 8 | | | | | | | |
| 9 | | | | | | | |
| 10 | | | | | | | |
| 11 | | | | | | | |
| 12 | | | | | | | |
| 13 | | | | | | | |
| | | | 小計 | | | | |
| | | | 総計 | | | | |

# 保険目録

| 番号 | 保険会社 | 保険種類 | 証券番号 | 回収見込額（解約返戻金）（円） | 備考 | 証券 |
|---|---|---|---|---|---|---|
| 1 | | | | | | |
| 2 | | | | | | |
| 3 | | | | | | |
| 4 | | | | | | |
| 5 | | | | | | |
| 6 | | | | | | |
| 7 | | | | | | |
| 8 | | | | | | |
| 9 | | | | | | |
| 10 | | | | | | |
| 11 | | | | | | |
| | | | | 小 計 | | |
| | | | | 総 計 | | |

# 勘定科目内訳明細書と財産目録との対照報告書

| 法人税申告書の内訳明細書《A》 | 財産目録の記載《B》 | 《A》と《B》の相違の有無 |
|---|---|---|
| ● 預貯金等の内訳書 | ⇔ 預貯金目録 → | □なし<br>□あり → □《A》に記載があり《B》に記載のない財産は、現在保有しない財産である |
| ● 受取手形の内訳書 | ⇔ 手形・小切手目録 → | □なし<br>□あり → □《A》に記載があり《B》に記載のない財産は、現在保有しない財産である |
| ● 売掛金(未収入金)の内訳書 | ⇔ 売掛金目録 → | □なし<br>□あり → □《A》に記載があり《B》に記載のない財産は、現在保有しない財産である |
| ● 仮払金(前渡金)の内訳書 | ⇔ 保険目録 → | □なし<br>□あり → □《A》に記載があり《B》に記載のない財産は、現在保有しない財産である |
| | ⇔ 敷金・保証金目録 → | □なし<br>□あり → □《A》に記載があり《B》に記載のない財産は、現在保有しない財産である |
| ● 貸付金及び受取利息の内訳書 | ⇔ 貸金・求償金・立替金等目録 → | □なし<br>□あり → □《A》に記載があり《B》に記載のない財産は、現在保有しない財産である |
| ● 棚卸資産(商品・製品・半製品・仕掛品・原材料・貯蔵品)の内訳書 | ⇔ 在庫商品目録 → | □なし<br>□あり → □《A》に記載があり《B》に記載のない財産は、現在保有しない財産である |
| ● 有価証券の内訳書 | ⇔ 出資金・積立金目録 → | □なし<br>□あり → □《A》に記載があり《B》に記載のない財産は、現在保有しない財産である |
| | ⇔ 金融商品目録 → | □なし<br>□あり → □《A》に記載があり《B》に記載のない財産は、現在保有しない財産である |
| | ⇔ 非上場株式等目録 → | □なし<br>□あり → □《A》に記載があり《B》に記載のない財産は、現在保有しない財産である |

|   |   | ⇔ | 会員権目録 | → | □なし<br>□あり → □ | 《A》に記載があり《B》に記載のない財産は、現在保有しない財産である |
|---|---|---|---|---|---|---|

● 固定資産(土地・土地の上に存する権利及び建物に限る)の内訳書　⇔　不動産目録　→　□なし／□あり → □　《A》に記載があり《B》に記載のない財産は、現在保有しない財産である

○ 固定資産税台帳(償却資産税台帳)　⇔　機械・工具目録　→　□なし／□あり → □　《A》に記載があり《B》に記載のない財産は、現在保有しない財産である

　　　　　　　　　　　　　⇔　自動車等目録　→　□なし／□あり → □　《A》に記載があり《B》に記載のない財産は、現在保有しない財産である

　　　　　　　　　　　　　⇔　什器・備品目録　→　□なし／□あり → □　《A》に記載があり《B》に記載のない財産は、現在保有しない財産である

〔注1〕　名古屋地方裁判所で用いられている書式である。

| 書式番号 2-2-4-1 | 書式名 担保一覧表 |

## 担保一覧表

| 番号 | 担保物件 | 担保権の種類 | 担保権者 | 被担保債権額 | 処分見込額 | 備考 |
|---|---|---|---|---|---|---|
| 1 | | | | | | |
| 2 | | | | | | |
| 3 | | | | | | |
| 4 | | | | | | |
| 5 | | | | | | |
| 6 | | | | | | |
| 7 | | | | | | |
| 8 | | | | | | |
| 9 | | | | | | |
| 10 | | | | | | |
| 11 | | | | | | |

## 担保評価・担保設定状況一覧表

(単位:千円)

| 担保提供資産 | 現況 | 簿価 | 時価 | 担保設定状況 第1順位 | 担保設定状況 第2順位 | 過不足 | 備考 |
|---|---|---|---|---|---|---|---|
| 不動産 | | | | | | | |
| ○○市○○町○番地土地建物 | 賃貸中 | 123,026 | 92,440 | A銀行 100,000 | | △7,560 | |
| ○○市○○町○番地土地 | 遊休地 | 85,362 | 639,095 | B銀行 200,000 | A銀行 300,000 | 142,621 | 共担 |
| ○○市○町○番地土地 | 遊休地 | 2,365 | 3,526 | | | | |
| ○○市○○町○番地ほかの工場の土地建物 | 主力工場 | 52,603 | 103,305 | A銀行 200,000 | | △96,695 | |
| 株式 | | | | | | | |
| ○○株式会社株式500,000株 | A銀行に差入 | 36,200 | 50,000 | A銀行 60,000 | | △10,000 | |

| 書式番号 | 2-2-4-3 | 書式名 | リース物件一覧表 |

リース物件一覧表

| 番号 | リース会社 | リース物件 | 個数 | リース物件所在地 | 契約書の有無 | 返還状況 | 備考 |
|---|---|---|---|---|---|---|---|
| 1 | | | | | | | |
| 2 | | | | | | | |
| 3 | | | | | | | |
| 4 | | | | | | | |
| 5 | | | | | | | |
| 6 | | | | | | | |
| 7 | | | | | | | |
| 8 | | | | | | | |
| 9 | | | | | | | |
| 10 | | | | | | | |

# 書式 2-2-4-4 最終の決算書に記載されており、かつ申立書の財産目録に記載のない財産の処分状況一覧表

## 最終の決算書に記載されており、かつ申立書の財産目録に記載のない財産の処分状況一覧表

※ ただし、現金、預貯金、受取手形・小切手、売掛金、在庫商品（原材料）など、通常流動性が高いと思われる資産については記入する必要はありません。貸付金、不動産、機械・工具、什器備品、自動車、電話加入権、有価証券、保証金・敷金、保険解約返戻金等の資産についてのみ記入してください。

| 番号 | 財産の種類・内容 | 架空計上 | 処分 | 処分の日 | 処分価格（円） | 処分代金の使途又は財産目録非掲載の理由 |
|---|---|---|---|---|---|---|
| 1 | | ☐ | ☐ | | | |
| 2 | | ☐ | ☐ | | | |
| 3 | | ☐ | ☐ | | | |
| 4 | | ☐ | ☐ | | | |
| 5 | | ☐ | ☐ | | | |
| 6 | | ☐ | ☐ | | | |
| 7 | | ☐ | ☐ | | | |
| 8 | | ☐ | ☐ | | | |
| 9 | | ☐ | ☐ | | | |
| 10 | | ☐ | ☐ | | | |

第2部 法人の破産の申立て
第2章 破産手続開始申立て 第4節 書式番号2-2-4-5 仕掛工事一覧表

**書式番号 2-2-4-5　書式名 仕掛工事一覧表**

## 仕掛工事一覧表

| No | 注文者 | 〒 | 住所 | 連絡先(担当者名) | 工事内容 | 工期 | 出来高(%) | 請負代金額(円) | 受領額(円) | 備考〔注1〕 |
|---|---|---|---|---|---|---|---|---|---|---|
| 1 | | | | | | | | | | |
| 2 | | | | | | | | | | |
| 3 | | | | | | | | | | |
| 4 | | | | | | | | | | |
| 5 | | | | | | | | | | |
| 6 | | | | | | | | | | |
| 7 | | | | | | | | | | |
| 8 | | | | | | | | | | |
| 9 | | | | | | | | | | |
| 10 | | | | | | | | | | |
| 11 | | | | | | | | | | |
| 12 | | | | | | | | | | |
| 13 | | | | | | | | | | |
| 14 | | | | | | | | | | |
| 15 | | | | | | | | | | |
| 小計 | | | | | | | | | | |
| 総計 | | | | | | | | | | |

〔注1〕未払い費用・下請会社連絡先等、適宜記載する。

## 賃借物件リスト

(単位：円)

| No. | 〒 | 所在地 | 賃貸人等・連絡先 | 賃料 | 支払日 | 滞納額 | 敷金等 | 原状回復費用の見込額 | 備考 |
|---|---|---|---|---|---|---|---|---|---|
| 1 | | | | | | | | | |
| 2 | | | | | | | | | |
| 3 | | | | | | | | | |
| 4 | | | | | | | | | |
| 5 | | | | | | | | | |
| 6 | | | | | | | | | |
| 7 | | | | | | | | | |
| 8 | | | | | | | | | |
| 9 | | | | | | | | | |
| 10 | | | | | | | | | |
| 11 | | | | | | | | | |
| 12 | | | | | | | | | |
| 13 | | | | | | | | | |
| 14 | | | | | | | | | |
| 15 | | | | | | | | | |

第2部　法人の破産の申立て
第2章　破産手続開始申立て　第4節　書式番号2-2-4-7　水道光熱費等一覧表

**書式番号 2-2-4-7　書式名　水道光熱費等一覧表**

## 水道光熱費等一覧表

○○工場（所在地○○○○）

（単位：円）

| | 連絡先 | 未払い金 | 検針日・締め日 | 加入権〔注1〕 | 備考 |
|---|---|---|---|---|---|
| 電気 | | | | | |
| ガス | | | | | |
| 上水道 | | | | | |
| 下水道 | | | | | |
| 電話（番号） | | | | | |
| 合計 | | | | | |

〔注1〕水道施設利用権や電気ガス供給施設利用権の有無を記載する。

# 書式 2-2-4-8 清算貸借対照表

## 清算貸借対照表（申立日現在）

（単位：円）

| 資産の部 | | | 負債の部 | |
|---|---|---|---|---|
| 科目 | 帳簿価格（※） | 清算価格 | 科目 | 金額 |
| 現金 | | | 買掛金 | |
| 預金 | | | 支払手形 | |
| 受取手形 | | | 借入金 | |
| 売掛金 | | | 未払金 | |
| 在庫商品 | | | リース料 | |
| 流動資産計 | | | 公租公課 | |
| 土地 | | | 労働債権 | |
| 建物 | | | その他 | |
| 建物付属設備 | | | | |
| 車両運搬具 | | | 負債合計 | |
| 機械装置工具器具備品 | | | 資本の部 | |
| 保証金・敷金 | | | 資本金 | |
| 保険解約返戻金 | | | 利益剰余金 | |
| 有価証券 | | | | |
| 貸付金 | | | 純資産合計 | |
| 固定資産計 | | | | |
| 資産合計 | | | 負債・純資産合計 | |

※ 不明な場合は記載せず、清算価格のみ記載する。

[注1] 申立時の資産状況の正確な把握のため清算貸借対照表を作成することが望ましいものの、実際には清算価値の算定が困難な場合も多い。その場合には作成する必要はなく、資産目録における総括表を添付すれば足りる。

# 委　任　状

年　月　日

住　所

氏　名

当社は、次の者に対し、下記委任事項記載の事項を委任いたします。

　　　　　弁護士　〇〇〇〇
　　　　　所　属　〇〇弁護士会
　　　　　住　所

　　　　　電　話
　　　　　ＦＡＸ

記

1．〇〇地方裁判所に対し、自己破産の申立てを行う件
2．上記1に関し、保全処分申立て、取下げその他一切の関連する行為を行う件
3．復代理人選任の件

以　上

# 委　任　状

年　月　日

住　所

氏　名

私は、次の者に対し、下記委任事項記載の事項を委任いたします。

　　　　　　　弁護士　　〇〇〇〇
　　　　　　　所　属　　〇〇弁護士会
　　　　　　　住　所

　　　　　　　電　話
　　　　　　　ＦＡＸ

記

1．〇〇地方裁判所に対し、債務者〇〇株式会社に関する準自己破産の申立てを行う件
2．上記1に関し、保全処分申立て、取下げその他一切の関連する行為を行う件
3．復代理人選任の件

以　上

〔注1〕　住所・氏名については、債務者（法人）ではなく、取締役等の申立人の住所・氏名を記載する。

## 取締役会議事録

○○年○○月○○日午前○○時○○分、東京都○○において取締役会を開催した。

　　取締役総数　　　3名　　出席取締役数　　3名
　　監査役総数　　　1名　　出席監査役数　　1名

上記のとおり過半数の取締役の出席があったので本会は適法に成立した。よって代表取締役○○は、選ばれて議長となり、開会を宣し、直ちに議事に入った。

　　　　　議　案　　破産申立ての件

議長は、現在の会社の状況を説明の上、破産申立てを行うことにつき一同に諮ったところ、全員一致をもってこれを承認可決した。

議長は、以上をもって本日の議事を終了した旨を述べ、午前○○時○○分閉会を宣した。

以上の決議を明確にするため、この議事録を作成し、議長及び出席取締役及び出席監査役がこれに記名押印する。

○○年○○月○○日

　株式会社○○○○　　　　　　取締役会

　　　議　　　長
　　　代表取締役　　　　○○

　　　出席取締役　　　　○○

　　　出席取締役　　　　○○

　　　出席監査役　　　　○○

| 書式番号 | 2-2-4-12 | 書式名 | 取締役同意書 |

# 同　意　書

年　　月　　日

○○地方裁判所　御中

住　所
氏　名

　私は、○○株式会社の取締役ですが、当社につき○○地方裁判所に対し、破産手続開始の申立てをすることに、同意いたします。

以　上

〔注1〕　取締役会非設置会社の場合は、取締役全員について、破産申立てを行うことにつき同意している旨の同意書を作成する必要がある。

| 書式番号 2-2-4-13 | 書式名 陳述書（代表者　簡易版） |

〇〇年〇〇月〇〇日

# 陳 述 書

陳述者　　〇〇〇〇

　私は、〇〇年〇〇月より申立人の代表取締役の職に就いています。

1　申立人の業務内容について
　　申立人は、〇〇年〇〇月〇〇日に設立された〇〇に関する事業を主たる目的とする会社で、〇〇を中心に、〇〇等を手掛けておりました。
　　資本金は1,000万円（発行済株式数は200株）であり、私がそのうちの〇〇％（株式数〇〇株）、その余を〇〇が保有しています。

2　破綻に至る経緯
⑴　申立人は、前代表取締役〇〇の経営のもと、業績を伸ばし、〇〇年〇〇月期においては売上高約〇〇万円、営業利益約〇〇万円の成績でした。
⑵　しかし、〇〇への対応が遅れ、また、昨今の〇〇不況などの影響を受け、売上は次第に落ち込んでいきました。かかる状況において、〇〇の事態となり、売上は〇〇年〇〇月期で約〇〇万円と急激に落ち込む結果となってしまいました。
　　そして、〇〇年〇〇月下旬には資金繰りに窮することとなり、資金支援をしてくれるスポンサーをさがしたものの、見つからなかったことから、仕掛り業務の承継などにより漸次業務を縮小していき、〇〇年〇〇月には事業を廃止いたしました。

3　従業員について
　　取締役3名以外の従業員〇〇名は、全員、〇〇年〇〇月〇〇日付で会社倒産を理由として解雇いたしました。給料及び解雇予告手当並びに退職金は、売掛金等の回収により既に支払済みであります。なお、申立人には労働組合はありません。

4　資産・負債について
　　申立人の資産・負債の状況は、破産申立書添付の資産目録及び債権者一覧表記載のとおり間違いありません。

以　上

〔注1〕　準自己破産の申立ての場合は、「申立人」ではなく「債務者」と記載する。
〔注2〕　本書式は簡易な記載にとどめており、申立代理人弁護士による報告書において補充する必要がある。

書式番号 2-2-4-14　書式名　陳述書（代表者　詳細版）

○○年○○月○○日

# 陳述書〔詳細版〕

陳述者○○○○

私は、○○年○○月より申立人の代表取締役の職に就いています。
第一　申立人の業務内容
　一　事業目的
　　　申立人は、○○業を中心に行ってきました。○○年○○月決算期（○○期）における売上総額○○円のうち、○○の売上金が○○円を占めています。
　二　申立人の経歴
　　　申立人は○○年○○月に東京都○○に設立され、○○年○○月には現在の事業活動の拠点となる○○営業所を開設しました。また、○○年○○月には、本店を東京都○○に移転し現在に至っています。
　　　申立人の主な受任先としては、従前は、○○等の中央省庁からの受注も大きな比重を占めていましたが、最近は、○○等の下請け受注が中心です。
　三　株式の状況（甲○号証「確定申告書」参照）
　　　株式の状況は次のとおりです。

（中略）

　四　従業員
　　1　従業員は甲○号証「従業員一覧表」記載のとおり○○名（うち○○がパート社員）で、組織の形態は甲○号証「組織図」のとおりです。なお、労働組合は存在しません。
　　2　申立人は、○○年○○月○○日、破産管財業務を遂行するうえで必要な人材と思料した下記の従業員を除き、その余の従業員を一か月の予告を置いて解雇いたしました。

記

　　　　○○　　　　　担当総務・経理
　　　　○○　　　　　担当営業
　五　事務所及び営業所等の状況
　　1　申立人は、東京都○○に○○営業所、東京都○○に本社事務所を有しています。
　　2　本社事務所は第三者株式会社○○より建物を賃借して使用していますが（甲○号証「賃貸借契約書」）、○○年○○に解約を申入れ、○○年○○月末日に賃貸借契約が終了する

予定です。
  3 ○○営業所は、申立人の事業活動の拠点であり、代表取締役○○が所有する土地・建物を申立人が賃借して使用しています（甲○号証「賃貸借契約書」）。
  4 申立人は、上記の他に、甲○号証「賃借物件一覧表」のとおり従業員居住用の社宅を賃借しています。

 第二 破産原因の存在
  一 破産原因の生じた事情
    申立人は、前代表取締役○○が○○年に個人で創立した○○業を、○○年○○月○○日に株式会社○○と改組したことにより設立され、　　　……（中略）……　　　でした。
    その後、バブル経済の崩壊に伴う○○不況の影響で○○の事態となり、○○営業所におけるコスト削減等のリストラを実施したものの、財務状況は改善されず、また、長期化する○○不況のあおりを受けて、破産申立てを選択せざるを得ない状況となったものです。
  二 債務超過の事実
    申立人は、甲○号証「清算試算表」記載のとおり、○○年○○月○○日現在約金○○億円の債務超過に陥っており、また、申立人の全資産を処分したとしても到底債務を弁済することは不可能な状況にあります。

 第三 債務者の資産と負債の状況
  一 資産の状況
    1 申立人の○○年○○月○○日現在の資産の状況（○○年○○月○○日現在の数値を基準にして○○月○○日以降の推移を見込めるものについては修正を施したもの）は、甲第○号証「財産目録」記載のとおりであり、資産合計金○○円（清算価格。なお、銀行預金の相殺見込は考慮していない。）です。
      なお、登録物件については、甲第○号証「登録物件目録」記載のとおりです。また、申立人が所有する不動産はありません。
    2 申立人の仕掛工事のうち、主なものは、甲○証「仕掛工事一覧表」記載のとおりです。但し、契約書は取り交わされていません。
  二 負債の状況
    申立人の○○年○○月○○日現在の負債の状況（○○年○○月○○日現在の数値を基準にして○○月○○日以降の推移を見込めるものについては修正を施したもの）は、甲○号証「債権者一覧表」記載のとおり（合計○○円）です。
    1 租税等　　　　　　　　○○件　金○○円
    2 労働債権　　　　　　　○○名　金○○円
      労働債権のうち、退職金については、甲○号証「退職金算定」表記載のとおりです。また、未払給与については、○○年○○月○○日以降申立日である○○月○○日までの

給与債権の試算であり、残業手当等の手当は集計していません。
　　なお、解雇手続を行っていない前記2名に対しては〇〇月分の給料を〇〇年〇〇月〇〇日に前払しています。
3　別除権付債権　　　　〇〇社　金〇〇円
　　別除権付債権は下記のとおりです。

（中略）

4　一般債権　　　〇〇社　金〇〇円
　　なお、このうち、甲〇号証「債権者一覧表」の「借入金」の金融債務については預金債権合計約〇〇万円との相殺が見込まれます。また、右金融債務については、甲〇〇号証「不動産明細」記載のとおり、申立人代表取締役〇〇が所有する不動産に担保権が設定されています。

以　上

〔注1〕　準自己破産の申立ての場合は、「申立人」ではなく「債務者」と記載する。

| 書式番号 | 2-2-4-15 | 書式名 | 報告書（申立代理人弁護士） |

〇〇年〇〇月〇〇日

# 報　告　書

申立代理人弁護士　〇〇〇〇

　当職は、申立人代表取締役〇〇その他の従業員から事情聴取を実施したので、以下のとおり、報告する。

第1　申立人の業務内容等
　1　申立人の経歴
　（1）事業目的
　（2）設立年月日
　（3）株式の状況
　　　　発行済株式総数：〇〇株
　　　　主要株主は以下のとおり

| 株主名 | 持株数 | 持株割合 | 備考（申立人との関係等） |
|---|---|---|---|
|  |  |  |  |
|  |  |  |  |

　2　業務内容
　　　申立人は、〇〇業を営み……（中略）

第2　申立日現在の状況
　1　営業の状況
　　　申立人においては、〇〇年〇〇月〇〇日に全ての営業を停止している。
　2　帳簿、印鑑、事務所の鍵などの貴重品の保管
　　　印鑑及び事務所の鍵については、全て申立人が保管している。帳簿類については事務所にて保管している。
　3　従業員の状況
　　　従業員は、〇〇年〇〇月〇〇日に解雇予告を行い、同年〇〇月〇〇日付けにて全員解雇している。また、未払労働債権は存在しない。なお、申立人において労働組合は存在しない。
　4　事務所及び営業所等の状況
　（1）自己所有物件

| 住　所 | 担保権の内容 | 売却の有無、日時、金額 | 備　考 |
|---|---|---|---|
|  |  |  |  |
|  |  |  |  |

（2）賃貸物件

| 住　所 | 明渡しの有無、日時 | 賃料滞納の有無、金額 | 解除の有無 |
|---|---|---|---|
|  |  |  |  |
|  |  |  |  |

5　関連会社の状況

| 会社名 | 当社との関係 | 破産等申立ての有無 | 備　考 |
|---|---|---|---|
|  |  |  |  |
|  |  |  |  |

第3　財務状況及び決算書または試算表の記載の修正点

　　申立人の財務状況については、税務申告書及び直近の試算表のとおりであるが、以下のとおり修正がある。

（中略）

第4　破産申立てに至った事情

第5　資産及び負債の状況

第6　申立てまでの資産等の変動

第7　係属中の訴訟等

　　　　　　〔注1〕　代表者の陳述書において記載しなかった部分を中心に記載する。

| 書式番号 | 2-2-4-16 | 書式名 | 報告書【大阪】 |

# 報告書（法人用）

年　　月　　日

大阪地方裁判所　　　　　御中

　　　　　　　　　　　　　　　　申立代理人 _____ 印
　　　　　　　　　　　　　　　　会社代表者もしくは
　　　　　　　　　　　　　　　　準自己破産の場合の申立人
　　　　　　　　　　　　　　　　_____ 印

1　一般管財手続（招集型・非招集型）・個別管財手続の希望
　　□本件が、一般管財手続（招集型）として取り扱われることを希望する。
　　□次の注意事項を了解し、本件が、一般管財手続（非招集型）として取り扱われることに異議がない。
　　　注：破産手続開始決定の前後を問わず、一件書類に記載された事実と異なる事実又は一件書類に記載されていない事実が判明する等して、非招集型手続として処理することが不適切であると裁判所が判断した場合は、招集型手続として処理されることになります。
　　□本件が、個別管財手続として取り扱われることを希望する。

2　債務者会社の申立前の営業内容（現実に行っていた事業）
　　_____
　　_____

3　営業所、事務所、工場、倉庫、社宅、駐車場等の場所、自己所有または賃借の別、明渡の状況及びその必要額
　(1)　本店の住所_____
　　　　郵便取扱支店　郵便事業株式会社_____支店（〒　　－　　）
　　　　□自己所有
　　　　□賃借（賃料月額_____円、契約上の返戻金_____円）
　　　　　□明渡完了
　　　　　□明渡未了（明渡予定日　　　年　　月　　日）
　　　　　　その明渡及び原状回復費用見込額_____円
　　　　　□見積書の写しを提出した。
　(2)　_____の住所_____
　　　　郵便取扱支店　郵便事業株式会社_____支店（〒　　－　　）

□自己所有
□賃借（賃料月額＿＿＿＿＿円、契約上の返戻金＿＿＿＿＿円）
　　□明渡完了
　　□明渡未了（明渡予定日　　＿＿年＿＿月＿＿日）
　　　その明渡及び原状回復費用見込額＿＿＿＿＿＿＿円
　　□見積書の写しを提出した。

4　従業員関係
 (1)　従業員　総数＿＿＿＿＿名
 (2)　□解雇した。　　　解雇通知　　＿＿年＿＿月＿＿日
　　　□解雇していない。
　　　　　解雇していない従業員の数＿＿＿＿＿名
　　　　　解雇予定日　　　　＿＿年＿＿月＿＿日
 (3)　労働組合の有無
　　　□有　その名称＿＿＿＿＿＿＿＿＿＿
　　　　　　主たる事務所所在地〒＿＿＿＿＿＿＿＿＿＿＿＿＿＿＿
　　　　　　組合員数＿＿＿＿＿＿＿＿名
　　　　　　組合代表者氏名＿＿＿＿＿＿＿＿＿＿＿＿
　　　□無　従業員の過半数を代表する者の氏名
　　　　　　その者の住所〒＿＿＿＿＿＿＿＿＿＿＿＿＿＿＿＿＿＿

5　支払停止の状況
　　□1回目の手形不渡（またはその見込）日　　＿＿年＿＿月＿＿日
　　□2回目の手形不渡（またはその見込）日　　＿＿年＿＿月＿＿日
　　□閉店または廃業の日　　　　　　　　　　＿＿年＿＿月＿＿日

6　事業についての免許、登録その他の許可の有無
　　□無
　　□有　所轄行政庁または機関の名称＿＿＿＿＿＿＿＿＿＿＿＿＿＿
　　　　　その所在地〒＿＿＿＿＿＿＿＿＿＿＿＿＿＿＿＿＿＿＿＿＿

7　取戻権行使の見込みの有無
　　□有
　　（リース物件及び預り商品の状況は、別紙リース物件等一覧表記載のとおり）
　　□無

8　係属中の訴訟等（破産手続、民事再生手続、会社更生手続、督促手続、仮差押、仮処分、競売手続等を含む）の有無

　　　　☐有（内容は、別紙係属中の訴訟等一覧表記載のとおり）
　　　　☐無

9　倒産直前の弁済、資産譲渡、担保設定等の有無
　　　　☐有（別紙倒産直前の処分行為等一覧表記載のとおり）
　　　　☐無

10　相殺予定以外の預金口座の解約
　　　☐終了した。
　　　☐終了していない。
　　　　　　終了予定日　＿＿＿年＿＿＿月＿＿＿日

11　売掛金の回収
　　　☐すべて回収した。
　　　☐回収していないものもある。
　　　　　　未回収件数　＿＿＿＿＿＿＿＿件
　　　　　　未回収金額　＿＿＿＿＿＿＿＿円
　　　　　　　　回収可能性　　☐有
　　　　　　　　　　　　　　　☐無
　　　　　　　　回収困難な場合
　　　　　　　　　その理由（　　　　　　　　　　　　　　　　　　　　　　）

12　貸付金の回収
　　　☐すべて回収した。
　　　☐回収していないものもある。
　　　　　　未回収件数　＿＿＿＿＿＿＿＿件
　　　　　　未回収金額　＿＿＿＿＿＿＿＿円
　　　　　　　　回収可能性　☐有
　　　　　　　　　　　　　　☐無
　　　　　　　　回収困難な場合
　　　　　　　　　その理由（　　　　　　　　　　　　　　　　　　　　　　）

13　機械・工具類・什器備品・在庫商品の有無
　　　☐有
　　　　その評価額＿＿＿＿＿＿＿＿＿円
　　　　　☐換価可能
　　　　　☐換価不可能
　　　　　　　廃棄費用見込額＿＿＿＿＿＿＿円

　　　　□見積書の写しを提出した。
　　□無

14　申立代理人の受任後の業務内容
　(1)　債務者会社の資産及び負債に関する調査、確認
　　　□申立書に記載した資産及び負債の状況については、債務者会社の代表者（代表者からの事情聴取が困難な場合はそれに代わる者）及び経理担当者から十分に事情を聴取し、直近の決算書に記載された財産の内容とも照合した上、事実関係を調査、確認し、記載した。
　(2)　現金、預金通帳、有価証券、帳簿・印鑑等の保管
　　　□債務者会社の現金、預金通帳、有価証券、帳簿、印鑑、自動車の鍵等、管財人に直ちに引き継ぐべき資料及び財産については、申立代理人において適切に管理する措置を講じた。
　(3)　従業員の解雇に関する措置
　　　□従業員については解雇の有無を確認し、解雇通知未了の場合、直ちに解雇の手続を行った。
　(4)　代表者（代表者が死亡等によりいない場合はこれに準じる者）について
　　　□代表者等は以下の連絡先により破産管財人が直ちに連絡をとりうる状態で生活している。
　　　　①　現住所
　　　　　（〒　　　－　　　　）＿＿＿＿＿＿＿＿＿＿＿＿＿＿＿＿＿＿＿＿＿＿＿＿
　　　　②　連絡がとれる電話番号　（　　　）－（　　　　）－（　　　　）
　　　　　　携帯電話の番号　　　　（　　　）－（　　　　）－（　　　　）

15　破産法41条の財産の内容を記載した書面としては、添付の財産目録を援用することとする（ただし、開始決定までに記載内容に変動があった場合には改めて提出する。）。

16　破産原因が生じた事情（債務者の事業が不振に至った経緯、債務が増大した理由など）及び粉飾決算の有無について詳しく記載して下さい。

　　　　〔注〕　大阪地方裁判所の書式である。

| 書式番号 | 2-3-1 | 書式名 | 破産申立ての通知 |

# 通知書

年　月　日

債権者各位

〒　　－　　　　　○○市○○区○○　○丁目○番○号
　　　　　　　　　○ビル○階
○○○○法律事務所
株式会社○○○○
代理人弁護士　　○○○○
TEL：　－　－　　FAX：　－　－

拝啓　時下益々ご清栄の段お慶び申し上げます。
　さて、突然のことで誠に恐縮でございますが、株式会社○○○○（本店所在地：○○市○○区○○　○丁目○番○号、代表取締役○○○○）は、本日、○○地方裁判所に破産手続開始の申立てを行い、同庁に受理されました（事件番号：○○年（フ）第○○○○号）。今後は、破産手続開始決定がなされるとともに、裁判所から破産管財人が選任され、破産管財人による財産の調査・換価及び配当等の業務が行われ、債権者の皆様に対しましては、裁判所から債権調査に関する書類が送達されることになります。
　自己破産という結果となり、関係者各位におかれましては、多大なご迷惑をおかけ致しますことを、心からお詫び申し上げます。
　なお、株式会社○○○○の事務所及び資産の全ては、破産手続開始決定までの間は当職において占有管理しております（破産手続開始決定後においては裁判所から選任される破産管財人が占有管理します。）。当職及び破産管財人の許可なく物件内に立ち入り、または物件内の動産を搬出する等の行為をすることは禁じられており、刑法により処罰されることがございますので、お控えくださいますようお願い致します。また、今後は、株式会社○○○○の関係者への連絡や取立行為は中止していただき、通知・連絡は当職らまで行うようお願い致します。
　ご理解、ご協力のほど何卒宜しくお願い致します。

敬具

第2部　法人の破産の申立て
第3章　申立直後の書類　書式番号2-3-2　打合せ補充メモ（法人用）

| 書式番号 | 2-3-2 | 書式名 | 打合せ補充メモ（法人用） |

破産会社　〇〇〇〇

　　　　　　　　　　　　　　　　　　　　　　　　　　　　年　月　日
　　年（フ）　号
（関連　　　　　）
　　　　　　　　　　　　　　　　　　　　　申立代理人　〇〇〇〇　印

## 打合せ補充メモ（法人用）

> 申立代理人は、必ずこのメモを作成し、打合せ前に破産管財人に送付してください。

1　引継予納金
　(1)　□現金　□20万　□その他円
　　　　□現金以外の換価容易な財産をもって引継予納金に充てる（　　　円）
　　　　　（□預金　□解約返戻金　□退職金1／8相当額　□その他（　））
　(2)　引継方法　□一括（□打合せ時　□　月ころ）　□分割（　月〜　月）
2　預かり金・回収金精算書（別紙のとおり）
　　　　　　　　　　　※申立てが複数ある場合には、各事件について作成してください。
3　受任通知の発送
　(1)　受任通知発送の有無　□有（　年　月　日発送）　□無
　(2)　受任通知の発送先　□債権者　□債務者（売掛先など）
4　代表者（　　年（フ）　　号）
　□(1)　現住所
　□(2)　連絡がとれる電話番号　〇〇（〇〇）〇〇　携帯〇〇（〇〇）〇〇
　□(3)　現在の勤務先　□正社員　□アルバイト　給与月額　　　円
　　　　名称
　　　　住所
　　　　TEL　〇〇（〇〇）〇〇
　□(4)　代表者自身の破産申立て　□申立済み　□申立予定（　月　日ころ）
　　　　　□申立ての予定なし（理由：　　　　　　　　　　　　　　　）
　□(5)　その他、追加の破産申立予定の有無
　　　　□有　氏名・役職等　〇〇・〇〇　（　月　日ころ予定）
　　　　□無
　□(6)　代表者等の個人破産における財産の換価に関する希望・特記事項
5　破産会社の営業状態

□(1) 営業内容（例：○○電設の下請けとして高架線工事を行う。）
□(2) 営業時期
　　□営業中　□営業廃止（　　年　ころまで）
□(3) 従業員
　　□全員解雇済み（解雇日：　　年　月　日）
　　□雇用中（正社員　名・パートアルバイト　名。一か月の給料合計　　円）
□(4) 労働債権
　　①未払いの給与、退職金、解雇予告手当　□有　□無
　　②給与台帳、賃金台帳　　　　　　　　　□有　□無

6　資産・預かり物品（預かり物品がある場合、可能な限り、管財人との打合せの際お持ち下さい。）
　□(1)　自動車　□有（　　台）　□無
　　　【鍵　　本】【車検証　　枚】【任意保険：有（期間：　年　月　日迄）　無】
　□(2)　在庫商品・原材料その他の動産　□換価可能　□換価不能
　　　□所在：
　　　□種類及び数量：
　□(3)　会社代表者・関係者からの預かり物品明細
　　　①　代表印、社印、個人実印、その他認印【合計　　個】
　　　②　預貯金通帳【　　冊】　　③　出資証券【　　冊】
　　　④　保険証券【　　枚】　　　⑤　倒産防止共済等の証書【　　枚】
　　　⑥　有価証券
　　　　　・株券・社債　　　------------------
　　　　　・受取手形・小切手【　通】　　・ゴルフ会員権【　　通】
　　　⑦　鍵【建物　　本、貸金庫　　本】
　　　⑧　賃貸借契約書【　　通】　　⑨　リース契約書【　　通】
　　　⑩　小切手帳　【　　通】　　⑪　帳簿類　□有　□無
　　　⑫　決算書類　　　　□有（過去　期分）　□無
　　　⑬　税務申告書控え　□有　　　　　　　　□無
　　　⑭　クレジットカードのカード会社への返却　□済　□未了
　　　⑮　その他　　　　　□有　　　　　　　　□無
7　訴訟（訴訟関係書類がある場合、可能な限り、管財人との打合せの際お持ち下さい。）
　□(1)　係属中の訴訟はない。
　□(2)　係属中の訴訟はなくなった。　理由：□取り下げ　□その他（　　　　）
　□(3)　係属中の訴訟有り。
　　　①裁判所（係属部）、②事件番号、③事件名、④当事者名、⑤次回期日、⑥備考
8　不動産（会社事務所、営業所、倉庫、工場など）の処理（換価、明渡し）の要否
　□(1)　不動産の処理は不要（理由：□売却済　□契約解除　□その他）
　□(2)　不動産の処理は必要

①名称、②所在、③用途、④所有又は賃貸の別及び名義人、⑤現在の占有状況、⑥任意保険の有無

例　物件1
　　　　①○○会社本社ビル　②○○区○○町○―○―○　○○ビル○階　③本社事務所　④貸借（申立会社）　⑤鍵は申立代理人が保管。営業を停止したため無人である。　⑥有（期間：○○年○月○日迄）

例　物件2
　　　　①○○倉庫　②○○県○○市○○町○―○　③倉庫（在庫商品保管）　④所有（代表者）　⑤鍵は債権者○○が所持していると思われる。不法占拠者有り。　⑥無

〔注1〕　東京地裁から東京三弁護士会に配付された書式である。

| 書式番号 | 2-3-3 | 書式名 | 破産管財人補助者推薦の上申書 |

年　　月　　日

破産者〇〇〇〇破産管財人弁護士　　〇〇〇〇　殿

破産者〇〇〇〇代理人弁護士　　〇〇〇〇

## 補助者に関する上申書

　下記の者は、破産者の元従業員ですが、破産手続開始申立ての直前に解雇されるまで破産者の経理を担当しており、同人に補助させれば帳簿の整理や従業員の破産債権届出に必要な情報の提供に関する作業を円滑に行うことができると思われますので、破産者の元従業員を補助者として使用される場合には、同人が適任と思料します。なお、同人を推薦することについては、本人の了解を得ています。

記

1　住所・氏名
　　住　　所　　東京都千代田区霞ヶ関１－１－１
　　氏　　名　　〇〇〇〇
2　連絡先
　　自宅電話　　〇〇－〇〇〇〇－〇〇〇〇
　　携帯電話　　〇〇〇－〇〇〇〇－〇〇〇〇
3　従前の地位
　　経理課従業員
4　従前の給与（各種手当を含むが、賞与及び通勤手当を含まない。）
　　月額250,000円

以　上

〔注１〕　破産管財人は、商品の売却や帳簿の整理のため必要がある場合には、破産者の元従業員を補助者として雇用することが認められている。申立代理人は破産者の組織や業務に精通していることから、破産管財人としては、元従業員のうち誰が補助者として適任かにつき申立代理人の意見を聴いたうえで、補助者を選ぶことが適当な場合がある。本書面は、そうした場合に、申立代理人が補助者を推薦するものである。
〔注２〕　補助者を雇用すること自体には裁判所の許可は必要でない。ただし、補助者の報酬は財団債権になるので、100万円（破産法78条３項１号、破産規則25条）を超過する給与を支払う場合には、別途、財団債権承認に関する裁判所の許可を得る必要がある（破産法78条２項13号）。
〔注３〕　元従業員の報酬額は、一般的に、従前の給与額を上限として、そこから一定率を減額した報酬基準を設定し、実労働時間に応じて支給する例が多いとされるので、破産管財人が給与額を決めるにあたり参考になるよう、従前の給与額を記載することが適当である。

**相殺禁止のご連絡**

年　月　日

金融機関各位

## 相殺禁止・引落禁止のご連絡

株式会社〇〇〇〇
申立代理人弁護士　〇〇〇〇
TEL　〇〇－〇〇〇〇－〇〇〇〇

拝啓　春暖の折、貴行ますますご清栄のこととお慶び申し上げます。

1　さて、株式会社〇〇〇〇（以下、当社といいます。）が、〇〇年〇月〇日、〇〇地方裁判所に破産手続開始の申立てをいたしました。
　つきましては、申立日であります〇〇年〇月〇日以降に当社名義の預金口座に入金された預金につきましては、貴行の当社に対する債権との相殺は法律により禁止されますのでご注意頂きたく、お願い申し上げます〔注1〕。

2　また、当社は、破産手続開始の申立てと同日、〇〇地方裁判所より弁済禁止の保全処分を受けておりますので〔注2〕、当社名義の預金口座に係る自動引落処理につきましては同日以降禁止されます。ご注意頂きたく念の為通知いたします。

　今般、破産手続開始の申立てをなしたことにより各位には多大なご迷惑をおかけすることとなり、深くお詫び申し上げます。

敬具

〔注1〕　破産法71条1項2号。
〔注2〕　破産法28条。ただし、保全処分がなされるのはレアケースである。

第2部　法人の破産の申立て
第3章　申立直後の書類　書式番号2-3-5　売掛金回収状況一覧表

| 書式番号 | 2-3-5 | 書式名 | 売掛金回収状況一覧表 |

## 売掛金回収状況一覧表

| No. | 売掛先 | 〒 | 住　所 | TEL<br>(Fax番号) | 債権額(円) | 回収額(円) | 未回収額(円) | 今後の回収<br>見込額(円) | 備　考<br>年　月　日 |
|---|---|---|---|---|---|---|---|---|---|
| 1 | | | | | | | | | |
| 2 | | | | | | | | | |
| 3 | | | | | | | | | |
| 4 | | | | | | | | | |
| 5 | | | | | | | | | |
| 6 | | | | | | | | | |
| 7 | | | | | | | | | |
| 8 | | | | | | | | | |
| 9 | | | | | | | | | |
| 10 | | | | | | | | | |
| 11 | | | | | | | | | |
| 12 | | | | | | | | | |
| 13 | | | | | | | | | |
| | 合　計 | | | | | | | | |

〔注1〕　当該一覧表を作成することで、回収額や今後の回収見込額等を整理することができ、破産管財人に引き継ぐ際に便利である。

| 書式番号 | 書式名 |
|---|---|
| 2-3-6 | 預かり金・回収金精算書 |

## 預かり金・回収金精算書

　　　　　　　　　　　自　　　年　月　日
　　　　　　　　　　　至　　　年　月　日
　　　　　　　　　　破産者
　　　　　　　　　　申立代理人

（単位：円）

| 入　金 | | 出　金 | |
|---|---|---|---|
| 預かり現金 | | 弁護士費用 | |
| 預　金 | | 事務費 | |
| 売掛回収金 | | 破産申立印紙・郵券 | |
| （内訳） | | 破産申立予納金（官報公告費） | |
| 受取手形等回収金 | | | |
| （内訳） | | 破産申立予納金（引継予納金） | |
| 資産処分代金 | | | |
| （内訳） | | 未払賃金支払 | |
| 敷金保証金回収金 | | 明渡原状回復費 | |
| （内訳） | | 処分費（仲介手数料等） | |
| 積立金・精算金回収金 | | 管理費 | |
| （内訳） | | 公租公課支払 | |
| その他 | | その他 | |
| （内訳） | | （内訳） | |
| 合計 | | 合計 | |
| | | 残金 | |

　※　上記項目を含む預かり金等に関する明細書が別途作成されている場合には、その提出でも可。

出典　東京地裁から東京三弁護士会に配付された書式である。

| 書式番号 | 2-3-7 | 書式名 | 破産手続開始申立取下書 |

年（　）第　号

　　　　　　　　　　　　　　　　　　　　　　　　　　年　月　日

○○地方裁判所民事第○部　御中

## 破産手続開始申立ての取下書

　　　　　　　　　　　　　　　申立人（債務者）　　○○○○株式会社

　　　　　　　　　　　　　　　〒○○○－○○○○
　　　　　　　　　　　　　　　東京都千代田区霞が関○丁目○番○号
　　　　　　　　　　　　　　　申立代理人弁護士　　○○○○
　　　　　　　　　　　　　　　（電話番号　　○○－○○○○－○○○○）
　　　　　　　　　　　　　　　（FAX番号　　○○－○○○○－○○○○）

　頭書事件について、申立人は、破産手続開始の申立てを取り下げる。

添　付　書　類（略）

　　　　　　　　　　　　　　　　　　　　　　　　　　　　以　上

〔注１〕　破産手続開始申立ての取下げは、破産手続開始の決定前に限り行うことができる（破産法29条）。ただし、破産手続開始申立てに至る原因が解消される又は解消される見込みがあるなどの事情のない限り安易に申立てを取り下げることのないよう注意する。
〔注２〕　本書式による破産手続開始申立ての取下げは、強制執行等の中止命令、包括的禁止命令、その他必要な保全処分、保全管理命令又は否決権のための保全処分がされる前に行う（破産法24条）。これらの中止命令等がなされた後の取下げは書式番号2-3-8参照。

| 書式番号 2-3-8 | 書式名 破産手続開始申立取下げの許可申立書（債務者申立て） |

○○年（フ）第○○号

○○年○月○日

○○地方裁判所民事第○部　御中

　　　　　　　　　　　　　　　　申立人（債務者）　　○○○○株式会社
　　　　　　　　　　　　　　　　申立代理人弁護士　　○○○○

## 破産手続開始申立取下許可申立書

### 申請の趣旨

　債務者が、○○年（フ）第○○号破産手続開始申立事件につき、破産手続開始の申立てを取り下げることの許可を求める。

### 申請の理由

1　債務者は、○○年○月○日に御庁に破産手続開始の申立てをなし、御庁○○年（フ）第○○号として受理された。さらに、同日、債務者の財産に対して既にされている強制執行の手続について中止命令を得た。
2　しかし、その後、株式会社○○（以下、「支援企業」という。）が債務者の再建を支援する意向を表明したことから、債務者は支援企業の支援のもと任意の手続による再建を目指すこととなった。支援企業の概要は、資料1のとおりであり、支援企業による支援の内容は資料2のとおりであって、支援企業の支援のもとに行う任意の再建手続の方が、破産手続によるよりも債権者にとり有利であること明らかである。
3　そこで、債務者は、支援企業の支援を受けて任意の再建手続を遂行することとした。なお、任意の再建手続を行うことを前提として破産手続開始の申立てを取り下げることについては別紙「同意債権者一覧表」記載のとおり主要債権者からの同意も得ている。
4　よって、今回御庁に対して行った破産手続開始の申立てを取り下げることの許可を申し立てる。

### 添付資料

1　支援企業の概要　　1通
2　基本合意書　　　　1通
3　報告書　　　　　　1通

〔注1〕 破産法29条に基づく申立てである。保全処分申立ての濫用を防止するため、強制執行等の中止命令、包括的禁止命令、その他の必要な保全処分、保全管理命令、又は否認権のための保全処分がされた後は、破産手続開始の申立てを取り下げるためには、裁判所の許可を得なければならない。
〔注2〕 破産手続開始申立ての取下げは、破産手続開始の決定前に限り行うことができる。
〔注3〕 本書式による破産手続開始申立ての取下げは、極めて例外的なケースである。

○○年（フ）第○○号

○○年○○月○○日

○○地方裁判所民事第○部　御中

## 破産手続開始申立取下げの許可申立書

〒○○○―○○○○
東京都千代田区霞が関○丁目○番○号
申立人（債権者）　　○○○○株式会社
代表者代表取締役　　○○○○
〒○○○―○○○○
東京都千代田区霞が関○丁目○番○号
申立代理人弁護士　　○○○○
（電話番号　○○―○○○○―○○○○）
（FAX 番号　○○―○○○○―○○○○）

第1　申立ての趣旨
　　　頭書事件（債務者○○株式会社）について、申立人は、破産手続開始の申立ての取下げを許可されるよう求める。

第2　申立ての理由
1　申立人（債権者）による標記破産手続開始申立事件の申立てに伴い、○○年○○月○○日、別紙物件目録記載の不動産に対する○○地方裁判所○○年（ヌ）第○○号不動産強制競売申立事件（債権者○○株式会社、債務者○○株式会社）につき、破産法第24条第1項に基づく執行手続の中止がなされている。
2　他方、債務者は、○○年○○月○○日、御庁に対して民事再生手続開始の申立てをなし（○○年（再）第○○号民事再生手続開始申立事件）、現在御庁において右申立てについて審理中である。
3　○○年○○月○○日、債務者より申立人に対し、債務者が同民事再生手続において提出すべき再生計画案の原案が提示されたところ、同原案の内容は、申立人が申し立てた破産手続を継続して申立人を含む債権者が破産財団から配当を受けるよりも、申立人を含む債権者に対し有利な内容となっている。
　　　従って、申立人は、同人が申し立てた破産手続を継続するよりも、債務者が申し立てた民事再生手続において、債務者に営業を継続させつつ再生計画案に従い弁済を受ける方が望ま

しいと考える。

4 よって、申立人は、破産法第29条に基づき、本件破産手続の取下げの許可を求めて、本申立てを行う。

添付書類（略）

以　上

〔注１〕　破産法29条。
〔注２〕　保全処分申立ての濫用を防止するため、強制執行等の中止命令、包括的禁止命令、その他の必要な保全処分又は保全管理命令がされた後は、破産手続開始の申立てを取り下げるためには、裁判所の許可を得なければならないとされた（破産法29条）。
〔注３〕　本書式による破産手続開始申立ての取下げは、極めて例外的なケースである。

**書式番号 2-3-10　即時抗告申立書（債権者申立て）**

○○年（フ）第○○号破産手続開始申立事件

○○年○月○日

# 即時抗告申立書

〒○○○－○○○○　東京都千代田区○○
　　　　　　　　　抗告人　　株式会社○○○○
　　　　　　　　　代表者代表取締役　　○○○○
〒○○○－○○○○　東京都中央区○○
　　　　　　　　　抗告人代理人　弁護士　○○○○
　　　　　　　　　（電話）　○○（○○○）○○○○
　　　　　　　　　（FAX）　○○（○○○）○○○○
〒○○○－○○○○　県　　　市　　　丁目　　番　　号
　　　　　　　　　相手方　　株式会社○○○○
　　　　　　　　　代表者代表取締役　　○○○○

　抗告人は、○○地方裁判所○○年（フ）第○○号破産手続開始申立事件について、同裁判所が○○年○○月○○日午後5時に抗告人に対してなした破産手続開始決定は全部不服であるから即時抗告をなす。

原決定の主文

　株式会社○○○○について破産手続を開始する。

抗告の趣旨

　原決定を取り消す
　相手方の破産手続開始の申立てを棄却する
　抗告費用は相手方の負担とする
との決定を求める。

抗告の理由

1　原審裁判所は抗告人に対し、相手方の申立てに係る破産手続開始申立事件（以下、「本件破産事件」という。）について、○○年○○月○○日、破産手続開始決定を行った。破産手続開始決定の官報掲載日は、○○年○○月○○日である。
2　しかるに、相手方のなした破産手続開始の申立てにおいては、破産手続開始の原因となる事実があるものとは認められず、申立棄却事由が存する。

すなわち、相手方は、本件破産事件において、抗告人が債務超過であることの疎明資料として、甲第1号証「清算貸借対照表」を提出するが、甲第1号証「清算貸借対照表」は相手方が抗告人について債務超過の状態を作出する目的で在庫商品等の評価を不当に引き下げ作成したものである（甲第2号証「修正貸借対照表」）。

（中略）

3　以上の事情に鑑みれば、相手方のなした本件破産事件の申立ては、破産手続開始の原因となる事実の疎明があるものとは認められず、破産手続開始の原因となる事実は認められない。
4　よって、原審裁判所のなした原決定は不当であるから、これを取り消して、相手方の破産手続開始の申立てを棄却する旨の決定を求める。

証拠書類

甲1　清算貸借対照表
甲2　修正貸借対照表
甲3　報告書
その他については、必要に応じて追完する。

添付書類

1　甲号証写し　　　各1通
2　資格証明書　　　2通
3　訴訟委任状　　　1通

〔注1〕　破産法9条、同法33条、同法30条、同法16条、同法18条。

| 書式番号 | 2-3-11 | 書式名 | 移送の上申書 |

○○年（フ）○○号

## 移送の上申書

○○年○○月○○日

○○地方裁判所民事第○部　御中

破産者　　○○○○　　　　　　　
破産管財人弁護士　　○○○○　㊞

　御庁に係属中の頭書事件について、下記の理由により○○地方裁判所に移送していただきたく上申致します。

記

1　著しい遅滞を避けるための必要性
　　［本件は、破産者の主たる営業所の所在地を管轄する御庁に申し立てられたものであるが、破産者の営業所、破産者の有する不動産の大部分、債権者の多くの営業所は○○地方裁判所の管轄内にある。○○地方裁判所の管轄地は御庁よりも遠隔であり、破産手続を著しく遅滞させるおそれが高い。］
　　……

2　よって、御庁において破産手続を進めることは、破産手続に著しい遅滞を生じさせるものであるから、○○地方裁判所に移送することを上申する次第である。

以　上

　　〔注1〕　破産法7条。

## 費用仮支弁の上申書

○○年（フ）○○号

## 費用仮支弁の上申書

○○年○○月○○日

○○地方裁判所民事第○部　御中

〒○○○－○○○○
東京都○○区○○町○丁目○番○号
申立人（債務者）　　○○○○

〒○○○－○○○○
東京都○○区○○町○丁目○番○号
申立人代理人弁護士　○○○○　印
TEL　○○－○○○○－○○○○
FAX　○○－○○○○－○○○○

　頭書事件について、下記の理由により破産手続の費用を仮に国庫から支弁していただきたく上申致します。

記

1　申立人の資力
　　……
2　破産財団となるべき財産の状況
　　……
3　申立人及び利害関係人の利益の保護のために特に必要であること
　　……
4　よって……

以　上

〔注１〕　破産法23条１項。
〔注２〕　実務上費用の仮支弁がなされるケースはほとんどなく、利用されていない。

## 書式2-4-1 従業員に関するチェックリスト

〇〇年〇〇月〇〇日

# 従業員についてのチェックリスト

代理人弁護士　〇〇〇〇

1　従業員に対する破産手続の説明
　(1)　当社の状況についての説明と謝罪
　(2)　破産手続についての説明
　(3)　今後のスケジュール、従業員の給与等についての説明
　　ア　解雇日、破産の申立日等について
　　イ　破産申立日までにすべきこと、すべきでないこと
　　　・　私物の持ち帰り
　　　・　会社資産の持ち出し禁止
　　ウ　従業員の給与、解雇予告手当、有給休暇等について
　　　（特に給与等の未払が生じる場合における立替払制度等の説明）
　　エ　解雇に伴う諸手続
　　　　離職票、社会保険関係の手続の説明
　(4)　残務処理に協力してくれる従業員の確保

2　従業員に関する処理
　(1)　従業員の確定、住所・連絡先の確認
　(2)　解雇についての取扱い
　　・　解雇日、即時解雇か予告解雇かの決定
　　・　解雇通知の準備、交付方法の決定
　　　※　解雇通知については、受領証付きのものを作成し、従業員に署名をもらっておくことが望ましい。
　(3)　給与、解雇予告手当、退職金その他従業員が立て替えている金額などについて
　　・　解雇日までの給与、解雇予告手当、退職金、立替金の計算
　　　※　解雇日までの日割計算が必要なときは、日割計算に関する就業規則を確認する。
　　　※　解雇予告手当については、平均賃金を算定し、30日分で計算
　　　※　就業規則やこれまでの慣習等から退職金制度の有無、算出方法を確認。また、中小企業退職金共済等の退職金制度への加入の有無も確認が必要である。
　　　※　過去に退職した従業員についても未払いがないか等について確認する。
　　・　破産手続申立て前の支払いの見通しの確認

- 破産手続における支払いの見通し及び立替払制度の確認
- 立替払制度利用のための準備、管財人への引継事項の確認

(4) 解雇、退職手続の確認・準備
- 離職票の準備
  ※ 雇用保険被保険者離職証明書、雇用保険被保険者資格喪失届を公共職業安定所（ハローワーク）に提出
- 健康保険証の回収及び返還の準備
  ↓ 回収及び返還を受けた後
健康保険等資格喪失証明書提出の準備
  ↓
健康保険等資格喪失証明書の準備、交付
- 年金証書の確認
- 源泉徴収票、給与明細書の交付の準備
- 上記各準備が社内で対応可能か、社労士に依頼が必要かの確認

(5) 破産、解雇等に伴う諸税関係の手続
- 適用事業所の全喪届
- 給与所得者異動届（特別徴収から普通徴収への切り替え）
- 退職所得の受給に関する申告書（退職所得申告書）の受領
- 労働保険料の申告
- 上記が準備できない場合の管財人への引継資料の準備

(6) 貸与関係の処理
- 従業員に貸与している鍵、携帯電話、ETCカードその他金銭等の返還
- 社宅の有無、社宅に関する賃貸借契約の解除と引越し等のスケジュールの確認
- 金銭を貸し付けている場合には、給与等の支払いと相殺してもよいが、従業員へ十分に説明し、相殺に同意する旨の書面を確保すること

## 書式番号 2-4-2　従業員宛の破産の通知

〇〇年〇月〇日

### 従業員の皆様へ

〇〇〇〇株式会社
代表取締役　〇〇〇〇

前　略

　平素より社業へのご尽力、感謝しております。

　さて、昨今の厳しい経済情勢にともない、当社の業界においても消費の低迷が続き、ここ数年厳しい経営を強いられてまいりました。従業員の皆様のご協力の中、何とか業績を向上するべくわれわれ経営陣も努力してまいりましたが、ご承知のとおり、今夏の売上が大幅に減少し、加えて金融機関からの新規融資も極めて難しくなりました。ここまで資金繰りに奔走してまいりましたが、それも至らず、今月〇日の手形決済は不可能となりました。

　〇〇年におよぶ当社の幕を下ろすことは、私としても何としてでも阻止したいと思い、大幅なリストラをともなう再建の途も模索しました。しかしながら、取引先、金融機関その他の四囲の状況等を考え併せると、もはや業務の継続は不可能と判断し、断腸の思いで清算の途を選択いたしました。本日、〇〇弁護士（電話〇〇－〇〇〇〇－〇〇〇〇）に対し、正式に当社および私個人の破産申立手続を依頼したところです。

　従業員の皆様方のご尽力にもかかわらず、私の不徳の致すところでこのような事態になりましたこと、深くお詫びを申し上げる次第であります。

　そのため、本日より本社および工場等の施設は全て閉鎖し、業務は停止します。混乱を回避するため、戸締まりを厳重にしていただきますよう、お願い申し上げます。

　従業員の皆様につきましては、本日付で解雇とさせていただきます。解雇予告手当は、一両日中に各人の銀行口座に送金いたします。未払いの給与および退職金につきましては、現状支払資金がありませんので、労働者健康福祉機構への立替払請求の準備を〇〇弁護士に依頼しています。同弁護士および破産管財人の指示に従って手続をとっていただきますようお願いいたします。離職手続は〇〇社会保険労務士（電話〇〇－〇〇〇〇－〇〇〇〇）に依頼しており、失業保険受領、再就職の際に必要なる書類は、同事務所から各人に郵送されます。

　不況の厳しい折から、再就職先を探すことも容易ではないと思いますが、良き再スタートを切られ、今後もいっそうご活躍されることを心より祈念いたします。

　最後になりましたが、皆様方には長い間当社業務にご尽力いただきましたこと、深く御礼申し上げます。

草　々

| 書式番号 | 2-4-3 | 書式名 | 従業員への説明書面 |

○○年○月○日

従業員の皆様へ

〒○○○-○○○　東京都○○区○○町○丁目○番○号
○○ビル○階　○○法律事務所
弁護士　○○○○
電　話：○○（○○○○）○○○○
ＦＡＸ：○○（○○○○）○○○○

## 破産手続等についてのご説明

　皆様には、日頃から当社の業務にご尽力頂き誠にありがとうございます。
　当社は、○月○日をもって業務の一切を停止し、今後、○○地方裁判所に破産手続開始の申立てを行う予定です。当職は、この破産手続を担当するため、当社から委任を受けた弁護士です。
　以下では、破産手続などについてご説明いたします。

第1　破産手続の概要について
　　まず、当社が破産手続開始申立てを行いますと、裁判所が破産手続の開始の決定をし、破産管財人を選任します。そして、裁判所が、従業員の皆様を含む各債権者に債権届出書を発送します。
　　裁判所から選任された破産管財人は、当社の財産の一切を管理し、例えば売掛金を回収するなどして、当社の財産を金銭に換える作業を行います。また、各債権者から提出された債権届出書の確認を行います。
　　そして、破産管財人による換価作業が終了し、債権者への配当を行うだけの財産がある場合には、配当手続を行います。
　　当社においては、破産管財人により換価することができる資産と比較して、多額の公租公課の滞納がございますので、現在のところ、給料債権その他の債権についても配当を行うことは困難ではないかと思われます。
　　なお、当社におきましては、住民税、社会保険料、厚生年金などの公租公課の滞納がございますが、この滞納している公租公課の支払義務はあくまで当社が負うものですので、雇用期間に関しては、従業員の皆様に請求がなされることはございません。また、当社が滞納していたことによる年金額の減少もございません。

第2 従業員の皆様について
　　当社は○月○日をもって事業を停止致しましたので、既にご連絡致しましたとおり、従業員の皆様は○月○日をもって退職することとなり、これは当社からすると従業員の皆様を解雇することになります。

1　未払賃金について
(1)　未払賃金は、上記のとおり、現在のところ、当社の全ての資産をもってしても、支払うことは難しい見込みです。
　　ただし、未払賃金につきましては、労働者健康福祉機構による立替払制度を用いることで、未払賃金の8割については立替払いを受けることができます。
　　この立替払制度は、退職前6か月内の未払賃金額（解雇予告手当は含まれません。）が2万円以上の方にその8割（下記のとおり年齢による上限がございます。）を、労働者健康福祉機構による立て替えで従業員の皆様に支払いを行う制度です。

| 退職日における年齢 | 未払賃金総額の上限額 | 立替払いの上限額 |
| --- | --- | --- |
| 45歳以上 | 370万円 | 296万円 |
| 30歳以上45歳未満 | 220万円 | 176万円 |
| 30歳未満 | 110万円 | 88万円 |

(2)　労働者健康福祉機構による立替制度につきましては、当社において記載できる部分については記載した立替払請求書、証明書を作成致しましたので、同封の「立替払請求書、証明書の記載方法について」をご参照頂き、「立替払請求書、証明書」に必要事項を記載したうえで、返信用封筒でご返送頂きたく存じます。
　　立替払いの申請は、破産申立後に選任される破産管財人によって行われますので、「立替払請求書、証明書」をご返送頂けましたら、当職らより、速やかに破産管財人にお渡しし、必要な諸手続を行って頂きます。
　　支給されるまでには、破産管財人による申請後約1か月から2か月程度かかることが通常です。
　　なお、立替払いを受けることができない2割の未払給与につきましては、管財人による換価作業終了後に配当があれば、その一部の支払いがなされることになります。当社では破産手続において支払いが優先される公租公課の滞納が多額であり、現在のところ、配当の可能性は低いと考えられます。

2　失業保険について
　　当社からお渡しする離職票、その他必要書類（雇用保険被保険者証、印鑑、本人確認書類（運転免許証、住民票等）、縦3cm横2.5cmの写真2枚、本人名義の通帳）を揃えて最寄りのハローワークにて手続を行います。

申込日から1週間から10日程度の日が初回講習日に、また、申込日から28日後頃を目安に初回認定日が設定されます。この初回認定日の約1週間程度後に失業保険の給付がなされます。申込みをした後、おおよそ1か月弱で失業保険が支給されるというのが一般的な目安でございます（最寄りのハローワークによっては取り扱いが異なる場合がありますので詳細はハローワークにお問合せください）。

3　健康保険について

現在お持ちの保険証は、解雇後は使用することができなくなります。

当社において、皆様からお預かりした保険証とともに健康保険・厚生年金保険被保険者資格喪失届を年金事務所に提出します。

従業員の皆様におかれましては、解雇後、ご自身の市区町村役場で健康保険についての手続をとっていただきたく存じます。

ご家族が他の健康保険組合に加入しており、その家族の被扶養者となるための要件を満たす場合には、当該健康保険組合に加入できます。詳しくはご家族の加入する健康保険組合にお問い合わせ下さい。

また、これまでの健康保険の被保険者期間が2か月以上あった場合には、任意継続被保険者制度を利用することで、引き続き2年間は個人で被保険者になることができます。その場合、退職日から20日以内に、被保険者住所地を管轄する全国健康保険協会で手続を行って下さい。

上記以外の場合には、退職日から14日以内に、お送りする健康保険資格喪失証明書又は離職票と印鑑を持って住所地の市区町村役場に行き、国民健康保険加入の手続をしてください。詳しくは、住所地の市区町村役場にお問い合わせください。また、失業を理由とする国民健康保険料の減免が認められる場合もありますので、併せてお尋ねください。

4　国民年金について

厚生年金に加入していた方は脱退となりますので、退職日から14日以内に、離職票と年金手帳、印鑑を持って住所地の市区町村役場に行き、届出をしてください。配偶者の方が第3号被保険者になっている場合、第1号被保険者への変更が必要となりますから、同時に手続をしてください。また、失業を理由とする年金保険料の免除が認められる場合もあります。詳しくは、住所地の市区町村役場にお問い合わせください。

5　住民税について

皆様の住民税は、特別徴収（給料から天引きし、会社から従業員の皆様の住所地の各市区町村に納税する方法）から、普通徴収（従業員の皆様が市区町村に直接納付する方法）に切り替わります。この手続については、当社において各市町村で給与所得者異動届の手続を行います。

6　債権届出書の提出について

当社が破産手続の申立てを行いますと、裁判所から各従業員の皆様に対して、債権届出書が送付されます。

この債権届出書は、今後配当手続等に参加するために必要なものですので、未払給与及び解雇予告手当の金額を債権額として記載のうえ、速やかに提出頂ければと思います。

7 会社に置いてある私物について
　事業所や倉庫は退去して所有者に引き渡します。その際に、原状を回復する（借りたときの状態に戻す）必要があるため、残置されている物は今後の破産手続に必要なものを除いて廃棄します。したがって、会社に置いてある私物は、至急、引き上げてください。

8 会社から支給物・社宅（借り上げ社宅）について
　当社支給の携帯電話・自動車・パソコン・タブレットやオフィスの鍵などをお持ちの場合は、速やかに返還してください。

破産手続等についてのご説明は以上でございますが、不明な点等ございましたら、本書面1頁記載の○○法律事務所の○○までご連絡ください。

〔注1〕　申立代理人において、破産会社の従業員に説明するための資料である。
〔注2〕　経理や総務を担当する従業員の協力が得られるかどうかなどの破産会社の状況、従業員の退職等にかかる手続を破産会社で行うことができるかどうかなどの破産申立てまでのスケジュールによっては、破産会社や申立代理人が諸手続をできない場合もあるので、その場合には管財人によって行われる等の説明をしておくことが望まれる。

| 書式番号 | 2-4-4 | 書式名 | 従業員名簿 |

## 従業員名簿

| 番号 | 従業員名 | 郵便番号 | 住 所 | 電話番号 | 未払賃金 | 未払退職金 | 解雇予告手当 | 備 考 |
|---|---|---|---|---|---|---|---|---|
| 1 | | | | | | | | |
| 2 | | | | | | | | |
| 3 | | | | | | | | |
| 4 | | | | | | | | |
| 5 | | | | | | | | |
| 6 | | | | | | | | |
| 7 | | | | | | | | |
| 8 | | | | | | | | |
| 9 | | | | | | | | |
| 10 | | | | | | | | |
| 11 | | | | | | | | |
| 12 | | | | | | | | |

〔注1〕 離職票等の送付などの解雇・退職に必要な手続を行う際に、従業員の住所等を一覧にしておくとよい。また、未払賃金等がある場合にはその旨を一覧にして管財人へ引き継ぐための資料となる。

○○年○○月○○日

従業員の皆様へ

　　　　　　　　　　　　　　　　　　　　　　株式会社　　○○○○
　　　　　　　　　　　　　　　　　　　　　　代表取締役　○○○○

## 解雇通知書

　皆様には、日頃から、弊社の業務にご尽力頂きありがとうございます。
　弊社は、経営上の都合から、今後、事業を継続して行うことは困難であると判断し、事業を廃止し、破産の申立てをすることとなりました。これに伴い、やむを得ず、従業員の皆様を解雇せざるを得なくなりました。
　つきましては、○○年○○月○○日をもちまして、皆様を解雇致しますので、本書面をもってご通知致します。今後の手続等のお問い合わせにつきましては、下記代理人弁護士までお願い致します。
　このような結果となり、大変申し訳ございません。皆様のご健勝と今後の発展を心より祈念し、解雇通知とさせていただきます。


（問い合わせ先）

　　　　　　　　　　　　　　　　　　　　　　　　　　　　　以　上

---

株式会社　　○○○○
代表取締役　○○○○　殿


　私は、本日、上記内容を記載した解雇通知書を受領しました。


　　○○年○○月○○日


　　　　　　住　所
　　　　　　氏　名


　　　〔注１〕　解雇日は、将来の解雇予定の日付を記載する。即時解雇の場合には、解雇予告手当が発生するのでその支払いが可能かどうかについて留意する必要がある。

| 書式番号 | 2-4-6 | 書式名 | 解雇承諾書 |

　　　　　　　　　　　　　　　　　　　　　　　　　　年　　月　　日

　　株式会社　〇〇〇〇
　　代表取締役　〇〇〇〇　殿

### 解雇承諾書

私に対する、　　年　　月　　日付解雇を承諾し、その証として本書を提出いたします。

　　　　　　　　　　　　　　　　　　　　　　　　　　　　　　以　上


　　住　所

　　氏　名

第2部　法人の破産の申立て
第4章　申立前後の従業員関係書類　書式番号2-4-7　源泉徴収票

書式番号 2-4-7　書式名 源泉徴収票

# 年分　給与所得の源泉徴収票

| 支払を受ける者 | 住所又は居所 | | |
|---|---|---|---|
| | | (受給者番号) | |
| | | (個人番号) | |
| | | (役職名) | |
| | | 氏名 | (フリガナ) |

| 種別 | 支払金額 | 給与所得控除後の金額 | 所得控除の額の合計額 | 源泉徴収税額 |
|---|---|---|---|---|
| | 内　　千　　円 | 千　　円 | 千　　円 | 内　　千　　円 |

| 控除対象配偶者の有無等 | | 配偶者特別控除の額 | 控除対象扶養親族の数（配偶者を除く。） | | | | | | 16歳未満扶養親族の数 | 障害者の数（本人を除く。） | | 非居住者である親族の数 |
|---|---|---|---|---|---|---|---|---|---|---|---|---|
| 有 | 従有 | 老人 | | 特定 | | 老人 | | その他 | | 特別 | その他 | |
| | | 千　円 | | 人 | 従人 | 内　　人 | 従人 | 人 | 従人 | 人 | 内　　人　　人 | 人 |

| 社会保険料等の金額 | 生命保険料の控除額 | 地震保険料の控除額 | 住宅借入金等特別控除の額 |
|---|---|---|---|
| 内　　千　　円 | 千　　円 | 千　　円 | 千　　円 |

(摘要)

| 生命保険料の金額の内訳 | 新生命保険料の金額 | 円 | 旧生命保険料の金額 | 円 | 介護医療保険料の金額 | 円 | 新個人年金保険料の金額 | 円 | 旧個人年金保険料の金額 | 円 |
|---|---|---|---|---|---|---|---|---|---|---|
| 住宅借入金等特別控除の額の内訳 | 住宅借入金等特別控除適用数 | | 居住開始年月日(1回目) | 年　月　日 | 住宅借入金等特別控除区分(1回目) | | 住宅借入金等年末残高(1回目) | 円 | | |
| | 住宅借入金等特別控除可能額 | 円 | 居住開始年月日(2回目) | 年　月　日 | 住宅借入金等特別控除区分(2回目) | | 住宅借入金等年末残高(2回目) | 円 | | |

| 控除対象配偶者 | (フリガナ) | | 区分 | | 配偶者の合計所得 | 円 | 国民年金保険料等の金額 | 円 | 旧長期損害保険料の金額 | 円 |
|---|---|---|---|---|---|---|---|---|---|---|
| | 氏名 | | | | | | | | | |
| | 個人番号 | | | | | | | | | |

| 控除対象扶養親族 | | (フリガナ) 氏名 | 区分 | 16歳未満の扶養親族 | | (フリガナ) 氏名 | 区分 | (備考) |
|---|---|---|---|---|---|---|---|---|
| | 1 | 個人番号 | | | 1 | | | |
| | 2 | (フリガナ) 氏名 個人番号 | 区分 | | 2 | (フリガナ) 氏名 | 区分 | |
| | 3 | (フリガナ) 氏名 個人番号 | 区分 | | 3 | (フリガナ) 氏名 | 区分 | |
| | 4 | (フリガナ) 氏名 個人番号 | 区分 | | 4 | (フリガナ) 氏名 | 区分 | |

| 未成年者 | 外国人 | 死亡退職 | 災害者 | 乙欄 | 本人が障害者 | | 寡婦 | | 寡夫 | 勤労学生 | 中途就・退職 | | | | | 受給者生年月日 | | | | | |
|---|---|---|---|---|---|---|---|---|---|---|---|---|---|---|---|---|---|---|---|---|---|
| | | | | | 特別 | その他 | 一般 | 特別 | | | 就職 | 退職 | 年 | 月 | 日 | 明 | 大 | 昭 | 平 | 年 | 月 | 日 |

| (税務署提出用) | 支払者 | 個人番号又は法人番号 | (右詰で記載してください。) | |
|---|---|---|---|---|
| | | 住所(居所)又は所在地 | | |
| | | 氏名又は名称 | (電話) | |

| 整理欄 | | |
|---|---|---|

第2部 法人の破産の申立て
第4章 申立前後の従業員関係書類　書式番号 2-4-8　雇用保険被保険者資格喪失届

書式番号 **2-4-8**　書式名 **雇用保険被保険者資格喪失届**

第2部　法人の破産の申立て
第4章　申立前後の従業員関係書類　書式番号2-4-9　雇用保険被保険者離職証明書

## 書式番号 2-4-9　雇用保険被保険者離職証明書

様式第5号　**雇用保険被保険者離職証明書（安定所提出用）**

| ①被保険者番号 | | ③フリガナ | | ④離職年月日　平成　年　月　日 |
|---|---|---|---|---|
| ②事業所番号 | | 離職者氏名 | | |

| ⑤事業所　名称／所在地／電話番号 | ⑥離職者の住所又は居所　〒　　電話番号（　）　－ |
|---|---|

この証明書の記載は、事実に相違ないことを証明します。
事業主　住所／氏名　㊞

※離職票交付　平成　年　月　日　（交付番号　　　番）　　離職票受領印

### 離職の日以前の賃金支払状況等

| ⑧被保険者期間算定対象期間 | | ⑨⑧の期間における賃金支払基礎日数 | ⑩賃金支払対象期間 | ⑪⑩の基礎日数 | ⑫賃金額 | | | ⑬備考 |
|---|---|---|---|---|---|---|---|---|
| Ⓐ一般被保険者等　離職日の翌日　月　日 | Ⓑ短期雇用特例被保険者　月　日 | | | | Ⓐ | Ⓑ | 計 | |
| 月　日～離職日 | 離職月 | 日 | 月　日～離職日 | 日 | | | | |
| 月　日～月　日 | 月 | 日 | 月　日～月　日 | 日 | | | | |
| 月　日～月　日 | 月 | 日 | 月　日～月　日 | 日 | | | | |
| 月　日～月　日 | 月 | 日 | 月　日～月　日 | 日 | | | | |
| 月　日～月　日 | 月 | 日 | 月　日～月　日 | 日 | | | | |
| 月　日～月　日 | 月 | 日 | 月　日～月　日 | 日 | | | | |
| 月　日～月　日 | 月 | 日 | 月　日～月　日 | 日 | | | | |
| 月　日～月　日 | 月 | 日 | 月　日～月　日 | 日 | | | | |
| 月　日～月　日 | 月 | 日 | 月　日～月　日 | 日 | | | | |
| 月　日～月　日 | 月 | 日 | 月　日～月　日 | 日 | | | | |

⑭賃金に関する特記事項

⑮この証明書の記載内容（⑦欄を除く）は相違ないと認めます。
（記名押印又は自筆による署名）
（離職者）氏名　㊞

※公共職業安定所記載欄
⑮欄の記載　有・無
⑯欄の記載　有・無
資・聴

本手続きは電子申請による申請も可能です。本手続きについて、電子申請により行う場合には、被保険者が離職証明書の内容について確認したことを証明することができるものを本離職証明書の提出と併せて送信することをもって、当該被保険者の電子署名に代えることができます。
また、本手続きについて、社会保険労務士が電子申請による本届書の提出に関する手続を事業主に代わって行う場合には、当該社会保険労務士が当該事業主の提出代行者であることを証明することができるものを本届書の提出と併せて送信することをもって、当該事業主の電子署名に代えることができます。

| 社会保険労務士記載欄 | 作成年月日・提出代行者・事務代理者の表示 | 氏名　㊞ | 電話番号 |
|---|---|---|---|

※ | 所長 | 次長 | 課長 | 係長 | 係 |

〔注〕次項も含めて離職票に関する記載方法等についてはハローワークのＷＥＢページ（https://www.hellowork.go.jp/insurance/insurance_procedure.html）を参照されたい。

⑦離職理由欄…事業主の方は、離職者の主たる離職理由が該当する理由を1つ選択し、左の事業主記入欄の□の中に○印を記入の上、下の具体的事情記載欄に具体的事情を記載してください。

【離職理由は所定給付日数・給付制限の有無に影響を与える場合があり、適正に記載してください。】

| 事業主記入欄 | 離職理由 | ※離職区分 |
|---|---|---|
| | 1　事業所の倒産等によるもの | |
| □ | (1) 倒産手続開始、手形取引停止による離職 | 1A |
| □ | (2) 事業所の廃止又は事業活動停止後事業再開の見込みがないため離職 | 1B |
| | 2　定年によるもの | |
| □ | 定年による離職（定年　　歳） | 2A |
| | 定年後の継続雇用｛を希望していた（以下のaからcまでのいずれかを1つ選択してください） | 2B |
| | 　　　　　　　　　｛を希望していなかった | |
| | 　　a　就業規則に定める解雇事由又は退職事由（年齢に係るものを除く。以下同じ。）に該当したため | 2C |
| | 　　　（解雇事由又は退職事由と同一の事由として就業規則又は労使協定に定める「継続雇用しないことができる事由」に該当して離職した場合も含む。） | |
| | 　　b　平成25年3月31日以前に労使協定により定めた継続雇用制度の対象となる高年齢者に係る基準に該当しなかったため | 2D |
| | 　　c　その他（具体的理由：　　　　　　　　　　　　　　　　　　　） | 2E |
| | 3　労働契約期間満了等によるもの | |
| □ | (1) 採用又は定年後の再雇用時等にあらかじめ定められた雇用期限到来による離職 | 3A |
| □ | (2) 労働契約期間満了による離職 | 3B |
| | 　　① 下記②以外の労働者 | |
| | 　　　（1回の契約期間　　箇月、通算契約期間　　箇月、契約更新回数　　回） | 3C |
| | 　　　（契約を更新又は延長することの確約・合意の 有・無（更新又は延長しない旨の明示の 有・無）） | |
| | 　　　（直前の契約更新時に雇止め通知の 有・無） | 3D |
| | 　　　　　　　　　　　　　　｛を希望する旨の申出があった | |
| | 　　　労働者から契約の更新又は延長｛を希望しない旨の申出があった | 4D |
| | 　　　　　　　　　　　　　　｛の希望に関する申出はなかった | |
| | 　　② 一般労働者派遣事業に雇用される派遣労働者のうち常時雇用される労働者以外の者 | 5E |
| | 　　　（1回の契約期間　　箇月、通算契約期間　　箇月、契約更新回数　　回） | |
| | 　　　（契約を更新又は延長することの確約・合意の 有・無（更新又は延長しない旨の明示の 有・無）） | |
| | 　　　　　　　　　　　　　　｛を希望する旨の申出があった | |
| | 　　　労働者から契約の更新又は延長｛を希望しない旨の申出があった | |
| | 　　　　　　　　　　　　　　｛の希望に関する申出はなかった | |
| | 　　　a　労働者が適用基準に該当する派遣就業の指示を拒否したことによる場合 | |
| | 　　　b　事業主が適用基準に該当する派遣就業の指示を行わなかったことによる場合（指示した派遣就業が取りやめになったことによる場合を含む。） | |
| | 　　　（aに該当する場合は、更に下記の5のうち、該当する主たる離職理由を更に1つ選択し、○印を記入してください。該当するものがない場合は下記の6に○印を記入した上、具体的な理由を記載してください。） | |
| □ | (3) 早期退職優遇制度、選択定年制度等により離職 | |
| □ | (4) 移籍出向 | |
| | 4　事業主からの働きかけによるもの | |
| □ | (1) 解雇（重責解雇を除く。） | |
| □ | (2) 重責解雇（労働者の責めに帰すべき重大な理由による解雇） | |
| | (3) 希望退職の募集又は退職勧奨 | |
| □ | ① 事業の縮小又は一部休廃止に伴う人員整理を行うためのもの | |
| □ | ② その他（理由を具体的に　　　　　　　　　　　　　　　　　） | |
| | 5　労働者の判断によるもの | |
| | (1) 職場における事情による離職 | |
| □ | ① 労働条件に係る重大な問題（賃金低下、賃金遅配、過度な時間外労働、採用条件との相違等）があったと労働者が判断したため | |
| □ | ② 就業環境に係る重大な問題（故意の排斥、嫌がらせ等）があったと労働者が判断したため | |
| □ | ③ 事業所での大規模な人員整理があったことを考慮した離職 | |
| □ | ④ 職種転換等に適応することが困難であったため（教育訓練の 有・無） | |
| □ | ⑤ 事業所移転により通勤困難となった（なる）ため（旧(新)所在地：　　　　　　） | |
| □ | ⑥ その他（理由を具体的に　　　　　　　　　　　　　　　　　） | |
| □ | (2) 労働者の個人的な事情による離職（一身上の都合、転職希望等） | |
| □ | 6　その他（1－5のいずれにも該当しない場合） | |
| | 　（理由を具体的に　　　　　　　　　　　　　　　　　） | |

具体的事情記載欄（事業主用）

⑯離職者本人の判断（○で囲むこと）
　事業主が○を付けた離職理由に異議　有り・無し
　記名押印又は自筆による署名（離職者氏名）　　㊞

## 第2部 法人の破産の申立て
### 第4章 申立前後の従業員関係書類　書式番号2-4-10　健康保険厚生年金保険被保険者資格喪失届

**書式番号 2-4-10　健康保険厚生年金保険被保険者資格喪失届**

〔注〕本書式は日本年金機構のWEBページ (http://www.nenkin.go.jp/service/kounen/jigyosho-hiho/hihokensha1/20150407-02.html) から取得できる。

第2部 法人の破産の申立て
第4章 申立前後の従業員関係書類　書式番号2-4-11　健康保険厚生年金保険適用事業所全喪届

## 書式2-4-11　健康保険厚生年金保険適用事業所全喪届

[注1] 本書式は日本年金機構のＷＥＢページ (http://www.nenkin.go.jp/service/kounen/jigyosho-hiho/jigyosho/20150407.html) より取得できる。

第2部　法人の破産の申立て
第4章　申立前後の従業員関係書類　書式番号2-4-12　健康保険厚生年金保険資格喪失証明書

**書式番号 2-4-12**　書式名　健康保険厚生年金保険資格喪失証明書

## 健康保険 / 厚生年金保険　資格喪失 証明書

### 1．被保険者であった者について記入する欄

| フリガナ / 氏名 | | 生年月日 | 昭和 / 平成　年　月　日 |
|---|---|---|---|
| 現住所 | 〒 | | |
| 基礎年金番号 | | | |
| 保険者番号 | | 被保険者証記号番号 | 記号：　　　　番号： |
| 取得年月日（入社日） | 昭和 / 平成　年　月　日 | 喪失年月日（退職日） | 平成　年　月　日 / 平成　年　月　日 |

※被保険者証記号番号は保険証の「氏名」の上に記載されている数字となります。
※喪失年月日は、退職日の翌日となります。

### 2．被扶養者であった者について記入する欄

| 氏名 | 生年月日 | 続柄 | 認定年月日 | 喪失（解除）年月日 |
|---|---|---|---|---|
| | 昭和 / 平成　年　月　日 | | 昭和 / 平成　年　月　日 | 昭和 / 平成　年　月　日 |
| | 昭和 / 平成　年　月　日 | | 昭和 / 平成　年　月　日 | 昭和 / 平成　年　月　日 |
| | 昭和 / 平成　年　月　日 | | 昭和 / 平成　年　月　日 | 昭和 / 平成　年　月　日 |
| | 昭和 / 平成　年　月　日 | | 昭和 / 平成　年　月　日 | 昭和 / 平成　年　月　日 |

上記のとおり相違ないことを証明します。

　　　平成　　年　　月　　日

　　　　　　　　事業所名称
　　　　　　　　所　在　地
　　　　　　　　代表者名　　　　　　　　　㊞
　　　　　　　　電話番号

◆この証明書は、お住まいの市町村にて国民年金または国民健康保険の資格取得の届出の際にご利用ください。
◆国民年金または国民健康保険の資格取得手続きに必要な書類について、詳細はお住まいの市町村にご確認ください。

〔注1〕　本書式は、全国健康保険協会（協会けんぽ）のＷＥＢページ（https://www.kyoukaikenpo.or.jp/shibu/okinawa/cat080/h28sousitu）などから取得できる。

第2部　法人の破産の申立て
第4章　申立前後の従業員関係書類　書式2-4-13　健康保険任意継続被保険者資格取得申請書

**書式番号 2-4-13　書式名　健康保険任意継続被保険者資格取得申請書**

〔注1〕　全国健康保険協会（協会けんぽ）の書式であり（https://www.kyoukaikenpo.or.jp/g2/cat240/r55）、その他の健康保険組合の書式については、担当部署又は当該健康保険組合のWEBページから取得する必要がある。

## 第2部 法人の破産の申立て
### 第4章 申立前後の従業員関係書類　書式番号2-4-14　給与支払報告特別徴収に係る給与所得者異動届出書

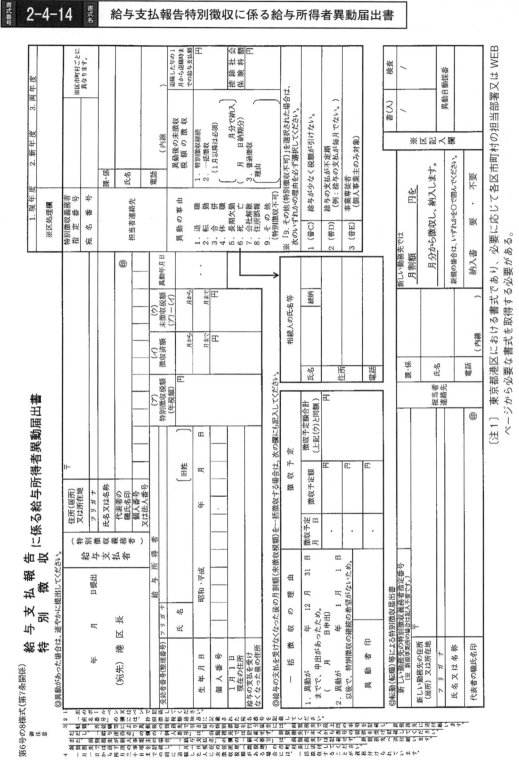

[注1] 東京都港区における書式であり、必要に応じて各区市町村の担当部署又はWEBページから必要な書式を取得する必要がある。

| 書式番号 | 3-1-1 | 書式名 | 告示書（申立代理人名義） |

# 告　示　書

　当社は、○○年○○月○○日をもって全ての業務を停止し、今後は、速やかに○○地方裁判所に対して、破産手続開始申立てを行う予定です。
　上記手続についてご質問等がある方は、下記代理人まで御連絡を頂けますよう宜しくお願い致します。
　なお、この建物及び建物内の一切の動産は、当社が占有管理するものですから、許可なく建物内に立ち入り、又は動産を搬出等する者は、刑法により処罰されることがあります。

　　　　○○年○○月○○日

　　　東京都○○区○○町○丁目○番○号○○ビル○階
　　　○○法律事務所
　　　株式会社○○代理人
　　　弁護士　　○○○○
　　　電　話　○○（○○○○）○○○○
　　　ＦＡＸ　○○（○○○○）○○○○

| 書式番号 3-1-2 | 書式名 強制執行手続取消の申立書 |

　　年（　）第　　号

　　　　　　　　　　　　　　　　　　　　　　　　　　　年　月　日

○○地方裁判所民事第○部　御中

## 強制執行手続取消しの申立書

　　　　　　　　　　　　　　　　〒○○○—○○○○
　　　　　　　　　　　　　　　　東京都千代田区霞が関○丁目○番○号
　　　　　　　　　　　　　　　　　　申立人（保全管理人）
　　　　　　　　　　　　　　　　　　　　弁護士　　○○○○

第1　申立ての趣旨
　　別紙物件目録記載の不動産に対する○○地方裁判所　　年（ヌ）第　　号不動産強制競売申立事件（債権者○○○○株式会社、債務者○○○○株式会社）の執行手続を取り消すとの裁判を求める。

第2　申立ての理由
　　債務者は、○○年○月○日、御庁に対し破産手続開始の申立てを行い、同日、債務者の財産に対し、破産法91条に基づく保全管理命令が発せられ、かつ、○○年○月○日、別紙物件目録記載の不動産に対する○○地方裁判所○○年（ヌ）第○○号不動産強制競売申立事件（債権者○○○○株式会社、債務者○○○○株式会社）につき、破産法24条1項に基づく執行手続の中止がなされている。
　　ところで、本件執行の対象たる不動産は、債務者の財産において唯一価値を有する重要なものであり、適宜売却して、破産財団として取り込んでいくべき財産であるから、本件執行手続の取消しは、債務者の財産の管理及び処分をするために特に必要がある。
　　よって、破産法24条3項に基づいて、本件執行手続の取消しを求める。

添付書類

1　報告書

　　　　　　　　　　　　　　　　　　　　　　　　　　　　　　以　上

　　〔注1〕　破産法24条3項。
　　〔注2〕　保全管理命令（破産法91条）が発せられた場合に、保全管理人が申し立てることができる（破産法24条3項）。保全管理人は担保を立てる必要がある。東京地裁の実務では申立て後、速やかに開始決定がなされることからほとんど利用されていない。

| 書式番号 3-1-3 | 書式名 包括的禁止命令申立書 |

年（　）第　　号

　　　　　　　　　　　　　　　　　　　　　　　　　　　年　　月　　日

○○地方裁判所民事第○部　御中

## 強制執行等の包括的禁止命令申立書

　　　　　　　　　　　　　　　　〒○○○―○○○○
　　　　　　　　　　　　　　　　東京都千代田区霞が関○丁目○番○号
　　　　　　　　　　　　　　　　　申立人（債務者）　　○○○○株式会社
　　　　　　　　　　　　　　　　　代表者代表取締役　　○○○○
　　　　　　　　　　　　　　　　〒○○○―○○○○
　　　　　　　　　　　　　　　　東京都千代田区霞が関○丁目○番○号
　　　　　　　　　　　　　　　　　申立代理人弁護士　　○○○○
　　　　　　　　　　　　　　　　　　（電話番号　○○―○○○○―○○○○）
　　　　　　　　　　　　　　　　　　（FAX番号　○○―○○○○―○○○○）


第1　申立ての趣旨

　1　債務者の財産に対する下記債権に基づく強制執行、仮差押え、仮処分又は一般の先取特権の実行若しくは下記債権を被担保債権とする留置権（商法の規定によるものを除く。）による競売の手続は、これを禁止する

記

　　　債務者につき破産手続開始の決定がされたとすれば破産債権又は財団債権となるべき債権

　2　債務者の財産に対する国税滞納処分（国税滞納処分の例による処分を含み、交付要求を除く。）は、これを禁止する
との裁判を求める。


第2　申立ての理由

　1　申立人（債務者）は、　　年　　月　　日、その所有するすべての不動産についての処分禁止の保全処分（　　年（　）第　　号）を受けた。

2　債権者○○株式会社らは、申立人の売掛金の一部に対し強制執行を行ってきており、かかる強制執行の一部については既に法24条1項1号に基づく中止命令を受けたが、債権者○○株式会社らは、今後も他の売掛金に対して強制執行を行ってくる危険性が高い。

　もし債権者○○株式会社らの強制執行を許すと、将来、債権者○○株式会社ら以外の債権者に対し弁済する原資となるべき破産財団の確保が困難となり、債権者間の平等を害するおそれがある。

3　以上から、現在強制執行をされている売掛金について強制執行を中止し、また、破産手続開始決定があるまでの間、他の売掛金について強制執行等がなされることがないように強制執行等の包括的禁止命令の発令を求める。

添　付　書　類（略）

以　上

〔注1〕　破産法25条1項。
〔注2〕　破産手続開始決定を速やかに行うことで対応する場合も多いものと思われる。東京地裁ではほとんど利用されていない。

| 書式番号 3-1-4 | 書式名 包括的禁止命令解除申立書 |

年（　）第　　号

　　　　　　　　　　　　　　　　　　　　　　　　　　　　年　　月　　日

○○地方裁判所民事第○部　御中

包括的禁止命令解除申立書

　　　　　　　　　　　　　　　　〒○○○―○○○○
　　　　　　　　　　　　　　　　東京都千代田区霞が関○丁目○番○号
　　　　　　　　　　　　　　　　　申立人（債権者）　　○○○○株式会社
　　　　　　　　　　　　　　　　　代表者代表取締役　　○○○○
　　　　　　　　　　　　　　　〒○○○―○○○○
　　　　　　　　　　　　　　　　東京都千代田区霞が関○丁目○番○号
　　　　　　　　　　　　　　　　　申立代理人弁護士　　○○○○
　　　　　　　　　　　　　　　　　　（電話番号　○○―○○○○―○○○○）
　　　　　　　　　　　　　　　　　　（FAX番号　○○―○○○○―○○○○）

第1　申立ての趣旨

　　　頭書破産手続申立事件における　　年（　）第　　号事件の　　年　　月　　日付包括的禁止命令を申立人に限り解除する
　　　との裁判を求める。

第2　申立ての理由

　1　債務者は、　　年　月　　日、包括的禁止命令（　　年（　）第　　号）を受けた。

　2　申立人は、　　年　　月　　日、別紙物件目録記載の不動産について不動産強制競売（以下「本件不動産強制競売」という。）を申し立て、　　年　　月　　日、開始決定がなされていたところ、前項の包括的禁止命令により、本件不動産強制競売手続は中止してしまった。
　　　しかし、債務者は申立人の主要な取引先であり、申立人の有する売掛金債権のほとんどは債務者に対するものであるから、申立人は、一刻も早く本件不動産強制競売を続行し、配当を得ないと、いわゆる連鎖倒産に至る可能性が非常に高い。すなわち、前項の包括的禁止命令は、申立人に不当な損害を及ぼすおそれがある。

　3　よって、申立人は、申立ての趣旨記載の包括的禁止命令解除を申し立てる次第である。

第3部　財産の保全と保全管理命令
第1章　保全処分その他の財産保全　書式番号3-1-4　包括的禁止命令解除申立書

添　付　書　類（略）

以　上

〔注1〕　破産法27条1項。
〔注2〕　破産手続開始決定を速やかに行うことで、包括禁止命令自体がなされないことが多い。東京地裁ではほとんど利用されていない。

書式番号 3-1-5　書式名　保全処分申立書（弁済禁止・処分禁止等）

年（　）第　　号

　　　　　　　　　　　　　　　　　　　　　　　　　　　年　　月　　日

○○地方裁判所民事第○部　御中

保全処分申立書

　　　　　　　　　　　　　　　申立人代理人弁護士　　○○○○
　　　　　　　　　　　　　　〒○○○—○○○○
　　　　　　　　　　　　　　東京都千代田区霞が関○丁目○番○号
　　　　　　　　　　　　　　　申立人　　○○○○株式会社
　　　　　　　　　　　　　　　代表取締役　　○○○○
　　　　　　　　　　　　　　申立人代理人弁護士　　○○○○
　　　　　　　　　　　　　　　　（電話番号　○○—○○○○—○○○○）
　　　　　　　　　　　　　　　　（FAX番号　○○—○○○○—○○○○）
　　　　　　　　　　　　　　〒○○○—○○○
　　　　　　　　　　　　　　東京都千代田区霞が関○丁目○番○号
　　　　　　　　　　　　　　　被申立人（債務者）　　○○○○株式会社
　　　　　　　　　　　　　　　代表者代表取締役　　○○○○

第1　申立ての趣旨

　　被申立人は、裁判所の許可を得ることなく下記の行為をしてはならない。

記

　　1　　　年　　月　　日までの原因に基づいて生じた債務（次のものを除く）の弁済及び当該債務に係る担保の提供
　　　　租税その他国税徴収法の例により徴収される債務
　　　　被申立人とその従業員との雇用関係により生じた債務
　　　　10万円以下の債務
　　2　別紙物件目録記載の不動産その他被申立人が所有する財産に係る権利の譲渡、担保権の設定その他の処分
　　3　金員の借入
との決定を求める。

第2　申立ての理由

1　申立人は、本日、御庁に対して、被申立人に対する破産手続開始の申立てを行った。
2　これまでの被申立人の不誠実な対応に鑑みれば、上記の申立ての事実を知れば、一部債権者に対し抜け駆け的に債務の弁済が行われ、また、被申立人の重要な資産等について処分や担保提供等がなされるおそれがある。また、上記申立ての事実が一般に知れ渡れば、一部債権者から強く債務弁済や担保提供の要求がなされ、その結果、不公平な弁済等がなされるおそれがある。
　　かかる事態に陥れば、被申立人（債務者）の破産手続における財産の公平な分配に重大な支障を生ずるというべきである。
3　よって、手続の公正を確保し、債権者全体の利益を守るべく本件申立てに及ぶ。

添　付　書　類

破産手続開始の申立書添付の疎明資料を援用する。

以　上

〔注１〕　破産法28条１項。
〔注２〕　弁済等の効果を主張できない債権者は、弁済等が行われた当時に当該保全処分が命じられたことを知っている債権者に限られる（破産法28条６項）。
〔注３〕　東京地裁ではほとんど利用されていない。

第3部 財産の保全と保全管理命令
第1章 保全処分その他の財産保全　書式番号3-1-6　競売手続中止命令申立書

**書式番号 3-1-6　書式名 競売手続中止命令申立書**

年（フ）○○号

## 競売手続中止命令の申立書

年　月　日

○○地方裁判所民事第○部　御中

〒○○○－○○○○
東京都○○区○○町○丁目○番○号
申立人　　　○○○○株式会社
代表者代表取締役　○○○○

〒○○○－○○○○
東京都○○区○○町○丁目○番○号
申立人代理人弁護士　○○○○　印
TEL　○○―○○○○―○○○○
FAX　○○―○○○○―○○○○

〒○○○―○○○○
東京都○○区○○町○丁目○番○号
相手方　　　○○○○株式会社
TEL　○○―○○○○―○○○○
FAX　○○―○○○○―○○○○

第1　申立ての趣旨

　　相手方が申立人に対し、別紙物件目録記載の不動産につきなした○○地方裁判所○○年（ケ）第○○号不動産競売事件の競売手続は、東京地方裁判所　年（フ）第○○号の破産申立てに対する決定があるまでの間、これを中止する
との決定を求める。

第2　申立ての理由

1　申立人は、　年　月　日、御庁に対し、破産手続開始の申立て（以下「本件破産手続」という。）をなしている。
2　別紙物件目録記載の不動産（以下「本件不動産」という。）に対する○○地方裁判所○○年（ケ）第○○号不動産競売事件の競売手続（以下「本件競売手続」という。）は、本件破産手続の開始決定がなされたとすれば破産債権となるべきものを請求債権として申し立てられて

いるものである。
3 本件競売手続は中止される必要がある。すなわち……
4 本件競売手続が中止されたとしても、同手続の申立人である債権者に不当な損害を及ぼすおそれはない。すなわち……
5 よって、破産法24条1項に基づき、本件破産手続開始の申立てにつき決定があるまでの間、本件不動産に対してなされている本件競売手続を中止することを命ぜられたく、本申立てに及ぶものである。

以　上

疎明資料

1 不動産競売開始決定正本
2 不動産登記簿謄本
3 ……

添付書類

1 疎甲号証写　　　　　　　　　各1通
2 資格証明書（相手方）　　　　　1通
3 委任状　　　　　　　　　　　1通

〔注1〕　破産法24条1項1号。
〔注2〕　破産手続開始決定を速やかに行うことで対応する場合も多いものと思われる。東京地裁ではほとんど利用されていない。

| 書式番号 | 3-1-7 | 書式名 | 強制執行の中止申立書（債権） |

○○年（フ）第○○号

## 強制執行の中止命令申立書

　　　当事者の表示　　　　　別紙当事者目録記載のとおり

　　　　　　　　　　　申立ての趣旨

　相手方を債権者、申立人を債務者、○○を第三債務者とする別紙差押債権目録記載の債権に対する○○地方裁判所○○年（ル）第○○号債権差押申立事件の手続は、これを中止する。

　　　　　　　　　　　申立ての理由

1　申立人は、○○年○月○日御庁に対し、破産手続開始の申立てを行い、これが受理された（○○年（フ）第○○号）。申立人は、債務超過の状態にあり、近く破産手続開始決定がなされるものと見込まれる。

2　相手方は、申立人に対して合計金○○円の貸金債権を有する債権者であるが、申立人に対して破産手続開始決定がなされれば、その債権は破産債権となるべきものである。
　相手方は、申立人が○○年○月○日に支払停止となったことを知り、既に取得していた債務名義に基づいて、申立人が有する別紙差押債権目録記載の売掛債権の差押えをなすべく、債権差押えの申立てを行った（○○地方裁判所○○年（ル）第○○号）。
　別紙差押債権目録記載の売掛債権は、申立人の資産のうち主要なものであり、これを相手方が差し押さえて取立権の行使により回収した場合、破産財団を構成すべき財産が減少することにより、債権者間の実質的平等を害することとなる。

3　相手方による債権差押えの申立ては、申立人の支払停止後になされたものであり、破産手続開始決定が近くなされること考慮すると、債権差押手続を中止したとしても、相手方に対して不当な損害を及ぼすおそれはないといえる。

4　よって、破産法24条1項1号に基づき、申立ての趣旨記載の裁判を求める次第である。

　　　　　　　　　添　付　書　類

　　1　差押命令正本

第3部 財産の保全と保全管理命令
第1章 保全処分その他の財産保全　書式番号3-1-7　強制執行の中止申立書（債権）

2　相手方の有する債務名義写し

〇〇年〇月〇日

　　　　　　　　　　　　　　　　　　　　　　　申立人代理人
　　　　　　　　　　　　　　　　　　　　　　　弁護士　　〇〇〇〇

〇〇地方裁判所民事第〇部　御中

（目録省略）

〔注1〕　破産手続開始決定を速やかに行うことで対応する場合も多いものと思われる。東京地裁ではほとんど利用されていない。

# 動産仮差押申立書

〇〇年〇〇月〇〇日

〇〇地方裁判所　民事第〇部　御中

　　　　　　　　　　　　　　　　　　債権者訴訟代理人弁護士　〇〇〇〇

　　　　　　　　　　　当事者の表示　　別紙当事者目録記載のとおり
　　　　　　　　　　　請求債権の表示　別紙請求債権目録記載のとおり

第1　申立ての趣旨
　　　債務者所有の一切の動産は仮にこれを差し押さえる。
　　との裁判を求める。

第2　申立ての理由
　1　被保全権利
　（1）当事者
　　　　＜中略＞
　（2）債権者・債務者間の売買契約
　　　　＜中略＞

　2　保全の必要性
　　　債権者より債務者に対する破産手続開始申立事件は、貴庁〇〇年（フ）第〇〇号事件として審理中であるが、債務者は倉庫として使用した所有不動産を売却してその所有権移転登記を完了している（なお、倉庫についての管理は現在も債務者が行っている）。債務者の取引先である〇〇から聞くところによれば、債務者はその倉庫に保管している動産等を売却しようとしているとのことである。
　　　また、債務者は、既に営業を停止しており、動産の一切を差し押さえたとしても重大な損害を被ることはない。
　　　そこで、債務者所有の動産の一切を差し押さえなければ破産手続開始決定がなされてもその破産財団を構成する資産がないこととなり、債権者が配当を得られる可能性がなくなることから、本申立てに及ぶものである。

添付資料（省略）

以　上

〔注１〕　債権者による破産手続開始申立ての際、破産開始決定前に動産の保全をする必要がある場合に行う。
〔注２〕　動産については、目的物を特定せずに仮差押命令を発令することができる（民事保全法21条ただし書）。特定の動産を仮差し押さえする場合には、物件目録によりその動産を特定する必要がある。

## 書式 3-1-9 不動産仮差押命令申立書

# 不動産仮差押申立書

〇〇年〇〇月〇〇日

〇〇地方裁判所　民事第〇部　御中

債権者訴訟代理人弁護士　〇〇〇〇

当事者の表示　　別紙当事者目録記載のとおり
請求債権の表示　別紙請求債権目録記載のとおり

第1　申立ての趣旨
　　債務者所有の別紙物件目録記載の不動産は仮にこれを差し押さえる。
　との裁判を求める。

第2　申立ての理由
　1　被保全権利
　（1）当事者
　　　＜中略＞
　（2）債権者・債務者間の売買契約
　　　＜中略＞
　2　保全の必要性
　　債権者より債務者に対する破産手続開始申立事件は、貴庁〇〇年（フ）第〇〇号事件として審理中であるが、債務者の取引先である〇〇から聞くところによれば、債務者は、仲介業者に依頼して、債務者の唯一の資産である別紙物件目録記載の不動産の売却先を探しており、当該行為をこのまま放置すれば早晩同不動産が第三者に売却される可能性が高い。
　　また、債務者は、既に営業を停止しており、不動産を差し押さえたとしても重大な損害を被ることはない。
　　そこで、債務者の唯一の資産である上記不動産を差し押さえなければ破産手続開始決定がなされてもその破産財団を構成する資産がないこととなり、債権者が配当を得られる可能性がなくなることから、本申立てに及ぶものである。

添付資料（省略）

以　上

〔注1〕　債権者による破産手続開始申立ての際、破産開始決定前に不動産の保全をする必要がある場合に行う。

| 書式番号 | 3-2-1 | 書式名 | 保全管理命令申立書 |

年（　）第　　号

## 保全管理人による管理命令の申立書

〇〇年〇〇月〇〇日

〇〇地方裁判所民事第〇部　御中

〒〇〇〇－〇〇〇〇
東京都千代田区霞ヶ関〇丁目〇番〇号
申立人　　　〇〇〇〇会社（債権者）
上記代表者代表取締役　　〇〇〇〇〇

〒〇〇〇－〇〇〇〇
東京都千代田区霞ヶ関〇丁目〇番〇号
電話　：　〇〇－〇〇〇〇－〇〇〇〇
FAX　：　〇〇－〇〇〇〇－〇〇〇〇
上記申立人代理人弁護士　　〇〇〇〇
　　　同　　　　　　　　　〇〇〇〇

〒〇〇〇－〇〇〇〇
東京都港区赤坂〇丁目〇番〇号
相手方　　〇〇〇〇会社（債務者）

第1　申立ての趣旨
　被申立人につき、保全管理人による管理を命ずる
との決定を求める。

第2　申立ての理由
　1　被申立人は、〇〇年〇〇月〇〇日、御庁に対し、破産手続開始の申立てをした。
　2　（債務者の財産の管理及び処分が失当であること、あるいはその他債務者の財産の確保のために特に必要があると認められる事情を具体的に記載する）
　3　そこで、これを防止するため、また、手続への信頼を確保し、債権者の最大利益を図るべく保全管理人による管理を命ぜられたく、破産法91条に基づき本申立てに及ぶ次第で

ある。

第3　疎明方法
　破産手続開始の申立書添付の疎明方法を援用する

第4　添付資料
　　委任状　　1通

〔注1〕　破産法91条。

## 事業譲渡許可申請書（保全管理人申立て）

〇〇年（〇）第〇〇号事件

### 事業譲渡許可申立書

〇〇年〇月〇日

〇〇地方裁判所民事第〇部　御中

申立人（債務者）〇〇〇〇株式会社
保全管理人　弁護士　〇〇〇〇

申請の趣旨

債務者が、別紙物件目録記載の工場兼営業所における特殊セメントの製造・販売にかかる事業を、別紙譲渡契約書の内容で甲社に譲渡することの許可を求める。

申請の理由

1　債務者は、〇〇年〇月〇日に御庁に対し破産開始手続の申立てをなした。
2　債務者は、特殊セメントの製造・販売を中心に営業を行い、同時に別紙物件目録にかかる工場兼営業所において、特殊セメントの製造を行っていたところ、おりからの不況により、建築用セメントの受注が減り、売上が激減し、破産手続開始の申立てに至った次第である。
3　本件においては特殊セメントの製造にノウハウを有している甲社に本件の営業を譲り受けてもらうことが破産財団の確保と、円滑な換価を実現するために、もっとも効果があると思料する。
4　甲社は早急な営業譲り受けを希望しており、管財人の選任を待っていては本件営業譲渡が成就しない可能性が極めて高く、また、甲社のほかに他に見るべき候補者は存在しない。
5　よって、債務者の別紙物件目録にかかる特殊セメントの製造部門を甲社に別紙譲渡契約書どおりの内容での事業譲渡の許可を申請する。

〔注1〕　保全管理期間中の事業譲渡について、会社法に定める株主総会決議等の手続（会社法467条以下）を要するか否かについては必要説と不要説があるところ、一般的には、諸手続が必要と解されており（小林秀樹編著「一問一答新しい破産法」（商事法務、2004年））、東京地裁においても必要説にて運用されている。
〔注2〕　保全管理期間中の事業譲渡は、業法上の許可を要する事業において破産開始決定により当該許可が取り消されることを防ぐ必要がある場合や、民事再生手続から破産手続に移行する牽連破産の事案における保全管理期間中に破産開始決定を待つと事業価値の毀損が生じる場合に行われることがある。

| 書式番号 | 3-2-3 | 書式名 | 常務外の行為の許可申請書 |

○○地方裁判所　○○年（フ）第○○○号
破産者　株式会社○○○○

## 常務に属しない行為についての許可申立書

○○年○○月○○日

○○地方裁判所　民事第○部　御中

保全管理人弁護士　○○○○

○○株式会社に対する頭書事件について、下記のとおり許可されたく申立てします。

記

1　許可を求める事項
　　別紙物件目録記載の土地を株式会社○○に、金○○円にて売却することの許可を求める。

2　許可を求める理由
　　本件会社は、別紙物件目録記載の土地（以下「本件土地」という。）を所有しているところ、今般、株式会社○○（本店所在地：○○県○○市○○町○丁目○番○号）から、本件土地を金○○円で買い受けたい旨の申込みがあった。本件会社は、今後、本件土地を使用する必要がなく、また、上記価格は不動産鑑定に比して高額であり、適当なものであると思料する。
　　よって、本許可の申立てに及んだ次第である。

添付資料（省略）

以　上

書式番号 3-2-4　保全管理人の任務終了報告書

年（　）第　号

　　　　　　　　　　　　　　　　　　　　　　　　　　　　　年　月　日

○○地方裁判所民事第○部　御中

### 保全管理人任務終了による計算報告書

　　　　　　　　　　　　　　　〒○○○—○○○○
　　　　　　　　　　　　　　　東京都千代田区霞が関○丁目○番　○号
　　　　　　　　　　　　　　　　申立人（債務者）　○○○○株式会社
　　　　　　　　　　　　　　　　代表者代表取締役　　○○○○
　　　　　　　　　　　　　　　〒○○○—○○○○
　　　　　　　　　　　　　　　東京都千代田区霞が関○丁目○番○号
　　　　　　　　　　　　　　　　保全管理人代理人弁護士　　○○○○
　　　　　　　　　　　　　　　　（電話番号　　○○—○○○○—○○○○）
　　　　　　　　　　　　　　　　（FAX番号　　○○—○○○○—○○○○）

　債務者○○○○株式会社に係る破産手続開始申立事件につき、御庁から○○年○○月○○日に破産手続開始決定があり、保全管理人の任務を終了いたしましたので、破産法第94条1項により、次のとおり計算の報告をします。

　第1　破産手続開始申立てから開始決定までの経過について
　　　　別紙1　申立てから開始決定までの経過のとおり

　第2　債務者○○○○株式会社の概要

　第3　保全管理人の業務
　　　1　財産の保全
　　　2　債権者対応
　　　3　資産・負債の調査

　第4　申立てから開始決定までの資産の増減
　　　　別紙2　比較貸借対照表のとおり

| 書式番号 | 3-2-5 | 書式名 | 保全管理人代理選任許可申立書 |

年（　）第　　号
〇〇地方裁判所民事第〇部　御中

〇〇年〇〇月〇〇日

## 保全管理人代理選任許可申立書

　上記破産事件につき、下記の者を保全管理人代理に選任することを許可していただきたく申し立てます。

記

〒〇〇〇－〇〇〇〇　　千代田区霞ヶ関〇丁目〇番〇号
　　　　　　　　　　　弁護士　　〇〇〇〇
　　　　　　　　　　　TEL　〇〇－〇〇〇〇－〇〇〇〇
　　　　　　　　　　　FAX　〇〇－〇〇〇〇－〇〇〇〇

〒〇〇〇－〇〇〇〇
千代田区霞ヶ関〇丁目〇番〇号
申立人（保全管理人）
弁護士　　〇〇〇〇

**書式番号 4-1-1　書式名　開始決定（同時廃止）**

年（フ）第○○○○号

決　　　　定

東京都千代田区霞ヶ関○丁目○番○号
債務者（破産者）○○○○

主　　文

1　債務者○○○○について破産手続を開始する。
2　本件破産手続を廃止する。

理　　由

一件記録によれば、債務者が支払不能の状態にあり、かつ、破産財団をもって破産手続費用を支弁するに足りないことが認められる。
よって、破産法15条1項、30条、216条1項を適用して主文のとおり決定する。
なお、この決定に併せて、下記のとおり定める。

記

1　免責についての意見申述期間
　　　　　　　　　　　年　月　日まで
2　免責審尋期日　　　　年　月　日午前　時

　　　　　　　　　年　月　日午後5時
　　　　　　　東京地方裁判所民事第20部
　　　　　　　　　裁　判　官　　○○○○

　これは正本である。
　　　　　　　　　年　月　日
　　　　　　　東京地方裁判所民事第20部
　　　　　　　　　裁判所書記官　　○○○○

〔注1〕　東京地方裁判所民事第20部で実務上使用している書式である。

| 書式番号 4-1-2 | 書式名 開始決定（自然人） |

年（フ）第○○○○号

# 決　　　　定

東京都千代田区霞ヶ関○丁目○番○号
　　債務者（破産者）　○○○○

## 主　　文

債務者○○○○について破産手続を開始する。

## 理　　由

一件記録によれば、債務者が支払不能の状態にあることが認められる。
よって、主文のとおり決定する。
なお、この決定に併せて、下記のとおり定める。

### 記

1　破産管財人　　　東京都千代田区丸の内○丁目○番○号
　　　　　　　　　　○○法律事務所
　　　　　　　　　　弁護士　　○○○○
2　債権届出期間　　○年○月○日まで
3　財産状況報告集会・計算報告集会・破産手続廃止に関する意見聴取のための集会の各期日
　　　　　　　　　　○年○月○日午前○時
4　債権調査期日　　○年○月○日午前○時
5　免責についての意見申述期間
　　　　　　　　　　○年○月○日まで
6　免責審尋期日　　○年○月○日午前○時

　　　　　　　　　　　　　年　　月　　日午後5時
　　　　　　　　　　　　東京地方裁判所民事第20部
　　　　　　　　　　　　　　裁　判　官　　○○○○

これは正本である。

　　　　　　　　　　　　　年　　月　　日
　　　　　　　　　　　　東京地方裁判所民事第20部
　　　　　　　　　　　　　　裁判所書記官　　○○○○

〔注1〕　東京地方裁判所民事第20部で実務上使用している書式である。

| 書式番号 4-1-3 | 書式名 開始決定（法人） |

年（フ）第〇〇〇〇号

## 決　定

東京都千代田区霞ヶ関〇丁目〇番〇号
債務者（破産者）　株式会社〇〇〇〇
代表者代表取締役　〇〇〇〇

### 主　文

債務者株式会社〇〇〇〇について破産手続を開始する。

### 理　由

一件記録によれば、債務者が支払不能の状態にあることが認められる。
よって、主文のとおり決定する。
なお、この決定に併せて、下記のとおり定める。

### 記

1　破産管財人　　　東京都千代田区丸の内〇丁目〇番〇号
　　　　　　　　　　〇〇法律事務所
　　　　　　　　　　弁護士　〇〇〇〇
2　債権届出期間　　〇年〇月〇日まで
3　財産状況報告集会・計算報告集会・破産手続廃止に関する意見聴取のための集会の各期日
　　　　　　　　　　〇年〇月〇日午前〇時
4　債権調査期日　　〇年〇月〇日午前〇時

　　　　　　　　　　　　　年　　月　　日午後5時
　　　　　　　　　　　　東京地方裁判所民事第20部
　　　　　　　　　　　　　　裁　判　官　　〇〇〇〇


　　これは正本である。
　　　　　　　　　　　　　　年　　月　　日
　　　　　　　　　　　　東京地方裁判所民事第20部
　　　　　　　　　　　　　　裁判所書記官　　〇〇〇〇

〔注1〕　東京地方裁判所民事第20部で実務上使用している書式である。

| 書式番号 | 4-1-4 | 書式名 | 開始決定（留保型・一括指定型） |

年（フ）第○○○○号

# 決　　定

東京都千代田区霞ヶ関○丁目○番○号
債務者（破産者）株式会社○○○○
代表者代表取締役　　○○○○

## 主　文

債務者株式会社○○○○について破産手続を開始する。

## 理　由

一件記録によれば、債務者が支払不能の状態にあることが認められる。
よって、主文のとおり決定する。
なお、この決定に併せて、下記のとおり定める。

## 記

1　破産管財人　　　東京都千代田区丸の内○丁目○番○号
　　　　　　　　　　○○法律事務所
　　　　　　　　　　弁護士　　○○○○
2　財産状況報告集会・計算報告集会・破産手続廃止に関する意見聴取のための集会の各期日
　　　　　　　　　　年　　月　　日午前　　時

　　　　　　　　　　年　　月　　日午後5時
　　　　　　　　　東京地方裁判所民事第20部
　　　　　　　　　　　　裁　判　官　　○○○○
　　　　　　　これは正本である。
　　　　　　　　　　年　　月　　日
　　　　　　　　　東京地方裁判所民事第20部
　　　　　　　　　　　裁判所書記官　　○○○○

〔注1〕　東京地方裁判所民事第20部で実務上使用している書式である。

| 書式番号 | 4-1-5 | 書式名 | 破産手続開始通知書（自然人） |

# 破産手続開始通知書

事件番号　○○年（フ）第○○○○号（○○年○月○日申立）
住　　所　東京都千代田区丸の内○丁目○番○号
破 産 者　○○○○
　　　　　（○○年○月○日生）

1　上記の者に対し、破産手続開始決定がされたので、次のとおり通知します。
　(1)　破産手続開始日時　　　　○○年○月○日午後５時
　(2)　**破産管財人**　　　　　　弁護士○○○○　電話○○－○○○○－○○○○
　(3)　破産債権届出期間　　　　○○年○月○日まで
　(4)　破産債権届出書及び交付要求書の提出先

> 東京都千代田区霞ヶ関○－○－○
> ○○法律事務所　弁護士○○○○　気付
> 　　年（フ）第○○○○号事件書類受領事務担当　行

　(5)　財産状況報告集会・債権調査期日の日時及び場所
　　　○○年○月○日午前○時　債権者等集会場１（家簡地裁合同庁舎５階）
　　　**所在場所は「債権者集会場のご案内」のとおりです。**
　　　　財産状況報告集会において、破産財団をもって破産手続の費用を支弁するに不足する場合は、①破産手続廃止に関する意見聴取のための集会、②破産管財人の任務終了による計算報告集会も併せて実施します。
　(6)　①　破産者に対して債務を負担している者は、破産者に弁済してはならない。
　　　②　破産者の財産を所持している者は、破産者にその財産を交付してはならない。

2　破産債権届出
　(1)　届け出る場合は、同封した届出書を使用し、１(4)の提出先に郵送してください（別紙「封筒表書見本」参照）。保証人への請求等のため、債権届出日の証明を必要とする方は、配達証明郵便等をご利用ください。
　(2)　破産債権届出書は、同封の届出書１通と証拠書類のコピー１部（原本不可）を合わせてホッチキスで左綴じにしてください。資格証明書は不要です。
　(3)　破産手続開始後に支払期日が到来する手形については、支払期日が破産手続開始後１年以内であれば額面額を届出債権としてください。証拠書類の手形は両面をコピーしてください。

3 免責手続
   **意見申述期間　○○年○月○日まで（最終提出期限）**
   　意見申述をする場合は、Ａ４判の用紙を使用し、①事件番号、②破産者名、③申述者（債権者）の氏名・住所、④破産者に破産法252条1項に掲げる免責不許可事由（財産の隠匿、詐欺的借入、換金行為、浪費やギャンブル、7年以内の再度の免責など。）に該当する事実があることを具体的に記載した書面を2部、事実を疎明する資料があれば、それらをコピーしたものを2部、最終提出期限必着で郵送してください。

   意見申述書の提出先
   　　〒100-8920　東京都千代田区霞ヶ関一丁目1番2号
   　　東京地方裁判所民事第20部通常管財係　行

4 破産手続の進行については破産管財人まで、破産手続開始前の事情に関するお問い合わせ及び債権についての照会は申立代理人までお願いいたします。
   　**申立代理人　弁護士　○○○○　電話○○-○○○○-○○○○**

　　　　　　　　東京地方裁判所民事20部合議係　裁判所書記官　　○○○○

　〔注1〕　申立時に知れたる債権者（申立時債権者一覧表記載の債権者）に対しては申立時に裁判所から送付するのが原則である（破産法32条2項）。ただし、債権者多数の事件の場合、裁判所は、破産管財人の了解を得た上で、破産財団の費用により、破産管財人に破産手続開始通知書等の発送事務を行わせるという取扱いをしている（破産規則7条）。また、破産手続開始後に新たに債権者が判明した場合の運用については、『手引』Q12を参照。
　出典　東京地方裁判所民事第20部で実務上使用している書式である。

書式番号 4-1-6　書式名 破産手続開始通知書（法人）

<br>

# 破産手続開始通知書

事件番号　○○年（フ）第○○○○号（平成○○年○月○日申立）
住　　所　東京都千代田区丸の内○丁目○番○号

破 産 者　株式会社○○○○
　　　　　代表者代表取締役　　○○○○

1　上記の者に対し、破産手続開始決定がされたので、次のとおり通知します。
　(1)　破産手続開始日時　　　　　○○年○月○日午後５時
　(2)　**破産管財人**　　　　　　　弁護士○○○○　電話○○－○○○○－○○○○
　(3)　破産債権届出期間　　　　　○○年○月○日まで
　(4)　破産債権届出書及び交付要求書の提出先

> 　　東京都千代田区霞ヶ関○－○－○
> 　　○○法律事務所　弁護士○○○○　気付
> 　　　　年（フ）第○○○○号事件書類受領事務担当　　行

　(5)　財産状況報告集会・債権調査期日の日時及び場所
　　　○○年○月○日午前○時　債権者等集会場１（家簡地裁合同庁舎５階）
　　　**所在場所は「債権者集会場のご案内」のとおりです。**
　　　　財産状況報告集会において、破産財団をもって破産手続の費用を支弁するに不足する場合は、①破産手続廃止に関する意見聴取のための集会、②破産管財人の任務終了による計算報告集会も併せて実施します。
　(6)　①　破産者に対して債務を負担している者は、破産者に弁済してはならない。
　　　②　破産者の財産を所持している者は、破産者にその財産を交付してはならない。

2　破産債権届出
　(1)　届け出る場合は、同封した届出書を使用し、1(4)の提出先に郵送してください（別紙「封筒表書見本」参照）。保証人への請求等のため、債権届出日の証明を必要とする方は、配達証明郵便等をご利用ください。
　(2)　破産債権届出書は、同封の届出書１通と証拠書類のコピー１部（原本不可）を合わせてホッチキスで左綴じにしてください。資格証明書は不要です。
　(3)　破産手続開始後に支払期日が到来する手形については、支払期日が破産手続開始後１年以内であれば額面額を届出債権としてください。証拠書類の手形は両面をコピーしてくださ

い。

3 破産手続の進行については破産管財人まで、破産手続開始前の事情に関するお問い合わせ及び債権についての照会は申立代理人までお願いします。

　　**申立人代理人　弁護士　○○○○　電話　○○－○○○○－○○○○**

　　　　　　東京地方裁判所民事20部合議係　裁判所書記官　○○○○

〔注1〕　申立時に知れたる債権者（申立時債権者一覧表記載の債権者）に対しては申立時に裁判所から送付するのが原則である（破産法32条2項）。ただし、債権者多数の事件の場合、裁判所は、破産管財人の了解を得た上で、破産財団の費用により、破産管財人に破産手続開始通知書等の発送事務を行わせるという取扱いをしている（破産規則7条）。また、破産手続開始後に新たに債権者が判明した場合の運用については、『手引』Q12を参照。

出典　東京地方裁判所民事第20部で実務上使用している書式である。

TRANSLATION FOR REFERENCE PURPOSE ONLY

## Notice of Commencement of Bankruptcy Proceedings

Case Number: XX -Nen (FU) No.XXXX(Date of the petition: [Month]X, 20XX)
Registered head office of the Bankrupt: XX-XX, XXX, XXX-ku, Tokyo, Japan

The Bankrupt: XXXXXX., Ltd.
　　　　　　Representative President XXX XXX

1  The Court has decided to commence bankruptcy proceedings for the above Bankrupt and you are hereby notified as follows;
(1) Commencement of Bankruptcy proceedings: [Month] X, 20XX at 5:00 PM
(2) **Trustee in Bankruptcy: XXX XXX(Attorney-at-law)**
　　　　　　Tel 81-3-XXXX-XXXX
(3) Deadline for filing Proof of Bankruptcy Claim: On or before [Month] X, 20XX
(4) Place to which Proof of Bankruptcy Claim must be submitted:

> Attention; Person in charge of document handling for XX -Nen (Fu) No.XXXXC/O XXX XXX (Attorney-at-law) (XXXXXX (Law Firm))
> X-X-X XXXX, XXX-ku, Tokyo, Japan

(5) Date and Place of the Meeting for Report on the State of the Bankruptcy Estate / Meeting forExamination of Claims: [Month] X, 20XX at XX:00 AM at Creditors' Meeting Room 1
　　　　(Fifth floor of Tokyo District Court (See Map))
At the Meeting for Report on the State of the Bankruptcy Estate, if the Court finds that the bankruptcy estate is not sufficient to pay the costs of the bankruptcy proceedings, it will also convene ① a meeting to hear the opinions of the creditors with regard to discontinuing the bankruptcy proceedings and ② a meeting to report on accounts arising due to termination of the office of the Trustee in Bankruptcy.

(6) ①　Debtors of the Bankrupt must not pay debts to the Bankrupt.
　　②　Any person possessing assets of the Bankrupt must not deliver them to the Bankrupt.

2  Reporting Claims
(1) Please use the enclosed Proof of Bankruptcy Claim form and send it to the address stated in 1 (4) above by mail. (Please refer to enclosed "Sample of Envelope.") When you think it is

necessary to prove the filing date of your Proof of Bankruptcy Claim for the purpose of demand against a guarantor, or otherwise, please submit it by certified mail, registered mail or international express mail.

(2) Please send the Proof of Bankruptcy Claim together with one photocopy of each item of supporting evidence. A certificate of company registration is not required.

(3) Please write the face amount of promissory notes on the Proof of Bankruptcy Claim if they will become due within one year from the date of the commencement of the bankruptcy proceedings. Please send copies of both sides of any promissory notes as evidence of claims.

3  If you have any questions regarding the bankruptcy proceedings, please contact the Trustee. If you have any questions regarding the situation before commencement of the bankruptcy proceedings or bankruptcy claims, please contact the Bankrupt's attorney.
Bankrupt's attorney: Mr./Ms. XXX XXX (Attorney-at-law) Tel: 81-3-XXXX-XXXX

Court Clerk: XXX XXX
XXX section, 20th Civil Division of the Tokyo District Court

*Please note that this document is only an English translation of the Japanese-language Notice of Commencement of Bankruptcy Proceedings, made for the convenience of creditors in foreign countries, and is not an official document of the Court. Only a document written in Japanese is a formal document of the Court, and has legal effect. We disclaim any warranty or guarantee of the correctness of this translation, and if there is any discrepancy, then the Japanese-language version shall control.*
*Every document to be prepared for submitting to the Trustee in Bankruptcy is required to be written in Japanese. If any evidential document is written in some foreign language, it is necessary that a Japanese translation is attached to such original document at the time of submission.*
*It should be also noted that this notice is for informing you of the commencement of the bankruptcy proceedings for the Bankrupt and the procedure of filing proof of bankruptcy claim. Nothing in this notice shall constitute any recognition, confirmation or acceptance of any claim(s) against the Bankrupt by the Court or the Trustee in the Bankruptcy. Procedure and manner for such recognition shall and will be made in accordance with the laws of Japan.*

〔注1〕 基本的に、東京地方裁判所民事第20部で実務上使用している破産手続開始決定通知書（書式4-1-6）を英訳したものである。なお、英語版の同封は、裁判所と協議の上、行うことになる。
〔注2〕 実務上、外国の債権者には、英訳した開始決定通知書（書式4-1-7）と破産債権届出書（書式4-1-8）に英文のカバーレター（書式4-2-1-2）を添付して通常の文書と同封することが多い。

TRANSLATION FOR REFERENCE PURPOSE ONLY

Case Number: XX-nen (Fu) No.XXXX

**Bankrupt:**
**Trustee in Bankruptcy:**
Filing Period for Bankruptcy Claims:
Until
Date of the Meeting:

| For Court / Trustee Use |
|---|
| No. |
| Receiving Date |
| XX-nen (Fu) No. XXXX |
| Documents Receipt Staff |
| Received on (   /   /   ) |

**Proof of Bankruptcy Claim**

              Written on (   /   /   ) (month/day/year)

Registered seal is not required, however please use the same seal which would be available until distribution.

Keeping a copy of this Proof of Claim may be useful for responding to inquiries.

              Tokyo District Court, Civil Division No. 20, General Administration section

**Indication of Creditor**

Address: _____
Notification Address:
☐ same as above address   ☐ if different :  _____
Name of individual or entity/representative: _____  [seal]
Person in Charge: _____   Tel: _____   Fax: _____

*If filed by an attorney-in-fact, please fill in below (power of attorney must be attached).
Address: _____
Name of Attorney-in-Fact _____ [seal]  Tel: _____  Fax: _____

**Indication of Bankruptcy Claim**

\* If space below is not enough, please use extra paper as appropriate (A4, any format).

(1) Bankruptcy Claim (**please check** ☐)

| Type of Claim | Amount of Claim (Yen) | Contents and Cause of Claim | Examples of Documents for Evidence (A copy to be submitted) |
|---|---|---|---|
| ☐ Accounts Receivable | | Transaction from:   (mm/dd/yy)<br>through              (mm/dd/yy) | Invoice, Shipping Slip, etc. |

| | | | |
|---|---|---|---|
| ☐ Loan | | Loan Date: (mm/dd/yy)<br>Repayment Date: (mm/dd/yy)<br>Interest: % p.a.<br>Default Interest: % p.a. | Agreement, Proof of Debt, etc. |
| ☐ Salary | | Employed from: (mm/dd/yy)<br>Through: (mm/dd/yy) | Pay Statement, etc. |
| ☐ Retirement Allowance | | | No Evidence Needed |
| ☐ Dismissal Notice Payment | | | No Evidence Needed |
| ☐ Promissory Notes, Checks | | Number of Promissory Notes: | Promissory Notes, Cheeks (copies of both sides) |
| ☐ Others- Advance Money, Claim for Indemnity, etc. | | | |
| ☐ Tax | | | |
| ☐ Agreed Interest | | [ ]% p.a. against [ ]<br>From: (mm/dd/yy)<br>To: (mm/dd/yy) | |
| ☐ Default Interest | | [ ]% p.a. against [ ]<br>From: (mm/dd/yy)<br>to the day before commencement of Bankruptcy | |
| Total | | | |

(2) Type of Secured Claim / Litigation (**For secured creditors and litigants only**)

| Type of Secured Claim<br>(Circle where appropriate) | Mortgage (Rank: ) / Floating Mortgage (limit: Yen, Rank: ) /<br>Mortgage of Provisional Registration / Others ( ) | | |
|---|---|---|---|
| Collateral<br>(Indication of Real Estate) | | Projected Balance Due | Yen |
| Pending litigation related to Bankruptcy Claim or a pending case with a government agency | Name of court or government agency:<br>Party:<br>Case No.:<br>Case Name: | | |

(3) Whether you have an enforceable title of debt or final judgment (**Please check** ☐)
　☐ Yes (Type of Claim:　　　　　) (Total Number:　　　　) (Please submit copies.)
　☐ No

In regard to small amount distributions, I am willing to receive it even if the amount of distribution is less than 1,000 yen.

　　　〔注1〕　英語版の同封は、裁判所と協議の上、行うことになる。
　　　〔注2〕　債権届出は裁判所の手続に参加することを求める手続であるため、裁判所法の適用があり、届出書は日本語で記載することを要し（裁判所法74条）、証拠書類には日本語の訳文を付さなければならない（破産規則12条、民事訴訟規則138条1項）。したがって、本書式のような英語版の債権届出書は、あくまで参考として送付するものである。訳文を付さない債権届出があった場合に、これを、破産管財人において、適法な債権届出とみて、認否をするか否かについては、裁判所との協議が必要であろう。

## 破産手続開始通知書

事件番号　　○○年（フ）第○○○○号（○○年○月○日申立）
住　　所　　東京都千代田区丸の内○丁目○番○号
破 産 者　　○○○○
　　　　　　（○○年○月○日生）

1　上記の者に対し、破産手続開始決定がされたので、次のとおり通知します。

　(1)　破産手続開始日時　　　　○○年○月○日午後5時

　(2)　破産管財人　　　　　　弁護士○○○○
　　　電話　○○－○○○○－○○○○　ＦＡＸ　○○－○○○○－○○○○

　(3)　財産状況報告集会・債権調査期日の日時及び場所

　　　　　○○年○月○日午前○時　債権者等集会場1（家簡地裁合同庁舎5階）

　　　財産状況報告集会において、破産財団をもって破産手続の費用を支弁するに不足する場合は、①破産手続廃止に関する意見聴取のための集会、②破産管財人の任務終了による計算報告集会も併せて実施します。

　(4)　①　破産者に対して債務を負担している者は、破産者に弁済してはならない。
　　　 ②　破産者の財産を所持している者は、破産者にその財産を交付してはならない。

2　当裁判所は、本破産事件について、破産者の財産で債権者に対する配当ができない可能性が高いと考え、破産債権の届出期間と破産債権の調査をするための期日を当面定めないこととしました（破産法31条2項）。破産管財人において、破産財団の調査を進め、債権者に対する配当の見込みが生じた場合は、改めて、破産債権届出期間等について連絡をさせていただきますので、当面、破産債権届出書の提出は必要ありません。
　　なお、住所等の連絡先が変更したときは届け出てください。

3　前記2の記載にかかわらず、交付要求庁においては、随時、破産管財人に対して交付要求を

第4部　申立て後から開始決定直後まで
第1章　裁判所　書式番号4-1-9　破産手続開始通知書（留保型・一括指定型）

行ってください。

4　破産手続の進行については破産管財人まで、破産手続開始前の事情及び債権についての照会は、申立代理人までお願いします。

　　　**申立代理人　弁護士**○○○○　**電話**○○－○○○○－○○○○

　　　　　　　東京地方裁判所民事20部合議係　裁判所書記官　　○○○○

〔注1〕　申立時に知れたる債権者（申立時債権者一覧表記載の債権者）に対しては申立時に裁判所から送付するのが原則である（破産法32条2項）。ただし、債権者多数の事件の場合、裁判所は、破産管財人の了解を得た上で、破産財団の費用により、破産管財人に破産手続開始通知書等の発送事務を行わせるという取扱いをしている（破産規則7条）。また、破産手続開始後に新たに債権者が判明した場合の運用については、『手引』Q12を参照。

出典　東京地方裁判所民事第20部で実務上使用している書式である。

TRANSLATION FOR REFERENCE PURPOSE ONLY

# Notice of Commencement of Bankruptcy Proceedings

Case Number: XX -Nen (FU) No.XXXX (Date of the petition: [Month] X, 20XX)
Registered head office of the Bankrupt: XX-XX, XXX, XXX-ku, Tokyo, Japan

The Bankrupt: XXXXXX

1 The Court has decided to commence bankruptcy proceedings for the above Bankrupt and you are hereby notified as follows;
(1) Commencement of Bankruptcy proceedings: [Month] X, 20XX at 5:00 PM
**(2) Trustee in Bankruptcy: XXX XXX (Attorney-at-law)**
   **Tel 81-3-XXXX-XXXX/ Fax 81-3-XXXX-XXXX**
(3) Date and Place of the Meeting for Report on the State of the Bankruptcy Estate:
 **[Month] X, 20XX at XX:00 AM at Creditors' Meeting Room 1**
   **(Fifth floor of Tokyo District Court (See Map))**
At the Meeting for Report on the State of the Bankruptcy Estate, if the Court finds that the bankruptcy estate is not sufficient to pay the costs of the bankruptcy proceedings, it will also convene ① a meeting to hear the opinions of the creditors with regard to discontinuing the bankruptcy proceedings and ② a meeting to report on accounts arising due to termination of the office of the Trustee in Bankruptcy.

(4) ① Debtors of the Bankrupt must not pay debts to the Bankrupt.
   ② Any person possessing assets of the Bankrupt must not deliver them to the Bankrupt.

2 In this case, the Court decided not to specify the "period for filing of proofs of claims" for now (Bankruptcy Act, Article 31-2). This is because the Bankrupt's property may not be enough to pay the expenses required in the bankruptcy procedure. This shall not exclude the filing of the proofs of claims from the creditors, but after the investigation by the Trustee in Bankruptcy, when it is decided the proofs of claims, so you do not have to file the proofs of claims for now. Please notify when your contact information (such as Address) is changed.

3 Regardless of above 2, demand for distribution to the based on National Tax Law has to be done at any time.

4 If you have any questions regarding the bankruptcy proceedings, please contact the Trustee.

       Court Clerk: XXX XXX
       XXX section, 20th Civil Division of the Tokyo District Court

*Please note that this document is only an English translation of the Japanese-language Notice of Commencement of Bankruptcy Proceedings, made for the convenience of creditors in foreign countries, and is not an official document of the Court. Only a document written in Japanese is a formal document of the Court, and has legal effect. We disclaim any warranty or guarantee of the correctness of this translation, and if there is any discrepancy, then the Japanese-language version shall control.*

*Every document to be prepared for submitting to the Trustee in Bankruptcy is required to be written in Japanese. If any evidential document is written in some foreign language, it is necessary that a Japanese translation is attached to such original document at the time of submission.*

*It should be also noted that this notice is for informing you of the commencement of the bankruptcy proceedings for the Bankrupt and the procedure of filing proof of bankruptcy claim. Nothing in this notice shall constitute any recognition, confirmation or acceptance of any claim(s) against the Bankrupt by the Court or the Trustee in the Bankruptcy. Procedure and manner for such recognition shall and will be made in accordance with the laws of Japan.*

   〔注1〕　基本的に、東京地方裁判所民事第20部で実務上使用している破産手続開始通知書（書式4-1-9）を英訳したものである。なお、英語版の同封は、裁判所と協議の上、行うことになる。

| 書式番号 4-1-11 | 書式名 破産手続開始通知書（牽連破産の債権届出についての注意書付・期日型） |

# 破産手続開始通知書

事件番号　　　　　　年（フ）第〇〇〇〇号
本店所在地　東京都千代田区丸の内〇丁目〇番〇号
破産者　　　〇〇〇〇株式会社
　　　　　　代表者代表取締役　〇〇〇〇

1　上記の者に対し、破産手続開始決定がされたので、次のとおり通知します。
　(1)　破産手続開始日時　　　　　年　月　日午後5時
　(2)　破産管財人　　　　　　弁護士〇〇〇〇
　　　東京都千代田区丸の内〇丁目〇番〇号　〇〇法律事務所
　　　電話〇〇－〇〇〇〇－〇〇〇〇　　　ＦＡＸ〇〇－〇〇〇〇－〇〇〇〇
　(3)　財産状況報告集会の日時及び場所
　　　　　　年　月　日午前　時　分　債権者等集会場1（霞が関地裁合同庁舎5階）
　　　財産状況報告集会において、破産財団をもって破産手続の費用を支弁するに不足する場合は、①破産手続廃止に関する意見聴取のための集会、②破産管財人の任務終了による計算報告集会も併せて実施します。
　(4)　①　破産者に対して債務を負担している者は、破産者に弁済してはならない。
　　　　②　破産者の財産を所持している者は、破産者にその財産を交付してはならない。
2　当庁〇〇年（再）第〇〇号　〇〇〇〇株式会社に対する民事再生事件は、同手続廃止決定の確定により終了し、今般同会社に対して職権による破産手続開始決定がなされました。
　　つきましては、破産手続において債権回収を図るには改めて債権届出書により債権の届出をしていただく必要がありますので、ご連絡申し上げます。
3　破産手続開始決定により再生計画によって変更された再生債権は原状に復します（民事再生法190条1項）。したがって、再生債権者は権利変更前の債権額から再生計画で支払を受けた残額を届け出ることができるので注意してください（適宜の書式で結構ですので、①原状に復した再生債権の額、②再生計画により弁済を受けた弁済金の額及び弁済金受領日をご記載の上、再生債権額から弁済金を控除された差引計算の経過が分かるような書面をご作成いただき、債権届出書の別紙としてご提出下さい。)。

　　　　　　　　　　　　　　　　　東京地方裁判所民事20部合議係　裁判所書記官　〇〇〇〇

〔注1〕　東京地方裁判所民事第20部で実務上使用している書式である。

| 書式番号 | 4-2-1-1 | 書式名 | 破産管財人初動活動チェックリスト |

## 1 破産手続開始決定前

| 活動内容 | 要作成文書 | 必要となる資料等 | 要注意事項 | 確認 |
|---|---|---|---|---|
| ・利害関係の確認 | ― | ・債権者一覧表<br>・売掛金一覧表<br>・貸付金一覧表 | ― | |
| ・就任了承<br>・資料の引き継ぎ（申立書副本等の受領） | ― | ― | ― | |
| ・申立代理人と面談期日調整 | ― | ― | ・破産者同行を依頼<br>・至急対応を要する事項の確認<br>・予納金の支払い方法確認 | |
| ・申立書副本・打合せ補充メモの読み込み | ― | ・申立書副本<br>・打合せ補充メモ | ・直近の決算書と申立書を対照して確認<br>・通帳入出金確認 | |
| ・管財人事務所における債権者等からの問合せ対応の準備 | ― | ― | ― | |

## 2 破産手続開始決定後

### （1）総　論

| 活動内容 | 要作成文書 | 必要となる資料等 | 要注意事項 | 確認 |
|---|---|---|---|---|
| ・破産手続開始決定関係書類の受領 | ― | ― | 裁判所に職印を持参<br>※職印持参を要しない裁判所もある。 | |
| ・破産手続開始通知書等の発送<br>※債権者多数の事件の場合は破産管財人が行う（破産規則7条） | （必要に応じて）同封文書<br>※事前に裁判所との間で文案等について要協議 | ・破産手続開始等の通知書等一式<br>・宛名ラベル | | |
| ・郵便転送嘱託 | 郵便転送嘱託に関する上申書 | ― | ※東京地裁の運用については、『破産管財の手引第2版』Q22を参照されたい。 | |

| | | | | |
|---|---|---|---|---|
| ・（必要に応じて）破産財団に属する権利の登記に対する破産の登記嘱託 | 登記嘱託上申書 | — | — | |
| ・発送報告書の提出 | 知れたる債権者への発送報告書 | — | — | |
| ・管財人口座開設 | — | ・破産手続開始決定書<br>・管財人資格資格証明書（原本）<br>・職印 | 口座開設後に、申立代理人へ口座番号等の連絡 | |
| ・申立代理人及び破産者との面談　※開始決定前に実施することを求めている裁判所もある。<br>・破産者に対する注意事項の説明、債権者集会期日に出頭することの確認<br>・印鑑、預金通帳、帳簿、登記済権利証その他貴重品及び重要書類の受領 | — | — | ・破産者との連絡方法（住所、電話番号、携帯電話番号）の確認<br>・申立書等における疑問点の確認<br>・管財事件となった理由の確認<br>・換価すべき（できる）資産の有無、種類（不動産、在庫商品、自動車、有価証券、ゴルフ会員権等）、所在の確認<br>・否認対象行為（停止条件付債権譲渡等）の有無の確認<br>・自由財産の拡張の必要性の確認<br>・法人については、営業継続の有無と従業員の処遇の確認<br>・郵便物の返還方法の確認 | |
| ・各種届出書の提出 | 金銭等の保管方法届出書 | — | — | |
| ・債権執行終了上申書、訴訟中断上申書の提出<br>・債権差押えがある場合の第三債務者（勤務先等）への通知<br>・債権仮差押えの失効通知の上申 | ・債権執行終了上申書<br>・訴訟中断上申書<br>・第三債務者に対する通知書<br>・失効通知の上申書 | ・破産手続開始決定書正本（写し）<br>・管財人資格証明書（原本） | 破産財団に属する財産に差押えがされている場合、破産財団に関する訴訟が係属している場合に提出が必要 | |

| 活動内容 | 要作成文書 | 必要となる資料等 | 要注意事項 | 確認 |
|---|---|---|---|---|
| ・執行裁判所へ届出書の提出 | ・執行裁判所への届出書 | ・破産手続開始決定書正本(写し) | 破産債権を請求債権とする不動産の強制競売手続が係属している場合に提出が必要 | |
| ・債権者からの問合せ対応 | — | — | — | |
| ・租税債権者等への交付要求の要請 | — | — | — | |
| ・新たに判明した債権者への書類発送 | — | — | — | |
| ・会計帳簿の現況確認 | — | — | — | |

(2) 各 論
ア 預 金

| 活動内容 | 要作成文書 | 必要となる資料等 | 要注意事項 | 確認 |
|---|---|---|---|---|
| ・残高確認 | ご依頼兼ご照会回答書 | 管財人資格証明書(写し) | — | |
| ・預金口座解約 ※ただし、破産者が個人の場合には、自由財産の範囲であれば解約しないことが多い。<br>・残高回収 | 解約書類<br>※金融機関に連絡し、送付を依頼 | ・管財人資格証明書(原本)<br>・通帳<br>・キャッシュカード | ・付随するサービスの契約があるか確認し、解約<br>・預金残高がない又は少額で、解約手続が煩雑な場合は、解約せずに放棄も可能 | |
| ・相殺禁止違反の相殺や偏頗弁済の有無を調査 | — | 支払停止～解約までの入出金を記帳した通帳又は明細書 | ・支払停止時期の確認<br>・支払停止後に行われた自動引落とし、売掛金の入金等の確認 | |

イ 売 掛 金

| 活動内容 | 要作成文書 | 必要となる資料等 | 要注意事項 | 確認 |
|---|---|---|---|---|
| ・内容及び金額の確認<br>・売掛先への請求 | 請求書兼回答書 | 管財人資格証明書(写し) | ・未発見の売掛金がないか、申立書一式のみならず、台帳等を確認<br>・契約書や請求書等根拠資料の確保 | |
| ・売掛金の回収 | 売掛金ごとの回収状況を示す一覧表 | 売掛先からの回答書 | ・売掛先から相殺の主張があり、認める場合は相殺通知の提出を受ける<br>・回答がない売掛先に対する督促(場合によっては訴訟提起も検討)<br>・分割弁済の希望等がある場合は、回収可能性も考慮して検討 | |

ウ 貸付金

| 活動内容 | 要作成文書 | 必要となる資料等 | 要注意事項 | 確認 |
|---|---|---|---|---|
| ・内容及び金額の確認<br>・債務者への請求 | 請求書兼回答書 | ・決算資料<br>・契約書等<br>・管財人資格証明書（写し） | 代表者や関連会社に対する貸金債権については実態がない場合もあるため要調査 | |
| ・貸付金の回収 | — | 債務者からの回答書 | ・売掛金回収と同じ<br>・従業員に対する貸付の場合、労働債権との相殺合意も可能 | |

エ 有価証券

| 活動内容 | 要作成文書 | 必要となる資料等 | 要注意事項 | 確認 |
|---|---|---|---|---|
| ・信用金庫等への出資金の換価 | ・脱退又は譲渡の必要書類<br>※信用金庫等に連絡し、送付を依頼<br>・(配当金を受領する場合)支払通知書兼領収書<br>・(サービサー等に譲渡する場合)譲渡契約書等必要書類 | ・管財人資格証明書（原本）<br>・出資証券 | ・開始決定後すぐに信用金庫等に確認し、払戻しの手続に相当時間がかかるときは、出資金返還請求権のサービサーへの譲渡や、元代表者が相当額を財団組み入れすることによる放棄も検討<br>・開始後の配当金相殺は禁止 | |
| ・株式の換価 | ・(上場会社の株式の場合)証券会社所定の申込書<br>※証券会社に連絡し、送付を依頼<br>・(配当金を受領する場合)配当金領収証 | ・株券（原本）<br>・管財人資格証明書（原本） | ・上場会社の株式は証券会社を通じて売却する（破産者と取引のあった証券会社に破産管財人名義の口座を開設し、破産管財人の印鑑証明書兼資格証明書を送って破産者の口座から株式を移管して、成り行きで売却するのが一般的）<br>・非上場会社の株式は発行会社に譲渡先の紹介 | |

第4部　申立て後から開始決定直後まで
第2章　破産管財人　第1節　書式番号 4-2-1-1　破産管財人初動活動チェックリスト

| 活動内容 | 要作成文書 | 必要となる資料等 | 要注意事項 | 確認 |
|---|---|---|---|---|
| | | | を依頼、又は破産者の知人である他の株主への売却打診等を行う<br>・配当の受領については、株主名簿管理人からの通知を確認 | |

オ　手形・小切手

| 活動内容 | 要作成文書 | 必要となる資料等 | 要注意事項 | 確認 |
|---|---|---|---|---|
| ・受取手形の取立委任<br>・支払期日における取立て | ― | 約束手形（破産管財人名で裏書したもの） | 判例によると、取立委任を受けた約束手形について商事留置権を有する金融機関は、破産手続開始後の取立てに係る取立金を、銀行取引約定書に基づき、破産者に対する債権の弁済に充当できる | |
| ・小切手の回収 | ― | 小切手 | 時効があるため、受領後早急に銀行に呈示 | |

カ　保　険

| 活動内容 | 要作成文書 | 必要となる資料等 | 要注意事項 | 確認 |
|---|---|---|---|---|
| ・解約返戻金の金額確認<br>・解約返戻金の回収 | ・照会書<br>・解約書類<br>※保険会社に連絡し、送付を依頼 | ・保険証券<br>・管財人資格証明書（原本） | ・解約返戻金がなく、保険料も発生しない場合は解約不要<br>・任意売却を行う不動産についての火災保険は売却まで解約しないほうがよい | |

キ　保証金等

| 活動内容 | 要作成文書 | 必要となる資料等 | 要注意事項 | 確認 |
|---|---|---|---|---|
| ・（未了の場合）賃貸借契約の解除及び明渡し<br>・保証金等の回収 | ・（未了の場合）解除通知書<br>・保証金等の残額に関する照会及び返還請求書兼回答書 | ・賃貸借契約書<br>・管財人資格証明書（写し） | ― | |

ク 在庫商品

| 活動内容 | 要作成文書 | 必要となる資料等 | 要注意事項 | 確認 |
|---|---|---|---|---|
| ・在庫商品の換価　※換価困難な場合は廃棄を検討する。 | 売買契約書 | 見積書 | 買受希望者が競合する場合は入札で売却 | |

ケ 自動車

| 活動内容 | 要作成文書 | 必要となる資料等 | 要注意事項 | 確認 |
|---|---|---|---|---|
| ・保管状況、名義の確認鍵、車検証の確保<br>・（自由財産拡張の場合）自動車の受領書受領<br>・自動車の換価　※複数の見積書が必要<br>・自動車保険の解約 | ・受領書<br>・保険解約書類<br>※保険会社（又は代理店）に連絡し、送付を依頼 | ・鍵<br>・車検証<br>・リサイクル券<br>・自賠責保険証券<br>・自動車保険証券 | ・所有権留保が付いており、第三者対抗要件を具備している場合、残債を完済して売却した方が有利であればそのように処理し、それ以外の場合は引揚げを受ける<br>・自賠責保険は売買代金に含まれているものと解し、自動車と共に買主に引き渡す<br>・個人の破産事件においては、処分見込価格が20万円以下の自動車は、換価も廃車手続も不要<br>・換価不要、又は換価できない自動車については、自動車税の課税や運行供用者責任による損害賠償を避けるため、法人事件については廃車（登録抹消）、個人事件については早期に放棄の許可申立てを行う<br>・廃車した場合は自動車税の還付につき要調査 | |

コ 不動産

| 活動内容 | 要作成文書 | 必要となる資料等 | 要注意事項 | 確認 |
|---|---|---|---|---|
| ・鍵、図面、権利証等の確保<br>　現地確認<br>・任意売却可能性の見極め<br>・（必要に応じて）別除権の受戻し<br>・売却許可申請<br>・任意売却　※複数の見積書が必要 | ・告示書<br>・別除権の抹消に関する書類<br>・売却許可申請書<br>・売買契約書 | ・鍵<br>・デジタルカメラ<br>・図面<br>・権利証　等 | 現地確認の際は、転送未了の郵便物、残置されている財産の有無を確認 | |

サ 従業員関係

| 活動内容 | 要作成文書 | 必要となる資料等 | 要注意事項 | 確認 |
|---|---|---|---|---|
| ・（雇用が継続している従業員がいる場合）解雇通知送付 | 解雇通知書 | — | ・未払賃金立替払制度の利用を要検討<br>・労働債権に優先的破産債権部分がある場合は弁済前に裁判所に許可申請が必要（労働債権を全額弁済できる場合は、財団債権部分も含めてまとめて許可申請） | |
| （未提出の場合）<br>・給与所得者異動届出書<br>・雇用保険被保険者資格喪失届出書<br>・雇用保険被保険者離職証明書<br>・健康保険、厚生年金保険被保険者資格喪失届出書の提出 | ・給与所得者異動届出書<br>・雇用保険被保険者離職証明書<br>・健康保険、厚生年金保険被保険者資格喪失届出書 | — | — | |

シ　税務関係

| 活動内容 | 要作成文書 | 必要となる資料等 | 要注意事項 | 確認 |
|---|---|---|---|---|
| ・異動届出書提出 | 異動届出書 | — | — | |
| ・解散事業年度の確定申告の準備 | — | ・会計帳簿<br>・会計ソフトのデータ<br>・領収書等の証憑資料 | — | |

出典　野村剛司ほか著『破産管財実践マニュアル第2版』第4編【資料1】「開始決定前後チェックリスト（法人用）」を参考にして作成。

# NOTICE

[Month]X, 20XX

I, attorney XXXX, am hereby constituted and appointed as trustee in Bankrupt proceedings for XXXX Co., Ltd. by XXXX District Court with full power of company liquidation.

If you have any questions in connection with above matter, please send to the following address by mail, e-mail or Fax.

Address: XXXX Building XF
　　　　 XX XXXX-cho, XXXX-ku, XXXX, XXX-XXXX Japan
　　　　 XXXX Law Office
Name: XXXX XXXX
Tel: XXX-XXX-XXXX（Japanese Inquiry only）
E-mail: XXXX@XXXX（English Inquiry）
Fax: XXX-XXX-XXXX（English Inquiry）

　　　　　　　　　Bankrupt Trustee for XXXX Co., Ltd.
　　　　　　　　　Attorney XXXX XXXX

〔注1〕 同封は、裁判所と協議の上、行うことになる。

出典 司法協会『破産事件における書記官事務の研究――法人管財事件を中心として』参考書式3-10-1に基づき作成。事案に応じて、債権届出方法の詳細や、破産に至った経緯、各国における手続状況等の記載を行うことが想定される。

| 書式番号 4-2-1-3 | 書式名 破産手続開始通知に同封する通知（外国人債権者用・邦訳） |

通 知 書

○○年○月○日

　当職は、○○年○月○日○○地方裁判所より破産手続開始決定を受けた○○○○株式会社の破産管財人です。

　ご不明な点等がございましたら、以下の連絡先に郵便、電子メール又はFAXにてお問い合わせください。

住所：○○市○○区○○町○○番地　○○ビル○階　○○法律事務所
氏名：○○○○
電話：○○－○○○○－○○○○（日本語での問合せ）
E-mail：○○○○＠○○○○（英語での問合せ）
FAX：○○－○○○○－○○○○（英語での問合せ）

　　　　　　　　○○○○株式会社
　　　　　　　　　破産管財人　○○○○

〔注1〕　書式4-2-1-2注記参照。

| 書式番号 | 4-2-1-4 | 書式名 | 破産管財人選任及び印鑑証明書 |

年（フ）第　　　号

## 破産管財人選任及び印鑑証明書

東京都千代田区区霞ヶ関○丁目○番○号

破産者　　○○○○

　上記の者に対し、　　年　　月　　日午後５時御庁において破産手続開始決定がされたこと、私が破産管財人に選任されたこと及び次の印鑑が破産管財人の印鑑として届け出たものと相違ないことを証明願います。

[印鑑欄]

　　　年　　月　　日
　　　東京都千代田区丸の内○丁目○番○号
　　　○○法律事務所

　　　　　　破産管財人弁護士　　○○○○

○○地方裁判所民事第○部御中

　　上記証明する。
　　　前　同　日
　　　　東京地方裁判所民事第20部
　　　　　裁判所書記官

〔注１〕　証明書には、印鑑証明書だけのパターンや資格証明書だけのパターン等複数の種類があり、場面により使い分ける必要がある（書式4-2-1-5参照）。

出典　東京地裁で発行される証明書のひな形。

| 書式番号 | 4-2-1-5 | 書式名 | 資格証明書等交付申請書 |

東京地方裁判所民事第20部　　　管財　係　御中

## 破産管財人の資格等証明書交付申請書

年　月　日

| 事件番号 | 年（フ）第　　　号 |
|---|---|
| 破産者 | |
| 破産管財人 | |

（電話　　　－　　　－　　　　担当：　　　）

- □　破産管財人資格証明書　　　（自宅住所あり）　　　通
- □　破産管財人資格証明書　　　（自宅住所なし）　　　通

- □　破産管財人印鑑証明書　　　（自宅住所あり）　　　通
- □　破産管財人印鑑証明書　　　（自宅住所なし）　　　通

- □　破産管財人資格証明及び印鑑証明書　（自宅住所あり）　通
- □　破産管財人資格証明及び印鑑証明書　（自宅住所なし）　通

---
- □　破産管財人選任及び印鑑証明書（不動産登記申請用）　通
- ※　不動産の任意売却による登記申請の際、破産管財人資格証明書（自宅住所あり）及び市区町村長作成の印鑑証明書に代えて本証明書を添付することができます。
---

受け取り希望日
- □　本日午前　　□　本日午後　　□　明日以降（　　日　　時ころまで）
- □　至急

※　10時、13時、16時にファクシミリを整理しますので、ご注意ください。

　　　　　　　　　　　　　　ＦＡＸ　03-3581-2024（合議係・特定管財係）
　　　　　　　　　　　　　　　　　　03-3592-9462（通　常　管　財　係）

〔注１〕　本書式は、『手引』書式編443頁掲載の書式に基づき一部改変した。
〔注２〕　破産規則23条3項、4項。

| 書式番号 4-2-1-6 | 書式名 金銭等の保管方法届出書 |

東京地方裁判所民事第20部　御中

年（フ）第　　　号

破産者

## 金銭等の保管方法届出書

　上記事件について、破産財団に属する財産のうち、金銭及び有価証券を下記の場所に寄託し、保管することを届出いたします。

記

　　　　　　銀行　　　支店

　　　年　　月　　日

　　　　　　　　破産管財人弁護士　　　　　　　　印

以　上

出典　本書式は、『手引』書式編450頁掲載の書式に基づき、一部改変した。

### 書式4-2-1-7 訴訟中断上申書

○○年（ワ）第○○号　○○○○請求事件
原告　○○○○
被告　○○○○

上　申　書

年　　月　　日

○○地方裁判所第○民事部　御中

破産者　　　○○○○
破産管財人　○○○○
ＴＥＬ　　－　　－
ＦＡＸ　　－　　－

　頭書事件の被告○○○○が、下記のとおり破産手続開始の決定を受け、当職が破産管財人に選任されました。
　つきましては、訴訟手続は中断しておりますので、その旨上申いたします。

記

事件番号　　　　　　　○○地方裁判所○○年（フ）第○○号
破産者　　　　　　　　○○○○
破産手続開始決定日　　　　年　　月　　日午後5時


添付書類
　1　破産手続開始決定正本写し　　　1通
　2　破産管財人証明書　　　　　　　1通

〔注1〕　破産手続開始決定により、破産者を当事者とする破産財団に関する訴訟手続は当然に中断する（破産法44条1項）。

出典　野村剛司ほか著『破産管財実践マニュアル第2版』第4編【資料6】「訴訟中断上申書」を参考に作成。

**書式番号 4-2-2-1　破産管財人補助者推薦の上申書**

　　　　　　　　　　　　　　　　　　　　　　　　　　　年　　月　　日

破産者○○○○破産管財人弁護士　　○○○○　殿

　　　　　　　　　　　　　　　　破産者○○○○申立代理人弁護士　　○○○○

## 補助者に関する上申書

　下記の者は、破産者の元従業員ですが、破産手続開始申立ての直前に解雇されるまで破産者の経理を担当しており、同人に補助させれば帳簿の整理や従業員の破産債権届出に必要な情報の提供に関する作業を円滑に行うことができると思われますので、破産者の元従業員を補助者として使用される場合には、同人が適任と思料します。なお、同人を推薦することについては、本人の了解を得ています。

記

1　住所・氏名
　　住　　所　　東京都千代田区霞ヶ関１－１－１
　　氏　　名　　○○○○
2　連絡先
　　自宅電話　　○○－○○○○－○○○○
　　携帯電話　　○○○－○○○○－○○○○
3　従前の地位
　　経理課従業員
4　従前の給与（各種手当を含むが、賞与及び通勤手当を含まない。）
　　月額 250,000 円

　　　　　　　　　　　　　　　　　　　　　　　　　　　　　以　　上

〔注１〕　破産管財人は、商品の売却や帳簿の整理のため必要がある場合には、破産者の元従業員を補助者として雇用することが認められている。申立代理人は破産者の組織や業務に精通していることから、破産管財人としては、元従業員のうち誰が補助者として適任かにつき申立代理人の意見を聴いたうえで、補助者を選ぶことが適当な場合がある。本書面は、そうした場合に、申立代理人が補助者を推薦するものである。

〔注２〕　補助者を雇用すること自体には裁判所の許可は必要でない。ただし、補助者の報酬は財団債権になるので、（月額ではなく総額で）100万円（破産法78条3項1号、破産規則25条）を超過する給与を支払う場合には、別途、財団債権承認に関する裁判所の許可を得る必要がある（破産法78条2項13号）。

〔注３〕　元従業員の報酬額は、一般的に、従前の給与額を上限として、そこから一定率を減額した報酬基準を設定し、実労働時間に応じて支給する例が多いとされるので、破産管財人が給与額を決めるにあたり参考になるよう、従前の給与額を記載することが適当である。

**書式番号 4-2-2-2　書式名　旧役員を補助者とする上申書**

年（フ）第○○○○号
破産者　　○○○○

## 補助者に関する上申書

年　月　日

○○地方裁判所民事○部　御中

破産管財人弁護士　　○○○○

　上記破産事件につき、下記の者を補助者として雇用し、下記の報酬を支払うこととしましたので、上申いたします。
　なお、同人は、破産手続開始決定までは、破産者の取締役を務めていました。しかし、破産者が破産に至った主たる原因は、大口取引先の倒産により、多額の売掛金が回収不能になり資金繰りに窮したことにあるところ、同人は、総務及び人事を担当しており、上記取引先に対する売掛金の管理に関与しておらず、同人には破産につき責任が認められません。他方、同人は、破産者の取締役でなくなったことから、生活の糧を得る途を失っています。そこで、同人を補助者とするにあたり下記の報酬を支払うこととしました。

記

住　所　　東京都千代田区霞が関○丁目○番○号
氏　名　　○○○○
報　酬　　日給　○，○○○円

以　上

〔注1〕　補助者を雇用すること自体については、裁判所の許可は不要である。
〔注2〕　破産会社の実質的経営権を有していた旧役員については、実費を除いて無報酬とする例が多いとのことであるから（『手引』120頁参照）、報酬を支払って旧役員を補助者とする場合には、理由を記載して裁判所にその旨上申することが適当な場合がある。
〔注3〕　補助者の報酬は財団債権になるので、（月額ではなく総額で）100万円（破産法78条3項、破産規則25条）を超過する給与を支払う場合には、別途、財団債権承認に関する裁判所の許可を得る必要がある（破産法78条2項13号）。

| 書式番号 | 4-2-2-3 | 書式名 | 破産管財人代理選任許可申立書 |

東京地方裁判所民事第20部　　管財　係　御中（※1）

　　　　　　　　　　　　　　　　　　年（フ）第　　号
　　　　　　　　　　　　　　　　破産者

| 本件につき<br>許可する。<br>　東京地方裁判所民事第20部<br>　　裁判官 | 本件につき<br>許可があったことを証明する。<br>　前同日　東京地方裁判所民事第20部<br>　　裁判所書記官 |

## 破産管財人代理選任許可申立書（※2　※3）

上記破産事件につき、下記の者を破産管財人代理に選任することを許可されたく申立てします。

記

　　　　　〒　　－　　　　東京都　　　区
　　　　　　　　　　　　弁護士
　　　　　　　　　　　　ＴＥＬ　〇〇－〇〇〇〇－〇〇〇〇
　　　　　　　　　　　　ＦＡＸ　〇〇－〇〇〇〇－〇〇〇〇

　　　　　年　　月　　日
　　　　　　　　　破産管財人弁護士　　　　　　　　　　　　　印
　　　　　　　　　　　　　　　　　　　　　　　　　　　　　以上

【注意点】
※1　担当係を忘れずに表示してください。
※2　破産法77条参照
※3　裁判所は、上記の破産管財人代理について選任許可があった旨の証明はできますが（(『手引』449頁収録の）書式12）、その資格証明書・印鑑証明書は発行できません。

　　　出典　本書式は、『手引』書式編448頁掲載の書式に基づき、一部改変した。

東京地方裁判所民事第20部　　管財　係　御中　　　　　○○年（フ）第○○号
　　　　　　　　　　　　　　　　　　　　　破産者　株式会社○○○○

| 本件につき<br>許可する。<br>　東京地方裁判所民事第20部<br>　　裁判官 | 本件につき<br>許可があったことを証明する。<br>　前同日　東京地方裁判所民事第20部<br>　　裁判所書記官 |
| --- | --- |

## 事業継続許可申立書

第1　事業継続許可申立事項
　1　許可を求める事項
　　　破産者株式会社○○○○の事業を継続することについて許可を求める。
　2　継続する事業の内容
　　ア　事業主体：破産者株式会社○○○○
　　イ　事業場所：東京都霞が関○丁目○番○号
　　ウ　店舗名：○○○○○○
　　エ　店舗内容：○○○○○○
　　オ　事業期間：○○年○月○日から○○年○月○日までとする。
　　　　　　　　著しい赤字等が出た場合、御庁と協議のうえ中止あるいは縮小する。
　　カ　組織・人員
　　　　現在全30店舗全ての事業を休止しているが、元従業員数名をアルバイトとして雇用し、霞が関店1店舗において販売済商品のアフターサービス事業（以下「本事業」という）を再開する（当面、在庫品の販売も行う）。なお、雇用する者の職種は、技術者とし、当面1名から4名程度とするが、顧客からのサービス予約状況によって増減させるものとする。
　　キ　収入・支出予定
　　　　赤字とならないようサービス予約状況を見てアルバイト人数を調整する。
　　　(ｱ)　料金体系
　　　　　○○サービス　　　○○○○○円
　　　　　……（略）……
　　　　　以上より顧客一人あたり平均○○○○○円程度の売上を見込む。
　　　(ｲ)　○月度収入予定
　　　　　……（略）……
　　　　　合計　○○○○○○○円

(ウ)　○月度支出予定
　　　　①　人件費関係費用
　　　　②　給料
　　　　③　家賃
　　　　④　光熱費
　　　　合計　○○○○○○○円
　　(エ)　収支計
　　　　○○○○○○○円
第２　事業継続許可申立ての理由
　１　破産者株式会社○○○○は、○○○○の販売を行ってきたところ、○○○○は日常生活に不可欠の製品であり、かつ、当該製品にはアフターケアーが不可欠である。そのため、破産者株式会社○○○○のみならず、当職のもとにも極めて多数の本事業再開の要望が寄せられている。
　２　また、○○○○を購入した顧客は、当職の調査によって現在までに判明しているだけでも１万人以上存在している。
　３　以上より、消費者保護の観点から、少なくとも緊急対応処置として本事業の再開の必要性が高く、また、収支状況等から考えても財団増殖に有利と認められるので、破産者株式会社○○○○の事業を継続したく、許可を求める。

第３　管財人が保有する疎明資料（略）

　　　　○○年○月○日

　　　　　　　　　　　　　　　　破産管財人弁護士　　○○○○


　　〔注１〕　破産法36条。
　　〔注２〕　本書式は、東京地裁の運用に基づく書式である。
　　〔注３〕　事業継続の具体例及び事業継続にあたり考慮すべき点については、『手引』Q42を参照されたい。

# 告 示 書

　　　　　　　　　　　　　　　破産者　〇〇〇〇

　上記の者に対し　年　月　日午　時　分〇〇地方裁判所において破産手続開始の決定がされ、当職が破産管財人に選任されました（事件番号　　年（フ）第　　号）。
　本件建物及び建物内の一切の動産は、当職が占有管理するものですから、みだりに立入りあるいは搬出等する者は、刑法により処罰されることがあります。

　　　　　年　月　日

　　　　　　　　　　　　　　　　　　　　　　　破産管財人弁護士　　〇〇〇〇

〔注１〕　破産法78条、破産法79条
〔注２〕　現場保全のため、破産者の事業所や住居又は物品等に添付して使用する。
〔注３〕　屋外に掲示する場合には風雨により損傷することがないようファイルに入れて掲示する等工夫を要する。
〔注４〕　本書式は、『手引』書式編451頁掲載の書式に基づき、一部改変した。

## 不法占拠者の明渡し交渉を伴う建物封印執行のマニュアル

1 封印執行が必要な場合
   ①現に建物が不法占拠され、又は不法占拠されるおそれが高く、そのまま放置すると不動産換価に著しい支障をきたし、破産財団増殖の妨げとなる場合
   ②不動産賃借権があっても、重要な動産や帳簿類等が持ち出されるおそれがあり、以後の管財業務に著しい支障をきたすことが予想される場合
   ③直接破産財団の増殖に結びつかなくとも不法占拠者を放置することが、破産管財人の職責に反し、正義の観点から看過できない場合など

2 前日までの準備
 (1) 封印申立書の提出
    裁判所に封印執行申立書を提出する（破産法155条1項）。
 (2) 所轄警察署への連絡
    破産管財人より、所轄警察署の暴力犯捜査課へ連絡して、封印執行の日時、場所、占有の状況を説明し、口頭で臨場要請を行い、破産管財人名の臨場要請書をFAXする。臨場要請書の原本は、現場で担当者に交付する。
 (3) 鍵屋の手配
    不法占拠者によって建物の鍵が既に交換されていたり、内部から施錠されている場合は、鍵屋による解錠が必要である。また、封印執行終了後、新しい鍵と交換をすることが望ましい。鍵屋には、封印執行開始30分前に現場に待機してもらうように依頼する。鍵屋の選定は、機動力のある大手がよい。
 (4) 人員の確保
    封印執行当日の人員を確保する。事務所職員1名、できれば破産管財人の補助者となる弁護士も同行した方がよい。事務所職員は、封印執行の現場で封印や公示書の貼られている箇所を全てカメラで撮影する作業を行い、また封印執行終了後、立会証人として調書に署名捺印を求められる（破産規則53条1項～3項）。
 (5) 裁判所書記官及び申立代理人との連絡
    裁判所の担当書記官及び申立代理人と連絡を密にし、当日の段取りについて齟齬のないようにする。現地の待ち合わせ場所及び時間を打ち合わせし、当日の不慮の事態に備えてお互いの携帯電話の番号を知らせておく。申立代理人側からも申立代理人のほか、立会証人となるべき第三者を現地に同行するよう人員の確保を依頼する。
 (6) 当日持参するものの準備
    封印執行当日は次のものを持参すべきであるので、用意する。
    ①カメラ（50枚～100枚分撮影できるように準備）

②現場の地図
③臨場要請書原本（現場にて警察に提出する）
④破産管財人の職印、立会証人の印鑑
⑤鍵屋の費用（あらかじめ鍵1個の取付け費用や、待機の費用を確認しておく）

3　当日の管財業務
(1)　現場での明渡し交渉
　　明渡し交渉は、裁判所書記官、警察官、申立代理人等関係者が全員揃った段階で、破産管財人が先頭に立って交渉する。交渉のポイントは、怯まず、恐れず、毅然とした態度で不法占拠者と対峙することである。不法占拠者は、破産者が高利金融業者に差し入れた「建物賃貸借契約書」「建物明渡承諾書」「動産売却承諾書」のいわゆる3点セットを盾に正当な賃借権者である旨を主張するのが一般的である。これに対し、破産管財人は、これらの契約書が法的に無効であること、破産管財物件の不法占拠は住居侵入罪又は不動産侵奪罪を構成すること、封印執行を開始する段階でも立ち退かなければ公務執行妨害罪となることを粘り強く、かつ毅然とした態度で説明することが大切である。また、現場の不法占拠者の多くは単なる補助者に過ぎず、決定権を持たないことが多いので、雇い主である実質上の不法占拠者と携帯電話で連絡を取り合って方針を決定するのが通常である。したがって、破産管財人の直接の交渉相手は実質上の不法占拠者であり、破産管財人は現場から携帯電話で実質的な不法占拠者と交渉することになる。
　　明渡し交渉に際しては、必ず、相手の名前、住所を訊く。
(2)　封印執行時の業務
　　現場での封印執行は裁判所書記官が行う。破産管財人は、封印箇所を確認し、他に封印すべき箇所がないかをチェックする。また、事務所職員に全ての封印箇所をカメラで撮影させる。
(3)　立会人の署名捺印
　　封印執行終了後、執行調書に第三者である2名の立会人の署名捺印が必要である。破産管財人の捺印も必要である。

4　封印執行終了後の業務
(1)　破産登記の上申書（個人である債務者の破産の場合）
　　封印執行を行うケースにおいては、一部債権者によって破産手続開始決定直前に根抵当権設定仮登記や賃借権設定仮登記が設定されることが多く、後日の否認権行使のため、個人である債務者の破産の場合には破産登記の上申を速やかに行う必要がある。
(2)　現場写真の提出
　　執行調書に添付するため、封印箇所の撮影写真各1葉を裁判所書記官に提出する。
(3)　封印の解除、除去
　　破産管財人が建物内から荷物を搬出したり、任意売却の準備等のために一時的に建物内に立ち入る必要が生じたときは、その旨を裁判所に連絡し、口頭で許可を得て、封印を一時解

除し、作業終了後、裁判所書記官からあらかじめ交付された予備の封印を持って、剥がした封印箇所を再封印する。

　不動産の任意売却終了後、または破産管財業務終了後、裁判所書記官に対し、封印除去の申立てをし、封印、公示を除去する（破産法155条1項）。

〔注1〕　実務上は、破産者の事業所や住居の内部又は物品等に破産管財人の告示書（書式4-2-4-1参照）を貼付して現場保全を行うことが多い。

〔注2〕　実務上は、関係者や第三者が不法に建物に侵入するおそれがある場合には、警備保障会社に警備を委託することも考えられる。

出典　遠藤常二郎弁護士（東京弁護士会）作成の『不法占拠者の明渡し交渉を伴う建物封印執行マニュアル（破産管財人用）』から、要点を抜き出し、修正を加えて転載。

**書式4-2-4-3　封印執行申立て**

○○年（フ）第○○○○号

○○年○月○日

## 封印執行申立書

○○地方裁判所民事第○部　裁判所書記官　御中

〒○○○－○○○○
東京都千代田区霞が関○丁目○番○号
申立人　破産者　株式会社○○○○
破産管財人　甲野太郎
電話番号　○○－○○○○－○○○○
FAX番号　○○－○○○○－○○○○

　頭書事件について、破産者が、○○より別紙物件目録記載の建物（以下、「本件建物」という）を事務所兼住居として賃借していたところ、破産手続開始決定前より不法占拠者が本件建物を占拠していることが判明したため、このままでは第三者により本件建物の占有が侵害され、また、帳簿類等が散逸し、今後の管財業務に重大な支障をきたすおそれがあるので、本件建物の封印をすることを申し立てます。

1．執行の場所　　住所：東京都千代田区霞が関○丁目○番○号
2．執行の方法　　破産封印
3．執行の目的物　別紙物件目録記載の建物

別紙物件目録（略）

〔注1〕　破産法155条。
〔注2〕　この申立書は、裁判所書記官に対する申立ての場合である。
〔注3〕　封印執行の申立てを行うにあたっては、裁判所と事前協議が必要である。
〔注4〕　封印後は、破産管財人であっても当該不動産に立ち入ることはできず、書記官等による封印の除去を求めなければならない。また、破産管財人は封印した物件の管理について、十分な措置を講じなければならない（司法協会『破産事件における書記官事務の研究』64頁参照。）。

出典　遠藤常二郎弁護士（東京弁護士会）作成の『不法占拠者の明渡し交渉を伴う建物封印執行マニュアル（破産管財人用)』添付の書式の要点を抜き出し、修正して転載。

| 書式番号 4-2-4-4 | 書式名 封印除去申立書 |

○○年（フ）第○○○○号

○○年○月○日

## 封印除去申立書

○○地方裁判所民事第○部　裁判所書記官　御中

〒○○○－○○○○
東京都千代田区霞が関○丁目○番○号
申　立　人　　破　産　者　　株式会社○○○○
　　　　　　　破産管財人　　甲野太郎
電話番号　　○○－○○○○－○○○○
FAX番号　　○○－○○○○－○○○○

　頭書事件について、○○年○月○日破産財団に属する物件として封印した物件中、○○○は、その後、○○○○の所有する物件であることが判明し、御庁より別紙のとおり取戻権承認許可を得ましたので、当該物件についてなした封印を除去せられたく申し立てます。

添　付　書　類

取戻権承認許可決定証明書（写）　　　　　　1通

〔注1〕　破産法155条、78条2項13号。

| 書式番号 | 4-2-4-5 | 書式名 | 警察援助要請許可申立書 |

○○年（フ）第○○号
破産者○○株式会社

| 本件につき<br>許可する。<br>　　　　年　　月　　日<br>　　○○地方裁判所民事部<br>　　　裁判官 | 本件につき<br>許可があったことを証明する。<br>　前同日　○○地方裁判所民事部<br>　　　裁判所書記官 |

破産管財人の職務執行に対する
警察上の援助要請許可申立書

○○地方裁判所民事部破産係　御中

　　　　　　　　　　　　　　　　　　　　　年　　月　　日
　　　　　　　　　　　　　　　　　　　破産管財人　○○○○　　㊞

　上記破産事件につき、別紙のとおり破産法84条に基づき○○警察署長に対し、警察上の援助を求めることにつき許可を申し立てる。

　　注　警察に対する援助申請書（書式4-2-4-6）を別紙とする。

　　　　　　　　出典　本書式は、司法協会『破産事件における書記官事務の研究』（参考書式3-18-1）を参考に作成した。

| 書式番号 | 4-2-4-6 | 書式名 | 臨場要請書 |

○○年○月○日

○○警察署長　殿

　　　　　　　　　　　　　　　　○○市○○区○○町○番地　○○ビル○階
　　　　　　　　　　　　　　　　○○法律事務所
　　　　　　　　　　　　　　　　破産者○○○○株式会社破産管財人
　　　　　　　　　　　　　　　　弁護士　　○○○○　　　印
　　　　　　　　　　　　　　　　電話　　○○○－○○○－○○○○
　　　　　　　　　　　　　　　　FAX　　○○○－○○○－○○○○

## 破産管財人の職務執行に対する警察上の援助要請について

　当職は、○○地方裁判所○○年（フ）第○○○号破産者○○○株式会社の破産管財人ですが、当該事件の破産財団に属する下記2の不動産の調査を行うに当たり、下記4の理由により緊急の事態が生じた場合には、破産法84条による警察上の援助を下記のとおり要請いたしますので、御協力の程お願い申し上げます。※1

記

1　調査期日　　　　　○○年○○月○○日　午後○時
2　援助要請地　　　　○○市○○区○○町○－○－○　○○工場
3　依頼援助人数　　　制服警察官○名
4　援助申請理由　※2　○○○○

以　上

添付書類

裁判所の許可証明書

※1　「下記4の理由により、執行関係者の生命、身体、財産等に重大な侵害行為がなされるおそれがありますので、破産法84条により下記1・2の期日・場所における下記3の警察官の臨場を要請します。」として当初から警察官の臨場を求める場合もある。
※2　職務執行に際し抵抗を受けるおそれを具体的に記載する。

　　出典　本書式は、司法協会『破産事件における書記官事務の研究』（参考書式3-18-2）に基づいて作成した。

**書式番号 4-2-5-1　書式名　元従業員向け連絡文書**

ご　連　絡

年　　月　　日

元従業員各位

〒　　－<br>
東京都○○区○○　○丁目○番○号<br>
○○法律事務所<br>
（電　話）○○－○○○○－○○○○<br>
（ＦＡＸ）○○－○○○○－○○○○<br>
破産者　株式会社○○<br>
破産管財人　弁護士　○○○○

　冠省　破産者○○株式会社（本店住所：東京都○○区○○　○丁目○番○号）は、○○年○月○日午後○時、○○地方裁判所（事件番号　○○年（フ）第○○号）において破産手続開始決定を受け、当職が破産管財人に選任されました。

　このたびは、独立行政法人労働者健康安全機構の未払賃金立替払制度をご紹介させていただきたく、本文書をお送りいたしました。この立替払制度は、退職前６か月以内の未払賃金額が２万円以上の方がその８割の立替払いを受けられるというものです（解雇予告手当は含まれず、年齢による上限もあります。）。当職において、未払いの期間、金額の調査を行い、立替払いの対象となると考えられる方には、今後、申請に必要な書類等をお送りいたします。

　実際に機構への申請書類の提出は、全員分を取りまとめ、当職の証明印の押印をしたうえで他の必要書類と合わせて当職から行うことになります。なお、立替払いの申請後に同機構より支給についての審査を受けることになりますが、実際に支給されるかについては当職には分かりかねるものですのでご了承ください。

　管財業務へのご協力のほど、何卒よろしくお願いいたします。

草　々

〔注１〕　未払賃金立替払制度の利用には、使用者が１年以上事業活動を行っていたことが必要となる。当該制度の概要については、下記ＵＲＬのＷｅｂページを参照されたい。
https://www.johas.go.jp/chinginengo/miharai/tabid/417/Default.aspx

立替払に関するご書類のご送付

年　月　日

元従業員各位

〒　　-

東京都○○区○○　○丁目○番○号
○○法律事務所
　（電　話）○○－○○○○－○○○○
　（ＦＡＸ）○○－○○○○－○○○○
破産者　株式会社○○
破産管財人　弁護士　　○○○○

冠省　当職は、破産者○○株式会社（本店住所：東京都○○区○○　○丁目○番○号）の破産管財人です。
　先日ご案内しておりました独立行政法人労働者健康安全機構による未払賃金立替払制度に基づく未払賃金の立替払の請求に必要な書類をお送りいたします。
　同封した書類の左側の「未払賃金の立替払請求書」に必要事項を記入し（「立替払請求金額欄」には、右側の証明書欄の右下の**「未払賃金の立替払額」に記入してある金額**をご自身で記入してください。）、押印のうえ上記当職宛てに郵送してください。なお、記入方法については、記入例を同封しておりますので、そちらをご参考にしてください。
　立替払制度の内容、立替払の時期、請求書の記入方法等についてご不明点がある方は、労働者健康安全機構の窓口（044－431－8663）宛てにお問い合わせください。また、同機構のホームページも合わせてご参照ください（ＵＲＬは、https://www.johas.go.jp/chinginengo/miharai/tabid/688/Default.aspx です。）。

草々

〔注１〕　破産管財人が取りまとめて申請希望者につき一括して提出する方法を前提とした書面である。

第4部 申立て後から開始決定直後まで
第2章 破産管財人 第5節 書式番号4-2-5-3 未払賃金の立替払請求書・証明書

書式番号 4-2-5-3 書式名 未払賃金の立替払請求書・証明書

---

（未払賃金の立替払事業 様式第8号）

## 未払賃金の立替払請求書

機構整理番号 _____

賃金の支払の確保等に関する法律第7条の規定に基づき、次のとおり未払賃金の立替払を請求します。
なお、独立行政法人労働者健康安全機構が立替払をした場合は、民法第499条第1項の規定に基づき、その立替払金の額に相当する額の賃金請求権を独立行政法人労働者健康安全機構が代位取得することを承諾します。

独立行政法人 労働者健康安全機構理事長 殿　請求年月日　年　月　日

（注意）立替払の請求ができる期間は、破産、特別清算、再生又は更生について、裁判所の決定があった日の翌日から起算して二年間です。

請求者
- フリガナ／氏名　印　男・女　生 大正 昭和 平成　年　月　日
- 〒　現住所
- 電話番号

立替払請求金額　百万 拾万 万 千 百 拾 壱　円

◎立替払金振込先金融機関の指定（請求者本人名義の普通預金口座に限ります。）

金融機関名
（番号を○で囲んでください。）
① 銀行　② ゆうちょ銀行（郵便局）　③ 信託銀行
④ 信用金庫　⑤ 信用組合　⑥ 労働金庫
⑦ 農業協同組合（漁業協同組合は利用できません。）

フリガナ／本・支店（支所）名（出張所）

（注意事項）
1　ゆうちょ銀行を指定される方は、振込用の店名・店番・口座番号を記入してください。
2　ゆうちょ銀行を指定される方は、預金通帳の写し（名義人・口座番号がわかる部分）を添付してください。
3　外国籍の方（日本語に不安がある方）は、誤振込防止のため、2と同様に預金通帳の写しを添付してください。

本・支店番号
普通預金口座番号
フリガナ／口座名義人

※請求書の氏名欄は、記名押印することに代えて、自筆による署名をすることができます。
※現住所は、番地まで正確に書いてください。住宅団地・アパート・マンション・社宅又は寄宿の場合は、その名称・棟、号又は寄宿先の氏名を必ず書いてください。

---

退職所得の受給に関する申告書・退職所得申告書

川崎北税務署長殿
市町村長殿　　　　年分

提出日　上記立替払請求書記載請求年月日のとおり

| 氏名 | | 印 *印鑑を押してください。 | 退職年月日 | 年 月 日 |
|---|---|---|---|---|
| 退職した年の1月1日現在の住所 | 〒 | | あなたが退職した会社における勤続期間 | 自 年 月 日／至 年 月 日　*1年未満の端数は切り上げる。 年 |
| 現住所 | 上記立替払請求書記載のとおり | | 障害者になったことにより退職した事実の有無 | 有・無 |
| 非居住者の方は国籍名を記入 | | | 入国年月日 | 年 月 日 |
| 退職所得の支払者の住所及び名称 | 所在地 神奈川県川崎市中原区木月住吉町1番1号 | | 名称 | 独立行政法人 労働者健康安全機構 |

1　この立替払金のほかに、前に退職手当等の支払を受けたことがある方は、この申告書には記入しないで、税務署に備え付けてある「退職所得の受給に関する申告書（以下「税務署備付申告書」）」に必要事項を記載のうえ提出してください。また、本年中に他に退職手当等の支払を受けたことがある方は、「税務署備付申告書」に支払者が交付した「退職所得の源泉徴収票」を添付して提出してください。
2　1以外の方は、**必ず上欄の申告書（太枠欄）に記入、押印してください。**
　なお、非居住者（次のいずれかに該当する人。ア　日本国内に住所も居所も有しない人。イ　日本国内に住所がなく、かつ、日本国内に引き続き居所を有している期間が1年に満たない人。）の方は、所得税法及び租税条約に基づく課税となりますので、上欄の申告書に国籍名、入国年月日を記入してください。
3　上欄の申告書に記入がない場合又は「税務署備付申告書」の提出がない場合は、支払金額の20．42％相当額が退職所得に係る源泉徴収税額となります。

第4部　申立て後から開始決定直後まで
第2章　破産管財人　第5節　書式番号4-2-5-3　未払賃金の立替払請求書・証明書

# 証明書

(未払賃金の立替払事業　様式第7号)
※裏面の「証明書記入上の注意」により記入してください。

| | | |
|---|---|---|
| 証明年月日 | 年　月　日 | 証明書番号 |

**退職労働者**
- フリガナ
- 氏名 ⑦
- 生年月日　大正・昭和・平成　年　月　日（　歳）
- (住所)

**証明者**
- (職名)
- (氏名)　印
- (住所)〒
- 電話（　　）―

**本社（事業主）**
- (名称又は氏名)
- (所在地又は住所)〒

**事業場**
- (名称)
- (所在地)
- 電話（　　）
- 業種番号
- 労働者数　　人

① 1年以上事業活動を行っていたこと。　企業設立　年　月　日　企業閉鎖　年　月　日
② 労災保険の適用事業主であること。
⑥ 退職事由（更生手続の場合のみ記入）
　ア　会社都合（定年を含む。）
　イ　自己都合

**倒産等の事由**
　ア　破産手続開始決定　イ　特別清算開始命令
　ウ　再生手続開始決定　エ　更生手続開始決定
　地方裁判所（　　　）支部の

退職金制度加入の有無　有／無
　ア　中小企業退職金共済制度
　イ　特定退職金共済制度
　ウ　適格退職年金制度
　エ　調整年金制度　オ　その他

③ 裁判所への申立日　年　月　日
④ 裁判所の決定日　年　月　日
　雇入年月日　年　月　日
⑤ 基準退職日　年　月　日

⑧の賃金債権の裁判所への届出（破産手続、又は更生手続の場合のみ必ず記入）
　ア　届出済額　イ　届出をしていない
　賃金　　円
　退職金　　円

⑧ **未払賃金の額**

| 賃金の種類 | 支払期日 年月日 | 基本賃金(円) | 手当(円) | 手当(円) | 手当(円) | 手当(円) | 計(円) | 支払済額・差引額(円) | 未払賃金の額(円) |
|---|---|---|---|---|---|---|---|---|---|
| 定期賃金 | | | | | | | | | |
| | | | | | | | | | |
| | | | | | | | | | |
| | | | | | | | | | |
| 小計 | | | | | | | | | |
| 退職手当 | 年月日 | | | | | | | | |

賃金締切日　毎月　日
賃金の支払方法　月給・週給・日給・時間給・出来高制・その他（　）
合計

**未払賃金の立替払額の計算**

未払賃金総額又は限度額（　）万円のいずれか低い額
| 百万 | 拾万 | 万 | 千 | 百 | 拾 | 壱 |

円×0.8＝

未払賃金の立替払額　※1円未満の端数は切り捨てる。
| 百万 | 拾万 | 万 | 千 | 百 | 拾 | 壱 |
円

備考

**機構記入欄**

| 課長 | 班長 | 係 | 照合 | 特記事項 |

立替払支給額
| 百万 | 拾万 | 万 | 千 | 百 | 拾 | 壱 |
円

税額控除後支給額
| 百万 | 拾万 | 万 | 千 | 百 | 拾 | 壱 |
円

| 所得税 | | 円 | 源泉徴収票 |
| 市町村民税 | | 円 | |
| 都道府県民税 | | 円 | 追加支給 |
| 税額控除額 | | 円 | |

28.4

〔注1〕 記入方法の詳細については、独立行政法人労働者健康安全機構の以下のURLを参照されたい。
　　　　https://www.johas.go.jp/chinginengo/miharai/tabid/688/Default.aspx
〔注2〕破産管財人は証明書部分を作成する。
　　　参考：https://www.johas.go.jp/chinginengo/miharai/tabid/691/Default.aspx

| 書式番号 4-2-5-4 | 書式名 給料請求権等弁済許可申立書 |
|---|---|

○○地方裁判所民事第○部○○係　御中　　　　　　年（フ）第　　号

破　産　者

| 本件につき<br>許可する。<br>○○地方裁判所民事第○部<br>　裁判官 | 本件につき<br>許可があったことを証明する。<br>前同日　○○地方裁判所民事第○部<br>　裁判所書記官 |
|---|---|

## 給料請求権等弁済許可申立書

本件につき、破産法101条1項に定める要件があるので、別紙給料・退職手当金弁済表のとおり弁済することの許可を求める。

| 給料又は退職手当金の弁済額合計額 | 金 | 円 |
|---|---|---|
| 現在の財団収集額 | 金 | 円 |
| 財団債権予定額 | 金 | 円 |
| 先順位および同順位の優先債権予定額 | 金 | 円 |

　　　　年　　月　　日
　　　　　　破産管財人　　　　　　　　　　印

以　上

給料・退職手当金弁済表

事件番号　　　年（フ）第　　号
破　産　者
破産管財人弁護士

| 債権者<br>番号 | 債権者名 | 弁済額（円） |
|---|---|---|
| 1 | ○○○○ | |

| 4 | ○○○○ | |
|---|---|---|
| 10 | | |
| 11 | | |
| 23 | | |
| 合計 | | |

〔注1〕 破産法101条1項
〔注2〕 優先的破産債権である給料の請求権等について債権届出をした破産債権者が、その破産債権の弁済を受けなければその生活の維持を図るのに困難を生ずるおそれがあり、その弁済により財団債権又は他の先順位若しくは同順位の優先的破産債権を有する者の利益を害するおそれがないことが要件となる。
〔注3〕 東京地裁破産再生部においては、解雇予告手当につき、財団債権として弁済することを認める運用である。
〔注4〕 弁済を要する事情の詳細部分については、記録外で資料を提出する場合もある。
〔注5〕 可能な限り、許可申立て前に、弁済の要否等につき、裁判所と協議を行っておくことが望ましい。

| 164 | **4-2-5-5** | 給料請求権等弁済許可に関する報告書 |

○○年（フ）第○○号

○○年○月○日

○○地方裁判所民事第○部○○係　御中

　　　　　　　　　　　　　　　　　　　　破　産　者　　○○株式会社
　　　　　　　　　　　　　　　　　　　　破産管財人　　○○○○　　印

## 給料・退職手当金等弁済許可に関する報告書

　本件につき、下記の債権者（いずれも破産者の元従業員）から破産法101条1項に基づく弁済許可の申立てをすべきことを求められましたので、ご報告します。下記の債権者に対する弁済についての許可を申し立てるか否かについて現在検討中です。

記

1　債権者　○○○○　　（債権者No.○）
　　給料請求権（解雇予告手当を含む）　　　金　　　　　円
　　退職手当請求権　　　　　　　　　　　金　　　　　円
　　求めがあった日　　　○○年○月○日
2　債権者　○○○○　　（債権者No.○）
　　給料請求権（解雇予告手当を含む）　　　金　　　　　円
　　退職手当請求権　　　　　　　　　　　金　　　　　円
　　求めがあった日　　　○○年○月○日

以　上

添付資料

1　債権者○○○○からの上申書
2　債権者○○○○からの申入書

以　上

〔注1〕　破産管財人は、破産法101条1項の破産債権者から給与債権等の弁済申立てをすべきことを求められたときは、直ちに裁判所に報告しなければならないとされている（破産法101条2項前段）。
〔注2〕　書式4-2-5-6参照。

○○年(フ)第○○号

○○地方裁判所民事第○部　　　係　御中

　　　　　　　　　　　　　　　　　　　　　　　　　○○年○月○日

　　　　　　　　　　　　　　　　　　　　　破　産　者　　○○株式会社
　　　　　　　　　　　　　　　　　　　　　破産管財人　　○○○○　　印

## 給料・退職手当金等弁済許可申立てをしないことについての報告書

　本件につき、既に○○年○月○日付け報告書でご報告いたしましたとおり、別紙記載の債権者（いずれも破産者の元従業員）から破産法101条1項に基づく弁済許可の申立てをすべきことを求められましたが、以下の理由により弁済許可の申立てをしないこととしましたので、ご報告いたします。

1　現在の破産財団の内容および先順位若しくは同順位の優先的破産債権の金額は次のとおりです。

| | | |
|---|---|---|
| 破産財団の残高 | 金 | 円 |
| 財団債権額（今後発生する見込額を含む） | 金 | 円 |
| 先順位の優先的破産債権（国税等） | 金 | 円 |
| 同順位の優先的破産債権 | 金 | 円 |

　また、今後換価回収が予定されている資産の総額は約○○円ですが、これを現在の破産財団に加えたとしても、財団債権の全額又は先順位の優先的破産債権の全額を弁済できるかについては確実ではなく、同順位の優先的破産債権に対する弁済額も見込むことは困難です。
　別紙記載の債権者の債権額は合計○○円ですが、これを弁済した場合、財団債権又は他の先順位若しくは同順位の優先的破産債権を有する者の利益を害するおそれはないとはいえません。

2　別紙記載の債権者が弁済許可申立てをすることを求めている理由は、生活の維持を図ることが困難であるということですが、独立行政法人労働者健康安全機構による賃金の立替払い制度を利用した場合、それぞれ未払賃金の8割相当額の立替払いを受けることができることから、この制度を利用すれば生活の維持に困難を生ずるとまではいえないものと思料します。当職としても、同制度の利用を勧め、その証明手続を行うなどの協力をしています。

　　　　　　　　　　　　　　　　　　　　　　　　　　　　　　　以　上

第4部　申立て後から開始決定直後まで
第2章　破産管財人　第5節　書式番号4-2-5-6　給料請求権等弁済許可申立てをしないことについての報告書

別紙

1　債権者　○○○○
　　給料請求権（解雇予告手当を含む）　　　金　　　　円
　　退職手当請求権　　　　　　　　　　　　金　　　　円

2　債権者　○○○○
　　退職手当請求権　　　　　　　　　　　　金　　　　円

〔注1〕　破産法101条2項後段。
〔注2〕　法令上破産管財人には申立てを求めた者への通知は義務付けられていないが、何らかの方法により連絡をすることが望ましい。
〔注3〕　書式4-2-5-7参照。

| 書式番号 | 4-2-5-7 | 書式名 | 給料請求権等の弁済許可申立てをしないことについての連絡書面 |

〇〇年〇月〇日

〇〇〇〇　殿

　　　　　　　　　　　　　　　　　　破　産　者　　〇〇株式会社
　　　　　　　　　　　　　　　　　　破産管財人　　〇〇〇〇　印
　　　　　　　　　　　　　　　　　　（電　話）〇〇－〇〇〇〇－〇〇〇〇
　　　　　　　　　　　　　　　　　　（ＦＡＸ）〇〇－〇〇〇〇－〇〇〇〇

## 給料・退職手当金等弁済許可申立てをしないことのご連絡

拝啓　時下ますますご清祥のこととお慶び申し上げます。

　当職は、破産者〇〇（本店住所：東京都〇〇区〇〇　〇丁目〇番〇号）に対する〇〇地方裁判所〇〇年（フ）第〇〇号破産事件に関し、〇〇年〇〇月〇〇日付書面にて貴殿より給料等の請求権につき弁済許可の申立てをすべきことを求められました。しかしながら、当職は、弁済許可の申立てを行わないこととしましたのでご連絡いたします。

　まず、現在の破産財団の内容および先順位若しくは同順位の優先的破産債権の金額は次のとおりです。

| | | |
|---|---|---|
| 破産財団の残高 | 金 | 円 |
| 今後の財団形成見込額 | 金 | 円 |
| 財団債権額（今後発生する見込額を含みます） | 金 | 円 |
| 先順位の優先的破産債権（国税等） | 金 | 円 |
| 同順位の優先的破産債権 | 金 | 円 |

　今後換価回収が予定されている資産の総額の見込みは約〇〇円ですが、これを現在の破産財団に加えたとしても、財団債権の全額又は先順位の優先的破産債権の全額を弁済できるかについては確実ではありません。貴殿の優先的破産債権に該当する部分の金額は合計〇〇円ですが、これを弁済した場合、財団債権又は他の先順位若しくは同順位の優先的破産債権を有する者の利益を害するおそれはないとはいえません。

　以上の理由から、当職は、貴殿より求められている弁済許可の申立てを行わないこととしました。

なお、〇年〇月〇日付ご通知によりお知らせした通り、貴殿の給与等の債権につきましては独立行政法人労働者健康安全機構による未払賃金立替払制度の対象となっていると考えられますので、同制度のご利用をご検討ください。

敬　具

〔注1〕　当該書面の送付は法律上義務付けられるものではないが、何らかの方法で申立てを行わないことにつき連絡することが望ましい。
〔注2〕　当該書面は、破産法101条1項ただし書を理由として申立てをしないとする場合のものである。

| 書式番号 | 4-2-5-8 | 書式名 | 財団債権承認許可申立書（労働債権） |

○○地方裁判所民事第○部　　係　御中　　　　　　　年（フ）第　　号

破産者

| 本件につき許可する。<br>　○○地方裁判所民事第○部<br>　　裁判官 | 本件につき許可があったことを証明する。<br>　前同日　○○地方裁判所民事第○部<br>　　裁判所書記官 |

## 財団債権承認許可申立書

第1　許可を求める事項
　　別紙財団債権一覧表記載の労働債権を財団債権として承認すること
第2　財団の現在高
第3　添付資料
　　1．賃金台帳
　　2．退職金規定

　　　　　　　年　　月　　日
　　　　　　　　破産管財人　　　　　　　　印

　　　　　　　　　　　　　　　　　　　　　　　　　　　　　以　上

財団債権一覧表

| No. | 氏名 | 給料 | 賞与 | 退職金 | 解雇予告手当 | 合計 |
|---|---|---|---|---|---|---|
| 1 | | | | | | |
| 2 | | | | | | |
| 3 | | | | | | |
| 4 | | | | | | |
| 5 | | | | | | |

〔注1〕　各労働者の労働債権の額が100万円以下の場合には法律上は財団債権の承認についての裁判所の許可を得る必要はない（破産法78条2項13号、同条3項1号、破産規則25条）。もっとも、合計金額が大きくなる場合には、裁判所の許可を受けるのが望ましい。
〔注2〕　解雇予告手当の財団債権性については争いがあるが、東京地裁破産再生部では、破産管財人から財団債権の許可申請があれば、これを認める運用である。

| 書式番号 | 4-2-5-9 | 書式名 | 財団債権としての労働債権弁済通知 |

○○○○ 殿

○○年○月○日

破　産　者　　○○株式会社
破産管財人　　○○○○　　印
（電　話）○○－○○○○－○○○○
（ＦＡＸ）○○－○○○○－○○○○

## 給料等の請求権（財団債権部分）弁済のご通知

拝啓　時下ますますご清祥のこととお慶び申し上げます。
　当職は、破産者○○株式会社（本店住所：東京都○○区○○　○丁目○番○号）の破産管財人の○○○○です。貴殿の有する給料等の請求権のうち財団債権に該当する部分の弁済を行いますので、ご通知いたします。

　貴殿に対する弁済額は金○○○○円（弁済率○○％）で、内訳は以下のとおりです。
　　給　料　　　　金○○○○円
　　賞　与　　　　金○○○○円
　　退職金　　　　金○○○○円
　　解雇予告手当　金○○○○円
　なお、貴殿の有する給料等の請求権のうち、優先的破産債権に該当する部分は今回の弁済の対象ではなく、また今後の弁済の可否も未定です。

　具体的な弁済の方法としては①直接当職の事務所でお渡しするか、②振込みによるかをお選びください。

①当職の事務所でのお受け取りをご希望の場合には、以下の日時、場所にいらっしゃってください。
　　日　時　　　○○年○○月○○日午前○○時から午後○○時
　　場　所　　　当職事務所（東京都○○区○○　○丁目○番○号）

②振込みによる受領をご希望の場合には、必要事項を記載した別紙「振込依頼書」を、○○年○○月○○日までに当職事務所（東京都○○区○○　○丁目○番○号）までご郵送ください。弁済金の振込みは上記①の弁済日に行います。なお、振込手数料は貴殿の負担とし、弁済金から振込手数料を控除して振り込みます。

※注意事項
(1) 当日いらっしゃる場合には領収書に押印していただきます。また、振込依頼書にも押印箇所がございます。本人確認のため、**これらの押印は債権届出書に押印していただいたものと同一の印鑑で行ってください**。債権届出を行っていない方や債権届出書に押印した印鑑が分からない方は、押印は実印で行っていただき、印鑑証明書を添付していただくことになります。
(2) 債権届出以後に、氏名・住所等の債権届出書記載事項に変更が生じた方は、それを証明する戸籍事項証明書、住民票を持参・添付してください。

敬 具

〔注1〕 解雇予告手当についても裁判所の許可を得て財団債権として弁済が可能となる東京地裁破産再生部の運用を前提としている。
〔注2〕 労働債権に対する遅延損害金の財団債権該当性については議論がある。
〔注3〕 給与債権は、従業員が営業所において労務に従事したことの対価であることから取立債務であると解される。それを前提に振込手数料を元従業員に負担させている。

| 書式番号 | 4-2-5-10 | 書式名 | 異時廃止の場合の財団債権としての労働債権弁済通知 |

○○年○月○日

○○○○ 殿

       破　産　者　　○○株式会社
       破産管財人　　○○○○　印
       （電　話）○○－○○○○－○○○○
       （ＦＡＸ）○○－○○○○－○○○○

## 給料等の請求権（財団債権部分）弁済のご通知

拝啓　時下ますますご清祥のこととお慶び申し上げます。
　当職は、破産者○○（本店住所：東京都○○区○○　○丁目○番○号）の破産管財人です。貴殿の有する給料等の請求権のうち財団債権に該当する部分の一部につき弁済を行いますので、ご通知いたします。

　　貴殿に対する弁済額は金○○○○円（弁済率○○％）で、内訳は以下のとおりです。
　　　給　　料　　　　金○○○○円
　　　賞　　与　　　　金○○○○円
　　　退職金　　　　　金○○○○円
　　　解雇予告手当　　金○○○○円


　具体的な弁済の方法としては①直接当職の事務所でお渡しするか、②振込みによるかをお選びください。

①当職の事務所でのお受け取りをご希望の場合には、以下の日時、場所にいらっしゃってください。
　　　日　　時　　　○○年○○月○○日午前○○時から午後○○時
　　　場　　所　　　当職事務所（東京都○○区○○　○丁目○番○号）

②振込みによる受領をご希望の場合には、必要事項を記載した別紙「振込依頼書」を、○○年○○月○○日までに当職事務所（東京都○○区○○　○丁目○番○号）までご郵送ください。弁済金の振込みは上記①の弁済日に行います。なお、振込手数料は貴殿の負担とし、弁済金から振込手数料を控除して振り込みます。

※注意事項
（1）当日いらっしゃる場合には領収書に押印していただきます。また、振込依頼書にも押印箇所がございます。本人確認のため、**これらの押印は債権届出書に押印していただいたものと同一の印鑑で行ってください**。債権届出を行っていない方や債権届出書に押印した印鑑が分からない方は、押印は実印で行っていただき、印鑑証明書を添付していただくことになります。
（2）債権届出以後に、氏名・住所等の債権届出書記載事項に変更が生じた方は、それを証明する戸籍事項証明書、住民票を持参・添付してください。

敬 具

〔注1〕 解雇予告手当についても裁判所の許可を得て財団債権として弁済が可能となる東京地裁破産再生部の運用を前提としている。
〔注2〕 異時廃止事案での財団債権に対する按分弁済（破産法152条1項）の弁済実施通知である。
〔注3〕 給与債権は、従業員が営業所において労務に従事したことの対価であることから取立債務であると解される。それを前提に振込手数料を元従業員に負担させている。

| 書式番号 | 4-2-5-11 | 書式名 | 労働債権の振込依頼書兼債権届出取下書 |
|---|---|---|---|

○○地方裁判所○○年（フ）第○○○○号

## 振込依頼書兼債権届出取下書

○○年○月○日

破　産　者　　○○株式会社
破産管財人　　○○○○　殿

住　所
氏　名　　　　　　　　　㊞
電　話　　○○－○○○○－○○○○
ＦＡＸ　　○○－○○○○－○○○○

　頭書破産事件につき、私の未払いの給料および退職金については、以下の銀行口座に振り込んで弁済いただけますようお願いします。

　　　　　未払給料　　金○○○○円
　　　（内訳）　　　○○年○○月分　　金○○○○円
　　　　　　　　　　○○年○○月分　　金○○○○円
　　　　　退職金　　金○○○○円

　なお、この弁済により未払いの給料および退職金は他にはないことを確認します。
　また、私が提出した債権届出書については、全部取り下げをいたします。上記振込みが終了したのち、破産管財人において○○地方裁判所○○民事部宛てに本書面を提出していただけますようお願い申し上げます。

【振込銀行口座】
　　　　　銀行　　　　支店
１．普通預金　　２
口座番号
口座名義

〔注1〕　債権届出書の取下書を兼ねる形式としている。

書式番号 4-2-5-12　書式名 従業者に対する説明請求許可申立書

○○地方裁判所民事第○部　　　係御中　　　　　　年（フ）第　　　号
　　　　　　　　　　　　　　　　　　　破産者

| 本件につき<br>許可する。<br>　○○地方裁判所民事第○部<br>　　裁判官 | 本件につき<br>許可があったことを証明する。<br>　前同日　○○地方裁判所民事第○部<br>　　裁判所書記官 |
| --- | --- |

従業者に対する説明請求許可申立書

1　申立ての趣旨
　　破産者の従業者である○○○○に対し、本件破産に関し必要な説明を求めることの許可を求める。
2　申立ての理由
　(1)　破産者の従業者である○○○○（東京都○○区○○町○丁目○番○号）は、破産者において経理を担当していた者である。
　(2)　破産管財人が破産者の代表者から事情を聴取したところ、破産者の経理はすべて○○○○に任せており、破産者の詳細な財産状況については同人に聞かなければ分からない旨の回答を得た。
　(3)　そのため、破産管財人は、○○○○に対し任意に説明を求めた。ところが、○○○○がこの求めに応じないため、破産者の財産状況を調査することが著しく困難となっている。
　(4)　よって、破産者の従業者である○○○○に対し、本件破産に関し必要な説明を求めることの許可を得たく、本申立てに及ぶ。

　　　　　年　　月　　日
　　　　　　　　破産管財人　　　　　　　　印
　　　　　　　　　　　　　　　　　　　　　　　　　　　　以　上

〔注1〕　破産法40条1項ただし書・5号・2項。
〔注2〕　破産者等に対しては、刑事罰の制裁のもとで説明義務が課されている（破産法40条1項・2項、268条1項・2項）。しかし、破産者の従業者は必ずしも破産者に関する重要な情報を有しているとは限らない。そのため、破産者の従業者に対して説明義務を課すには、裁判所の許可を要する（破産法40条1項ただし書）。

書式番号 4-2-5-13　書式名　破産管財人から労働債権者への情報通知書

年　　月　　日

○○○○　殿

　　　　　　　　　　　　　　　　　　　　破産者　　○○○○株式会社
　　　　　　　　　　　　　　　　　　　　破産管財人　　○○○○

## 労働債権に関する情報通知書

　破産者○○○○株式会社に対する貴殿の労働債権の内訳は下記のとおりですので通知いたします。

記

1　給料請求権　　　　金○○○，○○○円
　　ただし、○○年○月○日から○○年○月○日までの未払給料請求権
　　（内訳）財団債権　　　　金○○○，○○○円
　　　　　　優先的破産債権　金○○○，○○○円
2　退職手当請求権　　金○○○，○○○円
　　（内訳）財団債権　　　　金○○○，○○○円
　　　　　　優先的破産債権　金○○○，○○○円

以　　上

〔注1〕　破産法86条。
〔注2〕　東京地裁では、労働債権について、債権届出に際して優先的破産債権であることが明らかにされていなくとも、優先的破産債権であると認められる場合には、破産管財人において、優先的破産債権として処理することを認める運用である。また、同様に、財団債権に該当する労働債権が債権届出書に記載されていても、破産管財人において、財団債権として処理することも認められている（この場合には、財団債権と認定して支払う額については、債権調査の際に、異議を述べることになる。）。
〔注3〕　破産管財人の情報提供努力義務は訓示的な義務であり、労働債権者に提供すべき情報は事案によって様々であると考えられる。本書式はその一例にすぎない。

## 各種セーフティネットの紹介

　中小企業の連鎖倒産防止のための制度融資や信用保証制度などをご紹介します。具体的手続きにつきましては、各問い合わせ先にてご確認下さい。

1　セーフティネット保証1号
（信用保証協会（全国））
① 概　　要
　　民事再生手続開始の申立等を行った大型倒産事業者に対し、売掛金債権等を有していることにより資金繰りに支障が生じている中小企業者を支援するための措置です。具体的には、中小企業者が金融機関より借入を行う際に、信用保証協会より、通常の信用保証とは別枠で保証を受けることができます。

② 問い合わせ先
　(1)　経済産業大臣の指定について
　　　所管の経済産業局
　　　・関東経済産業局中小企業相談室 048(600)0334
　(2)　融資及び保証について
　　　最寄りの信用保証協会
　(3)　HP
　　　http://www.chusho.meti.go.jp/kinyu/sefu_net_1gou.htm

　　　　　　　〔注〕 中小企業庁が所管する制度で、全国の信用保証協会で利用が可能な制度である。通常の保証とは別枠で利用が可能であり、責任共有制度の対象外（融資の100％が保証される）ので、要件に該当する場合は、融資を受けるのが容易となる保証である。セーフティネット保証1号の利用には倒産等企業について指定を経済産業大臣から受ける必要があり、近くの経済産業局に申請する必要がある。もっとも、指定にはある程度時間がかかることに留意されたい。セーフティネット保証1号以外にもセーフティネット保証が存在（2号～8号）するので、他のセーフティネット（特に5号）の要件があてはまる場合には利用を推薦されたい。

2　経営支援融資（経営一般）
（信用保証協会（東京都））
① 概　　要
　　一時的に業況が悪化している中小企業等や倒産等企業に対し、売掛債権等を有している中小企業等に対し、通常の保証より有利な条件（上限金利の設定や保証料の補助）で保証を行う

ことができる東京都の用意している制度融資（通常の保証の別枠の対象外）です。

② 問い合わせ先
　⑴　東京都の指定等の要件について
　　　東京都産業労働局金融部金融課 03(5320)4877
　⑵　融資及び保証について
　　　東京都信用保証協会保証統括課 03(3272)3081
　⑶　HP
　　　http://www.sangyo-rodo.metro.tokyo.jp/chushou/kinyu/yuushi/yuushi/list/

　　　〔注〕　東京都が東京都信用保証協会を通じて提供する制度融資である。上記の要件に該当する場合は通常の保証より有利な条件（上限金利の設定や保証料の補助）で保証を受けることができる制度である。もっとも、セーフティネット保証（及び同様の要件で東京都が提供する経営セーフ）と異なり、別枠での保証とはならず、また、責任共有制度の対象である点に留意が必要である。要件である倒産等企業とされるためには東京都に対し申請が原則必要である。


3　セーフティネット貸付（取引企業倒産対応資金）
（日本政策金融公庫）
① 概　　要
　取引企業など関連企業の倒産により経営に困難を来している中小企業、小規模事業者等に対し、日本政策金融公庫（国民生活事業、中小企業事業）が、融資を行う制度融資です。

② 問い合わせ先
　最寄りの日本政策金融公庫の各支店（国民生活事業及び中小企業事業で支店が分かれている場合が多いのでご注意下さい。）
　HP：https://www.jfc.go.jp/n/finance/search/06_tousanntaisaku_m.html

　　　〔注〕　日本政策金融公庫が用意している、倒産等企業に対して、売掛金を有している企業等に対する制度貸付である。一定の要件を満たすことで、基準利率で通常の融資と別枠で融資を受けることができる制度である。ある程度の大規模な中小企業には中小企業事業の支店を、小規模な中小企業・小規模事業者には国民生活事業の支店を案内されたい。


4　セーフティネット貸付（経営環境変化対応資金）
（日本政策金融公庫）
① 概　　要
　社会的、経済的環境の変化などにより、一時的に業況の悪化を来している中小企業、小規模事業者等に対し、日本政策金融公庫（国民生活事業、中小企業事業）が、融資を行う制度融資です。

② 問い合わせ先
最寄りの日本政策金融公庫の各支店（国民生活事業及び中小企業事業で支店が分かれている場合が多いのでご注意下さい。）
HP：https://www.jfc.go.jp/n/finance/search/07_keieisien_m.html

〔注〕 日本政策金融公庫が用意している、一時的に業況の悪化を来している企業等に対する制度貸付である。一定の要件を満たすことで、基準利率（一定の要件を満たすと利率を減免した特別利率の適用がある）で融資を受けることができる制度である。「セーフティネット貸付（取引企業倒産対応資金）」と異なり、倒産等企業に対して売掛金を有していることが要件とはなっていないものの、「セーフティネット貸付（経営環境変化対応資金）」の適用要件は比較的緩やかな要件となっているので、同融資も利用できる可能性が高いといえる。ある程度の大規模な中小企業には中小企業事業の支店を、小規模な中小企業・小規模事業者には国民生活事業の支店を案内されたい。

5　経営環境変化対応資金（危機対応業務）
（商工中金）
① 概　　要
社会的・経済的環境の変化等外的な要因により一時的に業況が悪化し、資金繰りに著しい支障をきたした事業者の方で中長期的にはその業況の回復が見込まれる方に対し、商工中金が融資をする制度融資です。

② 問い合わせ先
商工中金の各支店
HP：https://www.shokochukin.co.jp/corporation/raise/kind/government/

〔注〕 商工中金が用意している、一時的に業況の悪化を来している企業等に対する制度貸付である。一定の要件を満たすことで、基準利率（一定の要件を満たすと利子補給金が支給される）で融資を受けることができる制度である。日本政策金融公庫の「セーフティネット貸付（取引企業倒産対応資金）」と異なり、倒産等企業に対して売掛金を有していることが要件とはなっていないものの、同融資の適用要件は比較的緩やかな要件となっているので、同融資も利用できる可能性が高いといえる。

6　中小企業倒産防止共済制度
（中小企業基盤整備機構）
① 概　　要
取引先企業の倒産に遭遇した中小企業者が自ら倒産または著しい困窮状態に陥ることを回避するために、加入者があらかじめ積み立てた掛金の額に応じて無担保・無保証人で貸付を受けられる制度です。

② 問合せ先

独立行政法人中小企業基盤整備機構共済相談室 03（3433）7171
HP：http://www.smrj.go.jp/tkyosai/index.html

〔注〕 中小企業基盤整備機構が用意する当該共済に加入している企業の取引先等が倒産した場合に加入者があらかじめ積み立てた掛金の額に応じて無担保・無保証人で貸付を受けられる制度である。倒産等企業に対して中小企業基盤整備機構から、共済に加入している企業への売掛金等の情報について個別問い合わせがなされることがある旨留意されたい。

## 7　留意点

　以上で説明した制度は2017年9月現在の制度であり、制度変更等が頻繁に行われるので、利用の都度制度提供元のホームページを参照されたい。
- 中小企業庁（セーフティネット保証について）
  http://www.chusho.meti.go.jp/kinyu/sefu_net_gaiyou.htm
- 東京都（経営セーフ及び経営一般について）
  http://www.sangyo-rodo.metro.tokyo.jp/chushou/kinyu/yuushi/yuushi/list/
- 日本政策金融公庫（セーフティネット貸付について）
  https://www.jfc.go.jp/n/finance/search/index.html
- 商工中金（経営環境変化対応資金（危機対応業務）について）
  https://www.shokochukin.co.jp/corporation/raise/kind/government/
- 中小企業基盤整備機構（中小企業倒産防止共済制度について）
  http://www.smrj.go.jp/tkyosai/index.html

| 書式番号 5-1-1 | 書式名 文書等閲覧請求書 |

○○年（フ）第○○号

文書等閲覧謄写請求書

年　　月　　日

○○地方裁判所○○部　御中

申立人代理人弁護士　　○○○○　印

〒○○○―○○○○　東京都○○区○○町○丁目○番○号
　　　　　　　　　申　立　人　　　　○○○○株式会社
　　　　　　　　　代表者代表取締役　　○○○○

〒○○○―○○○○　東京都○○区○○町○丁目○番○号
　　　　　　　　　○○○○法律事務所（送達場所）
　　　　　　　　　上記申立代理人弁護士　　○○○○
　　　　　　　　　　電　話　○○-○○○○-○○○○
　　　　　　　　　　FAX　○○-○○○○-○○○○

　申立人は、頭書事件における破産者の債権者であるところ、破産管財人が破産法第36条の許可を得るために御庁に提出された文書の閲覧及び謄写を求める。

以　　上

〔注1〕　破産法11条。
〔注2〕　閲覧等を求める文書の特定が必要（破産規則10条2項）。
〔注3〕　東京地裁の場合は書式番号5-1-2を利用する。
〔注4〕　裁判所で定型書式が使用されている場合も多い。

## 第5部 破産手続を通じて使用する書式
### 第1章 文書の閲覧　書式番号 5-1-2　民事事件記録等閲覧・謄写票（原符）

| 書式番号 | 5-1-2 | 書式名 | 民事事件記録等閲覧・謄写票（原符） |
|---|---|---|---|

【様式】

| 民事事件記録等閲覧・謄写票（原符） | | 申請区分 | 閲　覧・謄　写・複　製 | | |
|---|---|---|---|---|---|
| 受付年月日 | 年　月　日 | ちょう用印紙額 | 　　　　円 | 取寄書類 | 有　無 |
| 事件番号 | 年（　）第　　号 | 事件記録等返還月日・事件担当書記官受領印 | ・　・ □担　書 □却　下 □拒　絶 | 記録等数冊 | 冊 |
| 申請人氏名 | | 事件担当書記官票受領印 | （　部　係） | | |
| 原符番号 | 第　　号 | | | | |

……………………切………………取………………線………………

受け取った記録原本は外に持ち出さないこと

（庁　名）東京地方裁判所

| 原符番号 | 第　　号 | 担当部係 | 　　部　　係 | | 取寄書類 | 有　無 |
|---|---|---|---|---|---|---|
| 民事事件記録等閲覧・謄写票 | | 申請区分 | 閲　覧・謄　写・複　製 | | 記録等数冊 | 冊 |
| 申請年月日 | 年　月　日 | 申請人 | 資格 | 当事者・代理人・利害関係人その他（　　） | | |
| 事件番号 | 年（　）第　　号 | | 住所又は弁護士会 | | | |
| 当事者氏名 | 原告等／被告等 | | 氏名 | 　　　　　　　印 | | |
| 閲覧等の目的 | 訴訟準備等・その他〔　　〕 | 閲覧謄写人氏名 | | | | |
| 所要見込時間 | 時間　分 | 提出書類 | 委任状・その他〔　　〕 | | | |
| 次回期日 | 月　日 | | | | | |
| 閲覧等の部分 | | 拒否及び特別指定条件 | | 許可権者印 | | |
| | | 拒・否 | | | | |

| 印紙 | | 交付月日 | ・　・ |
|---|---|---|---|
| | | 閲覧人・謄写人記録等受領印 | |
| | | 記録係記録等返還確認印 | |
| | | 複製申請人複製物受領印 | |
| 備考 | | | |

本人確認済（運転免許証・パスポート・保険証）　印

注意
1. 申請人は、太枠内に所要事項を記入し、「印紙」欄に所定額の印紙をちょう用（消印しない）の上、原符から切り取らないで、この票を係員に提示してください。
2. 「申請区分」欄、「申請人」欄の「資格」欄、「閲覧等の目的」欄及び「提出書類」欄は、該当文字を○で囲み、その他に該当する場合には、（　）内に具体的に記入してください。
3. 「閲覧・謄写人氏名」欄は、申請人以外の者に閲覧・謄写をさせる場合に記入してください。
4. 事件記録中の録音テープ等の複製を申請する場合には、複製用の録音テープ等をこの票とともに係員に提出してください。

（注）東京地方裁判所14階閲覧謄写室に定型書式が備置されているので、破産法11条に基づき文書等の閲覧謄写請求をする場合、本書式をコピーせずに備置されている書式を用いること。

| 書式番号 | 5-1-3 | 書式名 | 文書閲覧等制限申立書 |

○○年（フ）第○○号

文書閲覧等の制限申立書

年　月　日

○○地方裁判所民事第○部　御中

〒○○○－○○○○　東京都○○区○○町○丁目○番○号
　　　　　　　　　　　○○○○法律事務所
　　　　破産者○○○○　破産管財人弁護士　○○○○　印
　　　　　　　　　電話　○○－○○○○－○○○○
　　　　　　　　　ＦＡＸ　○○－○○○○－○○○○

申　立　て　の　趣　旨

　頭書事件につき、破産管財人が提出した　　年　　月　　日付営業譲渡許可申請書「申請の理由」欄の(2)の部分について、その閲覧若しくは謄写、その正本、謄本若しくは抄本の交付の請求をすることができる者を破産者及び破産管財人に限る
との決定を求める。

申　立　て　の　理　由

1　申立人は、　　年　　月　　日付営業譲渡許可申請書（以下「本許可申請書」という。）を提出した破産管財人である。
2　本許可申請書の「申請の理由」欄の(2)の部分に記載されている○○の製造方法は、①破産者の代表取締役、専務取締役及び取締役技術部長のみがこれを閲読することが許されており（秘密管理性）、②同業他社が○○の類似商品を生産しようとしているが、○○の製造方法なくしては、○○の味、風味の再現どころか類似のものを生産することすらできない状態で、商品販売から30年間、破産者の主力商品として圧倒的な人気を誇る商品であり（有用性）、かつ、③製造方法の秘密性を保持するため特許権は取得していないことから、刊行物等には記載されておらず、一般的に製造方法を知ることはできない状態にあり（非公知性）、営業秘密にあたる。
3　そこで、本許可申請書が閲覧され営業秘密を第三者の知るところとなれば、破産者の事業価値に著しい損害が生じ破産財団の管理又は換価に著しい支障を生ずるおそれがある。
4　よって、破産法12条1項に基づき、本許可申請書につき、閲覧等の制限を申し立てる。

以　上

疎　明　資　料

1　　　　甲第1号証　破産者代表者の陳述書
（以下、省略）


添　付　資　料

1　疎甲号証写し　　　　　　　　　　各1通
2　支障部分を除いて作成した提出文書　1通

〔注1〕　破産法12条1項。
〔注2〕　支障部分の特定が必要（破産規則11条1項）。
〔注3〕　本申立ては、当該文書の提出の際にしなければならない（破産規則11条2項）。
〔注4〕　申立ての際には、対象文書から支障部分を除いたものを作成し、裁判所に提出しなければならない（破産規則11条3項）。
〔注5〕　実務的には、閲覧等の制限をしなくてすむよう、まず裁判所への提出書類の内容を工夫すべきである。

| 書式番号 | 5-1-4 | 書式名 | 閲覧等制限決定取消申立書 |

○○年（フ）第○○号

## 閲覧等の制限決定取消の申立書

年　月　日

○○地方裁判所民事第○部　御中

　　　　　　　　　　　　　　　　申立代理人弁護士　○○○○　印
　　　　　　〒○○○—○○○○　東京都○○区○○町○丁目○番○号
　　　　　　　　　　　　　　　　申　立　人　　　　○○○○株式会社
　　　　　　　　　　　　　　　　代表者代表取締役　○○○○
　　　　　　〒○○○—○○○○　東京都○○区○○町○丁目○番○号
　　　　　　　　　　　　　　　　○○○○法律事務所（送達場所）
　　　　　　　　　　　　　　　　上記申立代理人弁護士　　○○○○
　　　　　　　　　　　　　　　　　電　話　○○-○○○○-○○○○
　　　　　　　　　　　　　　　　　FAX　　○○-○○○○-○○○○
　　　　　　〒○○○—○○○○　東京都○○区○○町○丁目○番○号
　　　　　　　　　　　　　　　　相　手　方　破産者○○○○株式会社
　　　　　　　　　　　　　　　　破産管財人弁護士○○○○

申　立　て　の　趣　旨

　頭書事件につき、御庁が　　年　月　日になした閲覧等制限決定を取り消すとの決定を求める。

申　立　て　の　理　由

1　御庁は、　　年　月　日、○○年（フ）第○○号破産開始申立事件につき、破産管財人が提出した　　年　月　日付営業譲渡許可申請書「申請の理由」欄の(2)の部分（以下「本件支障部分」という。）について、閲覧若しくは謄写、その正本、謄本若しくは抄本の交付又はその複製の請求をすることができる者を破産者及び破産管財人に限る旨の決定をなした。
2　しかし、上記決定後の　　年　月　日、○○の製造方法に関する記事が雑誌「○○○」に掲載されたため、○○の製造方法は公然と知られるものとなった。したがって、○○の

製造方法を破産者の営業秘密として保護する必要性は消滅し、本件支障部分を破産者及び破産管財人以外の者が閲覧等をすることを認めても破産者の事業価値に著しい損害を与えるおそれはない。

3　よって、申立人は、破産法第12条第3項に基づき、申立ての趣旨記載のとおりの決定を求める。

以　上

添　付　書　類

1　　　雑誌「○○○」の記事　　　1通
2　　　資格証明書　　　　　　　　1通
3　　　訴訟委任状　　　　　　　　1通

〔注1〕　破産法12条3項。
〔注2〕　閲覧等の制限の要件を欠くこと、又はこれを欠くに至ったことを理由として申し立てる。

| 書式番号 | 5-1-5 | 書式名 | 即時抗告申立書（文書閲覧制限） |

○○年（フ）第○○号

# 即時抗告申立書

年　月　日

○○高等裁判所　御中

抗告人　破産者　株式会社○○○○
破産管財人弁護士　　○○○○　印

当事者の表示　　別紙当事者目録記載のとおり（略）

## 抗告の趣旨

頭書事件につき、○○地方裁判所が　　年　月　日になした文書の閲覧制限を取り消すとの決定を取り消す
との決定を求める。

## 抗告の理由

1　被抗告人は、○○地方裁判所に対し、○○年○月○日、同庁が○○年○月○日になした文書の閲覧制限を取り消すとの決定を求め、同月○日、取消決定を受けた。
2　しかし、（……以下取消理由）
3　よって、抗告の趣旨記載の決定を求め、本抗告をする。

以　上

## 添付書類

1　　　甲号証写　　　各1通

〔注1〕　破産法12条4項。
〔注2〕　取消理由としては、閲覧等の制限決定後においても、支障を生ずる事由が消滅していないこと等が考えられる。

第5部　破産手続を通じて使用する書式
第2章　その他の申請・届出・連絡　書式5-2-1　破産管財人連絡書

| 書式番号 | 5-2-1 | 書式名 | 破産管財人連絡書 |

# 破 産 管 財 人 連 絡 書

　破産管財人の業務を行う上で疑問点又は不都合と感じる点が生じた場合には、本書面に疑問点又はご意見を記載の上、そのまま民事第○部各管財係に送信してください。
　ご連絡いただいた事項につき、担当裁判官と協議の上、速やかに対処いたします。

　　　　　　　　　　　○○地方裁判所民事第○部
　　　　　　　　　　　　○○管財係　ＦＡＸ　○○－○○○○－○○○○
　　　　　　　　　　　　△△管財係　ＦＡＸ　○○－○○○○－○○○○

☐　○○管財　　係　宛
☐　△△管財　　係　宛

　　　　　　　　　　　　　　年　　　月　　　日
　　　　　　　　　　　　　　年（フ）第　　　　　　　　　号
　　　　　　　　　　　破産者　_____

　　　　　　　　　　　破産管財人　_____
　　　　　　　　　　　　（電話番号　　　　－　　　－　　　）


　　　　　連　絡　事　項　　　全枚数（本紙を含む）　　　枚

　　　　　　　　　　　　　　　　　　　　　　　　　　　　　　

出典　本書式は、『手引』書式編435頁掲載の書式をもとに手を入れた。

| 書式番号 | 5-2-2 | 書式名 | 申立代理人連絡書 |

## 申 立 代 理 人 連 絡 書

　管財手続の運用に関し、破産管財人と理解が異なり、協議を尽くしても見解の一致をみず、裁判所の意見を確認する必要が生じた場合には、本書面に疑問点又はご意見を記載し、副本を破産管財人に直送した上、民事第○部各管財係に送信してください。
　ご連絡いただいた事項につき、担当裁判官と協議の上、速やかに対処いたします。

　　　　　　　　　　　　○○地方裁判所民事第○部
　　　　　　　　　　　　　○○管財係　ＦＡＸ　○○−○○○○−○○○○
　　　　　　　　　　　　　△△管財係　ＦＡＸ　○○−○○○○−○○○○

□　○○管財　係　宛
□　△△管財　係　宛

　　　　　　　　　　　　　　年　　　月　　　日　**直送済**
　　　　　　　　　　　　　年（フ）第　　　　　　　号
　　　　　　　　　　　破産者　_____
　　　　　　　　　　（破産管財人　　　　　　　　　　）
　　　　　　　　　　申立代理人　_____
　　　　　　　　　　（電話番号　　　−　　　−　　　）

　　　　　　　連　絡　事　項　　　　全枚数（本紙を含む）　　　枚

--------------------------------------------------
--------------------------------------------------
--------------------------------------------------
--------------------------------------------------
--------------------------------------------------
--------------------------------------------------
--------------------------------------------------
--------------------------------------------------
--------------------------------------------------
--------------------------------------------------
--------------------------------------------------

出典　本書式は、『手引』書式編 436 頁掲載の書式をもとに手を加えた。

| 書式番号 | 5-2-3 | 書式名 | 旅行に関する届出書 |

○○地方裁判所民事第○部　　　管財　　係　御中（※）

　　　　　　　　　　　　　　　　　　　　　年（フ）第　　　　号
　　　　　　　　　　　　　　　　　　　　破産者

## 旅行に関する届出書

　上記事件について、破産者は、破産管財人の同意を得た上、下記のとおり旅行いたしますので、届出いたします。

記

1　日程
　　　　　　年　　月　　日　から　　　月　　　日　まで

2　旅行先


　　　　　　　　　　　　　年　　月　　日
　　　　　　　　　　　　　　破産者代理人弁護士　　　　　　　　　　　印

【注意点】
※　担当係を忘れずに表示してください。

〔注1〕　破産者が2泊以上の宿泊（海外の場合は1泊）を含む旅行や出張をする場合も「居住地を離れる」に該当すると考えられ、裁判所の許可を得る必要がある（破産法37条1項、伊藤眞ほか『条解破産法第2版』324頁）。ただし、東京地方裁判所では、破産者の旅行につき、破産者（申立代理人）が破産管財人から口頭または書面による同意を得たうえ、その旨の上申書を裁判所に提出することで足り、裁判所の許可を求める必要はないという運用をしている（『手引』133頁）。

出典　本書式は、『手引』書式編464頁掲載の書式をもとに手を加えた。

| 書式番号 | 5-2-4 | 書式名 | 住所変更同意申請書 |

年（フ）第〇〇〇〇号
破産者　〇〇〇〇

## 住所変更同意申請書

　　　　　　　　　　　　　　　　　　　　　　　　　　　　年　　月　　日

破産者〇〇〇〇破産管財人弁護士　　〇〇〇〇　殿

　　　　　　　　　　　　　　　　　　　　破産者〇〇〇〇代理人弁護士　　〇〇〇〇

　上記破産者は、東京都千代田区霞ヶ関1丁目1番1号に住所を設けておりましたが、その住所の土地建物は破産財団に属し、貴職において売却される予定とのことですから、破産者の長男〇〇〇〇が居住する下記の場所に住所を移転したいと考えております。
　つきましては、　　年　　月　　日限り、下記の場所に住所を移転することについてご同意願います。

記

　　　　　　　　　東京都千代田区丸の内〇丁目〇番〇号

　　　　　　　　　　　　　　　　　　　　　　　　　　　　　　　　　　　　　以上

----

　上記の住所変更について、管財業務に支障はなく、同意します。

　　　　　　　　　　　　　　　　　　　　　　　　　　　　　　年　　月　　日
　　　　　　　　　　　　　破産者〇〇〇〇破産管財人弁護士　　〇〇〇〇　㊞

〔注1〕　破産法37条1項。
〔注2〕　破産者が転居する場合には、裁判所の許可を得る必要がある（破産法37条1項）。ただし、東京地方裁判所では、破産者の転居につき、破産者（申立代理人）が破産管財人から口頭または書面による同意を得たうえ、その旨の上申書を裁判所に提出することで足り、裁判所の許可を求める必要はないという運用をしている（『手引』133頁）。

| 書式番号 | 5-2-5 | 書式名 | 住所変更に関する届出書 |

○○地方裁判所民事第○部　　管財　　係　御中（※）

　　　　　　　　　　　　　　　　　　　　　年（フ）第　　　　号
　　　　　　　　　　　　　　　　　　　　破産者

## 住所変更に関する届出書

　上記事件について、破産者は、破産管財人の同意を得た上、　年　月　日、下記の場所に住所を移転しましたので、届出いたします。

記

　　　　　　　　　　　　東京都　　　区

（添付資料）
　　住民票（本籍地の記載のあるもの）　　　　　１通

　　　　　　　　　　　　年　　月　　日
　　　　　　　　　　　　　　破産者代理人弁護士　　　　　　　　印
　　　　　　　　　　　　　　　　　　　　　　　　　　以　上

【注意点】
※　担当係を忘れずに表示してください。

〔注１〕　破産法37条１項。
〔注２〕　書式5-2-4の〔注２〕参照。
〔注３〕　添付する住民票については、マイナンバーの記載がないものを用いる。
出典　本書式は、『手引』書式編463頁掲載の書式をもとに手を加えた。

| 書式番号 | 5-2-6 | 書式名 | 郵便物転送嘱託に関する上申書 |

〇〇地方裁判所民事第〇部　　　　管財　　係　御中（※1）

　　　　　　　　　　　　　　　　　　年（フ）第　　　　号破産手続開始申立事件
　　　　　　　　　　　　　　　　破産者

# 上　申　書

上記事件につき、下記の　☐　破産者の旧住所　　☐　破産者の新住所
　　　　　　　　　　　　☐　破産者の旧商号　　☐　破産者の通称名
　　　　　　　　　　　　☐　その他（　　　　　　　　　　　）（※2）
　　　　　　　　　　　　　（理由：　　　　　　　　　　　　　）
について、郵便転送の嘱託をされたく、上申します。

記

　　　　　　　　　　　　　　　　　　　　年　　月　　日
　　　　　　　　　　　　　　　　　　破産管財人弁護士　　　　　　　　　　　印
　　　　　　　　　　　　　　　　　　　　（電　話　　　　　　　　　　　　　）
　　　　　　　　　　　　　　　　　　　　（FAX　　　　　　　　　　　　　　）

　　　　　　　　　　　　　　　　　　　　　　　　　　　　　　　　　　　　以　上

【注意点】
※1　担当係を忘れずに表示してください。
※2　その他の場合には、理由を付記してください。

　　〔注1〕　破産法81条1項
　　〔注2〕　破産手続開始後に破産者が転居した場合の新住所、破産手続開始直前に破産者が転居している場合の旧住所（住民票も異動している場合）、破産者の旧商号や破産者が使用している通称名の郵便物などについては、破産管財人からの郵便転送嘱託の上申に基づいて嘱託する取扱いのため、これらについても転送嘱託が必要と判断した場合は、上申書を提出する必要がある。

　　出典　本書式は、『手引』書式編461頁掲載の書式をもとに手を加えた。

## 5-2-7 郵便物転送嘱託延長に関する上申書

○○地方裁判所民事第○部　　管財　　係　御中（※１）

　　　　　　　　　　　　　　年（フ）第　　　　号破産手続開始申立事件
　　　　　　　　　　　破産者

## 上　申　書

上記事件につき、郵便転送嘱託の期間を延長されたく、上申します。（※２）

　　　　　　　　　　　　　　年　　月　　日
　　　　　　　　　　　破産管財人弁護士　　　　　　　　　印
　　　　　　　　　　　（電　話　　　　　　　　　）
　　　　　　　　　　　（ＦＡＸ　　　　　　　　　）

　　　　　　　　　　　　　　　　　　　　　　　　以　上

【注意点】
※１　担当係を忘れずに表示してください。
※２　延長期間は、自然人については、次回の債権者集会の期日までとなります。更に延長が必要な場合は、改めて期間延長の上申書を提出してください。

出典　本書式は、『手引』書式編462頁掲載の書式をもとに手を加えた。

| 書式番号 | 5-2-8 | 書式名 | 死亡報告書 |

○○地方裁判所第○民事部破産係　御中

○○年（フ）第○○号破産手続開始申立事件
破産者　○○○○

# 死 亡 報 告 書

　上記破産者について、本人・代表者が、　　年　月　日に死亡いたしましたので、報告します。

年　月　日
破産者代理人弁護士　　　　　　　印

以　上

〔注１〕　提出の際は、除籍謄本を添付すべきである。

出典　福岡県弁護士会倒産業務等支援センター委員会、福岡地方裁判所第４民事部（破産再生係）編『破産法実務』204頁掲載の書式による。

| 書式番号 | 6-1-1 | 書式名 | 財団債権承認許可申立書 |

○○地方裁判所民事第○部　　管財　係　御中（※１）

年（フ）第　　　号
破産者

| 本件につき<br>許可する。<br>　○○地方裁判所民事第○部<br>　　裁判官 | 本件につき<br>許可があったことを証明する。<br>　前同日　○○地方裁判所民事第○部<br>　　裁判所書記官 |

## 財団債権承認許可申立書

1　財団の現在高　　　　　　金　　　　　円
2　財団債権承認額の表示（※２）　金　　　　円
3　財団債権の具体的内容
　　☐　財団に属する不動産の賃料・共益費
　　　　不動産の表示（※３）：
　　☐　履行補助者の給与
　　　　履行補助者の氏名：
　　　　給与の内容：
　　☐　公租公課（※４）
　　　　具体的内容：
　　☐　原状回復費用
　　　　具体的内容：
　　☐　その他
4　破産管財人が保有する疎明資料（添付は不要）
　　①
　　②
　　③
5　備考

　　　　　年　月　日
　　　　　破産管財人弁護士　　　　　　印

以　上

## 第6部　財団の管理・換価編
### 第1章　一般　書式番号6-1-1　財団債権承認許可申立書

【注意点】
※１　担当係を忘れずに表示してください。
※２　財団債権承認額が100万円を超える場合に申立てが必要です（破産法78条2項13号、同条3項1号、破産規則25条）。なお、財団債権承認額とは、実際に財団債権者に支払う額ではなく、破産管財人が承認する財団債権の額を指します（財団不足により財団債権に按分弁済する場合にも、財団債権の額を記載してください。）。
※３　特定のための最低限の表示で足ります。
※４　破産手続開始前の原因に基づいて生じた公租公課は、破産手続開始当時、まだ納期限が到来していないもの又は納期限から1年を経過していないもの（破産法148条1項3号）に限り、財団債権となります。

〔注1〕　100万円以下として許可不要の財団債権を弁済した場合には、その処理経過を最終的な収支計算書で簡潔に記載して明らかにしておく必要がある。
〔注2〕　複数の同種の財団債権を承認する場合（例えば、複数の履行補助者に対する未払給与の請求権を承認する場合）、個々の債権額は100万円を超えなければ、これらの債権の合計額が100万円を超えるときでも、裁判所の許可は不要である。

出典　『手引』469頁に基づき一部手を加えた。

| 書式番号 6-1-2 | 書式名 和解許可申立書 |

○○地方裁判所民事第○部　　管財　　係　御中（※１）

　　　　　　　　　　　　　　　年（フ）第　　　号
　　　　　　　　　　　　　　　破産者

| 本件につき<br>許可する。<br>　○○地方裁判所民事第○部<br>　　裁判官 | 本件につき<br>許可があったことを証明する。<br>　前同日　○○地方裁判所民事第○部<br>　　裁判所書記官 |

## 和 解 許 可 申 立 書

1　申立ての趣旨（※２）
　　後記「相手方の表示」記載の相手方との間で別紙和解条項のとおり
　　（□　訴訟上の　□　訴訟外の）和解をすることの許可を求める。

2　申立ての理由
　①　和解しない場合の見込み
　　　□　別の方法により解決することの困難性
　　　□　管財業務の長期化
　　　□　その他（内容　　　　　　　　　　　　　　　　　　　　　）
　②　和解した場合の実益
　　　□　財団組入見込額　　　　　　　　　円
　　　□　管財業務の迅速処理
　　　□　その他（内容　　　　　　　　　　　　　　　　　　　　　）
　③　その他

3　破産管財人が保有する疎明資料（添付は不要）
　①
　②
　③

4　相手方の表示（□次のとおり　□別紙記載のとおり）
　・住所
　・名称
　・（訴訟上の和解の場合）係属裁判所及び事件番号

　　　　　　　　　　　　　　　　年　　月　　日
　　　　　　　　　　　　　　　　　破産管財人弁護士　　　　　　　印

　　　　　　　　　　　　　　　　　　　　　　　　　　　　以　上

【注意点】
※1　担当係を忘れずに表示してください。
※2　破産法78条2項11号参照

〔注1〕　100万円以下の和解の場合、許可は不要（破産法78条2項11号、3項1号参照）。ただし、東京地裁では、訴訟上の和解の場合、100万円以下の価額を有するものに関するときであっても、事前に裁判所と協議をすることが求められるとされている（『手引』225頁参照）。

〔注2〕　基準となる100万円は、係争物（訴訟物）の価額が基準となるものと考えられる。

〔注3〕　一概にはいえないが、受訴裁判所に和解案の提示を求め、それに従って和解するという方法は、結論において合理的な場合が多く、破産者や債権者の納得も得られやすい。

〔注4〕　本案において和解する際に「訴訟費用は各自の負担とする」旨の条項を設けた場合（負担割合を定めない場合も同様。民訴法68条参照）には、訴訟救助が猶予の決定にすぎない（同法83条参照）ことから、後日、救助を受けた訴訟費用の支払を求められるので注意が必要である。

〔注5〕　本申立書は、閲覧・謄写の対象となることに留意が必要である。

　出典　『手引』477頁に基づき一部手を加えた。

**書式番号 6-1-3　書式名 訴え提起許可申立書**

○○地方裁判所民事第○部　　管財　　係　御中（※１）

　　　　　　　　　　　　　　　　　　　　年（フ）第　　　　号
　　　　　　　　　　　　　　　　　　破産者

| 本件につき<br>許可する。<br>　○○地方裁判所民事第○部<br>　　裁判官 | 本件につき<br>許可があったことを証明する。<br>　前同日　○○地方裁判所民事第○部<br>　　裁判所書記官 |
|---|---|

## 訴え提起許可申立書

１　申立ての趣旨（※２・※３・※４）
　　別紙訴状により訴え提起をすることにつき許可を求める。

２　申立ての理由（※５）
　　□　請求の原因が認められるにもかかわらず、被告が任意に履行しない。
　　□　その他（内容　　　　　　　　　　　　　　　　　　　　　　　　）

　　　　　　　　　　　　　　　　　　　年　　月　　日
　　　　　　　　　　　　　　　　破産管財人弁護士　　　　　　　　　　印
　　　　　　　　　　　　　　　　　　　　　　　　　　　　　　　以　上

【注意点】
※１　担当係を忘れずに表示してください。
※２　否認訴訟も、通常の民事訴訟と同様に、東京地裁民事第20部ではなく、通常の民事訴訟事件を取り扱う部に配てんされるので注意を要します。これに対し、否認の請求（破産法174条）は民事第20部に申し立てます。否認の請求については許可申立ては必要ありません。
※３　訴え提起許可証明書は、訴訟提起に当たり添付書類として提出を求められます。
※４　破産法78条2項10号参照
※５　本申立書は閲覧・謄写の対象となります。

　　　〔注１〕　100万円以下の訴え提起の場合、許可は不要（破産法78条2項10号、3項1号参照）。ただし、破産手続の進行に特に関わる重要な事項なので、東京地裁では、100万円以下の価額を有するものに関するときであっても、事前に裁判所と協議をすることが求められるとされている。
　　　〔注２〕　基準となる100万円は、係争物（訴訟物）の価額が基準となるものと考えられる。

〔注3〕 「訴えの提起」には、反訴や訴訟参加といった訴え提起と性質上同じものを含むほか、上訴も含むと解される。また、督促手続、民事保全法等に基づく保全処分の申立て、借地非訟のような非訟手続の申立て、遺産分割調停の申立ても含まれる。

〔注4〕 どのような場合に訴えの提起や保全処分の申立て等をすべきかについては、基本的には通常の民事訴訟の提起や民事保全の申立て等における判断と異ならないが、破産事件特有の考慮要素として、①勝訴及び和解成立の見込みがあるか否か、②請求額と訴え提起のコストを比較した場合の経済合理性（訴訟手続等に費やされる期間、これによって回収できると見込まれる金額、訴訟手続等による回収により債権者への配当に資するだけの破産財団の収集が可能か、これらの追行費用を支出できる破産財団があるかなど。）等を考慮して、慎重に判断することになる。判断に迷う場合は、破産裁判所と協議をするほか、債権者集会等で破産債権者の意向を確認するというのも一つの方法である。

〔注5〕 破産財団が乏しいにもかかわらず、訴えの提起等が必要な場合は、訴訟費用について訴訟上の救助（民訴法82条。実務上は、貼用印紙代についてのみ付与される例が多い。）を受けられるよう、裁判所へ連絡をして、裁判所書記官から無資力証明書を発行してもらう必要がある【書式番号6-1-4】。なお、保全手続上の担保は救助の対象にはならないが、保全裁判所に担保額に関する上申をする際の資料として無資力証明書を発行することもある。また、例外的ではあるが、債権者集会で破産債権者に費用の予納を打診する方法も考えられる。

出典　『手引』480頁に基づき、一部手を加えた。

| 書式番号 6-1-4 | 書式名 無資力証明申請書 |

○○地方裁判所民事第○部　　　管財　係　御中

年（フ）第　　　号
破産者

## 無資力証明申請書

　上記の者に対する破産事件について、現在、破産財団が金　　　万円のみ（なお、破産裁判所に納付された予納金は、官報公告費用相当額しかない。）で、訴訟の準備及び追行に必要な費用を支払う資力がないことの証明をされたく申請する。

　　　　　　　　　　　　　　　　年　　月　　日

　　　　　　　　　　　　　　破産管財人弁護士　　　　　　　　　印

上記証明する。

　　　前同日同庁

　　　　　裁判所書記官

〔注１〕　破産財団が乏しいにもかかわらず、訴えの提起等が必要な場合は、訴訟費用について訴訟上の救助（民訴法82条。実務上は、貼用印紙代についてのみ付与される例が多い。）を受けられるよう、裁判所へ連絡をして、裁判所書記官から無資力証明書を発行してもらう必要がある。なお、保全手続上の担保は救助の対象にはならないが、保全裁判所に担保額に関する上申をする際の資料として無資力証明書を発行することもある。
〔注２〕　無資力証明書を受訴裁判所に提出する際には、「書記官発行の無資力証明書について（説明とお願い）」（『手引』の【書式37-2】）も併せて提出する必要がある。
出典　『手引』481頁に基づき、一部改変した。

第6部　財団の管理・換価編
第1章　一般　書式番号6-1-5　訴訟手続中断の上申書

書式番号 6-1-5　書式名　訴訟手続中断の上申書

○○年（ワ）第○○号　○○○○請求事件
原告　株式会社○○○
被告　○○○株式会社

○○年○○月○○日

## 訴訟中断の上申書

○○地方裁判所第○民事部　御中

　　　　　　　　　　　　　　　　　　　　破産者　　　○○○株式会社
　　　　　　　　　　　　　　　　　　　　破産管財人　○○○○　　印

　御庁頭書事件（本件訴訟手続）につき、被告○○○株式会社は、○○年○月○日、○○地方裁判所より破産手続開始決定を受けました（○○年（フ）第○○号）。
　よって、破産法44条1項により本件訴訟手続は中断しますので、その旨上申いたします。

以　上

添付資料

破産手続開始決定正本（写し）

〔注1〕　破産手続開始の決定がされた旨の受訴裁判所への連絡は、通常、訴訟当事者が行うものと考えられるが、本書式は、破産管財人自らが連絡を行うことを想定している。
〔注2〕　破産法44条1項に基づき訴訟手続が中断するのは、「破産者を当事者とする破産財団に関する訴訟手続」に限られる。そのため、破産者の自由財産に関する訴訟、破産者の身分関係に関する訴訟、会社が破産した場合における設立無効の訴えや株主総会決議取消の訴えなどの破産会社の組織法上の争いに関する訴訟などは中断しないし、破産管財人による受継が問題となることもない。

**書式番号 6-1-6　書式名　訴訟手続受継申立書**

〇〇年（〇）第〇〇号　〇〇請求事件
原　告　　〇〇〇〇
被　告　　〇〇〇〇

## 訴訟手続受継申立書

〇〇年〇月〇日

〇〇地方裁判所民事第〇部〇係　御中

〒〇〇－〇〇　　　東京都〇区〇町〇丁目〇番〇号
　　　　　　　　　〇〇法律事務所
　　　　　　　　申立人　破産者　　〇〇〇〇
　　　　　　　　　　　　破産管財人　〇〇〇〇

　上記当事者間の御庁頭書事件（以下「本件訴訟手続」という）は、〇〇年〇〇月〇〇日、原告〇〇〇〇が〇〇地方裁判所において破産手続開始決定（〇〇年（〇）第〇〇号）を受けたことから、破産法第44条第1項により中断しております。
　今般、破産法第44条第2項により、破産者〇〇〇〇破産管財人〇〇〇〇が本件訴訟手続を受継したく、本申立てを行います。

添　付　書　類

1　開始決定正本（写）　　　　　　1通
2　破産管財人の資格証明書　　　　1通
3　訴訟委任状　　　　　　　　　　1通

〔注1〕　破産管財人から受継の申立てをするかどうかについては、破産財団に属する財産の換価価値及び収益の有無・程度、破産財団に占める割合、財産の維持費等の要否・負担額、受継後の訴訟終了までに要する期間、勝訴又は有利な条件による和解の見込みの有無・程度、主要な債権者の意向等を総合考慮して判断すべきであり、東京地裁においては、裁判所との事前の協議が必要とされている。
〔注2〕　破産債権に関する訴訟について、東京地裁では、異時廃止事案では債権認否を留保する扱いであるため、破産管財人が訴訟を受継することは通常ない。なお、配当事案で債権調査期日において認否が行われる場合で、認めない旨の認否を行う場合には、債権調査期日において認めない旨の認否を行った後に破産管財人が訴訟を受継することになる（破産法127条1項）。

**書式番号 6-1-7　書式名　破産者に対する財産引渡命令申立書**

○○年（フ）第○○○○号　破産者　○○○○

## 財産引渡命令申立書

○○年○○月○○日

○○地方裁判所民事第○部　御中

〒○○○－○○○○　東京都○○区○○町○丁目○番○号
○○法律事務所（送達場所）
申立人　破産者　　　　　　○○○○
　　　　破産管財人　　　　○○○○
電　話　○○-○○○○-○○○○
ＦＡＸ○○-○○○○-○○○○
〒○○○－○○○○　東京都○○区○○町○丁目○番○号
相手方　○○○○

申立ての趣旨

　相手方は、申立人に対し、別紙物件目録記載の物件を引き渡せ
との決定を求める。

申立ての理由

1　相手方は○○年○月○日、○○裁判所により破産開始決定を受け、申立人が破産管財人に選任されたこと。
2　別紙物件目録記載の物件が破産財産に属すること。
3　相手方がこれを占有していること。
4　その他事情

添付資料（省略）

〔注１〕　破産法156条。
〔注２〕　本決定を行うためには、裁判所は破産者を審尋しなければならない。
〔注３〕　本決定は、確定しなければその効力を生じない。
〔注４〕　引渡命令を申し立てることが管財業務に資するかどうかを慎重に検討する必要がある。例えば、破産者が住居として使用している別除権付き不動産を明け渡さない場合、引渡命令を取得した上で当該不動産の引渡しを受けても、最終的に別除権者から受戻しのための同意を得られずに担保権の実行に至ってしまうと、結果として別除権者のみが引渡命令の恩恵を受けることになってしまう。このような場合、破産者に対し、任意の明渡しに応じる方が転居費用の確保等に照らしても有利であること等を説明して納得させ、その協力を得るべきである。

## 取引履歴開示請求書

〇〇年〇〇月〇〇日

### 取引履歴開示請求書

株式会社〇〇ローン　御中

〒〇〇〇-〇〇〇〇
東京都〇〇区〇〇町〇丁目〇番〇号
〇〇〇〇ビル〇階
〇〇〇〇法律事務所
破産者　　　　　　　〇〇〇〇
破産管財人弁護士　〇〇〇〇　印
電　話　〇〇-〇〇〇〇-〇〇〇〇
ＦＡＸ　〇〇-〇〇〇〇-〇〇〇〇

　当職は、破産者〇〇〇〇の破産管財人として、貴社に対し、ご連絡致します。
　既にご承知のとおり、破産者〇〇〇〇（会員番号〇〇-〇〇〇〇）は、〇〇年〇〇月〇〇日午後〇時に〇〇地方裁判所民事第〇部において破産手続開始決定（事件番号・〇〇年（フ）第〇〇〇〇号）を受けております。
　当職は、現在、破産者の財産状況の調査をしておりますが、破産者の貴社に対する債務状況を正確に把握するためには、貴社より、破産者と貴社との間の取引経過の全てについて開示頂く必要があります。つきましては、〇〇年〇〇月〇〇日までに開示して下さい。
　なお、完済分がある場合は、完済分も含め、取引の当初からの経過を開示いただきますようお願い致します。
　上記期日までに開示がない場合には、貴社が債権届出をされても、債権額について検討することができないため、届出債権額の全額について異議を述べる予定です。

　　添付書類
　　1　破産手続開始決定正本（写し）　　　1通
　　2　破産管財人資格証明及び印鑑証明書　1通

　　　〔注1〕　利息制限法を超過する金利、遅延損害金を請求する金融業者に対して、過去の取引経過の開示を請求する書面である。

| 書式番号 | 6-1-9 | 書式名 | 相殺禁止の連絡 |

○○年○○月○○日

株式会社○○銀行○○支店　御中

〒○○○-○○○○　東京都○○○○丁目○番
　　　　　　　　○○○○法律事務所
　　　　　　　　破産者　株式会社○○
　　　　　　　　破産管財人弁護士　　○○○○
　　　　　　　　　　　　　電　話　○○-○○○○-○○○○
　　　　　　　　　　　　　FAX　　○○-○○○○-○○○○

## ご　連　絡

拝啓　時下ますますご清祥の段、お慶び申し上げます。
　当職は、○○年○○月○○日午後○時に○○地方裁判所民事第○部において破産手続開始決定（事件番号・○○年（フ）第○○○○号）を受けた株式会社○○の破産管財人に選任された弁護士です。破産手続開始決定により、同社の売掛金債権等一切の財産は破産財団を構成し、破産財団に属する財産の管理処分権は当職に帰属することになりました。
　さて、当職の調査によりますと、破産会社は貴行に対して下記の預金債権（以下「本件預金」といいます。）を有していることが判明しました。上記のとおり、本件預金の破産財団を構成し、当職が管理することとなります。
　つきましては、当社が１回目の手形不渡りを出して、支払停止に至った○○年○○月○○日以降に下記の口座に入金された預金については、貴行の当社に対する債権との相殺は法律により禁止されますので、ご注意頂きたく念の為通知致します。
　何卒ご協力を賜りますようお願い申し上げます。

敬　具

記

○○銀行○○支店　普通預金・口座番号○○○○○○○
口座名義・株式会社○○○○

添付書類
1　破産手続開始決定正本（写し）　　　　1通

〔注１〕　破産法71条１項３号。なお、支払不能後の入金も相殺禁止の対象となる場合があるが（破産法71条１項２号）、場合が限定されるため、本書式では支払停止後の入金を相殺禁止の対象としている。

## 預金債権等に関するご依頼兼ご照会

〇〇年〇〇月〇〇日

〇〇〇〇　御中

〒〇〇〇-〇〇〇〇
東京都〇〇区〇〇町〇丁目〇番〇号
〇〇〇〇ビル〇階
〇〇〇〇法律事務所
破産者　　　　〇〇〇〇株式会社
破産管財人弁護士　　　　〇〇〇〇
Tel：〇〇-〇〇〇〇-〇〇〇〇
Fax：〇〇-〇〇〇〇-〇〇〇〇

記

　破産者〇〇〇〇株式会社（本店：東京都〇〇区〇〇町〇丁目〇番〇号）は、〇〇年〇〇月〇〇日午後〇時〇〇分、〇〇地方裁判所において破産手続開始決定を受け（事件番号　〇〇年（フ）第〇〇〇〇号）、当職が破産管財人に選任されましたので、破産財団の管理処分権はすべて当職に帰属しました。

　さて、当職の調査によりますと、上記破産者は、貴（行・金庫・組合）に対し、（預金債権・出資金債権）を有しているようですが、上記のとおり、それらの債権も当職に帰属することになりましたので、いかなる権利を主張する第三者が現れても弁済等をされることのないよう、また、自動引落も停止していただきますようご依頼申し上げます。

　なお、破産管財事務遂行上必要がありますので、上記破産手続開始決定日現在の上記破産者の預金債権の種類、口座名義人名、口座番号及び預金残高、破産者名義の貸金庫契約の有無並びに貴（行・金庫・組合）が破産者に対して有しておられる債権の存否及び相殺予定の有無につきまして、その詳細を同封の回答書にご記入の上、当職にご返送されたく、ご照会申し上げます。

　また、破産者名義の預金口座を解約いたしますので、必要書類等がありましたら、当職までご送付くださいますようお願い申し上げます。

　　添付書類
　　1　破産手続開始決定正本（写し）　　　　1通
　　2　破産管財人資格証明及び印鑑証明書　　1通

　　　〔注1〕　個人の破産事件の場合、東京地裁においては、1口が20万円以下であっても、預貯金が複数あって、総額が20万円を超える場合は、全ての預貯金について換価を要する。

回　答　書

　　　　　　　　　　　　　　　　　　　　　　　　　　　年　　月　　日

破産者　　　○○○○株式会社
破産管財人弁護士　　○○○○行

　　　　　　　回答者　御住所
　　　　　　　　　　　御名称

　　　　　　　　　　　　　　記

1　預金債権の　有・無

2　預金債権の種類、金額等
　　種類
　　口座番号
　　口座名義人
　　現在残高

3　出資金の口数、金額

4　貴（行・金庫・組合）の、破産者に対する債権の　有・無
　　その債権の種類・内容
　　債権額

5　貸金庫の　有・無　口数（　　口）

6　相殺の予定　有・無

※　解約によって返還可能な預金残高がある場合は、本書とともに解約手続書類をお送りください。

| 書式番号 | 書式名 |
|---|---|
| 6-1-11 | 解約返戻金に関する依頼及び照会・回答書 |

## 解約返戻金等に関するご依頼兼ご照会

〇〇年〇〇月〇〇日

〇〇〇〇　御中

〒〇〇〇-〇〇〇〇
東京都〇〇区〇〇町〇丁目〇番〇号
〇〇〇〇ビル〇階
〇〇〇〇法律事務所
破産者　　　　〇〇〇〇株式会社
破産管財人弁護士　　　〇〇〇〇
　　TEL：〇〇-〇〇〇〇-〇〇〇〇
　　FAX：〇〇-〇〇〇〇-〇〇〇〇

　破産者〇〇〇〇株式会社（本店：東京都〇〇区〇〇町〇丁目〇番〇号）は、〇〇年〇〇月〇〇日午後〇時〇〇分、〇〇地方裁判所において破産手続開始決定を受け（事件番号　〇〇年（フ）第〇〇〇〇号）、当職が破産管財人に選任されましたので、破産財団の管理処分権はすべて当職に帰属しました。
　さて、当職の調査によりますと、破産者は、貴社との間に保険契約（〇〇保険・証券番号〇〇〇〇〇〇）を締結しているとのことです。
　つきましては、破産者と貴社との間の保険契約の解約返戻金の有無とその金額につき、下記欄にご回答をお願いいたします。
　なお、解約返戻金があれば、解約の手続きをお願いしたく存じますので、必要書類等を当職までご送付くださいますようお願い申し上げます。

　　添付書類
　　1　破産手続開始決定正本（写し）　　　1通
　　2　破産管財人資格証明及び印鑑証明書　1通

回　答　書

年　月　日

破産者　　　　〇〇〇〇株式会社
破産管財人弁護士　　〇〇〇〇行

回答者　御住所
　　　　　御名称

記

1　解約返戻金の　有・無

2　解約返戻金がある場合、その金額　　　金　　　　　　円

※　解約返戻金がある場合は、本書とともに解約手続書類をお送りください。

　〔注1〕　個人の破産事件の場合、東京地裁においては、解約返戻金の見込額が20万円以下の場合には、換価を要しない。ただし、保険契約が数本ある場合において、解約返戻金の見込額の総額が20万円を超えるときは、全ての保険について換価（解約）を要するが、その具体的な要否については、破産管財人の意見を踏まえて、事案ごとに判断されている。この保険契約に基づく解約返戻金は、生命保険、医療保険、学資保険、個人年金等名称のいかんを問わず合算され、損害保険も解約返戻金がある場合には合算の対象となる。
　〔注2〕　破産者が契約者貸付けを受けている場合には、その法的性質について保険金又は解約返戻金の前払いとみて（最判平成9年4月24日民集51巻4号1991頁参照）、解約返戻金から貸付額を控除した額が破産財団を構成することとなるので、その額が20万円以下であれば、破産財団を構成しないものとして取り扱われる。

## 上　申　書

○○地方裁判所民事第○部　御中

債　権　者
債　務　者
第三債務者

　上記当事者間の御庁　　年（ル）第　　　　号債権差押命令申立事件について、債務者は、　　年　　月　　日午前・午後　　時　　分に破産手続開始の決定を受け（御庁　　年（フ）第　　号）、当職が破産管財人に選任されました。
　ついては、当該執行手続を取り消されるよう上申します。

　　　　　添付書類　　破産手続開始決定正本　　　　　　　　　　１通
　　　　　　　　　　　破産管財人資格証明及び印鑑証明書　　　　１通

　　　　　　　　　　　年　　月　　日

　　　　　　　　　　　破産者
　　　　　　　　　　　破産管財人弁護士　　　　　　　　　　　　印

〔注１〕　破産手続開始前にされた債権仮差押えについては、東京地裁民事第21部（民事執行センター）で、破産管財人から執行取消しの上申書が提出されると、職権で執行取消決定をするので、破産管財人は、選任後直ちに、本書を東京地裁民事第21部に提出する必要がある。執行取消しの手続は、差押命令ごとに個別に行う必要がある。
〔注２〕　本書を提出した後、既に供託された供託金の払渡手続を怠ると、配当が実施され、差押債権者が供託金を受領する事態が生じるため、特に、破産手続開始日から配当実施日までの期間が短い場合は注意が必要である。

出典　『手引』454頁に基づき一部改変した。

| 書式番号 | 6-2-2 | 書式名 | 上申書（供託金交付手続関係） |

○○地方裁判所民事第○部　御中

　　　　　　　　　　　　　　　　　　　　　　　　年（リ）第　　　号外　件


# 上　申　書

　債務者　　　　　　　　　　　　　　が破産手続開始の決定を受け（御庁　年（フ）第　　　号）、当職が破産管財人に選任されたので、債務者破産管財人に対し、別紙供託目録記載の供託金の交付を実施するよう上申する。

　　　　　　　　　　　　　　　　　　　　　年　　月　　日

　　　　　　　　　　　　　　　　　破産者
　　　　　　　　　　　　　　　　　破産管財人弁護士　　　　　　　　　　印
　　　　　　　　　　　　　　　　　　電　話
　　　　　　　　　　　　　　　　　　担当者

　　添付書類　　　破産管財人資格証明書　　１通
　　　　　　　　　印鑑証明書　　　　　　　１通

支払委託書・証明書に記載する破産管財人の住所氏名
（※弁護士会発行のものではなく、区役所等発行の印鑑証明書上の住所を記載してください。）
　　住　所：
　　氏　名：

〔注１〕　第三債務者が供託をしている場合に、配当事件の事件番号（事件符号（リ））を確認し、本書を用いて供託金の支払いを請求する。第三債務者が供託していなければ、第三債務者に対し、直接支払いを求める。
〔注２〕　東京地裁民事第21部（民事執行センター）では、執行裁判所の支払委託の方法により供託金を破産管財人に払い渡す方法によっているから、供託所に対し、民事執行センターから交付を受けた払渡額証明書に破産管財人資格証明書（自宅住所入りのもの）と破産管財人個人の印鑑証明書（市区町村発行のもの）を添付の上、払渡請求をすることになる。
〔注３〕　執行取消しの上申書を提出した後、既に供託された供託金の払渡手続を怠ると、配当が実施され、差押債権者が供託金を受領する事態が生じるため、特に、破産手続開始日から配当実施日までの期間が短い場合は注意が必要である。

出典　『手引』455頁に基づき、一部改変した。

(別紙)

## 供 託 目 録

供 託 所　　　　　　　　　法務局

供託年月日　　　　　年　　月　　日

供 託 番 号　　　　　年度金第　　　　号

供 託 金 額　　金　　　　　　　　円

法 令 条 項　　民事執行法第 156 条第　　　項


年　（リ）第　　　号外　　件

## 受　　書

○○地方裁判所民事第○部　御中

下記書類を受領しました。

　　　　　　　　　年　　月　　日

　　　　　　破産者
　　　　　　破産管財人弁護士　　　　　　　　　印

　　　　　　電　話
　　　　　　担当者

　　　　　　　　　記

証明書（　　　　　　円）　　通

出典　「供託目録」「受書」ともに『手引』456 頁、457 頁に基づき、一部改変した。

| 書式番号 | 6-2-3 | 書式名 | 合意書（執行供託された新得財産関係） |

○○地方裁判所民事第○部　御中

　　　　　　　　　　　　　　　　　　　年（リ）第　　　号外　件

# 合　意　書

　　　　　　　　　　　　債　権　者
　　　　　　　　　　　　債　務　者
　　　　　　　　　　　　第三債務者

　上記当事者間の御庁　年（ル）第　　　号債権差押命令申立事件について、債務者は、　　年　　月　　日午前・午後　　時　　分に破産手続開始の決定を受け（御庁　年（フ）第　　号）、同決定は確定いたしました。
　ついては、第三債務者が執行供託をしている新得財産部分を、御庁において破産管財人に支払われることに合意します。

　　　　　　　　　　　　　年　　月　　日

　　　　　　　　　　　　破産者　　　　　　　　　　　　印
　　　　　　　　　　　　破産者
　　　　　　　　　　　　破産管財人弁護士　　　　　　　印

〔注１〕　給与債権の差押えなどの継続的債権差押えの場合、破産手続開始後に発生した債権（新得財産部分）について供託されることがある。この部分については、破産管財人の管理処分権が及ばないため、原則として破産者に払い渡されることになるが、破産者と協議の上、破産者が新得財産を破産財団に組み入れる旨の破産管財人・破産者連名の本書を執行部に提出することで、破産管財人が払渡しを受けることも可能である。

出典　『手引』458頁に基づき、一部改変した。

**書式番号 6-2-4　書式名　上申書（債権仮差押決定失効通知関係）**

○○地方裁判所民事第○部　御中

上　申　書　（※１）

　　　　当事者の表示　　　　別紙当事者目録記載のとおり
　　　　仮差押債権の表示　　別紙仮差押債権目録記載のとおり

　上記当事者間の御庁　　　年（ヨ）第　　　号債権仮差押命令申立事件について、　　年　　月　　日付けで仮差押決定が出されていますが、東京地方裁判所　　年（フ）第　　号破産手続開始申立事件において、債務者　　　　につき、　　年　　月　　日午前・午後　　時　　分破産手続開始の決定がされました。
　よって、破産法42条2項により、本件仮差押えの効力は、破産財団に対する関係では、消滅したことを当事者に通知されるよう上申します。

　　　　添付書類　　破産管財人資格証明及び印鑑証明書　　1通

　　　　　　　　　年　　月　　日
　　　　債務者　　破産者
　　　　　　　　　破産管財人弁護士　　　　　　　印
　　　　　　　　　電話　　　－　　　－

※１　この上申書（当事者目録及び仮差押債権目録を合綴したもの）は、裁判所・債権者・第三債務者を合計した通数分を民事第○部に提出してください。また、郵便切手92円分（50gまで）を債権者及び第三債務者の人数分提出してください。
　　　なお、当事者目録における債務者の表示は次のように表記してください。

```
東京都○○区○○○丁目○番○号○○○○法律事務所
　（破産者住所　東京都○○区○○○丁目○番○号）
　債務者　破産者○○○○破産管財人　○　○　○　○
```

〔注１〕　東京地裁民事第9部では、破産手続開始の場合、職権による保全執行取消決定を行っていない。そこで、債権者に対し、破産手続開始決定によって仮差押えの効力が失効している（破産法42条2項）ことを理由として、担保取消しの同意と引換えに保全命令の申立てを取り下げるよう交渉するのが通例である。担保額が100万円を超える場合は、担保取消しの同意について事前に破産裁判所の許可が必要となる（破産法78条2項12号、同3項1号、破産規則25条）ことに注意を要する。

〔注2〕 債権者が保全命令の申立てを取り下げない場合には、保全部に対し、本書を提出し、保全部から第三債務者及び債権者に対し、仮差押えが失効している旨の通知をするように上申する必要がある。

〔注3〕 第三債務者から権利供託（民事保全法50条5項、民事執行法156条1項）がされている場合は、保全部に対し、本書とともに、失効証明申請書【書式番号6-2-5】を提出し、証明書の交付を受けて、供託所で供託金の還付手続を行う。

出典　『手引』459頁に基づき、一部改変した。

| 書式番号 | 書式名 |
|---|---|
| 6-2-5 | 仮差押えの効力の失効証明申請書 |

○○地方裁判所民事第○部　御中

　　　　　　事件番号　　　　年（ヨ）第　　　　　号債権仮差押命令申立事件
　　　　　　当事者の表示　　別紙当事者目録記載のとおり

## 失効証明申請書

　上記当事者間の頭書事件について、○○地方裁判所　　年（フ）第　　　　号破産手続開始申立事件において、債務者につき、　　年　　月　　日午　　時破産手続開始の決定がされたため、上記仮差押えの効力は、破産法42条2項により、破産財団に対する関係では、失効したことを証明してください。

　　　　　　　　　　　年　　月　　日
　　　　　　　　申請人　債務者破産管財人　弁護士　　　　　　　　　印

【注意点】
※　本書面は、正・副2通を作成し、受書とともに提出してください。
　　また、収入印紙150円分を添付してください。

〔注1〕　第三債務者から権利供託（民事保全法50条5項、民事執行法156条1項）がされている場合は、保全部に対し、上申書【書式番号6-2-4】とともに、本書を提出し、証明書の交付を受けて、供託所で供託金の還付手続を行う。

出典　『手引』460頁により、一部改変した。

| 書式番号 | 6-2-6 | 書式名 | 上申書（不動産仮差押えの執行取消し関係） |

○○地方裁判所民事第○部　御中

# 上　申　書

　　　　当事者の表示　　　別紙当事者目録記載のとおり

　　　　物件の表示　　　　別紙物件目録記載のとおり

　上記当事者間の御庁　　　年（ヨ）第　　　　号不動産仮差押命令申立事件について、　　年　月　日付けで仮差押決定がされていますが、東京地方裁判所　　　年（フ）第　　号破産手続開始申立事件において、債務者　　　　につき、　　年　月　日午後　時破産手続開始の決定がされました。
　よって、破産法42条2項により、本件仮差押えの効力は破産財団に対する関係では消滅したことを当事者に通知されること及び上記破産手続のために本件仮差押えの執行手続を取り消される（仮差押登記の抹消を嘱託する）よう上申します。
　なお、別紙物件目録記載の不動産については、上記破産手続において任意売却済みです。

　　　　添付書類　　　破産管財人資格証明及び印鑑証明書　　1通

　　　　　　　　年　　月　　日

　　　　　　債務者破産者
　　　　　　破産管財人弁護士　　　　　　　　　　　　印
　　　　　　　電話番号　　　　　－　　　　－

※　必要なもの
　①　郵券・・・・92円×（債権者の人数分）
　　　法務局1か所につき522円×2（法務局嘱託用）
　②　収入印紙・・・物件1個につき1000円
　　　（区分所有建物の敷地権も1個と数える。物件が法務局1カ所につき20個以上の場合については、定額2万円）
　③　上申書（当事者目録及び物件目録を合綴したもの）副本×債権者の人数分
　　　なお、当事者目録における債務者の表示は次のように表記します。

第6部　財団の管理・換価編
第2章　保全・執行関連　書式番号6-2-6　上申書（不動産仮差押えの執行取消し関係）

```
東京都○○区○○○丁目○番○号○○○○法律事務所
　（破産者住所　東京都○○区○○○丁目○番○号）
　債務者　破産者○○○○破産管財人　○○○○
```

④　破産管財人資格証明及び印鑑証明書
⑤　不動産登記記録全部事項証明書（交付日1か月以内のもの、任意売却後のもの）
⑥　物件目録及び登記権利者義務者目録　　各2通（法務局嘱託用）
　　なお、登記権利者は、任意売却後の当該不動産の現所有者を記載します。

〔注1〕　東京地裁民事第9部では、不動産が任意売却された場合のみ、破産管財人からの上申を受けて仮差押登記の抹消嘱託をする扱いである。したがって、不動産を売却して移転登記手続をした後、保全部に対し、当該移転登記の記載のある不動産登記事項証明書その他添付書類を添えた本書を提出して、仮差押登記の抹消嘱託を求めることになる。
出典　『手引』452頁以下により、一部改変した。

## 催　告　書

前　略

　当社は、○○年○月○日、株式会社○○（本店所在地：○○）との間で、同社を買主、当社を売主とする機械「○○A8―○○73B型」20台の売買契約（以下「本件契約」といいます。）を締結しました。ところが、本件契約について、双方その履行をしないまま、株式会社○○について○○年○月○日午後○時に○○地方裁判所において破産手続開始決定がされて、貴殿が破産管財人に選任されています（○○年（フ）第○○号事件）。

　ついては、本書面到達後3週間以内に、本件契約を解除するか、あるいは履行を請求するかについて、貴殿においてご検討のうえ回答されたく、破産法53条2項に基づいて催告をいたします。弊社としては、契約の解除を希望しております。

　上記期間内に回答をいただけない場合には、破産法53条2項の規定に基づいて、契約の解除をしたものとして、以後の手続を進めさせていただくこととなりますので、ご検討のうえ、早めのご回答をお待ちしております。

草　々

○○年○月○日

〒○○○―○○○○
東京都○○区○○町○○番地
電　話　○○-○○○○-○○○○
FAX　○○-○○○○-○○○○
○○○株式会社
代表取締役　　○○○○

〒○○○―○○○○
東京都○○区○○町○○番地○○
株式会社○○
破産管財人弁護士○○○○殿

〔注1〕　破産法53条2項に基づき、双方未履行双務契約の相手方から、破産管財人に対して発出される催告書である。破産管財人が履行を選択した場合の相手方の債権は原則として財団債権として保護される（破産法148条1項7号）。

| 書式番号 | 6-3-2 | 書式名 | 双方未履行の双務契約の解除通知書 |

## 解 除 通 知

前　略

　当職は、破産者株式会社○○（以下「破産者」といいます。）の破産管財人として、以下のとおり通知します。

　破産者は、○○年○月○日、貴社との間で、破産者を買主、貴社を売主とする機械「○○A8―○○73B型」20台の売買契約（以下「本件契約」といいます。）を締結しましたが、その後、貴社においても既にご案内のとおり、双方の債務の履行がないまま、破産者について、○○年○月○日午後○時、○○地方裁判所から破産手続開始決定がなされました（○○年（フ）第○○号事件）。

　これに伴い、本件契約は双方未履行のままとなっておりましたので、当職は貴社に対し、本書面をもって、破産法53条1項に基づき、本件契約の解除をする旨をご通知いたします。

　ご迷惑をおかけしますが、ご容赦下さい。なお、今後の本件契約の解除に関する問い合わせは、お手数ですが、当職宛に文書にてお願いします。

草　々

○○年○月○日

〒○○○―○○○○
東京都○○区○○町○○番地
○○○○ビル○○階
○○○○法律事務所
電　話　　○○-○○○○-○○○○
FAX　　○○-○○○○-○○○○
破産者株式会社○○
破産管財人弁護士　　○○○○

〒○○○―○○○○
東京都○○区○○町○○番地
○○○株式会社　御中

〔注1〕　破産法53条1項に基づき、破産管財人が双方未履行双務契約の相手方に対して発出する解除通知である。
〔注2〕　破産管財人が解除した場合、既履行部分の原状回復の問題が生じうる。破産者が履行していた部分は、破産管財人が相手方に原状回復を求めることができ、相手方が履行していた部分は、相手方が取戻権又は財団債権として行使することができる（破産法54条2項）。もっとも、相手方の損害賠償請求権は破産債権にすぎない（破産法54条1項）。

| 書式番号 6-3-3 | 書式名 双方未履行の双務契約の履行請求書 |

## 通 知 書

前　略

　当職は、破産者株式会社〇〇（以下「破産者」といいます。）の破産管財人として、以下のとおり通知します。

　破産者は、〇〇年〇月〇日、貴社との間で、破産者を買主、貴社を売主とする機械「〇〇A8―〇〇73B型」20台の売買契約（以下「本件契約」といいます。）を締結しましたが、その後、貴社においても既にご案内のとおり、双方の債務の履行がないまま、破産者について、〇〇年〇月〇日午後〇時、〇〇地方裁判所から破産手続開始決定がなされました（〇〇年（フ）第〇〇号事件）。

　これに伴い、本件契約については双方未履行のままとなっておりましたので、当職は貴社に対し、本書面をもって、破産法53条1項に基づき、本件契約について履行の請求をする旨をご通知いたします。

　つきましては、本件契約の定めに従い、〇〇年〇〇月〇〇日までに、当職が売買代金を支払うのと引換えに機械「〇〇A8―〇〇73B型」20台を引き渡して頂きたく請求いたします。

　なお、今後の本件に関する問い合わせは、お手数ですが、当職宛に文書にてお願いします。

草　々

　　〇〇年〇月〇日

〒〇〇〇―〇〇〇〇
東京都〇〇区〇〇町〇〇番地
〇〇〇〇ビル〇〇階
〇〇〇〇法律事務所
電　話　〇〇-〇〇〇〇-〇〇〇〇
ＦＡＸ　〇〇-〇〇〇〇-〇〇〇〇
破産者株式会社〇〇
破産管財人弁護士　　〇〇〇〇

〒〇〇〇―〇〇〇〇
東京都〇〇区〇〇町〇〇番地
〇〇〇株式会社　御中

〔注1〕　破産法53条1項に基づき、破産管財人が双方未履行双務契約の相手方に対して発出する履行請求通知である。破産財団にとって有利な契約であれば存続させることが考えられる。

〔注2〕　破産法78条2項9号、同3項1号により、履行請求の対象の価額が100万円を超える場合、裁判所の許可が必要である。

| 書式番号 | 6-3-4 | 書式名 | 双方未履行双務契約の履行の請求許可申立書 |

○○地方裁判所民事第○部　　管財　係　御中（※1）

年（フ）第　　号
破産者

| 本件につき<br>許可する。<br>　○○地方裁判所民事第○部<br>　　裁判官 | 本件につき<br>許可があったことを証明する。<br>　前同日　○○地方裁判所民事第○部<br>　　裁判所書記官 |

## 双方未履行双務契約の履行の請求許可申立書

1　申立ての趣旨（※2・※3）

　　後記2(4)「契約の表示」記載の双方未履行双務契約について、破産者の債務を履行して相手方の債務の履行を請求することの許可を求める。

2　申立ての理由

(1)　履行を選択しない場合に管財業務において支障が生じること

　　（内容　　　　　　　　　　　　　　　　　　　　　　　　　　　　　　　　）

(2)　契約の解除を選択した場合と履行を選択した場合の見込み

| 契約解除を選択した場合の見込み | 履行を選択した場合の見込み |
|---|---|
| A　財団が免れる履行義務<br>　　履行義務見込額　　　　　　円<br>B　財団の負担<br>　①財団から返還すべき現存する反対給付<br>　　反対給付の時価　　　　　　円<br>　②財団が相手方に支払うべき財団債務<br>　　推定財団債務額：　　　　　円<br>　③財団が負担する損害賠償破産債務<br>　　損害賠償債務見込額：　　　円<br>　　推定配当額　　　　　　　　円 | A　履行として受ける反対給付<br>　　反対給付の処分見積価額　　円<br>B　破産財団が負担する財団債務たる<br>　　履行義務<br>　　履行義務見込額　　　　　　円 |
| A－B＝ | A－B＝ |

(3)　破産管財人が保有する疎明資料（添付は不要）

　　□　契約書（内容）：

□　その他：
(4)　契約の表示（相手方・契約成立日・契約の種類・契約の内容）

　　　　　　　　　　　　　　　　　　　　年　月　日
　　　　　　　　　　　　　　　　　破産管財人弁護士　　　　　　　印
　　　　　　　　　　　　　　　　　　　　　　　　　　　　　　　以　上

【注意点】
※1　担当係を忘れずに表示してください。
※2　破産法53条1項にいう双方未履行の範囲については、多くの問題があるので十分な検討が必要です（東京地裁破産再生実務研究会『破産・民事再生の実務〔第3版〕破産編』（金融財政事情研究会、平成26年）230頁以下、242頁以下参照）。
※3　破産法78条2項9号においては、破産管財人が破産法53条1項に基づき履行の請求をする場合に許可が必要とされています。他方、解除を選択する場合には許可は必要とされていませんが、必要があれば、破産裁判所と協議してください。

　　　　〔注1〕　履行請求の対象の価額が100万円以下の場合、許可は不要（破産法78条2項9号、3項1号参照）。
　　出典　『手引』479頁に基づき、一部改変した。

| 書式番号 | 6-3-5 | 書式名 | 建物賃貸借契約解除に伴う合意書 |

# 合 意 書

賃貸人○○株式会社（以下「甲」という。）と破産者○○株式会社破産管財人弁護士乙野次郎（以下「乙」という。）は、本日、別紙物件目録記載の建物（以下「本件建物」という。）についての○○年○○月○○日付賃貸借契約（以下「本件契約」という。）の解除に関し、次のとおり合意する。〔注1〕

1　甲と乙は、○○年○○月○○日をもって、本件契約が解除により終了したことを確認する。〔注2〕
2　甲は、乙が甲に対し、○○年○○月○○日までに本件建物の明渡しを完了したことを確認する。
3　乙は、甲が保証金残額100万円を下記(1)の債務全額、(2)の債務全額、および(3)の債務のうち10万円に充当することを承認し、甲は下記(3)の債権のうち上記充当後の残額を放棄する。
　　(1)　○○年○○月○○日から本件契約終了日である○○年○○月○○日までの間の未払賃料（月額賃料○○万円）債務
　　　　合計○○万○○円
　　(2)　中途解約による約定違約金（本件契約第○条に定める解約予告期間○か月分の賃料相当額）債務
　　　　　○○万円〔注3〕
　　(3)　原状回復費用支払債務
　　　　　○○万円
4　甲と乙は、本合意書に定めるほか、何らの債権債務のないことを相互に確認する。

上記合意の成立を証するため、本合意書2通を作成し、甲・乙各1通ずつ保持する。

　○○年○○月○○日

　　　　甲

　　　　乙

〔注1〕 賃借人が破産し、破産管財人が破産法53条1項に基づいて賃貸借契約を解除した場合に締結する合意書で、破産管財人が明け渡しに協力する代わりに、貸主が保証金を超える原状回復費用を放棄する内容である。

〔注2〕 破産管財人が賃貸人に対して破産法53条1項に基づく解除を通知したときはただちに解除の効果が発生する。従って、破産法53条1項に基づく解除通知の到達日を契約終了日として記載する。

〔注3〕 賃貸借契約書中に、「賃借人が契約期間中に契約を解約(解除)するときは〇か月前に書面でその予告をしなければならない。ただし、賃借人は、予告に代えて〇か月分の賃料相当額を支払って即時解約することができる。」などの中途解約特約がある場合の条項である。破産法53条1項に基づく解除の場合における、このような中途解約特約の効力については『手引』193頁以下及び『はい6民です』239頁以下を参照。

| 書式番号 | 書式名 |
|---|---|
| 6-3-6 | 破産管財人による契約終了の通知 |

〇〇年〇〇月〇〇日

〒〇〇〇-〇〇〇〇
東京都〇〇区〇丁目〇番〇号
司法書士　〇〇〇〇　殿

〒〇〇〇-〇〇〇〇
東京都〇〇区〇丁目〇番〇号
〇〇〇〇法律事務所
電話　〇〇-〇〇〇〇-〇〇〇〇
FAX　〇〇-〇〇〇〇-〇〇〇〇
破産者　株式会社〇〇
破産管財人弁護士　〇〇〇〇　印

御　連　絡

拝　啓
　時下益々ご清祥のこととお慶び申し上げます。
　さて、株式会社〇〇（以下「破産者」といいます。）は、〇〇年〇〇月〇〇日午後〇時、〇〇地方裁判所民事第〇〇部において、破産手続開始決定を受け（事件番号・〇〇年（フ）第〇〇〇〇号）、当職が破産者の破産管財人に選任されております。
　ところで、破産者は、貴職との間で、子会社設立についての登記手続に関し、〇〇年〇〇月〇〇日付委任契約を締結いたしました。
　この委任契約は、今般破産者が破産手続開始決定を受けたことにより、民法653条2号に基づき終了いたしましたので、取り急ぎ本書をもってご連絡申し上げます。つきましては、破産者が貴職に預けております資料の一切を当職にお引渡しいただきたくお願い致します。
　なお、ご不明な点につきましては、当職宛てにご連絡いただければと存じます。

　添付資料
　1　破産手続開始決定（写し）　　　　　　　　　　1通

敬　具

〔注1〕　委任契約は、特約がないかぎり、有償、無償を問わず、委任者、受任者のいずれが破産した場合であっても破産手続開始決定により当然に終了する（会社法330条、民法653条2号）。なお、特約があれば、破産法53条の定めに従い処理をすることになる。

| 書式番号 | 6-4-1 | 書式名 | 債務者への通知書（売掛金等の管理関係、回答書付き） |

　　　　　　　　　殿

## 通　知　書

　拝啓　皆様、益々ご清栄のこととお慶び申し上げます。
　さて、　　　　　　　　　（以下「破産会社」といいます。）は、　年　月　日午後　時　　分○○地方裁判所民事第○部において破産手続開始の決定を受け（事件番号・　年（フ）第　　　号）、当職が破産会社の破産管財人に選任されました。これにより破産会社の売掛金債権等は全て破産財団を構成し、弁済受領等の破産財団の管理権は法律上当職に帰属しました。
　当職の調査によりますと、破産会社の貴社に対する売掛金等の残債権は合計金　　　円となっております。
　したがって、今後の買掛金等のお支払は、当職宛てにされるよう（具体的には下記破産管財人名義口座にお振り込みくださるよう）に御通知いたします。
　もし、破産会社の債権者等の第三者に支払われた場合には、法律上弁済の効果が生ぜず、二重払をしていただくことになりかねませんので、当職以外の方に対するお支払はおやめください。万一、違法あるいは強硬な支払要求を受ける等してお困りの場合は、遠慮なく当職に御一報くださるようお願い申し上げます。
　なお、債権確認のため、お手数ながら別紙回答書により　年　月　日までに当職宛てに郵送またはＦＡＸにて御回答を賜りたく御願いいたします。

敬　具

記

　　　　　銀行　　　　支店　普通預金・口座番号　　　　－　　　　番
　　名義：破産者　　　　　　　破産管財人

　　　　　　　　年　　月　　日
　　　　　　　　破産者
　　　　　　　　破産管財人弁護士　　　　　　　　　　印
　　　　　　　　〒　　－　　　　東京都
　　　　　　　　　　電　話　○○－　　　－
　　　　　　　　　　ＦＡＸ　○○－　　　－

第6部　財団の管理・換価編
第4章　債権回収　書式番号6-4-1　債務者への通知書（売掛金等の管理関係、回答書付き）

破産管財人　　　　　殿

　　　　　　　　　　　　　　　　　　　　　　　年（フ）第　　　号
　　　　　　　　　　　　　　　　　　　　　破産者

# 回　答　書

　以下のとおり、私（当社）の　　　　　　　　に対する債務について回答します。

1　　　　　　　に対する債務の有無
　　有　　　　無　　（いずれかに○印をつけてください。）

2　債務金額　　金　　　　　　　　　　円也

3　支払方法
　(1)　現金（下記口座あてにお振り込みいただきたくお願い申し上げます。）
　(2)　その他（全部又は一部の支払を拒絶される場合や、直ちに支払うことができない場合には、その具体的理由を適宜の用紙に書いて添付してください。また、その理由の裏付けとなる資料も添付してください。）

　　　　　　　　　　　　　　　　記

（送金口座）　　　　　銀行　　　支店　普通預金
　　　　口座番号：　　　　－　　　　番
　　　　名義：破産者　　　　　　破産管財人

　　　　　　　　　　　　　　年　　月　　日
　　　　　　　　　　　　住　　所
　　　　　　　　　　　　電　　話
　　　　　　　　　　　　氏　　名
　　　　　　　　　　　　担当者名

〔注1〕　正確な売掛先及び売掛金額の把握が前提となるため、破産管財人としては就任後速やかに会社の経理担当者等と連絡を取り、最新の情報に基づいて未収売掛先、金額を把握する必要がある。

出典　『手引』485頁に基づき、一部改変を行った。

第6部　財団の管理・換価編
第4章　債権回収　書式番号6-4-2　売掛金請求書

**書式番号 6-4-2　書式名 売掛金請求書**

〇〇年〇〇月〇〇日

〇〇〇〇株式会社　御中

〒〇〇〇-〇〇〇〇　東京都〇〇区〇丁目〇番〇号
〇〇〇〇法律事務所
電話　〇〇-〇〇〇〇-〇〇〇〇
FAX　〇〇-〇〇〇〇-〇〇〇〇
破産者　株式会社〇〇
破産管財人弁護士　〇〇〇〇　印

請　求　書

前　略
　当職は、〇〇年〇〇月〇〇日午後〇時に〇〇地方裁判所民事第〇部において破産手続開始決定（事件番号・〇〇年（フ）第〇〇〇〇号）を受けた株式会社〇〇（以下「破産者」といいます。）の破産管財人に選任された弁護士です。破産手続開始決定により、破産者の売掛金債権等一切の財産は破産財団を構成し、破産財団に属する財産の管理処分権は当職に帰属することになりました。
　さて、当職の調査によりますと、破産者の貴社に対する売掛金債権（金〇〇万円）が存在することが判明致しました。
　つきましては、同金額を下記の破産管財人名義の口座への振込みによりお支払頂きますようご請求申し上げます。
　本件に関してご不明な点等ございましたら、当職までご連絡下さいますよう、お願い申し上げます。

草　々

記

　　〇〇〇〇銀行〇〇支店　普通預金・口座番号〇〇〇〇〇〇〇
　　口座名義・破産者株式会社〇〇破産管財人弁護士〇〇〇〇

添付資料
1　〇〇年〇〇月〇〇日付請求書（破産者発行）　　　1通
2　破産手続開始決定（写し）　　　1通

〔注1〕　本書式は債務者に対する請求金額が判明している場合を想定している。既に破産者が請求書を発行済みであることを前提に、添付資料に請求書を記載しており、破産者が請求書未発行であれば添付資料から除外することになる。なお、破産者が請求書未発行の場合において、売掛先が従前の請求書の書式での請求を望む場合があるため、破産者の経理担当者等に協力してもらい従前の書式で作成することも考えられる。

| 書式番号 6-4-3 | 書式名 事前の包括的和解許可申立書 |

○○地方裁判所民事第○部　　管財　　係　御中（※１）

　　　　　　　　　　　　　　　　年（フ）第　　　　号
　　　　　　　　　　　　　　破産者

| 本件につき<br>許可する。<br>　○○地方裁判所民事第○部<br>　　裁判官 | 本件につき<br>許可があったことを証明する。<br>　前同日　○○地方裁判所民事第○部<br>　　裁判所書記官 |

## 事前の包括的和解許可申立書

1　申立ての趣旨（※２・※３）
　　別紙一覧表記載の相手方との間で、別紙一覧表記載の和解条件（※４）を満たすことを条件として、（□　訴訟上の　□　訴訟外の）和解をすることの許可を求める。
2　申立ての理由
　①　和解しない場合の見込み
　　　□　別の方法により解決することの困難性
　　　□　管財業務の長期化
　　　□　その他（内容　　　　　　　　　　　　　　　　　　　　　　　）
　②　和解した場合の実益
　　　□　財団組入見込額　　　　　　　　　円
　　　□　管財業務の迅速処理
　　　□　その他（内容　　　　　　　　　　　　　　　　　　　　　　　）
　③　その他
3　破産管財人が保有する疎明資料（添付は不要）
　①
　②
　③

　　　　　　　　　　年　　月　　日
　　　　　　　　　破産管財人弁護士　　　　　　　　　　印
　　　　　　　　　　　　　　　　　　　　　　　　　　　　　　以　上

【注意点】
※１　担当係を忘れずに表示してください。

※2　破産法78条2項11号参照。
※3　多数にわたる同一種類の相手方との間の包括的和解許可申立てを念頭に置いています。適宜裁判所に事前相談してください。
※4　例えば、多数の売掛先との包括的和解の場合、①支払を受ける金額の条件（簿価の一定割合以上ないし一定金額以上）、及び②支払を受ける期限の条件等が考えられます。

〔注1〕　100万円以下の和解の場合、許可は不要であるが（破産法78条2項11号、3項1号参照）、上記※3参照。
〔注2〕　基準となる100万円は、係争物（訴訟物）の価額が基準となるものと考えられる。
〔注3〕　本申立書は、閲覧・謄写の対象となることに留意が必要である。

出典　『手引』478頁に基づき、一部改変を行った。

| 書式番号 | 6-4-4 | 書式名 | 賃借人宛連絡文 |

ご　連　絡

〇〇年〇〇月〇〇日

賃借人各位

〒〇〇〇-〇〇〇〇
東京都〇〇区〇丁目〇番〇号
〇〇〇〇法律事務所
破産者　〇〇〇〇株式会社
破産管財人弁護士　〇〇〇〇
TEL　〇〇-〇〇〇〇-〇〇〇〇
FAX　〇〇-〇〇〇〇-〇〇〇〇

拝　啓
　時下ますますご清栄のこととお慶び申し上げます。
　破産者〇〇〇〇株式会社（〇〇市〇〇区〇〇〇丁目〇〇番〇〇号）は、〇〇年〇〇月〇〇日午後〇時に〇〇地方裁判所(事件番号・〇〇年（フ）第〇〇〇〇号）において破産手続開始決定を受け、当職が破産管財人に選任されました。
　今後は、当職が〇〇ビル（〇〇市〇〇区〇〇〇丁目〇〇番〇〇号）についての賃貸及び管理を行うことになります。賃借人の皆様には大変ご不便お掛けしますが、賃借物件の使用等については従前どおりであり、破産手続開始決定によって賃借人の皆様に不利益が生じることはございませんので、何卒ご理解とご協力をお願いします。
　今後の賃料の振込先は、次の破産管財人口座となりますので、よろしくお願いします。

　　　（今後の賃料の振込先）
　　　　〇〇銀行　〇〇支店　普通預金口座
　　　　口座番号　〇〇〇〇〇〇〇
　　　　口座名義　破産者〇〇〇〇株式会社破産管財人〇〇〇〇
　　　　　（ハサンンシャ〇〇〇〇カ）ハサンカンザイニン〇〇〇〇）

　なお、今後の管理の窓口は、次のとおりです。

　　　（管理窓口）
　　　　〇〇市〇〇区〇〇　〇丁目〇〇番〇〇号

○○ビル○階
　　株式会社○○○○　担当：○○
　　TEL　○○-○○○○-○○○○
　　FAX　○○-○○○○-○○○○

今後とも管財業務へのご協力よろしくお願いいたします。

敬　具

〔注1〕　賃貸人の破産の場合において、賃借権に第三者対抗要件が備わっている場合は、破産法53条1項、2項の適用はなく、破産管財人に解除権はない（破産法56条1項）。本書式は、賃借権に第三者対抗要件が備わっており、破産管財人が破産財団となる賃料債権を引き続き収受することを前提としている。

【書式番号 6-5-1-1／書式名】**資産売却許可申立書**

○○地方裁判所民事第○部　　管財　　係　御中（※１）

　　　　　　　　　　　　　　　　　　　年（フ）第　　　　号
　　　　　　　　　　　　　　　　　破産者

| 本件につき<br>許可する。<br>　○○地方裁判所民事第○部<br>　　裁判官 | 本件につき<br>許可があったことを証明する。<br>　前同日　○○地方裁判所民事第○部<br>　　裁判所書記官 |
| --- | --- |

## 資産売却許可申立書

1　申立ての趣旨
　　破産財団に属する後記「物件の表示」記載の資産を以下の内容で売却することにつき許可を求める。
2　資産の区分
　　　□　自動車　　□　電話加入権　　□　什器備品　　□　商品在庫
　　　□　その他
3　売却の内容
　①　買主の表示
　　　□　特定可能：住所
　　　　　　　　　　氏名
　　　□　特定不能（※２）　　（理由）
　②　売買代金額
　　　□　特定可能　金　　　　　　　　円（※３）
　　　□　特定不能（※４）
　　　　　a　簿価基準　　　　　　　b　最低額基準
4　破産管財人が保有する疎明資料（添付は不要）
　①
　②
　③
5　備考

　　　　　　　　　　　　　　　記

　　物件の表示（※５）

年　月　日
　　　破産管財人弁護士　　　　　　　　　　　㊞

以　上

【注意点】
※１　担当係を忘れずに表示してください。
※２　買主の表示で「特定不能」とは、バーゲンセールを実施する場合等を指します。
※３　物件の評価額が100万円を超える場合に申立てが必要です（破産法78条2項7号、8号、同条3項1号、破産規則25条）。
※４　簿価基準とはバーゲンセール等で仕入簿価に対する一定の割合（ただし、確定的なものではなく、５～８％のようにある程度幅を持たせることも可。）で算出する場合、最低額基準とは販売額の最低額をあらかじめ設定する場合をそれぞれ指します。
※５　売却する資産を十分特定してください。「破産者の所有する什器備品一切」、「在庫一式」等の記載では不十分です。

〔注１〕　動産の価額については処分時の目的物の時価を基準とすべきとの考え方と破産手続開始時の財産評定額を基準とすべきとの考え方がある。ただし、後者の考え方でも売却価額が財産評定額を超える場合は売却価額を基準とする。
〔注２〕　債権又は有価証券の価額の判断基準については、額面額か評価額か、あるいはその他かについて実務運用は分かれているが、評価額を基準とする庁が最も多いとされている。
〔注３〕　東京地裁では対象資産が複数ある場合、対象資産の種類ごとに時価相当額が100万円を超えるかを判断することとされている。
〔注４〕　商品の価額が100万円以下でも一括売却の場合には、裁判所の許可が必要である（破産法78条2項4号）。また、破産者の親族に売却する場合等には、売却先や売却方法の当否につき債権者から疑問が呈される場合に備えて、裁判所の許可を得ておくのが望ましいと考えられる。
〔注５〕　動産売却の許可申請をする場合、契約書案を添付するのが通常の取扱いである。

出典　『手引』465頁に基づき、一部改変を行った。

| 書式番号 6-5-1-2 | 書式名 資産放棄許可申立書 |

○○地方裁判所民事第○部　　管財　係　御中（※１）

年（フ）第　　　号
破産者

| 本件につき<br>許可する。<br>　○○地方裁判所民事第○部<br>　　裁判官 | 本件につき<br>許可があったことを証明する。<br>　前同日　○○地方裁判所民事第○部<br>　　裁判所書記官 |

## 資産放棄許可申立書

1　申立ての趣旨（※２・※３）
　　破産財団に属する後記「資産の表示」記載の資産を放棄することにつき許可を求める。
2　申立ての理由
　(1)　放棄の必要性
　　　□　換価困難（内容　　　　　　　　　　　　　　　　　　）
　　　□　回収を上回るコストが予想される（内容　　　　　　　）
　　　□　その他（内容　　　　　　　　　　　　　　　　　　　）
　(2)　放棄の許容性
　　　□　社会的見地から放棄に支障がないこと
　　　　（内容　　　　　　　　　　　　　　　　　　　　　　　）
3　破産管財人が保有する疎明資料（添付は不要）
　　　□　買取見積書（内容　　　　　　　　　　　　　　　　　）
　　　□　廃棄処分見積書（内容　　　　　　　　　　　　　　　）
　　　□　報告書（内容　　　　　　　　　　　　　　　　　　　）
　　　□　その他（内容　　　　　　　　　　　　　　　　　　　）
4　資産の区分
　　　□　自動車　※４　□　電話加入権　□　什器備品　□　商品在庫
　　　□　その他（内容　　　　　　　　　　　　　　　　　　　）
5　資産の表示

年　月　日
破産管財人弁護士　　　　　　　印
以　上

第6部　財団の管理・換価編
第5章　資産処分　第1節　書式番号6-5-1-2　資産放棄許可申立書

## 【注意点】

※1　担当係を忘れずに表示してください。

※2　破産法78条2項12号参照

※3　動産については、放棄後の不慮の事故等を防止するため、直ちに放棄の許可を得るのではなく、廃棄処分等を行って事後に問題を残さないようにすることが求められます。

※4　自動車の放棄の場合は、課税や運行供用者責任の問題から放棄の時点を明確にする必要がありますので、100万円以下でも速やかに個別の許可申立てをしてください。

〔注1〕　資産の価額が100万円を超える場合に申立てが必要となる（破産法78条2項12号、同条3項1号、破産規則25条。資産の価額の考え方については書式番号6-5-1-1の注を参照）。もっとも、危険物や賃借土地上の動産を放棄する場合等は価額が100万円以下であっても許可を得ることが望ましいと考えられる。

〔注2〕　自動車の場合、車名・型式・登録番号又は車体番号で資産を特定するのが一般的であり、換価困難な理由としては初年度登録から相当年数の経過や走行距離の程度等により換価価値がないこと、盗難（盗難の届出をした警察署、受理年月日、受理番号等を記載する。）、所在不明などが挙げられる。

出典　『手引』476頁に基づき、一部改変を行った。

| 書式番号 6-5-1-3 | 書式名 債権放棄許可申立書 |

○○地方裁判所民事第○部　　管財　係　御中（※1）

年（フ）第　　号
破産者

| 本件につき<br>許可する。<br>　○○地方裁判所民事第○部<br>　　裁判官 | 本件につき<br>許可があったことを証明する。<br>　前同日　○○地方裁判所民事第○部<br>　　裁判所書記官 |

## 債権放棄許可申立書

1　申立ての趣旨（※2・※3・※4）
　　後記「債権の表示」記載の債権を放棄することの許可を求める。
2　申立ての理由
　　□　倒産（内容　　　　　　　　　　　　　　　　　　　　　　）
　　□　所在不明（内容　　　　　　　　　　　　　　　　　　　　）
　　□　資産不明（内容　　　　　　　　　　　　　　　　　　　　）
　　□　資力なし（内容　　　　　　　　　　　　　　　　　　　　）
　　□　回収を上回るコストが予想される（内容　　　　　　　　　）
　　□　換価困難（内容　　　　　　　　　　　　　　　　　　　　）
　　□　その他
3　破産管財人が保有する疎明資料（添付は不要）
　　□　不渡処分通知（内容　　　　　　　　　　　　　　　　　　）
　　□　破産手続開始決定（内容　　　　　　　　　　　　　　　　）
　　□　転居先不明の返送郵便
　　□　住所地の不動産登記事項証明書（内容　　　　　　　　　　）
　　□　報告書（内容　　　　　　　　　　　　　　　　　　　　　）
　　□　その他
4　債権の表示
　　・　債務者名：
　　・　債権の種類：
　　・　債権の金額：　金　　　　　　　　円

年　月　日
破産管財人弁護士　　　　　　　　　㊞

以　　上

【注意点】
※1　担当係を忘れずに表示してください。
※2　（投資）有価証券、出資金等もこれに準じます。
※3　破産法78条2項12号参照
※4　東京地方裁判所民事第20部においては、債権放棄の効果を、債務者との間の権利関係を解消する絶対的放棄ではなく、換価に値しない財産を破産財団から除外し、破産者又は別除権者の自由な処分に委ねる相対的放棄と解する扱いです。

〔注1〕　東京地方裁判所では、債権者集会において口頭で債権放棄許可申立てをすることも可能。その場合には、財産目録等で放棄対象の債権を特定する。
〔注2〕　100万円以下の権利放棄の場合、許可は不要（破産法78条2項12号、3項1号参照）。
〔注3〕　なお、回収困難な資産についても、権利放棄に先立ち、まずは破産者の関係者への売却や、サービサーへの売却等を検討することになる。
出典　『手引』475頁により、一部改変を行った。

217 | 6-5-1-4 | 取戻権承認許可申立書

○○地方裁判所民事第○部　　管財係　御中

年（フ）第　　　号
破産者

| 本件につき<br>許可する。<br>　○○地方裁判所民事第○部<br>　　裁判官 | 本件につき<br>許可があったことを証明する。<br>　前同日　○○地方裁判所民事第○部<br>　　裁判所書記官 |
|---|---|

## 取戻権承認許可申立書

1　申立ての趣旨
　　下記内容の取戻権を承認することの許可を求める。

記

　①　取戻権の目的物　　後記「物件の表示」記載のとおり
　②　取戻権の目的物の価額
　　　　　　　　　　　　金　　　　　　　　円
　③　取戻権者　　住所　東京都○○区○○町○丁目○番○号
　　　　　　　　　　　　株式会社○○○○
　④　取戻権の内容　　□　所有権
　　　　　　　　　　　□　その他（　　　　　　　　　）

2　申立ての理由
　・上記取戻権者が取戻権を有すること
　　内容（　　　　　　　　　　　　　　　　　　　）

3　管財人が保有する疎明資料
　・契約書（内容　　　　　　　　　　　　　　　　）
　□その他（内容　　　　　　　　　　　　　　　　）

4　物件の表示

　　　　　年　　月　　日

　　　　　　　　破産管財人　　　　　　　　印

　　　　　　　　　　　　　　　　　　　　以　上

〔注１〕　破産法78条２項13号、同条３項１号、破産規則25条。
〔注２〕　取戻権の目的物の価額が100万円を超える場合に申立てが必要である。なお、目的物の価格については処分時の目的物の時価を基準とすべきとの考え方と破産手続開始時の財産評定額を基準とすべきとの考え方がある。

| 書式番号 6-5-2-1 | 書式名 不動産売却等許可申立書 |
|---|---|

○○地方裁判所民事第○部　　管財　係　御中（※1）

　　　　　　　　　　　　　　　　　　　年（フ）第　　号（※2）
　　　　　　　　　　　　破産者

| 本件につき<br>許可する。<br>　○○地方裁判所民事第○部<br>　　裁判官 | 本件につき<br>許可があったことを証明する。<br>　前同日　○○地方裁判所民事第○部<br>　　裁判所書記官 |
|---|---|

## 不動産売却等許可申立書

1　申立ての趣旨
　　財団に属する別紙物件目録記載の不動産を以下の内容で別紙売買契約書（案）により売却し、所有権移転登記手続をすること（※3、4）
　　売買代金から、後記のとおり別除権者に金員を支払って、別除権の目的である不動産を受け戻すこと
　につき許可を求める。
2　売買契約の内容
　①買主の表示　住所：
　　　　　　　　氏名：
　②売買代金額・諸費用（下記6）
　③売買契約の内容：別紙売買契約書（案）記載のとおり
3　別除権者の表示（※5）
　　別除権者：
　　現存被担保債権額：金　　　　　円　　弁済額：金　　　　　円
4　財団組入額　　金　　　　　円
5　破産管財人が保有する疎明資料（添付は不要）
　　□　不動産登記事項証明書　　　　通　　□　買付証明書　　　　　　通（※6）
　　□　競売の評価書　　　　　　　　通　　□　固定資産評価証明書　　通
　　□　その他
6　売買経費等計算書

| 売買代金額 | 円 |
|---|---|
| 財団組入額 | 円 |
| 固定資産税・都市計画税（※7） | 円 |
| 司法書士費用 | 円 |

| | |
|---|---|
| 仲介手数料 | 円 |
| 消費税 | 円 |
| その他の経費等（　　　　　） | 円 |
| 別除権者への弁済金 | 円 |

7　備考（※8）

　　　　　　　　　　　　　　年　　月　　日
　　　　　　　　　　破産管財人弁護士　　　　　　　　　印

　　　　　　　　　　　　　　　　　　　　　　　　以　上

【注意点】
※1　担当係を忘れずに表示してください。
※2　関連事件があり、基本事件の破産者と関連事件の破産者が共有する物件を一括して売却する場合であっても、許可申立書は事件ごとに作成してください。共有物件を売却する場合、6項記載の財団組入額は、持分に応じて按分した金額を記載してください。
※3　売買契約書の物件目録を引用する場合を除き、申立書には必ず別紙として物件目録を付けてください。
※4　不動産業者が一般的に使用している契約書には、手付、瑕疵担保責任、違約金等、破産管財人が売主として不動産を売却するには不適当な条項が含まれていることが多いので、これらの条項の適用を排除する特約を結ぶなどの対応を執ってください。
※5　別除権者への弁済について、数が多く書ききれない場合には別紙に記載して引用してください。
※6　買付証明書の通数に特段の制限はありません。
※7　固定資産税は、既に財団から1年分を支払済みの場合には、売買契約時以降が買主負担分となります。未払の場合のみ、代金から控除されるべき経費の扱いとなります。なお、賃料収入のある物件の場合の賃料についても同様の問題があります。
※8　備考欄には、当該不動産売却手続上特に裁判所に報告しておくべきと破産管財人が考える事情を記載します。

〔注1〕　破産法78条2項1号。
〔注2〕　売買経費等として他に、敷金・保証金、契約書印紙代、差押（滞納処分）抹消費用、測量費、マンションの滞納管理費、動産撤去費用、転居費用等が考えられる。また、競売であれば配当の見込みのない後順位抵当権者が存在する場合、後順位抵当権者に対して担保権の抹消の承諾料として一定の金額を支払うのが実務上一般的である。
〔注3〕　財団組入額はケースバイケースであるが、売買代金の5～10％程度が一般的である。
〔注4〕　異時廃止事案の場合、買主から受領する固定資産税・都市計画税等の買主負担分については、預り金的性質を重視して未払の固定資産税等を全額納付する考えと、日割精算金の性質を売買代金の一部と考えて財団債権に対する按分弁済の原資と扱う立場があり、実務上いずれも許容されている。ただし、後者の考え方に立つ場合には、買主の誤解を招かないよう、財団債権に対する按分弁済の原資と扱う旨を買主に説明し、理解を得ておくことが重要である。

出典　『手引』466頁に基づき、一部改変を行った。

| 書式番号 | 書式名 |
|---|---|
| 6-5-2-2 | 破産登記嘱託の上申書 |

○○地方裁判所民事第○○部　　管財　係　御中

年（フ）第　　号
破産者

## 破産登記嘱託の上申書

　破産財団に属する別紙物件目録記載の不動産について、今後も債権者から差押えがなされる可能性がありますので、破産登記を所轄法務局に嘱託いただきたく、上申いたします。

（添付資料）
　① 不動産登記事項証明書（写しでも可）　　通
　② 物件目録　2部

　　　　年　　月　　日

　　　　　　　　　　　　破産管財人　　　　　　　　印

　　　　　　　　　　　　　　　　　　　　　　以　上

〔注1〕　破産法258条1項。
〔注2〕　破産者が個人の場合、不動産に対する破産登記をおこなうこととなっているが、東京地裁の場合、原則としてこれを留保している。破産手続開始決定後も債権者から差押えがなされる可能性がある場合、破産者が不動産の権利証を預けていたり、白紙委任状を交付している場合等、破産手続開始後にもかかわらず登記された権利が移転されてしまう恐れがある場合など、破産管財人が特に破産登記を必要とする場合には、個別に裁判所書記官に上申する必要がある。

| 書式番号 | 6-5-2-3 | 書式名 | 破産登記抹消嘱託の上申書 |

○○地方裁判所民事第○部　　　管財　　係　御中（※１）

　　　　　　　　　　　　　　　　　年（フ）第　　　　号
　　　　　　　　　　　　　　　　破産者

## 破産登記抹消嘱託の上申書

　別紙物件目録記載の不動産について、売却処分し、添付の不動産登記事項証明書記載のとおり所有権移転登記を完了いたしましたので、御庁の嘱託によりされた破産登記の抹消を所轄法務局に嘱託願います。

1　不動産売却許可申立ての日付　　　　　年　　月　　日

2　添付資料
　　①　所有権移転登記を経由した不動産登記事項証明書（写しでも可）　　　通
　　②　物件目録　　２部（※２）

　　　　　　　　　　　　　　　　　　　　　　　　年　　月　　日

　　　　　　　　　　　　　　　破産管財人弁護士　　　　　　　　　　印

　　　　　　　　　　　　　　　　　　　　　　　　　　　　　　　以　上

【注意点】
※１　担当係を忘れずに表示してください。
※２　物件目録は、本上申書添付用に１通のほか、嘱託手続用登記物件目録として２通を添付します。
※　　破産登記に先行する差押登記及び仮差押登記がある場合には、これらの先行登記の抹消登記手続も当部に上申してください（一筆につき1000円の印紙が必要（東京地裁による差押登記及び仮差押登記に限る。））。

〔注１〕　破産法258条３項。破産手続開始の登記がされた破産財団に属する財産が、破産管財人によって第三者に任意売却された場合は同項に準じた取り扱いとされている。
〔注２〕　本嘱託に当たっては、破産管財人によって任意売却されたことが登記簿上明らかであるから、登記原因証明情報の添付を要せず、登録免許税の納付は不要とされている。
出典　『手引』468頁に基づき、一部改変を行った。

## 不動産売買契約書

　売主破産者○○株式会社破産管財人○○○○（以下「甲」という。）と買主○○（以下「乙」という。）は、別紙物件目録1記載の土地（以下「本件土地」という。）及び別紙物件目録2記載の建物（以下「本件建物」という。）（以下、本件土地及び本件建物を「本件不動産」という。）につき、次のとおり売買契約を締結する。

第1条（基本合意）

　　　甲は乙に対し、本日、破産財団に属する本件不動産を下記金額で売り渡し、乙はこれを買い受けた。
　　　　土地　　　○○円
　　　　建物　　　○○円（消費税○○円を含む）
　　　　合計　　　○○円

第2条（即日決済）

　　　乙は甲に対し、本日本席において、前条の売買代金全額を支払い、甲はこれを受領した。
　2　甲は乙に対し、本日、本件不動産を現状有姿で引き渡すとともに、所有権移転登記および担保権抹消登記に必要な一切の書類を交付した。
　3　本件不動産の所有権は、本日、第1項の売買代金の支払いと同時に、甲から乙に移転した。
　4　本件不動産の所有権移転登記の申請手続は前項の本件不動産の所有権の移転と同時に行うこととし、所有権移転登記の申請手続に要する費用は乙の負担とする。

第3条（境界確認）

　　　甲は、乙に対し、本件土地につき、隣地との境界を明示する義務を負わない。

第4条（賃借権の確認）

　　　甲と乙は、本件建物につき、下記のとおり賃借権が存在し、乙がこの賃貸人たる地位を承継することを確認する。
　　　　賃貸人：○○○○
　　　　賃借人：○○○○
　　　　敷　金：金○○円
　　　　賃　料：1か月金○○円
　　　　期　間：○○年○月○日から○○年○月○日
　2　甲は乙に対し、前項の敷金相当額○○円を引き渡し、乙はこれを受領した。

第5条（権利、負担の除去等）

　　　　甲は、前条に定める賃借権を除き、本件不動産についての抵当権、質権、先取特権、賃借権等乙の完全な所有権の行使を妨げる権利の負担を除去せしめ、完全な所有権を移転しなければならない。

第６条（担保責任の免除）
　　　　本件不動産の面積及び構造等は登記簿上の面積によるものとし、実測面積及び現況等との間に齟齬がある場合でも、売買代金の価額の修正を行わない。
　２　本件不動産に隠れたる瑕疵が存することが発見された場合、甲は瑕疵担保責任を負担しない。

第７条（公租公課等の負担）
　　　　本件不動産にかかる公租公課その他の賦課金および負担金は１月１日を基準日として本件不動産の引渡しの日をもって区分し、１月１日から引渡日までは甲の負担とし、翌日以降１２月３１日までは乙の負担とする。

第８条（契約の解除）
　　　　甲または乙は、その相手方が本契約に違反し、期限を定めた履行の催告に応じない場合には、本契約を解除することができる。

第９条（契約書の作成費用）
　　　　本契約書の作成費用は、乙の負担とする。

第１０条（停止条件）
　　　　本契約は、売主に関する破産事件を所管している裁判所による本件不動産の売却許可があること、本件不動産に関する担保権、差押登記の抹消につき、各担保権者、差押権者の同意があることを停止条件として効力を生じるものとし、かかる条件が成就しない場合でも、甲の義務の不履行には当たらないこととする。

第１１条（合意管轄）
　　　　本契約について争いが生じた場合には、○○地方裁判所を第１審の専属的合意管轄裁判所とする。

第１２条（協議条項）
　　　　本契約に疑義を生じたとき、またはこの契約に定めなき事項について必要があるときは、甲および乙が協議のうえ、これを決定する。

　本契約の成立を証するため本契約書２通作成し、売主及び買主が各１通を所持する。

　　　　　　年　　月　　日
　　　　　　　　　売主　住　所
　　　　　　　　　　　　氏　名
　　　　　　　　　買主　住　所
　　　　　　　　　　　　氏　名

第 6 部　財団の管理・換価編
第 5 章　資産処分　第 2 節　書式番号6-5-2-4　不動産売買契約書（一括決済型）

〔注 1〕　破産法 78 条 2 項 1 号、同法 184 条。
〔注 2〕　担保権付かつ賃貸不動産につき、契約締結と同時に一括決済する場合を想定している（なお、東京地裁では一括決済が原則とされている。）。通常であれば担保権者に同席してもらい、担保権抹消書類を受領し、これを買主に交付すると同時に、売買代金中から担保権者に対して担保抹消料を支払う。こうすることで、担保権が抹消できないことによるリスクを管財人が負担しないで済む。
〔注 3〕　破産管財人が作成する不動産売買契約書では不測の事態により破産財団が損害を被ることを防止するための条項として、①公簿売買、②境界非明示・現状有姿引渡し（ただし、境界確認に代えて測量図を交付するケースもある）、③瑕疵担保責任の免除、④裁判所の許可及び担保権者の同意を停止条件とすること、⑤反社会的勢力の場合の無条件解除等を規定するのが通常である。③については消費者契約法との関係で議論がある（『手引』157 頁参照）。

## 不動産売買契約書

　売主破産者〇〇破産管財人〇〇（以下「甲」という。）と買主〇〇（以下「乙」という。）は、別紙物件目録記載の土地（以下「本件不動産」という。）につき、次のとおり売買契約を締結する。

第１条（売買の目的）
　　　甲は乙に対し、破産財団に属する本件不動産を売り渡し、乙はこれを買い受ける。
第２条（売買代金）
　　　本件不動産の売買代金は、金　　　万円とする。
第３条（代金支払期日）
　　　乙は甲に対し、前条の売買代金を下記のとおり支払う。支払方法は、乙が甲の指定する金融機関口座に振り込む方法により支払うものとし、振込手数料は乙の負担とする。
　　①　本契約締結時に手付金として金　　　円
　　②　第５条１項に基づく本件不動産引渡時に残額金　　　円
第４条（担保責任の免除）
　　　本件不動産の面積は公簿面積によるものとし、後日、実測面積との間に離齬があることが明らかになった場合でも、売買代金の精算は行わない。
　２　本件不動産引渡後、本件不動産に瑕疵が存することが発見された場合には乙の負担とし、甲は損害賠償、契約解除等の瑕疵担保責任を一切負担しない。
第５条（引渡し、登記）
　　　甲は、　年　月　日までに、乙に対して所有権移転登記に必要な一切の書類を交付すると共に本件不動産を現状有姿で現実に引渡す。
　２　本件不動産の引渡しは現状有姿とし、また、所有権移転登記に要する一切の費用は乙の負担とする。
第６条（所有権の移転）
　　　本件不動産の所有権は、第２条の売買代金全額の支払いが完了した時に、甲から乙に移転する。
第７条（権利、負担の除去等）
　　　甲は、第５条の引渡しまでに、本件不動産についての抵当権、質権、先取特権、賃借権等乙の完全な所有権の行使を妨げる権利の負担を除去せしめ、完全な所有権を移転しなければならない。
　２　前項にかかわらず、甲が本件不動産の引渡日までに、乙の完全な所有権の行使を妨げる権利を除去できない場合、本契約は当然に解除されるものとする。
　３　前項の場合、甲は手付金と同額を無利息で返還するものとし、これ以外に、甲と乙とは、相互に損害賠償請求等の金銭的請求を行わないものとする。

第8条（公租公課等の負担）

本件不動産にかかる公租公課その他の賦課金および負担金は1月1日を基準日として本件不動産の引渡しの日をもって区分し、1月1日から引渡日までは甲の負担とし、翌日以降12月31日までは乙の負担とする。

第9条（売主の危険負担）

本契約締結後、第5条による本件不動産の引渡しの完了前に、甲または乙のいずれの故意または過失によらないで本件不動産の全部または一部が流失、陥没その他により滅失または毀損したとき、あるいは公用徴収、道路編入の負担が課せられたときは、甲は本契約を解約することができる。

第10条（契約の解除）

甲または乙は、その相手方が本契約に違反し、期限を定めた履行の催告に応じない場合には、本契約を解除することができる。

第11条（契約書の作成費用）

本契約書の作成費用は、乙の負担とする。

第12条（停止条件）

本契約は、売主に関する破産事件を所管している裁判所による本件不動産の売却許可があることを停止条件として効力を生じるものとし、かかる条件が成就しない場合でも、甲の義務の不履行には当たらないこととする。この場合、甲は手付金と同額を無利息で返還するものとし、これ以外に、甲と乙とは、相互に損害賠償請求等の金銭的請求を行わない。

第13条（合意管轄）

本契約について争いが生じた場合には、○○地方裁判所を第1審の専属的合意管轄裁判所とする。

第14条（協議条項）

本契約に疑義を生じたとき、またはこの契約に定めなき事項について必要があるときは、甲および乙が協議のうえ、これを決定する。

本契約の成立を証するため本契約書2通作成し、売主及び買主が各1通を所持する。

　　年　　　月　　　日
　　　　売　主

　　　　買　主

〔注1〕　破産法78条2項1号、同法184条。
〔注2〕　土地の売買で、代金支払いにつき手付金・残金方式をとる場合。売主が担保権が抹消できない場合の責任を負わないように、7条2項および3項をおいている。なお、手付金を取る場合、解約に際して手付倍返しを要することになると、破産管財人の善管注意義務違反を問われる恐れがあるため注意が必要である。
〔注3〕　破産管財人が作成する不動産売買契約書につき不測の事態に備えるための条項について書式6-5-2-4の注3を参照のこと。

| 書式番号 6-5-2-6 | 書式名 担保権抹消の依頼書 |

〇〇年〇月〇日

株式会社〇〇銀行　御中
（ご担当　〇〇調査役殿）

〒〇〇〇-〇〇〇〇　東京都〇〇区〇〇町〇丁目〇番〇号
破　産　者　　株式会社〇〇〇〇
破産管財人　　〇〇〇〇
電　話　〇〇-〇〇〇〇-〇〇〇〇
ＦＡＸ　〇〇-〇〇〇〇-〇〇〇〇

## 担保不動産売却についてご提案

　時下ますますご清栄のこととお慶び申し上げます。当破産管財事件については、日ごろご協力いただき厚く御礼申し上げます。
　さて、貴行が担保権を有する〇〇市〇〇町〇丁目〇番〇宅地〇〇〇〇・〇〇㎡について、貴行のご意見も伺った上、売却活動を進めていたところ、別紙買付証明書のとおり、金〇〇〇〇円での購入の申込みがありました。
　当職としてはこの購入申込みは、近隣の相場からして妥当だと判断していますので、貴行の同意を得て任意売却したいと存じます。
　つきましては、別紙〇〇物件売買代金配分表の条件で売却することについてご検討をお願いいたします。

（添付書類）
1　〇〇物件売買代金配分表
2　不動産業者の査定書
3　路線価図

以　上

〔注1〕　担保権付不動産を任意売却する際に担保権者に別除権の受戻しを求める際に利用することを想定した書式である。
〔注2〕　売買代金配分表については書式6-5-2-7を参照のこと。

| 書式番号 | 6-5-2-7 | 書式名 | 売買代金配分表 |

## ○○物件売買代金配分表

(円)

| | |
|---|---:|
| 売買金額 | 36,100,000 |

| | | |
|---|---:|---|
| 財団組み入れ | 3,610,000 | 10％ |
| 消費税 | 100,000 | |
| 仲介手数料 | 1,234,440 | (売買金額3％＋60000円)×1.08(消費税率8％で計算) |
| 測量費 | 450,000 | 賃借人なし |
| 敷金・保証金承継 | 0 | |
| 滞納固定資産税 | 185,000 | |
| 滞納管理費 | 32,000 | |
| 印紙税（契約書） | 15,000 | |
| 印紙税（領収書） | 10,000 | 1件　○○銀行 |
| 後順位抵当権抹消料 | 300,000 | |
| 司法書士費用 | 30,000 | |
| 差押（滞納処分）解除料 | 300,000 | ○○都税事務所 |
| 控除合計 | 6,266,440 | |

| | |
|---|---:|
| 1番抵当権者への配当額 | 29,833,560 |

〔注1〕　財団組入額はケースバイケースであるが、5％〜10％程度が一般的である。
〔注2〕　売買経費等として考えられる費目については書式6-5-2-1の注2参照。

| 書式番号 | 6-5-2-8 | 書式名 | 滞納処分（差押）解除願い |

○○年○月○日

○○市長殿

〒○○○-○○○○
東京都○○区○○町○丁目○番○号
○○ビル○○号室
TEL ○○-○○○○-○○○○
FAX ○○-○○○○-○○○○
　　　　破　産　者　　○○○○株式会社
　　　　破産管財人　　　○○○○

## 滞納処分（差押）解除願い

　時下ますますご清栄のこととお慶び申し上げます。
　当職は、○○年○月○日○○地方裁判所において破産手続開始決定を受けた○○○○株式会社の破産管財人です。
　さて、○○○○株式会社（住所 東京都○○区○○町○丁目○番○号）は、御庁に対し税金を滞納しており、御庁は、○○市○○町○○番○宅地○○㎡（以下「本物件」といいます。）を差し押さえています。
　この差押えを、差押解除料30万円の支払をもって解除していただきたく、本書によりお願いするものです。
　本物件については、御庁の差押えに優先する抵当権が次のとおりあります。

|   | 抵当権者 | 種類 | 被担保債権額 |
|---|---|---|---|
| 1 | ○○銀行 | 根抵当権 | 6億円 |
| 2 | ○○信用金庫 | 根抵当権 | 16億円 |
|   | 合計 |  | 22億円 |

　本物件について、当職は、任意売却を検討していますが、本物件の予定価格は3億円です。物件の時価評価に多少の誤差があったとしても、御庁の差押えまで配当が回らないことは明らかです。
　したがって、御庁の差押えは、国税徴収法48条2項の無剰余差押えに該当しますので、差押解除料30万円の支払をもって当該差押えの解除をお願いするものです。
　本物件については、抵当権者らおよび当職のいずれも任意売却の実現を切望しています。これができれば、代金中から150万円を破産財団に組み入れて貰い、これを滞納税金等への配当の原資とするつもりです。御庁の差押えを解除していただけなければ、配当原資は増えませんので、

御庁を含めたすべての債権者が不利益を被ることになります。諸事情をご賢察の上、すみやかなご処理をなにとぞお願い申し上げます。

敬　具

〔注１〕　無剰余差押えは禁止されるものの、実務上、破産手続開始決定前に不動産に対して滞納処分が行われ差押えの登記がなされていることが少なくないが、本書式は、不動産の任意売却のために滞納処分の解除を官公庁に対して求めるための書式である。
〔注２〕　滞納処分（差押）の解除にあたっては、実務上、いわゆる判子代として差押解除料を支払うことが少なくない。
〔注３〕　添付資料として、不動産の評価に関する資料、不動産登記事項証明書、被担保債権の残額に関する資料等を求められることが多い。

| 書式番号 | 6-5-2-9 | 書式名 | 不動産放棄事前通知書 |

別除権者　各位

〇〇地方裁判所　　年（フ）第　　号
破産者

## 不動産放棄の事前通知書

拝啓　時下ますますご清栄のこととお慶び申し上げます。
　さて、破産者　　　　に係る破産財団に属する後記不動産の表示記載の不動産（以下、「本件不動産」といいます。）につきましては、　年　月　日（※）に破産裁判所に対し放棄許可申立てをし、放棄の手続を執る予定です。
　つきましては、各位が本件不動産に設定を受けておられる別除権について放棄の手続を執られる場合には、不動産放棄許可申立予定日（　年　月　日）の３日前までに放棄手続に必要な書類を御用意の上、当職宛ご連絡頂きたくお願い申し上げます。
　なお、当職が本件不動産を破産財団から放棄した後に、別除権の放棄をされる場合の通知の相手方は当職ではありません（破産者が法人の場合には破産手続外で清算人を選任した上で清算人に通知することになります。）ので、別除権の放棄を検討されている場合は、当職が本件不動産を放棄する前にされることをお勧めします。

敬具

　　　不動産の表示
　　　土地　所在
　　　　　　地番
　　　　　　地目
　　　　　　地積

　　　　　　　　　　　　　　　　　　　年　月　日
　　　　　　　　　　　　　　　　　　　破産管財人弁護士　　　　　　印
　　　　　　　　　　　　　　　　　　　電　話　〇〇－〇〇〇〇－〇〇〇〇
　　　　　　　　　　　　　　　　　　　ＦＡＸ　〇〇－〇〇〇〇－〇〇〇〇

以　上

【注意点】
※　当該通知書発送日の２週間以上後を設定してください（破産規則56条参照）。

〔注１〕　破産者が法人の場合、当該清算法人は代表者が欠けた状態になるので、破産財団から離脱した不動産について抵当権者が競売申立てや別除権放棄を行うには支障がある。そこで、抵当権者に対し破産管財人を相手方として競売申立てや別除権放棄を行う機会を与えるために、この事前通知書が求められている（破産規則56条）。

第 6 部　財団の管理・換価編
第 5 章　資産処分　第 2 節　書式番号 6-5-2-9　不動産放棄事前通知書

〔注２〕　破産者が個人の場合や破産財団からの放棄の対象が不動産以外の動産であっても別除権の対象となっているときは、原則として、同様に事前通知を行うのが相当である。ただし、東京地裁の運用では破産者が個人で異時廃止となる場合には事前通知は必要ないとされている。

出典　『手引』470 頁に基いて、一部改変を行った。

書式番号 6-5-2-10　書式名 不動産放棄許可申立書

○○地方裁判所民事第○部　　管財　係　御中（※1）

年（フ）第　　号

破産者

| 本件につき<br>許可する。<br>　○○地方裁判所民事第○部<br>　　裁判官 | 本件につき<br>許可があったことを証明する。<br>　前同日　○○地方裁判所民事第○部<br>　　裁判所書記官 |
|---|---|

## 不動産放棄許可申立書

1　申立ての趣旨（※2）
　　別紙物件目録記載の不動産を財団から放棄することにつき許可を求める。
2　申立ての理由
　(1)　放棄の必要性
　　　□　オーバーローン（なお、別除権者に対する所定の通知は　　年　　月　　日に発送済み（※3・※4））
　　　□　回収額を上回るコスト　□　換価困難　□　その他（※5）
　(2)　放棄の許容性（※6）
　　　□　社会的見地から不相当でない　□　別除権者に対する規則56条の通知
3　破産管財人が保有する疎明資料（添付は不要）
　　①　不動産登記事項証明書
　　②　本件不動産の処分見込価格：　　　　　　円
　　　　□　不動産競売事件の評価書写し（最低売却価額：　　　　　円）
　　　　□　買取見積書（※7）（　　　　円）　□　その他
　　③　本件不動産に対して優先権をもつ債権
　　　　□　債権認否表（本件不動産に係る別除権の被担保債権額合計　　　　円）
　　　　□　滞納処分による差押調書（　　　　円）　□　交付要求書（　　　　円）
　　④　管理等コスト
　　　　□　固定資産税・都市計画税等通知書（　　　　円）
　　　　□　管理費見積書（　　　　円）　□その他
4　備　考（※8）

　　　　　　　　　　　　　　　　　　　　　年　月　日
　　　　　　　　　　　　　　　　　　　破産管財人弁護士　　　　　　印

第6部　財団の管理・換価編
第5章　資産処分　第2節　書式番号6-5-2-10　不動産放棄許可申立書

以　上

【注意点】
※1　担当係を忘れずに表示してください。
※2　破産法78条2項12号参照
※3　別除権付不動産の場合のみ記入してください。別除権者が破産配当加入するために別除権を放棄する機会を保障するため、放棄許可申立て日の2週間前までに別除権者に対する所定の通知を行う必要があります（破産規則56条。別除権者の状況によっては3週間の猶予期間をおくことも可能です。）。別除権が設定された不動産の放棄の手続を図示すると下記のとおりです。

記

```
┌──────────────────────┐
│　別除権者への所定の通知　│
└──────────────────────┘
　　　　　↓　2週間の経過
┌──────────────────────┐
│　　　放棄許可申立て　　　│
└──────────────────────┘
```

※4　固定資産税は1月1日現在の所有名義人に課税されますので、翌年の固定資産税が賦課されないように、2週間の猶予期間を考慮して別除権者に対し所定の通知をする必要があるので注意してください。
※5　法人破産の場合に、別除権者の競売により建物が売却されますと、破産財団は破産財団の増殖とは無関係に消費税を賦課される場合があります（消費税法2条、4条、5条1項）。そこで、当該建物について消費税賦課の可能性がある価格（消費税法9条1項）で買受けされそうなときは、剰余金交付の可能性のないことを確認の上、買受人の代金納付前（民事執行法79条）に放棄して消費税の負担を免れる必要があります。
※6　不動産を放棄した場合、破産管財人は、当該不動産を破産者（法人の場合、原則として破産手続開始時の代表取締役）に引き渡します。
　　なお、不動産放棄に際して特殊な考慮が必要な場合として、不法占拠された不動産、第三者所有地を不法占拠する建物、土壌汚染や危険物のある不動産、倒壊危険性のある建物、建築中の建物といったものが挙げられます。
※7　見積りの適正を期するため、買取見積書は2箇所以上から取り寄せることが望ましいですが、事案によっては1通でもよく、買取見積書の通数に制限はありません。
※8　備考欄は、各項目の補足として使用します。

〔注1〕　賃貸不動産を放棄する場合や借地権付建物を放棄する場合にも特殊な考慮が必要となる（『手引』165頁以下参照）。
出典　『手引』471頁に基づき、一部改変を加えた。

○○地方裁判所民事第○部　　管財　　係　御中（※１）

年（フ）第　　号
破産者

| 本件につき<br>許可する。<br>　○○地方裁判所民事第○部<br>　　裁判官 | 本件につき<br>許可があったことを証明する。<br>　前同日　○○地方裁判所民事第○部<br>　　裁判所書記官 |

## 不動産放棄許可申立書及び破産登記抹消嘱託の上申書

1　申立ての趣旨（※２）
　　別紙物件目録記載の不動産を財団から放棄することにつき許可を求める。
2　上申
　　上記放棄許可がされたときは、御庁の嘱託によってされた破産登記の抹消を所轄法務局に嘱託されたく上申いたします。
3　申立ての理由
　(1)　放棄の必要性
　　　　□　オーバーローン（なお、別除権者に対する所定の通知は、　　年　　月　　日に発送済み（※３　※４））
　　　　□　回収額を上回るコスト　　□　換価困難　　□　その他
　(2)　放棄の許容性（※５）
　　　　□　社会的見地から不相当でない　　□　別除権者に対する規則56条の通知
4　添付資料
　　　①　不動産登記事項証明書（写し）（※６）　　通　②　物件目録　２部（※７）
5　破産管財人が保有する疎明資料（添付は不要）
　　　①　本件不動産の処分見込価格：　　　　　　円
　　　　　□　不動産競売事件の評価書写し（買受可能価額：　　　　　　円）
　　　　　□　買取見積書（※８）　（　　　　円）　□　その他
　　　②　本件不動産に対して優先権をもつ債権
　　　　　□　債権認否表（本件不動産に係る別除権の被担保債権額合計　　　　円）
　　　　　□　滞納処分による差押書（　　　　円）　□　交付要求書（　　　　円）
　　　③　管理等コスト
　　　　　□　固定資産税・都市計画税等通知書（　　　　　　円）
　　　　　□　管理費見積書（　　　　円）　□　その他

第6部　財団の管理・換価編
第5章　資産処分　第2節　書式番号6-5-2-11　不動産放棄許可申立書及び破産登記抹消嘱託の上申書

6　備　考（※9）

　　　　　　　　　　　　　　　年　　月　　日
　　　　　　　　　　　　　破産管財人弁護士　　　　　　　　　　印

　　　　　　　　　　　　　　　　　　　　　　　　　　　以　上

【注意点】
※1　担当係を忘れずに表示してください。
※2　破産法78条2項12号参照
※3　別除権付不動産の場合のみ記入してください。別除権者が破産配当加入するために別除権を放棄する機会を保障するため、放棄許可申立て日の2週間前までに別除権者に対する所定の通知を行う必要があります（破産規則56条。別除権者の状況によっては3週間の猶予期間を置くことも可能です。）。別除権が設定された不動産の放棄の手続を例示すると下記のとおりです。

記

（11月下旬）　別除権者への所定の通知
　　　　　　　↓　2週間の経過
（12月中旬）　放棄許可申立て・嘱託の上申
　　　　　　　↓
（12月中旬）　裁判所における嘱託手続
　　　　　　　↓
（12月下旬）　法務局における登記手続

※4　固定資産税は1月1日現在の所有名義人に課税されますので、翌年の固定資産税が賦課されないように年内に破産登記の抹消を行うためには、2週間の猶予期間等を考慮して11月下旬には別除権者に対し所定の通知をする必要があるので注意してください。
※5　不動産を放棄した場合、破産管財人は、当該不動産を破産者（法人の場合、原則として破産手続開始時の代表取締役）に引き渡します。
　　　なお、不動産放棄に際して特殊な考慮が必要な場合として、不法占拠された不動産、第三者所有地を不法占拠する建物、土壌汚染や危険物のある不動産、倒壊危険性のある建物、建築中の建物といったものが挙げられます。
※6　不動産登記事項証明書（写し）は必ず添付してください。
※7　登記用の物件目録2部を必ず添付してください。
※8　見積りの適正を期するため、買取見積書は2箇所以上から取り寄せることが望ましいですが、事案によっては1通でもよく、買取見積書の通数に制限はありません。
※9　備考欄は、各項目の補足として使用します。

〔注1〕　賃貸不動産を放棄する場合や借地権付建物を放棄する場合にも特殊な考慮が必要となる（『手引』165頁以下参照）。
出典　『手引』473頁以下に基づき、一部改変を加えた。

| 書式番号 | 6-5-2-12 | 書式名 | 届出書（不動産競売関係、執行部提出用） |

○○地方裁判所民事第○部　御中

　　　　　　　　　　　　　　　　　　　　　　　年（ヌ・ケ）第　　　号

# 届　出　書

次の事項についてお知らせします（該当番号に○を付ける）。

1　（破産者が不動産を所有している場合）
　　　　　年　　月　　日、競売手続開始の決定がありました不動産を破産財団から放棄しました。

2　（破産者以外の物上保証人が不動産を所有している場合）
　　　　　年　　月　　日、破産者の破産事件については、□　破産手続廃止決定　□　破産手続終結決定　により終了しました。

　　　　　　　　　　　　　　　　　　　　年　　月　　日
　　　　　　　　　　　　　　　　　　破産者
　　　　　　　　　　　　　　　　　　破産管財人弁護士　　　　　　　　　　印

〔注１〕　破産者の所有不動産又は物上保証人所有の不動産について競売手続が進行している場合、当事者適格（当事者の把握）の観点から、破産財団からの放棄又は破産手続の終了を当該届出書を提出して届け出る必要がある。

出典　『手引』483頁に基づき、一部改変を加えた。

**書式番号 6-5-2-13　書式名　不動産の入札要領**

　　　　　　　　　　　　　　　　　　　　　　　　　　　　　年　　月　　日

各　位

　　　　　　　　　　　　　　　　　　東京都○○区○○町○丁目○番○号
　　　　　　　　　　　　　　　　　　○○ビル○階　○○法律事務所
　　　　　　　　　　　　　　　　　　○○株式会社破産管財人
　　　　　　　　　　　　　　　　　　　　弁護士　　　○○○○
　　　　　　　　　　　　　　　　　　　　　同　　　　○○○○
　　　　　　　　　　　　　　　　　　電　話　○○（○○○○）○○○○
　　　　　　　　　　　　　　　　　　ＦＡＸ　○○（○○○○）○○○○

　　　　　　　　　　不動産の入札売却についてのお知らせ

拝啓　貴社におかれましては、ご清祥のこととお慶び申し上げます。
　当職は、破産者○○株式会社の破産管財人として、次のとおりご案内申し上げます。この度、破産者○○株式会社の財産換価手続の一環として、破産者所有の下記不動産を売却することとなりました。つきましては、買受人を下記要領による入札の方法により決定することと致しましたので、買受けを希望される場合は、ご参加下さいますようご案内申し上げます。
　　　　　　　　　　　　　　　　　　　　　　　　　　　　　　　　　敬　具

　　　　　　　　　　　　　　　　　記

１．不動産の表示
　　　所有名義　○○株式会社
　　　所　　在
　　　地　　番
　　　地　　目
　　　地　　積

２．入札要領
（1）入札方法
　　　同封の買受申込書に買受価額（消費税を抜いた価額）を記載し、記名・捺印の上、　年
　　　　月　　日までに当職宛に郵送して下さい（当日消印まで有効）。
（2）開札期日及び開札場所
　　　　　年　　月　　日午前　　時　　分
　　　東京都○○区○○町○丁目○番○号○○ビル○階　○○法律事務所

(3) 最高価額買受人の決定
　　開札の結果、最高価入札者を落札者といたします。最高価入札者が２名以上あるときは、更に入札を行います。
　　落札者の正式決定には裁判所の許可が必要となるため、落札者のお知らせは裁判所の許可後となりますのでご了承下さい。
(4) 売買条件等
　① 　　年　　月　　日までに契約締結できることおよび確実な資金調達方法があることを条件とします。
　② 売買代金とは別に消費税を支払うものとします。
　③ 物件の引渡しは現状有姿と致します。
　④ 売主は、物件の引渡日以降瑕疵担保責任を負わないものとします。
　⑤ 売買面積は公簿によるものとし、実測による代金の精算は行わないものとします。
　⑥ 売却に係る裁判所の許可を得ることを停止条件とし、担保権者の同意を得られないことを解除条件とします。
　⑦ その他の条件については、別途協議の上決定いたします。

３．その他
(1) 落札できなかった買受希望者は、管財人が落札者を買受人として担保権抹消請求をした場合、破産法188条に基づく買受申出を行うことができないものとします。
(2) 落札者が不動産仲介業者と媒介契約を結んでいる場合、当職も当該不動産業者と売主として媒介契約を結び、規定の仲介料を支払います。

　　　　　　　　　　　　　　　　　　　　　　　　　　　　　　　　　　　　　以　　上

　　〔注１〕　短期間で多数の買い手の登場が予想されるような不動産の場合、より高額での売却を目指して私的入札の方式を採用することがある。本書式は、そのような場合を想定したものである。
　　〔注２〕　物件の規模や利害関係の多寡等の事情によっては複数回の入札を実施したり、特定の不動産業者等に入札の幹事を依頼する場合もある（書式6-5-2-15参照）。

| 書式番号 | 6-5-2-14 | 書式名 | 買受申出書 |

　　　　　　　　　　　　　　　　　　　　　　　　　　　年　　月　　日

○○株式会社
破産管財人　○○○○　殿

　　　　　　　　　　　　　　　　　　　東京都○○区○○○丁目○番○号
　　　　　　　　　　　　　　　　　　　○○株式会社
　　　　　　　　　　　　　　　　　　　代表取締役　　○○○○
　　　　　　　　　　　　　　　　　　　電　話　○○（○○○○）○○○○
　　　　　　　　　　　　　　　　　　　ＦＡＸ　○○（○○○○）○○○○

　　　　　　　　　　　　　　買受申込書

貴社所有の下記不動産につき、○○年○月○日付入札要領記載の条件に全て異議無く同意のうえ、次の条件にて買い受けたく、本書をもって申し込みます。

　　買受価額　　　　　金　　　　　　　　　円（消費税別途）

　　　　　　　　　　　　　　　記

（不動産の表示）

　　省　略

　　　　　　　　　　　　　　　　　　　　　　　　　　　　　以　上

　　〔注１〕　本書式は書式6-5-2-13に対応して買受けの申し出を行わせるための書式である。

購入希望者各位

年　　月　　日

## 不動産売却のご案内

　今般、末尾記載不動産につきまして、下記の通り売却することとなりましたのでご案内申し上げます。

記

1．売却スケジュール
- ■　　　年　　月　　日／第一次入札を実施
  　　　12：00迄に、後記3．の窓口まで後記2．の諸条件を踏まえたうえの購入希望価格を記載した書面をご提出下さい。
- ・この期間内に、提示価格上位の先数社に対し、購入希望者の負担においてデューデリジェンスを実施していただきます。
- ■　　　年　　月　　日／最終入札実施
  　　　12：00迄に、後記3．の窓口まで後記2．の諸条件を踏まえたうえの購入希望価格を記載した書面をご提出下さい。
  　　　ただし、購入希望価額が第一次入札で落選した購入希望者の最高提示価額を下回る場合には無効とします。
- ■　　　年　　月　　日頃（予定）／売買契約締結
- ■　　　年　　月　　日頃（予定）／残代金決済および物件引き渡し

2．売買条件等
  ①　物件の引き渡しは、現状有姿と致します。
  ②　土地および建物の売買と致します。
  ③　売主の瑕疵担保責任は、物件の引き渡し日以降免責と致します。
  ④　売買面積は、公簿面積によるものとし、実測による精算は行わないものと致します。
  ⑤　売買代金支払いは、手付金10％、残代金決済時90％と致します。なお、売主は、手付金を返還することにより無条件で売買契約を解除することができるものとします。また、融資特約はつけないものとします。

第 6 部　財団の管理・換価編
第 5 章　資産処分　第 2 節　書式番号6-5-2-15　不動産入札要領（2 段階 BID・第 1 次案内）

⑥　現在、売主と賃貸借契約を締結しているテナントについては、買主が同一の条件で賃貸借契約を引き継ぐものとします。敷金・保証金については、売買代金から控除して精算します。
⑦　その他、本案内に記載の無い事項につきましては別途協議するものと致します。
⑧　裁判所の許可が下りない場合または担保権者との協議が整わない場合、売却できないことがあります。
⑨　買主は、下記の売主側の仲介者に仲介手数料を支払う必要はありません。

3．お問合せ窓口
　　各種質問、お問い合せ等につきましては、以下の窓口までお問い合せ下さい。なお、その際は、できればFAXまたはメールにてお問い合せ頂きますようお願い申し上げます。
＜お問い合せ窓口＞
○○信託銀行株式会社　不動産営業部
　営業第 1 グループ　　　担当：○○
　　住所：千代田区○○○丁目○番○号　〒○○○－○○○○
　　Tel：○○（○○○○）○○○○　Fax：○○（○○○○）○○○○
　　E-mail：×××＠××××

以　上

＜売却対象不動産の表示＞

（土地）所　在／
　　　　地　目／
　　　　地　積／

（建物）所　在／
　　　　家屋番号／
　　　　種　類／
　　　　構　造／
　　　　延床面積／
　　　（以上、登記簿記載事項によります。）

　　　　〔注 1〕　破産法 78 条 2 項 1 号、同法 184 条。
　　　　〔注 2〕　多くの入札参加者が見込まれる物件で、購入前に物件を調査する必要がある場合には、2 段階 BID 方式が適していることもある。その場合の第一次入札の案内である。
　　　　〔注 3〕　『手引』によれば、売買代金は一括決済を原則としているが、本書式では買主による確実な代金支払いを担保するため、契約締結時に手付金を差し入れる方式とし、破産管財人が手付倍返しなどの損害賠償債務を負担しないよう、手付の返還による無条件解除を売主に認めている。

| 書式番号 6-5-2-16 | 書式名 不動産入札要領（2段階BID・最終案内） |

　　　　　　　　　　　　　　　　　　　　　　　　　　　　年　　月　　日

購入希望者各位

　　　　　　　　　　　　　　　　　　　　　　　　破産者株式会社〇〇
　　　　　　　　　　　　　　　　　　　　　　　　破産管財人　　〇〇〇〇

## 最終入札実施のご案内

　先般応札頂きました末尾記載の不動産の最終入札を実施致したく、ご案内申し上げます。

1．入札の方法

　以下に定める方法で、同封の購入申込書に購入希望価格（消費税抜き。以下同じ）を記載の上ご提出下さい。

　なお、あらかじめ購入希望者殿の会社案内等会社の概要が分かる書類をご提出頂きますようお願いします。

　また、個別に購入資金の調達方法、並びに取得後の利用計画についてお伺いさせて頂きますので、予めご了承下さい。

　　■購入申込書提出先（各種問合せ窓口）
　　　〇〇信託銀行株式会社　不動産営業部
　　　　営業第1グループ　　〇〇
　　　　住所：千代田区〇〇〇丁目〇番〇号　〒〇〇〇−〇〇〇〇
　　　　Tel：〇〇（〇〇〇〇）〇〇〇〇　Fax：〇〇（〇〇〇〇）〇〇〇〇
　　　　E-mail：×××＠××××

　　■提出期限
　　　　　　年　　月　　日　12：00迄（厳守）

　　■提出方法
　　　後記入札時必要書類を封筒に入れ、封緘の上、上記購入申込書提出先あてに郵送（書留郵便）または持参にてお願い致します。
　　　FAXでの受付は致しませんのでご了承下さい。

2．落札者決定について

　上記1．記載の提出期限後速やかに、管財人事務所において管財人立ち会いの下、封筒を開封して開札を行い、落札者を決定する予定です。なお、落札者の決定は、消費税抜き価格を比較して実施致します。

　また、落札者の正式決定には裁判所の許可が必要ですので、落札者のお知らせはその後にな

第6部　財団の管理・換価編
第5章　資産処分　第2節　書式番号6-5-2-16　不動産入札要領（2段階BID・最終案内）

ります。

3．取引条件

■落札者は、　　　年　　月　　日までに売買契約を締結できることを条件とさせて頂きます。

■　売買契約書案を　　年　　月　　日頃までに準備のうえ交付致します。契約書案についてご意見等がある場合は、　　年　　月　　日までに上記1．記載の窓口まで書面にてお申し出下さい。これを参考とさせていただき、管財人において売買契約書最終案を作成し、　　年　　月　　日頃までに提示致します。

■売買条件

① 売買代金とは別に消費税を支払うものとします。
② 残代金決済日　　　年　　月　　日
③ 引き渡し　　　残代金決済と引き換えに、現状有姿による引き渡し。
④ 支払い方法　　契約時10％（手付金）、残代金決済時90％
⑤ 売買面積は、公簿面積によるものとし、実測および実測に基づく精算は行いません。
⑥ なお、融資特約はつけないものとします。また、売主は、手付金を返還することにより無条件で売買契約を解除することができるものとします。
⑦ 売主の瑕疵担保責任は不担保とします。
⑧ 境界確認書類については、売主が現在所有するものを承継することにより完了させて頂きます。
⑨ 売却に係る裁判所の許可を得ることを停止条件とし、担保権者の同意が得られないことを解除条件とします。

以　上

〔注1〕　破産法78条2項1号、同法184条。
〔注2〕　2段階BID方式における最終入札案内。
〔注3〕　『手引』によれば、売買代金は一括決済を原則としているが、買主による確実な代金支払いを担保するため、契約締結時に手付金を差し入れる方式とし、破産管財人が手付倍返しなどの損害賠償義務を負担しないよう、手付の返還による無条件解除を売主に認めている。

| 書式番号 6-5-2-17 | 書式名 不動産の入札要領（多数の不動産につき一括） |

年　　月　　日

各　位

　　　　　　　　　　　　　　　　　　　　東京都○○区○○町○丁目○番○号
　　　　　　　　　　　　　　　　　　　　○○ビル○階　○○法律事務所
　　　　　　　　　　　　　　　　　　　　○○株式会社破産管財人
　　　　　　　　　　　　　　　　　　　　　　弁護士　　○○○○
　　　　　　　　　　　　　　　　　　　　　　同　　　　○○○○
　　　　　　　　　　　　　　　　　　　　電話　○○（○○○○）○○○○
　　　　　　　　　　　　　　　　　　　　FAX　○○（○○○○）○○○○

## 不動産の入札売却についてのお知らせ

拝啓　貴社におかれましては、ご清祥のこととお慶び申し上げます。
　当職は、破産者○○株式会社の破産管財人として、次のとおりご案内申し上げます。
　この度、破産者○○株式会社の財産換価手続の一環として、破産者所有の別紙物件目録記載の不動産を一括して売却することとなりました。つきましては、買受人を下記要領による入札の方法により決定することと致しましたので、買受けを希望される場合は、ご参加下さいますようご案内申し上げます。

敬　具

1．物件の表示
　　物件の概要は別紙物件概要を参照してください。

2．入札要領
　(1)　入札方法
　　　同封の買受申込書に、不動産ごとに買受価額（消費税抜き価格）を記載し、記名・捺印の上、　　年　　月　　日までに当職宛に郵送して下さい（当日消印まで有効）。
　(2)　開札期日及び開札場所
　　　　　　年　　月　　日午前　　時　　分
　　　東京都○○区○○町○丁目○番○号○○ビル○階　○○法律事務所
　(3)　最高価額買受人の決定
　　　開札の結果、買受価額の合計額が最高の入札者を落札者といたします。最高価入札者が2名以上あるときは、更に入札を行います。なお、落札者の決定は、消費税抜き価格を比較して実施致します。
　　　落札者の正式決定には裁判所の許可が必要となるため、落札者のお知らせは裁判所の許可後となりますのでご了承下さい。

(4) 売買条件等
① 売買代金とは別に消費税を支払うものとします。
② 売主は、個別の不動産の買受価額が当該不動産にかかる担保権者の要求する金額に至っていない場合、当該不動産を売買対象物件から除くことができるものとします。この場合、売主は当該不動産について落札者と増額交渉をし、または他の入札者と売買交渉をすることを妨げられないものとします。
③ 売主が別紙物件概要1の物件を対象から除外するか、または5物件以上を対象から除外する場合、落札者は契約しないことができます。
④ 　　年　　月　　日までに契約締結できることを条件とします。
⑤ 物件の引渡しは現状有姿と致します。
⑥ 売主は、物件の引渡日以降瑕疵担保責任を負わないものとします。
⑦ 売買面積は公簿によるものとし、実測による代金の精算は行わないものとします。
⑧ 売却に係る裁判所の許可を得ることを停止条件とし、担保権者の同意を得られないことを解除条件とします。

以　上

〔注1〕 破産法78条2項1号、同法184条。
〔注2〕 比較的人気のない多数の不動産で、担保権者が異なるものにつき一括入札方式で売却する場合を想定している。

(別紙)　物件概要
1．土地の表示（登記簿記載）

| 番号 | 所在・地番 | 地目 | 地積 | 備考（第三者の占有の有無・担保権設定の有無等） |
|---|---|---|---|---|
| ① | | | | |
| ② | | | | |
| ③ | | | | |
| | | | | |

2．建物の表示（登記簿記載）

| 番号 | 所在 | 家屋番号 | 種類 | 構造 | 床面積 | 備考（第三者の占有の有無・担保権設定の有無等） |
|---|---|---|---|---|---|---|
| ① | | | | | | |
| ② | | | | | | |
| | | | | | | |

# 車両売買契約書

破産者　破産管財人　　（以下「甲」という）と　　（以下「乙」という）とは、破産財団に属する下記車両（以下「本件車両」という）の売買に関して、本日、以下のとおり契約する。

第1条（目的物及び売買代金）
　甲は、乙に対し、下記記載の本件車両を代金　　万　　円で売り渡し、乙は、これを買い受けた。

　　車両番号：○○
　　車台番号：○○
　　車　名：○○
　　型　式：○○

第2条（引渡し）
　甲は、乙に対し、次条の代金の支払を受けるのと引換えに、本件車両を現状有姿のまま引渡す。

第3条（売買代金の支払い）
　乙は、甲に対し、本件車両の引渡しを受けるのと引換えに、第1条記載の代金を、甲の指定する次の銀行口座に振り込む方法で支払う。なお、振込手数料は乙の負担とする。

　　金融機関　　○○銀行　　○○支店　　普通預金口座
　　口座番号　　○○
　　口座名義　　破産者　　　　破産管財人
　　　　　　　（ハサンシャ　　ハサンカンザイニン　　　　　　　）

第4条（所有権の移転時期）
　本件車両の所有権は、第3条に定める売買代金の支払完了と同時に乙に移転する。

第5条（瑕疵担保責任）
　甲は、乙に対し、本件車両を現状有姿で引き渡すものとし、本件車両の品質不足、変質、その他いかなる瑕疵についても責任を負担しない。

第6条（公租公課の負担）

本件車両の公租公課は、○○年4月1日以降に相当する部分は乙の負担とする。

第7条（登録）
　乙は、本件車両の引き渡しを受けた後遅滞なく、乙の費用と責任において、本件車両の移転登録及び抹消登録を行うものとし、甲は、乙に対して、当該登録手続に協力するものとする。

第8条（費用の負担）
　本件車両の売買に要する費用は、すべて乙の負担とする。

第9条（本契約の効力）
　本契約は、裁判所の許可により効力を生じる。

以上の契約の成立を証するため、本契約書を2通作成し、甲乙各1通を所持する。

　　　　年　　月　　日


　　甲　　東京都○区○○　　○丁目○番○号
　　　　　○○ビル○階
　　　　　○○法律事務所
　　　　　破産者

　　　　　破産管財人


　　乙　　（住所）



　　　　　（氏名）


〔注1〕　契約締結日と同日の引渡しを想定している。
〔注2〕　物件の価額が100万円を超える場合に、裁判所の許可が必要となる（破産法78条2項7号、同条3項1号、破産規則25条）。物件の価額については処分時の目的物の時価を基準とすべきとの考え方と破産手続開始時の財産評定額を基準とすべきとの考え方がある。ただし、後者の考え方でも売却価額が財産評定額を超える場合は売却価額を基準とする。
〔注3〕　本書式では自動車税については出来る限り買主負担とすべきとの観点から第6条のとおりとしているが、課税される4月1日を基準日とした日割計算とすることも考えられる。

| 書式番号 | 書式名 |
|---|---|
| 6-5-3-2 | 在庫商品一括売却案内 |

〇〇年〇〇月〇〇日

各 位

株式会社〇〇〇〇
破産管財人弁護士　〇〇〇〇

## 在庫商品売却御案内

　今般、株式会社〇〇〇〇の在庫商品を一括して売却することとなりましたので御案内いたします。売却の要領は、下記の通りです。

1　売却する商品
　　破産会社本店の在庫商品一切の一括売却と致します。
　　一部商品のみの売却は認めません。

2　買受人の決定方法
　　在庫商品の一括買受を希望される方には、まず商品を確認して頂きますので、商品確認を希望される日（複数）を御連絡下さい。
　　商品確認後に、別添の買受申出書に買受希望額をご記入の上、〇〇年〇〇月〇〇日までに当職宛に御送付下さい。
　　買受を希望された方の中で最も高い価格を申し出られた方に、裁判所の許可を得た上で商品を売却いたします。

3　売却条件
　　①　代金決済日　　　　　年　　月　　日
　　②　引渡し　　　破産会社本店において、代金決済と引換えに、現状有姿による引渡し。
　　　　　　　　　　商品の搬出費用は買主の負担とします。
　　③　売主は、商品の瑕疵については一切責任を負わないものとします。
　　④　売却にかかる裁判所の許可を得ることを停止条件とします。

　　　　　〔注1〕　個別売却と異なり、一括売却の場合には金額を問わず裁判所の許可が必要となるため（破産法78条2項4号）、これを踏まえたスケジュール調整を要する。
　　　　　〔注2〕　商品は現状有姿の引渡しとして破産管財人の瑕疵担保責任を免除すること、商品の搬出等に要する費用は買主の負担とすることが一般的である。

## 売掛金バルクセールの入札要領

年　月　日

各　位

東京都○○区○○町○丁目○番○号
○○ビル○階　○○法律事務所
○○株式会社破産管財人
　　　弁護士　　○○○○
　　　同　　　　○○○○
電　話　○○（○○○○）○○○○
ＦＡＸ　○○（○○○○）○○○○

### 債権の入札売却についてのお知らせ

拝啓　貴社におかれましては、ご清祥のこととお慶び申し上げます。
　当職は、破産者○○株式会社の破産管財人として、次のとおりご案内申し上げます。
　この度、破産者○○株式会社の財産換価手続の一環として、破産者の別紙記載債権を一括して売却することとなりました。つきましては、買受人を下記要領による入札の方法により決定することと致しましたので、買受けを希望される場合は、ご参加下さいますようご案内申し上げます。

敬　具

1．債権の表示
　　別紙記載のとおり

2．入札要領
　(1) 入札方法
　　　同封の買受申込書に買受価額を記載し、記名・捺印の上、　年　月　日までに当職宛に郵送して下さい（当日消印まで有効）。
　(2) 開札期日及び開札場所
　　　　年　月　日午前　時　分
　　　東京都○○区○○町○丁目○番○号○○ビル○階　○○法律事務所
　(3) 最高価額買受人の決定
　　　開札の結果、最高価入札者を落札者と致します。なお、最高価入札者が２名以上あるときは、更に入札を行うこととします。
　　　落札者の正式決定には裁判所の許可が必要となるため、落札者の通知は裁判所の許可後となりますのでご了承下さい。
　(4) 取引条件等
　　① 　年　月　日までに契約締結できることを条件とします。

第6部　財団の管理・換価編
第5章　資産処分　第4節　書式番号6-5-4-1　売掛金バルクセールの入札要領

② 売主は、譲渡対象債権の金額及び回収可能性等について責任を負わないものとします。
③ 売却に係る裁判所の許可を得ることを停止条件とします。
④ その他の条件については、別途協議の上決定いたします。

(5) その他

上記法律事務所においてデータルームを開設し、　　年　　月　　日から同年　　月　　日までの期間、売買対象債権にかかる資料を開示しますので、買受希望者の負担によりデューデリジェンスを実施して下さい。デューデリジェンスは1社について原則として2日間とします。ご希望の方は、希望日をお知らせ下さい。ただし、他の希望者と重複する場合はご変更をお願いすることがあります。

データルームの資料の持ち出しはご遠慮願います。

データルームにはコピー機を2台設置しておりますので、お使い下さい。ただし、コピー用紙はご持参下さい。

以　上

〔注1〕　売掛金をバルクセールで売却することを想定した入札案内である。
〔注2〕　売掛金に譲渡禁止特約が付されている場合、債務者との交渉により、これを解除しておく必要があることに注意が必要である。
〔注3〕　売掛金に係る情報開示の前提として、入札希望者から守秘義務遵守の誓約書の取得や守秘義務契約の締結をすべきである。

## 債権譲渡契約書

　破産者○○株式会社破産管財人○○○○（以下「甲」という）と譲受人○○株式会社（以下「乙」という）とは、本日、別紙表記載の債権譲渡（以下、「本件債権譲渡」という）に関し、次のとおり契約を締結する。

第1条（債権譲渡）
　甲は、乙に対し、別紙表記載の債権（以下「本件債権」という）全てを、次条以下の約定で譲渡し、乙は、これを全て譲り受ける。

第2条（債権譲渡の対象）
　甲が乙に対し譲渡する債権は、別紙表記載のとおりであり、別紙表記載の抵当権等担保権（以下「本件抵当権等担保権」という）を含むものとする。

第3条（譲渡代金）
　乙は、甲に対し、本件債権及び本件抵当権等担保権の譲渡代金　　　　円を支払うものとし、　年　月　日限り、　　　　の方法をもって、支払うものとする。

第4条（債権譲渡基準日）
　甲と乙は、　年　月　日を本件債権譲渡の基準日とし、基準日における本件債権の元本、利息、遅延損害金等の各総額は、別紙表記載の金額とすることに確定し、その他抵当権等担保権並びに他の別紙表記載事項についても同様に確定する。

第5条（譲渡手続）
　甲は、　年　月　日限り、下記書類を乙に引き渡す。
記
① 原契約証書及び債務承認書等本件債権に関する一切の証書（但し、現存するものに限る）
② 抵当権移転の付記登記をするため必要な一切の書類
③ 根抵当権移転の付記登記をするため必要な一切の書類
④ その他、本件抵当権等担保権譲渡に必要な一切の書類

第6条（債権譲渡通知等）
　1　甲は、本件債権の各債務者に対し、遅滞なく債権譲渡の通知をするか、または、各債務者の承諾を得なければならない。
　2　前項の通知または承諾は、確定日付ある証書をもってしなければならない。

第6部　財団の管理・換価編
第5章　資産処分　第4節　書式番号6-5-4-2　売掛金譲渡（バルクセール）契約書

第7条（諸手続）
　　甲は、本件債権譲渡に伴い生じる、抵当権の移転、根抵当権の確定・移転、競売手続の承継手続、破産等法的手続に関する地位承継手続、火災保険等質権設定に関する移転手続などの諸手続に協力するものとする。

第8条（保証）
1　甲は、本件債権及び本件抵当権等担保権につき、債務者、担保提供者及び第三者からの、甲に対抗しうべき事由その他瑕疵のないことを保証せず、瑕疵の存在による責任を一切負担しない。
2　甲は、本件債権譲渡に先立ち、乙に対して開示した本件債権または本件抵当権等担保権に関する情報及び別紙表記載の記載事項について、その情報又は記載事項は甲が認識する限りにおいて正しい情報であり、客観的に偽りのないことまでは保証しない。
3　甲は、本件債権の額及び債権回収可能性等について、一切責任を負担しない。

第9条（費用）
　　本件債権の譲渡通知の費用は甲が負担し、抵当権移転、根抵当権移転の付記登記及びその他の担保権移転に必要な費用は乙が負担する。

第10条（手続履践）
　　甲と乙は、本件債権譲渡にあたり、法令、定款等によって定められた手続は、全て適法に履践したことを相互に保証する。

第11条（停止条件）
1　本契約は、裁判所の許可があることを停止条件とする。
2　裁判所が本契約を不許可とした場合、甲は乙に対して損害賠償等一切の責任を負担しない。

　本契約の成立を証するため本証書2通を作成し、甲乙署名・捺印のうえ各自その1通を保有する。

　　　　　　　　　　　　　　年　　月　　日
　　　　　　　　　　　　　　　甲
　　　　　　　　　　　　　　　乙

　　　　〔注1〕　民法466条以下。
　　　　〔注2〕　破産手続における破産管財人による債権譲渡であることに鑑み、売主である破産管財人としては、債権の存在や金額等について保証はせず、瑕疵担保責任も免除とすることが望ましい。
　　　　〔注3〕　売却の対象となる債権の価額が100万円を超える場合は、裁判所の許可が必要である（破産法78条2項8号、同条3項1号、破産規則25条）。なお、東京地裁では対象資産が複数ある場合、対象資産の種類ごとに時価相当額が100万円を超えるかを判断することとされている（対象資産の合算額を基準とする考え方）。

## 株式（非上場）譲渡契約書

### 株式譲渡契約書

　破産者○○株式会社破産管財人（以下「甲」という。）及び△△株式会社（以下「乙」という。）は、破産財団に属する下記株式につき、以下のとおり株式譲渡契約を締結する。

第1条（株式の譲渡）
　　甲は、乙に対し、破産財団に属する□□株式会社株式　　株（以下「本件株式」という。）を譲渡し、乙はこれを譲り受ける。

第2条（株式譲渡価格）
　　本件株式の譲渡価格（以下「本件譲渡価格」という。）は、金　　円とする。

第3条（株式譲渡手続）
　　乙は、　年　月　日に、甲に対し本件譲渡代金を支払い、これと引き換えに、甲は、本件株式を表章する株券を乙に対して引き渡すものとする。
　2　乙は、前項の実行日までに本件株式の譲渡につき□□株式会社の取締役会（または株主総会）の譲渡承認決議を得るものとする。

第4条（表明保証責任の免除）
　　甲は、本件株式の内容及び□□株式会社の財務内容等について一切の表明保証を行わず、瑕疵について責任を負わない。

第5条（契約に伴う費用負担）
　　本契約に関して甲及び乙が負担した費用については、各自が負担する。

第6条（停止条件）
　　本契約は、破産者○○株式会社に関する破産事件を所管している裁判所による本件株式の売却許可があることを停止条件として効力を生じるものとし、かかる条件が成就しない場合でも、甲の義務の不履行には当たらないこととする。

第7条（協議事項）
　　本契約書に記載のない事項及び本契約書記載の条項の解釈につき疑義が生じた場合、甲乙協議の上これを決する。

　本契約締結の証として本書2通を作成し、甲乙記名捺印の上、各自1通を保管する。

　　　　　年　　月　　日
　　　　　　　　　甲：
　　　　　　　　　乙：

〔注1〕 会社法127条以下。非上場かつ株券発行会社で株式譲渡制限が付されている株式の譲渡を想定した書式である。
〔注2〕 株券発行会社の株式の譲渡は、株券の交付により効力を生ずる（会社法128条1項）。
〔注3〕 株式の価額が100万円を超える場合に裁判所の許可が必要となる（破産法78条2項8号、同条3項1号、破産規則25条）。なお、株式の価額は売却価格（譲渡価格）ではなく、株式の客観的価値を意味するものと考えられるところ、株式の評価手法については周知のとおり様々な方法が存在しており、具体的な事案に応じた検討が必要となる。

240

# 事業譲渡契約書

　　　　　　　　　　　　甲（譲受人）　○○株式会社
　　　　　　　　　　　　乙（譲渡人）　破産者　△△株式会社
　　　　　　　　　　　　　　　　　　　破産管財人弁護士　　　　○○

　上記当事者間において、本日、次のとおり、事業譲渡契約を締結したので、本契約書2通を作成し、甲・乙各1通宛保持する。

（目的）
第1条　乙は甲に対し、別紙事業目録記載の破産者△△株式会社の事業（以下「譲渡事業」という）を○○年○○月○○日（以下「譲渡日」という。）をもって譲渡し、甲はこれを譲り受ける。

（承継する財産の範囲）
第2条　甲が前条により承継すべき財産（以下「譲渡財産」という。）は、別紙財産目録記載の資産・負債とする。

（譲渡価格等）
第3条　譲渡財産の価格は金○○億円とする。
2　甲は乙に対し、前項の代金を○○年○○月○○日限り乙の指定する銀行口座に振り込む方法により支払う。なお、振込手数料は甲の負担とする。

（引渡時期）
第4条　譲渡財産の引渡時期は、譲渡日とする。

（瑕疵担保責任）
第5条　乙は甲に対し、譲渡財産を現状有姿により譲渡するものとし譲渡財産の瑕疵につき責任を負わない。

（従業員の地位）
第6条　この契約により譲渡する事業に譲渡日現在従事する乙の従業員の雇用については、甲乙別途協議のうえ決定する。

（本契約の解除）
第7条　甲及び乙は、相手方について本契約に違反があり、相当の期間を定めて催告したにも拘

わらず、相手方が当該期間内にこれを是正しない場合は、本事業譲渡の実行までの間に限り、当該相手方に対して書面にて通知することにより本合意書を解除することができる。

（契約成立の条件）
第8条　本件契約は、事業譲渡について裁判所による許可を受けることを停止条件としてその効力を生ずる。本条により本件契約の効力が発生しなかったとしても、乙は損害賠償責任を含む一切の責任を負担しない。

（譲渡手続及び公租公課の負担等）
第9条　甲及び乙は、譲渡日までに事業譲渡の実行に必要な一切の手続（株主総会決議や取締役会決議等事業譲渡の実行に必要な甲乙双方の内部決議を含むがこれに限られない。）を行うとともに、乙は甲に対して、別紙文書目録に記載する販売権に関わる帳簿・顧客名簿・その他事業上必要な一切の書類を引き渡すものとし、乙は顧客先に対し、今後甲が商品を供給する旨通知を行い、この契約の実行が遺漏なく行われるよう努めるものとする。
2　甲及び乙は、譲渡財産の移転に関し、登記・登録・通知等の手続が必要な場合、遅滞なくこれらの手続を協力して行う。なお、これらの手続に要する費用は甲の負担とする。
3　乙は、譲渡事業の承継に関し、甲に承継される取引先について取引が継続されるよう合理的な範囲内で甲に協力するものとする。
4　譲渡財産に関する収益、費用及び公租公課は、日割計算により、譲渡日の前日までは乙が、譲渡日以降は甲が、それぞれ収受または負担する。

（補則）
第10条　この契約に定めのない事項については、甲乙協議の上決定するものとする。

　　　　〇〇年〇〇月〇〇日

　　　　　　　甲

　　　　　　　乙

　　　〔注1〕　事業譲渡には裁判所の許可が必要となる（破産法78条2項3号。）。ただし、株主総会決議等の破産手続開始前に通常必要とされる機関決定等は不要と解される。
　　　〔注2〕　裁判所への事業譲渡の許可申請については書式6-5-5-3を参照。

## 事業譲渡許可申立書

○○年（フ）第○○○○号

　　　　　　　　　　　事業譲渡許可申立書

　　　　　　　　　　　　　　　　　　　　　　　　　　　○○年○○月○○日

○○地方裁判所民事第○○部　御中

　　　　　　　　　　　　　　　　　　　　破　産　者　　　○○○○
　　　　　　　　　　　　　　　　　　　　破産管財人弁護士　○○○○

　　　　　　　　　　　　　　申請の趣旨

1　別紙物件目録記載の不動産（工場）における建築資材の製造・販売にかかる事業を、別紙事業譲渡契約書の内容でＡ社に譲渡すること
2　別紙物件目録記載の不動産について、前項の事業譲渡に伴う所有権移転登記手続を行うこと
3　第１項の事業譲渡に伴い、次のとおり別紙物件目録記載の不動産に担保権を設定する別除権者に受戻金を支払い、別除権を受け戻すこと。
　①　第１順位　株式会社○○銀行　　金○○○万円

との許可を求める。

　　　　　　　　　　　　　　申請の理由

1　破産者は、中小規模の住宅用マンションの建築・施工を中心に事業を行い、同時に別紙物件目録記載の工場（以下「本工場」という。）において、建築資材の製造も行っていた。
2　当職は、本工場における不動産、設備等を個別に売却するよりも、これらを一括して営業権とともに売却処分する方がよりよい条件での処分が可能であると思料して、売却処分のために鋭意努力してきた。
3　当職による売却活動の結果、３社から本工場の事業を譲り受けたいとの申出があったが、その中でもっとも高額の対価の支払いを申し出たのがＡ社であった。Ａ社からの買受申出額は、○○○万円である。右の買受申出額は、本工場の不動産について不動産鑑定士が行った鑑定評価額○○○万円を上回っており、適正な価額と思料する。
4　破産者の労働組合もこれに賛成している。
5　よって、申請の趣旨の通りの許可を申請する。

添 付 資 料

(略)

〔注1〕 破産法78条2項3号。なお、裁判所からの許可に際しては労働組合等の意見聴取が必要となる（破産法78条4項。書式6-5-5-4参照）。
〔注2〕 譲渡対象の事業の中に営業秘密が含まれている場合には、許可申立書の記載及び添付資料から営業秘密に係る記載を除くように留意するか、営業秘密が記載されている部分について閲覧等の制限を申し立てる必要がある。

| 書式番号 | 6-5-5-4 | 書式名 | 事業譲渡に関する労働組合の意見書 |

○○年（フ）第○○○○号

# 意 見 書

○○年○○月○○日

○○地方裁判所民事第○○部　御中

　　　　　　　　　　　　　　　　　　　破産者○○○○株式会社労働組合
　　　　　　　　　　　　　　　　　　　　　委員長　　○○○○

　頭書事件について、当労働組合は、破産者○○○○株式会社がその事業の全部を○○○○株式会社に譲渡することにつき、賛成する旨意見表明いたします。

以　上

〔注1〕　裁判所は、事業譲渡の許可にあたり労働組合等の意見を聴取する必要があるところ（破産法78条4項）、実務上は、破産管財人を通じて労働組合の意見書を提出することが多い。

| 書式番号 | 6-6-1-1 | 書式名 | 別除権者に対する財産提示請求書 |

　　　　　　　　　　　　　　　　　　　　　　　　　　　年　　月　　日

東京都○○区○○町○番○号
株式会社○○御中

　　　　　　　　　　　　　　　　　　東京都○○区○○町○丁目○番○号
　　　　　　　　　　　　　　　　　　○○ビル○○号室
　　　　　　　　　　　　　　　　　　　電話　○○－○○○○－○○○○
　　　　　　　　　　　　　　　　　　　ＦＡＸ○○－○○○○－○○○○
　　　　　　　　　　　　　　　　　　破産者株式会社○○破産管財人
　　　　　　　　　　　　　　　　　　　　　弁護士　　　○○○○　印

### 別除権目的財産提示に関する通知書

　当職は、○○年○月○日に○○地方裁判所において破産開始決定（○○年（フ）第○○号）を受けた株式会社○○○○（以下「破産会社」といいます。）の破産管財人です。
　破産会社の財産を調査・報告するため、破産法154条1項に基づいて、貴社が破産会社に対して有している別除権の目的である財産の明細を○○年○月○日までに当職あてにご提示くださるようお願い申し上げます。

　　　　　　　　　　　　　　　　　　　　　　　　　　　　　　　　　以　上

　　　〔注1〕　破産管財人は、別除権者に対し、当該別除権の目的である財産の提示を求めることができる（破産法154条1項）。管財人が当該財産の評価をしようとするときは、別除権者はこれを拒むことができない（同2項）。

| 書式番号 | 6-6-1-2 | 書式名 | 別除権付破産債権の不足債権額証明等の催告書 |

年　月　日

別除権者　各位

東京都〇〇区〇〇町〇丁目〇番〇号
〇〇ビル〇〇号室
電　話〇〇－〇〇〇〇－〇〇〇〇
ＦＡＸ〇〇－〇〇〇〇－〇〇〇〇
破産者株式会社〇〇破産管財人
弁護士　　　〇〇〇〇　印

## 別除権付破産債権の不足債権額の証明等に関する催告書

　当職は、〇〇年〇月〇日、〇〇地方裁判所において破産手続開始決定（〇〇年（フ）第〇〇号）を受けた破産者株式会社〇〇〇〇の破産管財人です。
　上記破産事件につきましては、債権調査及び換価が完了しましたので、当職は、近日中に、同裁判所に対し、配当許可申請を行う予定ですが、別除権者におかれまして、最後配当に関する除斥期間内に別除権付破産債権の不足債権額の証明または放棄に係る手続をされない場合は、根抵当権の極度額を超える被担保債権部分を除き、配当に参加することができません。
　つきましては、別除権の実行が完了し、別除権付破産債権の不足債権額が確定した別除権者は、速やかに当職あてにその証明をされますよう催告いたします。
　また、別除権の放棄により配当に参加することを希望される別除権者は、速やかに別除権の抹消登記手続を行い、その旨を当職あてにご連絡されますとともに抹消登記完了後の不動産登記事項証明書を提出されますよう催告いたします。

以　上

〔注１〕　別除権付破産債権者は、①別除権を放棄した場合には破産債権の全額、②別除権を実行して確定不足債権額を証明した場合には不足債権額、③破産管財人と不足債権額の合意をした場合にはその不足債権額、④別除権が根抵当権である場合には根抵当権の被担保債権額で極度額を超過する債権の部分について配当に参加できる（破産法108条、198条3項4項）。

〔注２〕　別除権付破産債権者が別除権を放棄して配当に参加する場合に対抗要件としての抹消登記を備える必要があるかについては争いがあるが、東京地裁破産再生部では抹消登記を備える必要があると解している（『手引』268頁）。

書式番号 6-6-1-3　書式名　別除権行使による不足額の確定上申書

○○年（フ）第○○号

○○年○月○日

破産者　　　株式会社○○○○
破産管財人　　○○○○殿

〒○○○-○○○○　東京都千代田区丸の内○丁目○番○号
　　　　　　　　申立人　　　株式会社○○○銀行
　　　　　　　　代表取締役　　○○○○　　　　印
　　　　　　　　　　　　（担当　　○○○○）
　　　　　　　　電　話　○○-○○○○-○○○○
　　　　　　　　ＦＡＸ　○○-○○○○-○○○○

## 別除権行使による不足額の確定の上申書

　破産者○○○○に対する頭書事件につき、申立人が届け出た別除権付き債権に関し、○○年○月○日、担保不動産の競売手続において配当金1億円を受領したことにより、不足額が以下のとおり確定しましたので、その旨上申します。

| 債権番号 | 債権の種類 | 届出債権額 | 配当充当額 | 確定不足額 |
| --- | --- | --- | --- | --- |
| 1 | 貸付金 | 200,000,000 円 | 98,713,332 円 | 101,286,668 円 |
| 2 | 利息 | 345,680 円 | 345,680 円 | 0 円 |
| 3 | 損害金 | 940,988 円 | 940,988 円 | 0 円 |
| 合計 |  | 201,286,668 円 | 100,000,000 円 | 101,286,668 円 |

添付書類

1　配当表（写）　　　　　　　　　　　　　　　　1通

以　上

〔注1〕　別除権者は、最後配当の手続に参加するには、原則として、最後配当に関する除斥期間内に、破産管財人に対し、不足額を証明しなければならない（破産法198条3項）。

| 書式番号 6-6-1-4 | 書式名 別除権放棄書 |

○○年（フ）第○○号

○○年○月○日

破産者　　　株式会社○○○○
破産管財人　　○○○○　殿

〒○○○-○○○○　　東京都千代田区丸の内○丁目○番○号
　　　　　　　　　　株式会社○○○建設
　　　　　　　　　　代表取締役　　○○○○　印
　　　　　　　　　　　　（担当　　○○○○）
　　　　　　　　　電　話　○○-○○○○-○○○○
　　　　　　　　　ＦＡＸ　○○-○○○○-○○○○

## 別除権放棄書

　当社の届け出た債権については、これを担保するために破産財団に属する別紙物件目録（省略）記載の不動産に別紙抵当権目録（省略）記載の抵当権が設定されていますが、今般この抵当権を放棄します。
　なお、今後速やかに、当社の費用で抵当権抹消登記手続を行い、抹消登記手続完了後、その旨ご報告いたします。
　つきましては、上記債権について最後配当手続に参加いたしますので、よろしくお願いいたします。

以　上

　　〔注１〕　抵当権を有していても競売による配当を受けられない見込みである場合などに、最後配当手続に参加するために、別除権を放棄するものである（破産法108条１項但書参照）。

書式番号 6-6-1-5　書式名　別除権協定書

# 別除権協定書

　株式会社〇〇〇建設（以下「甲」という。）と破産者株式会社〇〇〇〇破産管財人〇〇〇〇（以下「乙」という。）とは、甲の届け出た債権表番号〇番の債権（以下「本件債権」という。）を担保するために破産財団に属する別紙物件目録（省略）記載の不動産に設定された別紙抵当権目録（省略）記載の抵当権（以下「本件抵当権」という。）について、次のとおり合意する。

第1条　抵当権の一部放棄
　　甲は、本件抵当権（被担保債権額3000万円）のうち、被担保債権額1000万円を超える部分について、放棄する。

第2条　甲の競売配当等受領権
　　甲は、上記不動産の競売事件の売却代金額の如何にかかわらず、1000万円を超えて競売配当金を受領できないものとする。上記不動産が任意売却された場合も同様とする。

第3条　関係者への通知
　　甲は、第1項の放棄を上記不動産の競売事件が係属する裁判所および上記不動産にかかる他の抵当権者等に通知し、その控えを乙に提出する。

第4条　別除権不足額の確認
　　甲と乙は、本件債権の残額（2890万円）から1000万円を控除した額である1890万円が別除権不足額であることを確認し、甲は、これを配当手続に参加できる債権額と認める。

　以上合意の証として本書2通を作成し、甲乙各1通を保有するものとする。

　　　　年　　月　　日

　　　　　　　　　　　　　　　甲　東京都〇〇区〇町〇〇番地〇〇ビル
　　　　　　　　　　　　　　　　　株式会社〇〇〇建設
　　　　　　　　　　　　　　　　　代表取締役　　　　〇〇〇〇
　　　　　　　　　　　　　　　乙　東京都〇〇千代田区〇〇町〇丁目〇番〇号
　　　　　　　　　　　　　　　　　〇〇法律事務所
　　　　　　　　　　　　　　　　　破産者　　　株式会社〇〇〇〇
　　　　　　　　　　　　　　　　　破産管財人　　　　〇〇〇〇

　　　〔注1〕　抵当権を有していても競売による配当を受けられない場合に、破産法108条1項ただし書きにより、別除権付債権を配当対象とするために、破産管財人と合意して、別除権の一部を放棄するものである。
　　　〔注2〕　一種の和解として裁判所の許可が必要であるものと考えられる（破産法78条2項11号）。

○○年（フ）第○○号

## 別除権者の処分期間決定申立書

○○年○月○日

○○地方裁判所　御中

申立人　　破産者○○株式会社
破産管財人　　　○○○○

当事者の表示　　　別紙当事者目録記載のとおり（略）
目的物の表示　　　別紙株式目録記載のとおり（略）
担保権・被担保債権の表示　　別紙担保権・被担保債権目録記載のとおり（略）

申立ての趣旨

　被申立人が、別紙株式目録記載の株式を処分すべき期間を○○年○月○日までと定めるとの決定を求める。

申立ての理由

1　別紙株式目録記載の株式（以下「本件株式」という。）は、本件破産手続開始決定時から今日に至るまで破産財団に帰属している。

2　本件株式は、破産者及び被申立人の間の○○年○月○日付譲渡担保権設定契約（以下「本件譲渡担保権設定契約」という。）に基づき、被申立人の別紙担保権・被担保債権目録記載の被担保債権のために同目録記載の譲渡担保権（以下「本件譲渡担保権」という。）が設定され、被申立人に差し入れられて今日に至っている（甲1）。
　本件譲渡担保権設定契約によれば、被申立人は本件株式を適正な評価で自ら取得し、または売却等の任意の処分をして代金を弁済に充当することができるが、被申立人は未だ本件株式の処分をしていない。そのため、弁済充当後の残金の有無が確定せず、破産財団の換価業務が終結できないので、破産手続の進行を阻害するおそれがある。

3　よって、申立人は、破産法185条1項に基づき、被申立人が、本件株式を処分すべき期間を○○年○月○日までと定めるとの裁判を求め、本申立てをする。

## 証拠方法

甲第1号証　　譲渡担保権設定契約書

## 添付書類

1　甲号証　　　　　　　　　　1通
2　被申立人の商業登記簿謄本　　1通

　　〔注1〕　別除権者が法律に定められた方法によらないで別除権の目的である財産の処分をする権利を有するときは、裁判所は、破産管財人の申立てにより、別除権者がその処分をすべき期間を定めることができる（破産法185条1項）。

**書式番号 6-6-1-7　書式名　処分期間指定事件に関する即時抗告申立書**

原裁判○○年（ヲ）第○号　処分期間指定事件

○○年○○月○○日

○○地方裁判所民事○部　御中

即時抗告申立書

抗告人（別除権者）　○○○○<br>抗告人代理人弁護士　○○○○

　　当事者の表示　　　別紙当事者目録記載のとおり（略）
　　目的物の表示　　　別紙株式目録記載のとおり（略）
　　担保権・被担保債権の表示　　別紙担保権・被担保債権目録記載のとおり（略）

第1　抗告の趣旨
　　上記当事者間の○○地方裁判所○○年（フ）号破産手続開始申立事件について、同裁判所が○○年○月○日になした処分期間の指定を取り消し、適正な処分期間の決定を求める。
第2　抗告の理由
　1　別紙株式目録記載の株式（以下「本件株式」という。）については、破産者及び抗告人の間の○○年○月○日付譲渡担保権設定契約（以下「本件譲渡担保権設定契約」という。）に基づき、抗告人の別紙担保権・被担保債権目録記載の被担保債権のために同目録記載の譲渡担保権（以下「本件譲渡担保権」という。）が設定され、抗告人が差入れを受けている。
　2　本件譲渡担保権設定契約によれば、抗告人は本件株式を適正な評価で自ら取得し、または売却等の任意の処分をして代金を弁済に充当することができることから、抗告人は本件譲渡担保設定契約に基づき、本件株式を第三者に売却し、その代金を弁済に充当することを計画している。
　3　しかし、本件株式は非上場株式であって流動性が低く、適正な価格にて換価するためには相当の時間を要するところである。
　4　今般、原決定の定めた処分期間は、わずか○日間に過ぎないが、上記のとおり本件株式を○日間で第三者に適正価格で売却して換価することは極めて難しく、他方、代物弁済するとしても、本件株式の価値については破産管財人との間に認識の隔たりがあることから、清算処分を行うことについて困難が伴うことが予想される。
　5　よって、本件株式の換価には、少なくとも○日間は必要であることから、原決定を取り消して適正な処分期間を定めることを求める次第である。

〔注1〕　別除権者が法律に定められた方法によらないで別除権の目的である財産の処分をする権利を有するときは、裁判所は、破産管財人の申立てにより、別除権者がその処分をすべき期間を定めることができる（破産法185条1項）。
〔注2〕　破産法185条1項の処分期間指定申立てに係る決定に対する即時抗告申立書である（破産法185条3項）。

| 書式番号 | 6-6-1-8 | 書式名 | 建物の抵当権者に対する地代等に関する通知書 |

〇〇年〇〇月〇〇日

〇〇〇〇　御中

　　　　　　　　　　　　　　　　　　東京都〇〇区〇〇町〇丁目〇番〇号
　　　　　　　　　　　　　　　　　　〇〇ビル〇〇号室
　　　　　　　　　　　　　　　　　　電話　〇〇－〇〇〇〇－〇〇〇〇
　　　　　　　　　　　　　　　　　　ＦＡＸ〇〇－〇〇〇〇－〇〇〇〇
　　　　　　　　　　　　　　　　　　破産者株式会社〇〇破産管財人
　　　　　　　　　　　　　　　　　　　　　　弁護士　　〇〇〇〇　印

## 地代の支払等に関する通知

　冠省　当職は、〇〇年〇月〇日、〇〇地方裁判所において破産手続開始決定（〇〇年（フ）第〇〇号）を受けた破産者株式会社〇〇（以下「破産会社」といいます。）の破産管財人です。
　破産会社は、東京都〇〇区〇〇町〇〇番の土地上に借地権付きで建物（東京都〇〇区〇〇町〇〇番地　事務所　1階〇〇㎡　2階〇〇㎡　3階〇〇㎡）を所有し、当該建物について貴社に対する抵当権の設定をしております。
　しかしながら、破産財団が乏しいことから、〇〇年〇月以降の地代については破産財団から支払をすることができません。
　そこで、借地契約の解除を回避し、抵当権の効力を維持する見地から、貴社において地代の支払をなされることをご検討いただきますようご連絡する次第です。貴社において地代の支払をされる場合、地代の支払先等は以下のとおりです。

　　　賃貸人の名称　　〇〇（東京都〇〇区〇〇町〇〇番地）
　　　賃貸人の連絡先　電話〇〇－〇〇〇〇－〇〇〇〇　ＦＡＸ〇〇－〇〇〇〇－〇〇〇〇
　　　地代　　　月額金〇〇〇〇円（毎月〇日限り翌月分支払）
　　　支払先　　〇〇銀行〇〇支店　普通預金口座　口座番号〇〇　口座名義〇〇〇〇

　上記についてご検討されましたら、その結果について当職までご連絡ください。
　　　　　　　　　　　　　　　　　　　　　　　　　　　　　　　　草　々

## 担保権消滅許可申立書

○○年（フ）第○号

担保権消滅許可申立書

○○年○月○日

○○地方裁判所　御中

申立人　　破産者○○株式会社
破産管財人　　○○○○

当事者の表示　　　　　　　別紙当事者目録記載のとおり（略）
目的不動産の表示　　　　　別紙物件目録記載のとおり（略）
担保権・被担保債権の表示　別紙担保権・被担保債権目録記載のとおり（略）

申立ての趣旨

　申立人が、○○株式会社（東京都○○区○○町○番○号）に対し、別紙物件目録記載の不動産を金36,320,000円で任意に売却し、金32,892,800円が裁判所に納付されることにより別紙物件目録記載の不動産に設定されている別紙担保権・被担保債権目録記載の担保権を消滅させることについての許可を求める。

申立ての理由

1　目的不動産・担保権の状況
　破産手続開始の時において破産財団に属する別紙物件目録記載の不動産（以下「本件不動産」という。）について、別紙担保権・被担保債権目録記載のとおり担保権（以下「本件担保権」という。）が存している（甲1、2）。

2　任意売却および組入金の額に関する交渉の経過
　申立人は、本件破産手続開始決定後、本件不動産に関し、不動産業者4社に対して買受けの意向を打診したが、このうち3社から買受けの申出があり、○○株式会社（以下「○○社」という。）が最高価額である金36,320,000円での買受けを希望した（甲3）。
　申立人は、被申立担保権者らとの間で、本件不動産の売却及び組入金の額を代金の5％に相当する1,816,000円とすることについて協議したところ、第1順位の抵当権者である被申立担保権者株式会社○○銀行（以下「相手方○○銀行」という。）及び第2順位の抵当権者である被申立担

保権者〇〇信用金庫（以下「相手方〇〇信金」という。）は、これに同意した（甲４）。
　ところが、第３順位の抵当権者である被申立担保権者株式会社〇〇ファイナンス（以下「相手方〇〇ファイナンス」という。）は、担保権が実行された場合には配当受領見込みがないにもかかわらず、申立人が提示した担保抹消料 300,000 円の支払いによる担保権の抹消に同意せず、強硬に 3,000,000 円の担保抹消料を要求し、本件任意売却に同意しない。

3　売買代金・売得金・組入金の額
　本申立てに係る売買代金・費用等・売得金・組入金・裁判所に納付する額は次のとおりである。

|   |   |   |
|---|---|---|
| ① | 売買代金 | 36,320,000 円—A |
|   | 内訳　土地代金 | 32,000,000 円 |
|   | 　　　建物代金 | 4,000,000 円 |
|   | 　　　消費税（地方消費税を含む） | 320,000 円 |
| ② | 破産法186条4項括弧書記載の買主の負担となる費用等 |  |
|   | 売主の依頼した仲介業者の仲介手数料 | 1,231,200 円 |
|   | 売買契約書印紙代 | 20,000 円 |
|   | 売買代金残代金額収書の印紙代 | 10,000 円 |
|   | 担保権登記抹消費用 | 30,000 円 |
|   | 建物売買にかかる消費税 | 320,000 円 |
|   | 以上合計 | 1,611,200 円—B |
| ③ | 売得金（A—B） | 34,708,800 円—C |
| ④ | 組入金 | 1,816,000 円—D |
| ⑤ | 裁判所に納付する額（C—D） | 32,892,800 円 |

4　破産債権者一般の利益への適合
　本件任意売却はこのままでは実行不可能である。これにより本件不動産を放棄することになれば、破産財団は全く増殖しない。また、本件不動産が不動産競売によって売却されることになれば、売却価額は前記売得金額から破産財団への組入金額を控除した額を下回ることが予想されることから、被申立担保権者らの別除権不足額が増大し、破産債権者に対する配当率が全体として低下することとなる。したがって、本件任意売却を実行し、本件担保権を消滅させることは、破産財団の増殖に資するとともに被申立担保権者らの別除権不足額を縮減することになるので、破産債権者の一般の利益に適合する。

5　結　論
　よって、申立人は、破産法186条1項に基づき、申立人が、〇〇社に対し、本件不動産を金 36,320,000 円で任意売却し、〇〇社が、裁判所に対し、裁判所の定める期限までに金 32,892,800 円を納付することにより、被申立担保権者らのために本件不動産に設定されている本件担保権を消滅させることについての許可を求める。

## 疎明方法

甲第1号証　　建物登記簿謄本
甲第2号証　　土地登記簿謄本
甲第3号証の1乃至3　　買付証明書
甲第4号証　　売却及び組入れ承諾書

## 添付書類

1　甲号証（甲3及び甲4は写し）　　各1通
2　売却の相手方の登記事項証明書　　1通〔注1〕
3　売買契約書（写し）　　1通〔注2〕

〔注1〕　申立書には、売却の相手方が個人であるときは住民票の写し、法人であるときは登記事項証明書を添付しなければならない（破産規則57条2項）。
〔注2〕　担保権消滅の許可の申立書には、売買契約の内容を記載した書面を添付することが必要である（破産法186条4項）。
〔注3〕　担保権消滅の許可の申立書に記載する事項については、破産法186条・破産規則57条1項に規定されている。
〔注4〕　担保権者全員分の申立書副本および売買契約書写しを提出する（破産法186条5項）。
〔注5〕　担保権実行の申立てがあると担保権消滅は不許可となる（破産法189条1項）。
〔注6〕　被申立担保権者または他の者から適法な買受けの申出がなされると、買受けの申出をしたものを売却の相手方とする担保権消滅許可決定がなされる（破産法189条1項2号）。この場合、組入金が破産管財人に支払われることはない。売買契約の内容は、売買代金を除き、担保権消滅許可申立てに添付した売買契約と同一の内容とみなされる（破産法189条2項）。

| 書式番号 | 6-6-2-2 | 書式名 | 土地建物売買契約書（担保権消滅請求用） |

# 不動産売買契約書

　売主：破産者○○産業株式会社破産管財人○○○○（以下「売主」という。）と買主：株式会社○○（以下「買主」という。）とは、末尾記載の不動産（以下「本物件」という。）について次の定めにより売買契約（以下「本契約」という。）を締結した。

第1条（売買代金、基本合意）
　　売主は買主に対し、本物件を下記金額で売り渡し、買主はこれを買い受けた。

記

　　売買代金　　　　　　　　　　　　　　　　　　金 36,320,000 円
　　内訳　土地代金　　　　　　　　　　　　　　　金 32,000,000 円
　　　　　建物代金　　　　　　　　　　　　　　　金 4,000,000 円
　　　　　消費税（地方消費税を含む。以下同じ。）　金 320,000 円

第2条（代金に含まれる費用）
　　売主と買主は、破産法186条4項括弧書記載の買主の負担となる費用等に充当すべきものとして、第1条記載の売買代金中に下記金員（合計1,611,200円）が含まれていること、およびこれを除いた純粋な代金部分（破産法186条4項括弧書記載の売得金。（以下「売得金」という。））が34,708,800円であることを確認する。
① 売主の依頼した仲介業者の仲介手数料 1,231,200 円（うち消費税 91,200 円）
　　　ただし、「消費税を除く売買代金額の3% + 60,000円」に消費税を付加した額
② 売買契約書印紙代　　　　　　　　　　　　　　　20,000 円
　　　ただし、印紙税法に定める額
③ 売買代金残代金領収書の印紙代　　　　　　　　　10,000 円
　　　ただし、印紙税法に定める額
④ 担保権登記抹消費用　　　　　　　　　　　　　　30,000 円
⑤ 建物にかかる消費税　　　　　　　　　　　　　　320,000 円
　　以上合計　　　　　　　　　　　　　　　　　1,611,200 円

第3条（本物件の面積）
　　本物件の面積は、本契約締結日現在の登記簿上の表示面積によるものとし、その実測面積がこれと相違することがあっても売買代金の増減は行わないものとする。

第4条（組入金）

売主と買主は、本契約に関する破産法186条1項1号に定める組入金（以下「組入金」という。）の額を1,816,000円とすることを合意する。

第5条（売買代金の支払）
　　　買主は、買主を売却の相手方とする担保権消滅許可決定が確定したときは、裁判所の定める期限までに売買代金のうち売得金から組入金を控除した代金32,892,800円を裁判所に納付して支払い、売買代金のうち3,427,200円を売主に対して支払うものとする。〔注1〕

第6条（所有権の移転）
　　　本物件の所有権は、前条の支払いと同時に、売主から買主へ移転するものとする。

第7条（所有権移転登記等および引渡し）
　　　売主は、買主が第5条の支払いをしたときは、ただちに本物件についての所有権移転登記に必要な一切の書類を買主に交付し、かつ本物件を現状有姿で引き渡すものとする。
  2　前項の所有権移転登記に要する費用は買主の負担とする。

第8条（他の権利と負担の消除）
　　　本物件について抵当権、質権、地上権または賃借権の設定、その他所有権の完全な行使を阻害する制限があるときは、売主は本物件の所有権移転のときまでに売主の費用負担でその一切の負担を消除する。
  2　前項の制限のうち別紙担保権目録記載の担保権については、売主は担保権消滅許可申立てを行って抹消する。買主は、買主を売却の相手方とする担保権消滅許可決定の確定および買主による裁判所への代金納付により別紙担保権目録記載の担保権が消滅し、裁判所書記官の嘱託により抹消登記手続がなされることを承諾する。
  3　買主を売却の相手方とする担保権消滅許可決定が確定しないことが明白となったときは、売主または買主は、この契約を解約することができる。この場合、売主は損害賠償の責任を負わない。

第9条（賃貸人たる地位の継承、賃料等の精算）
　　　前条にかかわらず、売主は、別紙賃貸借契約明細記載の賃貸借契約の負担付のまま売主から買主に引き渡すものとし、買主は売主の賃貸人としての地位を現在の賃貸借契約と同一条件にて継承するものとする。
  2　本物件から生じる賃料については、本物件の引き渡し日の前日分までを売主、かかる引き渡し日以降の分を買主が受領するものとする。
  3　買主は、本物件の第7条に定める引渡しと同時に、買主の費用負担により賃借人に対する敷金返還債務全額を売主から免責的に承継するものとし、売主は、当該敷金返還債務を免れるものとする。売主から買主への敷金相当額の支払はしない。

第6部　財団の管理・換価編
第6章　別除権　第2節　書式番号6-6-2-2　土地建物売買契約書（担保権消滅請求用）

第10条（境界確認等）
　　売主は、買主に対し、本物件につき、境界を明示する義務を負わない。

第11条（引き渡し前の滅失、毀損等）
　　本契約締結後、第6条に定める所有権移転のときまでに、本物件が天災地変その他売主または買主の責に帰すことのできない事由により滅失または毀損したときは、互いに本契約を解除することができる。
　2　前項により契約が解除された場合は、売主および買主は、受領済みの金員全額を無利息で相手方に遅滞なく返還すること以外は、互いに何らの義務も負わないものとする。

第12条（担保責任）
　　売主は、本物件が契約内容に適合しない場合といえども、その担保責任を負わないものとする。

第13条（固定資産税・都市計画税および各種使用料の負担の帰属）
　　本物件についての公租公課およびその他の賦課金に関しては、所有権移転の日をもって区分し、その前日までに相当する部分は売主の負担、その当日以降に相当する部分は買主の負担とし、売買代金授受の際、これを精算するものとする。なお、公租公課の起算日は1月1日とする。
　2　本物件の電気、ガス、水道等の使用料、管理費、修繕積立金その他の負担金については、あて名名義のいかんにかかわらず、所有権移転の日をもって区分し、その前日までに相当する部分は売主の負担、その当日以降に相当する部分は買主の負担とし、売買代金残金授受の際、これを精算するものとする。

第14条（契約の解除）
　　売主および買主はその相手方が本契約に違背したときは、催告の上本契約を解除することができるものとする。

第15条（管轄裁判所の合意）
　　本契約について紛争が生じた場合は、東京地方裁判所を売主および買主合意の管轄裁判所とする。

第16条（協議事項）
　　この契約に定めのない事項については、民法その他関係法令および不動産取引慣行に従い、売主、買主は互いに信義を重んじ、誠意をもって協議し、定めるものとする。

以上契約成立を証するため本書2通を作成して売主・買主各1通を保有するものとする。

書式番号6-6-2-2　土地建物売買契約書（担保権消滅請求用）

〇〇年〇月〇日

　　　　　　　　　　　　　　　売主　東京都〇〇区〇〇町〇丁目〇番〇号
　　　　　　　　　　　　　　　　　　〇〇法律事務所
　　　　　　　　　　　　　　　　　　破産者　　〇〇産業株式会社
　　　　　　　　　　　　　　　　　　破産管財人　　　〇〇〇〇


　　　　　　　　　　　　　　　買主　東京都〇〇区〇町〇〇番地〇〇ビル
　　　　　　　　　　　　　　　　　　株式会社〇〇
　　　　　　　　　　　　　　　　　　代表取締役　　　〇〇〇〇

不動産の表示　　　省略
担保権目録　　　　省略
賃貸借契約明細　　省略

〔注1〕　売主に支払う額は、組入金予定額1,816,000円および第2条に定める費用等合計1,611,200円の合計額である。
〔注2〕　破産法186条の担保権消滅許可申立てを前提とした売買契約書である。
〔注3〕　担保権実行の申立てがあると担保権消滅は不許可となる（破産法189条1項）。
〔注4〕　被申立担保権者または他の者から適法な買受けの申出がなされると、買受けの申出をしたものを売却の相手方とする担保権消滅許可決定がなされる（破産法189条1項2号）。この場合、組入金が破産管財人に支払われることはない。売買契約の内容は、売買代金を除き、担保権消滅許可申立てに添付した売買契約と同一の内容とみなされる（破産法189条2項）。
〔注5〕　破産管財人が作成する不動産売買契約書につき不測の事態に備えるための条項について書式番号6-5-2-4の〔注3〕を参照のこと。

## 担保権消滅制度を利用した売買のご説明
（買主様向け）

1　本件売買契約においては、物件に設定されているすべての担保権を抹消のうえ決済を行うことになっていますが、この担保権の抹消は、破産法に定める担保権消滅の制度（破産法186条～191条）を利用して行います。
2　売買契約第2条において、売主側の仲介手数料その他の費用が「破産法186条4項括弧書記載の買主の負担となる費用等に充当すべきもの」として売買代金中に含まれる旨記載されていますが、担保権消滅の制度に基づく担保権者への配当の原資を明確にするために、法律に基づき記載しているものです。買主様には売買代金と別にこれらの費用を負担いただく必要はありません。
3　売主において担保権を抹消するためにただちに担保権消滅許可の申立て（破産法186条）をいたしますが、この申立書が担保権者に送達されてから1か月以内に担保権者から担保権実行申立てがなされるか、本件売買より高額の買受け申出（売買契約第2条に定める諸費用控除後の「売得金」の額より5％増し以上になる場合に限る）があった場合には、本件売買は実施できません。したがって、売主または買主のいずれからも売買契約を解約できるものとします。この場合、売主は損害賠償義務を負いません（売買契約第8条第3項）。
4　上記期間内に担保権実行の申立てや高額の買受け申出がなかった場合には、通常、本件売買に基づく担保権消滅許可決定が下されます。この許可に従い買主が裁判所の定める期限までに売買契約に定める額を裁判所に納付すると、すべての担保権は消滅し、裁判所書記官からの嘱託により抹消登記がなされます（売買契約第8条第2項）。また、所有権が移転しますので（売買契約第6条）、ただちに本物件についての所有権移転登記に必要な一切の書類を交付し、かつ本物件を現状有姿で引き渡します（売買契約第7条）。

以　上

## 担保権実行書面提出書

〇〇年（モ）第〇〇号担保権消滅許可申立事件
（基本事件　〇〇年（フ）第〇〇号）

〇〇年〇月〇日

### 担保権の実行の申立てを証する書面の提出書

〇〇地方裁判所民事部　御中

〒〇〇〇-〇〇〇〇
東京都千代田区丸の内〇丁目〇番〇号
被申立担保権者　　株式会社〇〇〇銀行
代表者代表取締役頭取　　　〇〇〇〇
電　話　〇〇-〇〇〇〇-〇〇〇〇
ＦＡＸ　〇〇-〇〇〇〇-〇〇〇〇

　頭書事件について、破産管財人のした〇〇年〇月〇日付担保権消滅許可の申立てにつき異議がありますので、破産法187条1項に基づき、担保権の実行の申立てをしたことを証する書面を提出します。

添　付　書　類

1　不動産競売開始決定　　　　　　　　　　　　　　1通

以　上

〔注1〕　被申立担保権者は、担保権消滅許可の申立てに異議があるときは、担保権の実行の申立てをしたことを証する書面を裁判所に提出することができる（破産法187条1項）。

〔注2〕　担保権消滅許可申立書等の受領から1か月以内に提出しなければならない（破産法187条1項）。ただし、裁判所は、被申立担保権者につきやむを得ない事由がある場合に限り、当該被申立担保権者の申立てにより、前項の期間を伸長することができる（破産法187条2項）。

〔注3〕　本書面の提出時点で開始決定がなされていない場合には、不動産競売手続開始申立事件受理証明により担保権の実行の申立てをしたことを証することが考えられる。

**書式番号 6-6-2-5　書式名　買受申出書**

○○年（モ）第○○号担保権消滅許可申立事件
（基本事件　○○年（フ）第○○号）

　　　　　　　　　　　　　　　　　　　　　　　　　　　　○○年○月○日

## 買受申出書

破産者○○株式会社
破産管財人弁護士○○殿

　　　　　　　　　　　　　　　　〒○○○－○○○○
　　　　　　　　　　　　　　　　東京都千代田区丸の内○丁目○番○号
　　　　　　　　　　　　　　　　被申立担保権者　　株式会社○○○銀行
　　　　　　　　　　　　　　　　代表者代表取締役頭取　○○○○
　　　　　　　　　　　　　　　　　電　話　○○－○○○○－○○○○
　　　　　　　　　　　　　　　　　ＦＡＸ　○○－○○○○－○○○○

　頭書事件について、破産管財人のした○○年○月○日付担保権消滅許可の申立てにつき異議がありますので、次のとおり買受けの申し出をします。
　1　買受希望者の氏名又は名称等
　　　〒○○○－○○○○　東京都千代田区丸の内○丁目○番○号
　　　株式会社○○○
　　　代表取締役　○○○○
　　　電　話　○○－○○○○－○○○○
　　　ＦＡＸ　○○－○○○○－○○○○
　2　買受けの申出の額
　　　○○円
　3　各財産ごとの内訳の額
　　（1）　東京都港区○丁目○○番　○○円
　　（2）　東京都港区○丁目○○番　○○円

　　　　　　　　　　　　　　　　　　　　　　　　　　　以　上

添付資料

1　買受申込書
2　買受希望者の全部事項証明書

〔注1〕 被申立担保権者は、担保権消滅許可申立てにつき異議があるときは、破産管財人に対し、当該被申立担保権者又は他の者が財産を買い受ける旨の申出をすることができる（破産法188条1項）。この申出は破産法188条2項各号に定める事項を記載した書面で行わなければならない。

〔注2〕 買受けの申し出額は、担保権消滅許可申立書に記載された売得金の額の5％増し以上でなければならない（破産法188条3項）。

〔注3〕 買受希望者は、買受けの申し出に際し、破産管財人に保証を提供しなければならない（破産法188条5項）。

**書式番号 6-6-2-6　書式名　担保権消滅許可決定に対する即時抗告申立書**

即時抗告申立書

〇〇年〇〇月〇〇日

〇〇高等裁判所　御中

　　　　　　　　　　　　　　　　　　抗告人（被申立担保権者）　〇〇〇〇
　　　　　　　　　　　　　　　　　　抗告人代理人弁護士　〇〇〇〇

　　当事者の表示　　別紙当事者目録記載のとおり（略）

第1　抗告の趣旨
　1　上記当事者間の〇〇地方裁判所〇〇年（モ）第〇〇号担保権消滅許可申立事件について、同裁判所が〇〇年〇月〇日にした担保権消滅の許可決定を取り消す
　2　相手方の担保権消滅許可申立てを却下する
との決定を求める。

第2　抗告の理由
　1　〇〇株式会社（以下「破産会社」という。）は、〇〇年〇月〇日、〇〇地方裁判所において破産手続開始の決定を受けて（〇〇年（フ）第〇〇号）、相手方が破産管財人に選任された。その後、相手方は、破産会社が所有する別紙物件目録（略）記載の不動産（以下「本件不動産」という。）に設定されている別紙担保目録（略）記載の担保権について消滅許可申立て（以下「本申立て」という。）をなし、同裁判所は〇〇年〇月〇日、許可決定を行った。
　2　しかし、本申立てに係る売買代金は、市場価格から乖離した低廉な価格であるといわざるを得ない。近時の取引事例によれば、本件不動産は少なくとも〇〇円以上の評価額であり、かかる評価額以上で売却されなければならない。かかる金額で売却された場合には、抗告人は売買代金から一定金額の弁済を受けることができるものと見込まれるが、本申立てに係る売買代金で売却された場合には、当該代金額は先順位担保権者への弁済額及び諸費用の合計額に満たないため、抗告人は一切弁済を受けられない結果となり、本申立ての許可は抗告人の利益を不当に害するものである。
　3　よって、抗告人は、抗告人の利益を不当に害することとなる原決定の取消しを求める次第である。

疎明方法

　　　　甲1　　周辺取引事例
　　　　甲2　　〇〇作成の不動産査定書

〔注１〕 担保権を有する者の利益を不当に害することとなると認められるときは担保権消滅の許可申立てを行うことはできない（破産法186条１項ただし書）。
〔注２〕 破産法189条４項に基づく即時抗告である。

年（フ）第　　　号
破産者　〇〇〇〇

〇〇地方裁判所民事第〇部　御中

　　　　　　　　　　　　　　　　　　　　　　　　　　　　　年　　月　　日

## 商事留置権消滅及び弁済の許可申立書

　　　　　　　　　　　　　　　　　　　　破産管財人弁護士　　〇〇〇〇　印

　当事者　　　　　　別紙当事者目録記載（略）のとおり
　目的物　　　　　　別紙物件目録記載（略）のとおり
　担保物・被担保債権　別紙担保権・被担保債権目録（略）のとおり

申立ての趣旨

　相手方に対して金〇〇円を支払い、別紙物件目録記載の物件について相手方の有する商事留置権の消滅を請求すること及び相手方に対して同額の弁済をなすことの許可を求める。

申立ての理由

1　相手方は、破産手続開始決定前である〇年〇月〇日までに破産者より、破産者所有の別紙物件目録記載の物件（以下「本物件」という。）の保管を受託し、これを占有していた。
2　相手方は、破産者に対し、別紙被担保債権目録記載の債権（以下「本債権」という。）を有しており、申立人に対して、本物件につき本債権を担保するための商事留置権を主張し、その引渡しを拒絶している。
3　本物件は、市場における実勢価格に鑑みて〇〇〇円と評価されるべきところ、破産管財人は、〇〇株式会社（以下「本件買主」という。）との間で交渉し、本件買主に対し、本物件を金〇〇〇円にて売却すること及び本物件の引渡し時に破産管財人に対し上記売却代金を支払うことについて、本件買主の内諾を得ている。
　　したがって、破産管財人において、相手方に対して金〇〇円を支払って本物件の引渡しを受けたとしても、本物件を本件買主に売却することによって、相手方に対する支払い額を上回る売却代金を回収することができ、破産財団の増殖を図ることが可能となる。
4　よって、本件申立てに及んだものである。

　　　　　　　　　　　　　　　　　　　　　　　　　　　　　　　　　以　上

第6部　財団の管理・換価編
第6章　別除権　第3節　書式番号6-6-3-1　商事留置権消滅請求及び弁済許可申立書

〔注1〕　破産法192条1項による商事留置権の消滅請求制度に係る許可申立書である。
〔注2〕　破産管財人が商事留置権の消滅を請求するためには当該商事留置権の目的となっている財産の価額に相当する金銭を弁済しなければならない（破産法192条2項）。
〔注3〕　当該消滅請求及び弁済については裁判所の許可が必要である（破産法192条3項）。

**書式番号 6-6-3-2　書式名　商事留置権消滅請求通知書**

〇〇年〇月〇日

株式会社〇〇〇　御中

　　　　　　　　　　　　　　　　　　破産者　　〇〇〇株式会社
　　　　　　　　　　　　　　　　　　破産管財人　　〇〇〇〇　㊞

# 通　知　書

　冠省　当職は、〇〇年〇月〇日に〇〇地方裁判所において破産手続開始決定（〇〇年（フ）第〇〇号）を受けた〇〇〇株式会社（以下「破産会社」といいます。）の破産管財人です。
　当職は、〇〇地方裁判所に対し、貴社が破産会社に対して有する倉庫業務委託料債権金〇〇円を被担保債権とする商事留置権（以下「本件商事留置権」といいます。）の消滅請求および弁済の許可の申立てをなし、その結果、〇〇年〇月〇日、同裁判所より、別紙（略）のとおり、貴社に対して金〇〇円の弁済をなすことおよび本件商事留置権の消滅請求をすることの許可を得ています。
　当職は、本書面をもって、上記の裁判所の許可に基づき、貴社に対して、金〇〇円の弁済をなし、本件商事留置権を消滅させる旨の請求をいたします。
　つきましては、当職は、〇〇年〇月〇日、貴社に対して金〇〇円の弁済をいたしますので、貴社が占有している別紙（略）記載の各商品（以下「本商品」といいます。）を当職に返還して下さい。
　万一、貴社が本商品の返還を拒絶する場合は、貴社に対し、本商品の返還請求および貴社が本商品の返還を拒絶したことによって生じた損害賠償請求等に係る法的措置を講じざるを得ませんので、念のため申し添えます。

　　　　　　　　　　　　　　　　　　　　　　　　　　　　　　　　　草々

〔注1〕　破産管財人から商事留置権者に対する弁済をもって商事留置権を消滅させ、商事留置権の目的物の返還を求める通知書である（破産法192条4項）。

## 訴　状

〇〇年〇月〇日

〇〇地方裁判所第〇民事部　御中

　　　　　　　　　　　　　　　原告　破産者〇〇株式会社破産管財人〇〇〇〇　㊞

当事者の表示　　別紙当事者目録（略）記載のとおり

### 請求の趣旨

（主位的請求）
1　被告は、原告に対し、別紙物件目録記載の物件を引き渡せ
2　訴訟費用は被告の負担とする
との判決及び仮執行宣言を求める。

（予備的請求）
1　被告は、原告に対し、相当額の支払いと引換えに別紙物件目録記載の物件を引き渡せ
2　訴訟費用は被告の負担とする
との判決及び仮執行宣言を求める。

### 請求の理由

1　当事者
　破産者〇〇〇株式会社（以下「破産会社」という。）は、〇〇の製造を営む株式会社であるが、〇〇年〇月〇日、〇〇地方裁判所において破産手続開始決定（〇〇年（フ）第〇〇号）を受け、原告が破産管財人として選任された。
　被告は、倉庫業を営む株式会社である。

2　被告による本物件の占有
　破産会社は、別紙物件目録（略）記載の物件（以下「本物件」という。）を所有している（甲〇号証）が、被告は、破産会社から、破産手続開始決定がなされる以前である〇〇年〇月〇日、本物件の保管を受託し、現在に至るまで本物件を被告の倉庫において占有している。
　原告は、被告に対し、本物件の引渡しを求めたが、被告は、破産会社に対し、別紙被担保債権目録（略）記載の債権を有しており、原告に対し、本物件につき、同債権を担保するための商事留置権（以下「本件商事留置権」という。）を主張し、その引渡しを拒絶している。

3　商事留置権消滅請求
　原告は、〇〇地方裁判所に対し、金〇〇〇円を弁済することによる本件商事留置権の消滅請求およびその弁済をなすことの許可を求め、〇〇年〇月〇日、同裁判所から同許可を得て（甲〇号証）、〇〇年〇月〇日、被告に対し、本件商事留置権につき、商事留置権消滅請求を行った

第6部　財団の管理・換価編
第6章　別除権　第3節　書式番号6-6-3-3　商事留置権消滅を理由とする財産返還請求訴訟の訴状

（甲○号証）。
　　しかし、被告は、上記弁済金額を不服として、本件商事留置権を根拠とし、本物件の引渡しを拒絶している。
4　本物件の価格
　　本物件の価格は、金○○○円と評価される（甲○号証）。
5　よって、原告は被告に対し、請求の趣旨記載の判決を求め、本訴提起に及んだ次第である。

〔注1〕　破産法192条1項による商事留置権の消滅請求制度に係る許可に基づき破産管財人が商事留置権者に対して商事留置権消滅請求を行った場合でも、商事留置権者は弁済金額が商事留置権の目的物の価額に満たないと考える場合には、商事留置権を主張し、引き渡しを拒否することがありうる。その場合には、破産管財人は、通常の民事訴訟手続により、当該目的物の引渡しを求める訴訟を提起することが考えられる。

| 書式番号 | 6-7-1 | 書式名 | 債権者による相殺が無効である旨の通知書 |

〇〇年〇月〇日

株式会社〇〇〇〇
代表取締役　〇〇〇〇　殿

〒〇〇〇-〇〇〇〇
東京都〇〇区〇〇町〇丁目〇番〇号
電話　〇〇（〇〇〇〇）〇〇〇〇
FAX　〇〇（〇〇〇〇）〇〇〇〇
破産者〇〇〇〇破産管財人
弁護士　　〇〇〇〇　　印

通　知　書

冠　省
　貴社は、当職に対し、〇〇年〇月〇日付け「相殺通知書」により、後記1の破産債権（以下「本件破産債権」といいます。）を自働債権とし、後記2の破産財団帰属債権（以下「本件破産財団帰属債権」といいます。）を受働債権として、これらの債権をその対当額にて相殺する旨の意思表示をされました。
　しかしながら、破産者は、〇〇年〇月〇日、自らが振出した約束手形の決済ができず銀行取引停止処分を受けたものであり、支払停止の事実が認められるとともに、遅くとも同日には支払不能に陥ったものであります。
　他方、貴社は、不渡りとなった当該約束手形をその最終所持人である株式会社〇〇銀行に取立委任していたことから、同日には、破産者の支払停止の事実及び支払不能を認識されたものといえます。しかるに、貴社は、その後〇〇年〇月〇日に、〇〇〇株式会社から本件破産債権を譲受けたものでありますので、破産法72条1項2号ないし同項3号により、本件破産債権を自働債権として相殺を行うことは許されません。
　したがって、上記相殺は無効でありますので、当職は、貴社に対し、本件破産財団帰属債権に対する弁済として金〇〇円及びこれに対する〇年〇月〇日から支払済みまで年6分の割合による遅延損害金を後記3の口座に振り込んで支払われますよう請求いたします。

草　々

記

1　破産債権
　　貴社が〇〇〇株式会社から譲受けた、破産者と〇〇〇株式会社の間の〇〇年〇月〇日付け商品売買契約に基づく破産者に対する売掛債権金〇〇円

2 破産財団帰属債権
　　破産者と貴社の間の○○年○月○日から○○年○月○日までの間の○○等の売買取引に基づく破産者の貴社に対する売掛債権金○○円
3 振込先口座
　　○○銀行○○支店（以下略）

〔注１〕　支払不能の事実を知って支払不能後に取得した破産債権を自働債権とする相殺は禁止される（破産法72条１項２号）。また、支払停止を知って支払停止後に取得した破産債権を自働債権とする相殺については、原則として禁止される（同項３号本文）

| 書式番号 | 6-7-2 | 書式名 | 相殺権行使に関する催告書 |

○○年○月○日

株式会社○○○○
代表取締役　○○○○　殿

〒○○○-○○○○
東京都○○区○○町○丁目○番○号
　電話　○○（○○○○）○○○○
　FAX　○○（○○○○）○○○○
破産者○○○○破産管財人
　弁護士　　　○○○○　　　　印

## 請求書兼相殺権行使に関する催告書

冠省

　当職は、○○年○月○日午後○時、○○地方裁判所民事第○部において破産手続開始の決定を受けた○○○○（事件番号・○○年（フ）第○○○号）の破産管財人として、貴社に対し、以下のとおり請求するとともに催告いたします。

　破産者○○○○は、貴社に対し、すでに弁済期の到来した下記①の債権を有しておりますので、金○○○万円及びこれに対する○○年○月○日から支払済みまで年6分の割合による遅延損害金を下記③記載の銀行口座に振り込んでお支払いください。

　一方、貴社は、破産者○○○○に対し、下記②の債権を破産債権として届け出られており、破産裁判所の定めた債権調査期日が○○年○月○日に終了いたしましたが、この破産債権に対しては何らの異議の申出もありませんでした。

　つきましては、当職は貴社に対し、貴社において下記②の破産債権を自働債権とし下記①の債権を受働債権とする相殺をなされる場合には、本書面到達の日より1か月以内に当職に対して書面により相殺の意思表示をなされますよう、破産法第73条第1項に基づき、催告いたします。なお、上記期間内に相殺の意思表示がない場合には、同条第2項により、貴社は、上記相殺をなす権利を喪失しますので、念のため申し添えます。

草々

記

① 〈貴社に対する債権の表示〉
　　破産者○○○○と貴社との間の○○年○月○日付売買契約に基づく破産者の貴社に対する売買代金債権金○○○万円
② 〈破産債権の表示〉
　　破産者○○○○と貴社との間の○○年○月○日付金銭消費貸借契約に基づく貴社の破産者

に対する貸付債権金〇〇〇万円
③ 振込先口座
　　〇〇銀行　〇〇支店　（以下略）

〔注1〕 破産財団に属する債権と破産債権とが相殺適状にあるとき、破産管財人の側からの相殺は「破産債権者の一般の利益に適合するとき」に裁判所の許可を得た場合にのみ可能となるため（破産法102条）、破産管財人としてはまずは破産財団に属する債権の債務者に履行を請求する。

〔注2〕 破産法73条。相殺権行使に関する催告は、債権調査期間経過後又は債権調査期日終了後に、1か月以上の催告期間を定めて行う。もっとも、債権調査以前に換価を終了させるためには、債権調査期間の経過又は債権調査期日の終了を待たずに、事実上の催告を行うことにより相殺を促す必要がある。

| | |
|---|---|
| 本件につき<br>許可する。<br>　　○○地方裁判所民事第○部<br>　　　裁判官 | 本件につき<br>許可があったことを証明する。<br>　　前同日　○○地方裁判所民事第○部<br>　　　裁判所書記官 |

○○年（フ）第○○○○号
破産者　株式会社○○○○

○○地方裁判所民事第○部　管財　係御中

# 相 殺 許 可 申 立 書

1　申立ての趣旨
　　株式会社○○○○に対し、後記「破産財団に属する債権の表示」記載の債権を自働債権とし、後記「破産債権の表示」記載の債権を受働債権として、これらの債権をその対当額において相殺する旨の意思表示をすることの許可を求める。

2　申立ての理由
　　破産者に係る破産手続においては、配当率○パーセント程度の配当が行われる見込みであるが、株式会社○○○○についても、破産手続開始決定がなされているところ（○○地方裁判所○○年（フ）○○号）、同社の破産手続は○○年○月○日をもって廃止されており、後記「破産債権の表示」記載の債権については、全く回収の見込みがない。
　　よって、後記「破産財団に属する債権の表示」記載の債権をもって後記「破産債権の表示」記載の債権を相殺により消滅させることが合理的であるとともに、配当率を増加させるものであって、破産債権者の一般の利益に適合すると認められる。

3　破産管財人が保有する疎明資料
　　株式会社○○○○に関する破産手続廃止決定書謄本

4　破産財団に属する債権の表示
　　破産者と株式会社○○○○との間の○○年○月○日付売買契約に基づく破産者の株式会社○○○○に対する売買代金債権金○○○万円

5　破産債権の表示
　　破産者と株式会社○○○○との間の○○年○月○日付金銭消費貸借契約に基づく株式会社○○○○の破産者に対する貸付債権金○○○万円

○○年○月○日

　　　　　　　　　　　　　破産管財人弁護士　　　○○○○　　印

〔注１〕　破産法 102 条。
〔注２〕　「破産債権者の一般の利益に適合する」と認められる場合としては、破産財団に属する債権の方が、破産債権よりも相対的に実価が低下している場合などが考えられる。

## 書式番号 6-8-1-1　支払停止の報告書

○○地方裁判所○○年（フ）第○○○○号
破産者　○○株式会社

○○年○月○日

## 報　告　書

破産者　○○株式会社
破産管財人　弁護士　○○○○　殿

　　　　　　　　　　　　　　　　　　　○○市○○区○○　○丁目○○番○○号
　　　　　　　　　　　　　　　　　　　○○ビル○階
　　　　　　　　　　　　　　　　　　　　○○○○法律事務所
　　　　　　　　　　　　　　　　　　　　　破産者○○株式会社申立代理人
　　　　　　　　　　　　　　　　　　　　　　　弁護士　○○○○

　当職は、破産者○○株式会社（以下「破産会社」という。）の破産手続開始申立てを行った申立代理人です。
　破産会社は、○○年○○月○○日、事業を停止して、支払を停止し、同年○月○日、○○地方裁判所に対して、破産会社の破産手続開始申立てを行い、同年○月○日午後○時、破産手続開始決定を受けました。
　当職は、破産手続開始申立てに先立ち、株式会社Aを含む添付送付先債権者一覧表に記載された債権者に宛てて、添付通知書のとおり同年○月○日付受任通知を同日内容証明郵便にて送付し、支払を停止する旨及び今後速やかに破産手続開始申立てを行う予定である旨を通知しました。
　株式会社Aに宛てた受任通知は、添付配達証明書のとおり同年○月○日に送付されています。
　以上のとおり、ご報告いたします。

添付資料

1.　送付先債権者一覧表（略）
2.　通知書（株式会社A社への内容証明写し）（略）
3.　配達証明書写し（略）

以　上

〔注1〕　否認権行使の前提として、否認の相手方の悪意（相手方が支払停止の事実又は破産手続開始申立ての事実を知っていること）を明らかにする必要があることから、申立代理人に受任通知発送についての報告書を作成してもらう場合がある。
〔注2〕　受任通知がファックスや通常郵便により送付されている場合には、申立代理人からファックスの送信記録を入手したり、報告対象に通常郵便の投函日時・到着日時見込についても含めるとよい。

| 書式番号 | 6-8-1-2 | 書式名 | 弁済金返還請求書（内容証明郵便） |

〇〇年〇月〇日

〒〇〇〇-〇〇〇〇
東京都〇〇区〇〇町〇番〇号
株式会社〇〇御中

　　　　　　　　　　　　　　　　　東京都〇〇区〇〇町〇丁目〇番〇号
　　　　　　　　　　　　　　　　　〇〇ビル〇〇号室
　　　　　　　　　　　　　　　　　電　話〇〇-〇〇〇〇-〇〇〇〇
　　　　　　　　　　　　　　　　　ＦＡＸ〇〇-〇〇〇〇-〇〇〇〇
　　　　　　　　　　　　　　　　　通知人　破産者株式会社〇〇破産管財人
　　　　　　　　　　　　　　　　　　　　　弁護士　　　　　〇〇〇〇

## 通　知　書

　前略　当職は、〇〇年〇月〇日に〇〇地方裁判所において破産開始決定を受けた株式会社〇〇（〇〇年（フ）第〇〇号。以下「破産会社」といいます。）の破産管財人として、以下のとおり通知いたします。

　破産会社は、〇〇年〇月〇日に1回目の手形不渡りを出し、同日事業を停止しましたが、その直後の〇月〇日、貴社に対し、貴社からの借入金（残元本3000万円）のうち2000万円を弁済しました。しかし、この弁済は債権者間の公平を害するものであり、破産法162条1項に基づく破産管財人の否認権行使の対象となる行為に該当します。したがって、弁済金2000万円をすみやかに下記口座に送金して返還願います。

　　　　　　　　　　　　　　　　　　記
　　　　〇〇銀行　〇〇支店　普通預金口座
　　　　口座番号　〇〇〇〇〇〇〇
　　　　口座名義　破産者〇〇〇〇破産管財人〇〇〇〇
　　　　　　　　　（ハサンシャ〇〇〇〇ハサンカンザイニン〇〇〇〇）

　本書到達の日から10日以内に返還いただけない場合は、法的手続をとらざるを得ませんのでご承知おきください。

　　　　　　　　　　　　　　　　　　　　　　　　　　　　　　　　　以　上

〔注1〕　否認対象行為が発見された場合、特段の事情がない限り破産管財人は早期円満解決の観点から否認権行使に先立ち相手方と任意交渉を行うことが想定される。この場合、破産管財人が最初に行う行為は、否認対象行為であることの指摘及び財物の返還を請求する書面を送付することである。なお、当該請求書面は後に裁判資料になることが想定されるため、送付の状況及び書面内容の立証が容易である内容証明郵便等で作成することが望ましい。
〔注2〕　否認権の行使は、破産手続開始の日から2年以内でかつ、否認対象行為の日から20年以内にしなければならない（破産法176条）。
〔注3〕　電子内容証明郵便は、所定の書式で作成する必要がある（書式は郵便局ホームページからダウンロードできる）。

| 書式番号 | 6-8-1-3 | 書式名 | 反対給付がある場合の差額償還請求書（内容証明郵便） |

〇〇年〇月〇日

〒〇〇〇-〇〇〇〇
東京都〇〇区〇〇町〇番〇号
株式会社〇〇御中

東京都〇〇区〇〇町〇丁目〇番〇号
〇〇ビル〇〇号室
電　話〇〇-〇〇〇〇-〇〇〇〇
ＦＡＸ〇〇-〇〇〇〇-〇〇〇〇
通知人　破産者株式会社〇〇破産管財人
弁護士　　〇〇〇〇　印

## 通　知　書

前略　当職は、〇〇年〇月〇日に〇〇地方裁判所において破産開始決定を受けた株式会社〇〇（〇〇年（フ）第〇〇号。以下「破産会社」といいます。）の破産管財人として、以下のとおり通知いたします。

　破産会社は、〇〇年〇月〇日に1回目の手形不渡りを出し、同日事業を停止しましたが、その直後の〇月〇日、貴社との間で別紙物件目録（略）記載の工作機械（以下、「本件機械」という。）にかかる売買契約を締結し、翌〇日に代金の支払と引き換えに本件機械を引き渡しました。

　当職の調査によれば、本件機械の時価は3000万円ですが、貴社から破産会社に支払われた売買代金は500万円に過ぎません。このような不相当な価格での本件機械の売買は債権者間の公平を害するものであり、破産法162条1項に基づく破産管財人の否認権行使の対象となる行為に該当します。

　そこで、当職は貴社に対し、本件機械の時価と売買代金の差額である2500万円について、すみやかに下記当職の管財人口座に送金して償還いただきますよう、本書を以て請求いたします。

記

　　　　〇〇銀行　〇〇支店　普通預金口座
　　　　口座番号　〇〇〇〇〇〇〇
　　　　口座名義　破産者〇〇〇〇破産管財人〇〇〇〇
　　（ハサンシャ〇〇〇〇ハサンカンザイニン〇〇〇〇）

　なお、本書到達の日から10日以内に返還いただけない場合は、法的手続をとらざるを得ませんのでご承知おきください。

以　上

〔注1〕　書式6-8-1-2の注参照。
〔注2〕　否認対象行為において、破産者が反対給付を受けていた場合、破産管財人は破産財団に復するべき財産そのものの返還を求める代わりに、当該財産の価額から反対給付の価額を控除した額の償還を求めることができる（破産法168条第4項）。
〔注3〕　重要事案においては事前に裁判所に相談すべきであり、価額が100万円を超える和解を成立させる場合には裁判所の許可が必要である。

# 合 意 書

　破産者株式会社○○破産管財人○○○○（以下「甲」という。）と○○○○（以下「乙」という。）は、本日、次のとおり合意書を締結する。

第1条（確認事項）
　　甲及び乙は、次の事項について相互に確認する。
　　① 　○○年○月○日、破産者株式会社○○（以下「破産会社」という。）名義の金融機関口座から金○円が出金され、一部弁済として乙に交付されたこと。
　　② 　乙は破産会社の破産手続（○○年（フ）第○号）において、乙の破産会社に対する貸付金残額として金○円の債権を有する旨の破産債権届出書を甲に提出していること。

第2条（和解金）
　　乙は、甲に対し、前条1項に関し、和解金として金○○○万○○円を、○○年○月○日限り、下記口座に振り込む方法で支払う。振込手数料は乙の負担とする。
記
　　　　　○○銀行　　○○支店　　普通預金口座
　　　　　口座番号　　○○○○○○○
　　　　　口座名義　　破産者○○○○破産管財人○○○○
　　　　　　（ハサンシャ○○○○ハサンカンザイニン○○○○）

第3条（否認権の不行使）
　　乙が前項の支払期限までに前項の金員を支払ったときは、甲は、乙に対し、第1条第1号の行為に関し、否認権を行使しない。

第4条（債権届出取下げ）
　　乙は、乙の破産会社に対する貸付金にかかる破産債権届出を行わないこととし、甲に対し、○○年○月○日限り、第1条第2号の債権届出を取り下げる旨の債権届出取下書を交付する。

第5条（清算条項）
　　甲と乙は、甲及び破産者と乙の間には、本合意書に定めるほか、他に何ら債権債務のないことを相互に確認する。

第6条（地方裁判所の許可）
　　本合意は○○地方裁判所の和解許可を停止条件とする。

第6部　財団の管理・換価編
第8章　否認　第1節　書式番号6-8-1-4　合意書（否認対象行為にかかる和解）

以上の合意の成立を証するため、本書を2通作成し、甲乙それぞれ1通を保有する。

　　　年　月　日

　　　　　甲　○○市○○区○○　○丁目○○番○○号
　　　　　　　○○ビル○階
　　　　　　　　○○○○法律事務所
　　　　　　　　　破産者　　株式会社○○
　　　　　　　　　破産管財人　　○○○○

　　　　　乙　（住所）

　　　　　　　（氏名）

〔注1〕　否認対象行為が発見された場合、特段の事情がない限り破産管財人は早期円満解決の観点から否認権行使に先立ち相手方と任意交渉を行い、多くの事例においては訴訟外の和解で解決がなされている。
〔注2〕　相手方が破産債権者たる地位を有する場合は、和解において、将来の配当見込額も勘案して和解金額を算出し、相手方には破産債権届出を撤回させる（届出をさせない）ことを和解条項に含め、一回的解決を図る場合もある。
〔注3〕　なお、100万円以上の支払いとなる和解の場合には裁判所の和解許可が必要となるため、合意書に停止条件を付する場合がある。

## 否認権のための保全処分申立書（不動産仮差押）

○○年（フ）第○○○○号

不動産仮差押命令申立書

○○年○月○日

○○地方裁判所民事第○部　御中

　　　　　　　　　　　　　　　　　申立人　　　　株式会社○○○○
　　　　　　　　　　　　　　　　　申立代理人弁護士　　○○○○

当事者の表示　　　別紙当事者目録記載のとおり

申立ての趣旨

　別紙債権目録記載の請求権を保全するため、相手方所有の別紙物件目録記載の不動産はこれを仮に差し押さえる。
との決定を求める。

申立ての理由

第1　被保全権利
1　破産手続開始申立
　申立人は、○○年12月1日、御庁に対して、別紙債務者の表示記載の者（以下「債務者」という。）についての破産手続開始の申立てを行い、御庁○○年（フ）第○○○○号として審理中である。
2　相手方と債務者との間の金銭消費貸借契約
　(1)　相手方は、○○年1月15日、債務者に対し、利息および返済期日の約定なく金3000万円を貸し渡した（以下この貸付を「本件貸付」という。）（甲2）。
　(2)　債務者は、○○年10月15日、相手方に対し、本件貸付金の元本3000万円のうち2000万円を弁済した（甲3）。
3　債務者の支払不能
　債務者は、第2項の弁済に先立つ○○年10月1日に1回目の手形不渡りを出し、同日事業を停止し、もって支払停止に至った。債務者はこの時点において支払不能の状態にあった（甲4）。
4　悪意
　相手方の代表取締役は、債務者の代表取締役の実兄であり、実質的には債務者の代表取締役の参謀として債務者の経営にも関与しており、第2項(2)の弁済受領の時点において、第3項記載の事実を知っていた（甲5）。

第6部　財団の管理・換価編
第8章　否認　第2節　書式番号6-8-2-1　否認権のための保全処分申立書（不動産仮差押）

5　被保全権利のまとめ
　　よって、債務者が破産手続開始決定を受けた場合には、債務者の破産管財人は、相手方に対し、破産法162条1項に基づき弁済を否認し、破産法167条1項に基づき、弁済金2000万円の返還を請求する権利を有する。

第2　保全の必要性
　　相手方には本件不動産以外に見るべき資産がない。本件不動産もいつ処分されるかも知れず、後日破産開始決定がなされ、破産管財人が否認請求または否認の訴えを提起して勝訴判決を得ても、その目的を達することが著しく困難となるおそれが大きい（甲6）。


　　　　　　　　　　　　　　　疎明方法

　　　甲1　不動産全部事項証明書
　　　甲2　金銭消費貸借契約書（写）
　　　甲3　金融機関口座通帳
　　　甲4　陳述書
　　　甲5　戸籍謄本
　　　甲6　決算書（相手方）

　　　　　　　　　　　　　　　添付書類

　　1　疎明資料　　　　　　　各1通
　　2　固定資産評価証明書　　1通
　　3　委任状　　　　　　　　1通
　　4　資格証明書　　　　　　2通


（別紙）
　　　　　　　　　　　　　当事者目録
　　〒○○○-○○○○
　　　　東京都○○区○町○○番地○○ビル
　　　　　申立人　　　　　　　株式会社○○○○
　　　　　代表者代表取締役　　　　○○○○
　　〒○○○-○○○○
　　　　東京都○○区○町○○番地○○ビル
　　　　○○国際法律事務所（送達場所）
　　　　電　話○○-○○○○-○○○○
　　　　ＦＡＸ○○-○○○○-○○○○
　　　　　申立代理人弁護士　　　　○○○○

第６部　財団の管理・換価編
第８章　否認　第２節　書式番号6-8-2-1　否認権のための保全処分申立書（不動産仮差押）

〒○○○－○○○○
東京都○○千代田区○○町○丁目○番○号
相手方　　　　　　　株式会社○○○○
代表者代表取締役　　○○○○


（別紙）

債権目録

金2000万円

　ただし、債務者が破産手続開始決定を受けた後、債務者の破産管財人が、相手方に対し、下記弁済行為を否認することにより有する弁済金返還請求権

記

　相手方から債務者に対する○○年１月15日付け貸付金3000万円について、債務者が、○○年10月15日、相手方に対してなした金2000万円の弁済

以　上

（別紙）

債務者の表示（省略）


〔注１〕　破産手続申立てから開始決定までの間に、否認権を保全するために行う保全処分であり、管轄裁判所は破産事件を審理している裁判所である（破産法171条１項）。担保を立てることが必要な場合もある（破産法171条２項）。
〔注２〕　破産者が個人の場合、行為の相手方たる債権者が破産者の親族であれば、悪意が推定される（破産法162条２項、161条２項３号）。但し本書面は破産者が法人であって、債権者が代表者の親族であるとのケースであるため、悪意推定規定の直接適用はない。
〔注３〕　本書面は債権者申立てによる破産手続に関連し、申立人である破産債権者が破産手続開始申立てと並行して保全処分を申し立てるケースを想定している。

## 書式6-8-2-2　否認権のための保全処分申立書（動産仮処分）

○○年（フ）第○○○○号

## 動産仮処分命令申立書

○○年○月○日

○○地方裁判所民事第○部　御中

　　　　　　　　　　　　　　　　　　　　　申立人　　　　○○株式会社
　　　　　　　　　　　　　　　　　　　　　保全管理人弁護士　　○○○○

当事者の表示　　　別紙当事者目録記載のとおり

### 申立ての趣旨

1　相手方は、別紙物件目録記載の自動車に対する占有を他人に移転し、又は占有名義を変更してはならない。
2　相手方は、上記自動車の占有を解いて、これを執行官に引き渡さなければならない。
3　執行官は、上記自動車を保管しなければならない。
4　執行官は、相手方が上記自動車の占有を移転又は占有名義の変更を禁止されていること及び執行官が上記自動車を保管していることを公示しなければならない。

との決定を求める。

### 申立ての理由

第1　被保全権利
　1　当事者
　　(1)　○○株式会社（以下「○○社」という。）は○○年12月1日に御庁に破産手続開始の申立てを行い、同日申立人が保全管理人に選任された（御庁○○年（フ）第○○○○号）。
　　(2)　相手方は、○○年10月10日まで○○社の取締役の地位を有していた者である。
　2　○○社と相手方との間の金銭消費貸借契約
　　　相手方は、○○年1月15日、○○社に対し、利息および返済期日の約定なく金3000万円を貸し渡した（以下この貸付を「本件貸付」という。）（甲2）。
　3　○○社の支払不能
　　　○○社は○○年10月1日に1回目の手形不渡りを出し、同日事業を停止し、もって支払停止に至った。○○社はこの時点において支払不能の状態にあった（甲4）。
　4　代物弁済
　　　○○社は相手方との間で、○○年10月5日、本件貸付の弁済に代えて、別紙物件目録記載

の自動車（以下「本件自動車」という。）の所有権を移転するとの合意をし、同日相手方に本件自動車を引き渡した（以下「本件代物弁済」という。）。

5　悪　意

相手方は○○年10月10日まで○○社の取締役であった者であり、本件代物弁済の時点において、○○社が支払不能の状態にあることを知っていた（甲5）。

6　被保全権利のまとめ

よって、本件代物弁済行為は偏頗行為に該当し、○○社が破産手続開始決定を受けた場合には、○○社の破産管財人は、相手方に対し、破産法162条1項に基づき代物弁済を否認し、破産法167条1項に基づき、本件自動車の引き渡しを請求する権利を有する。

第2　保全の必要性

本件代物弁済行為の目的物たる本件自動車は、使用することにより価値が減じるため、早急に本件自動車の占有を確保し価値を維持する必要性が高い。

また、相手方には本件自動車以外に見るべき資産がないため、本件自動車はいつ換価処分されるかも知れず、後日破産開始決定がなされ、破産管財人が否認請求または否認の訴えを提起して勝訴判決を得ても、その目的を達することが著しく困難となるおそれが大きい。

よって、本件申立てに及ぶ次第である。

疎明方法

甲1　不動産全部事項証明書
甲2　金銭消費貸借契約書（写）
甲3　金融機関口座通帳
甲4　陳述書
甲5　戸籍謄本
甲6　決算書（相手方）

添付書類

1　疎明資料　　　　　　　　各1通
2　固定資産評価証明書　　　1通
3　委任状　　　　　　　　　1通
4　資格証明書　　　　　　　2通

（別紙）当事者目録（略）
　　　　物件目録（略）

債権目録

　ただし、○○社が破産手続開始決定を受けた場合において、○○社の破産管財人が、相手方に対し、下記代物弁済を否認することにより有する自動車引渡請求権

記

　○○社が相手方との合意に基づき、相手方に対する○○年○月○日付け借入金3000万円の返済に代えて別紙物件目録記載の自動車を○○年10月5日付けにて譲渡したことによる代物弁済

以　上

〔注1〕　書式番号6-8-2-1の注参照
〔注2〕　行為の相手方たる債権者が、行為時において破産者の取締役であった場合には、取締役等に準ずる者として、悪意が推定される（破産法162条2項、161条2項3号）。

○○年（モ）第○○号仮処分命令申立事件
（基本事件○○年（フ）第○○号）

# 即時抗告申立書

○○年○月○日

○○高等裁判所　御中

抗告人代理人弁護士　　○○○○　㊞

〒○○○－○○○○
東京都○○区○○町○丁目○番○号
抗告人　株式会社○○○○
上記代表者○○○○

〒○○○－○○○○
東京都○○区○○町○丁目○番○号
○○法律事務所（送達場所）
抗告人代理人弁護士　　○○○○
電話　　○○－○○○○－○○○○
ＦＡＸ　○○－○○○○－○○○○

〒○○○－○○○○
東京都○○区○○町○丁目○番○号
相手方　○○○○株式会社
保全管理人弁護士　　○○○○

　上記当事者間の○○地方裁判所○○年（モ）第○○号仮処分命令申立事件について、同庁が○○年○月○日にした決定に対し、不服があるので、破産法171条4項に基づき、即時抗告の申立てをする。

原決定の主文

1　債務者は、別紙物件目録記載の自動車に対する占有を他人に移転し、又は占有名義を変更してはならない。
2　債務者は、上記自動車の占有を解いて、これを執行官に引き渡さなければならない。
3　執行官は、上記自動車を保管しなければならない。
4　執行官は、債務者が上記自動車の占有を移転又は占有名義の変更を禁止されていること及

び執行官が上記自動車を保管していることを公示しなければならない。

抗告の趣旨

1　原決定を取り消す。
2　相手方の仮処分命令申立てを却下する。
3　抗告費用は相手方の負担とする。
との決定を求める。

抗告の理由

第1　被保全権利の不存在
　1　相手方の主張は、○○○○株式会社（以下「A社」という。）が支払を停止した後の○○年○月○日、A社と抗告人との間で、A社が抗告人に対して負担する貸金返還債務の弁済に代えて、別紙物件目録記載の自動車（以下「本件自動車」という。）の所有権を移転するとの合意がなされ、同日、A社が抗告人に対して本件自動車の引き渡しをしたという代物弁済行為が、破産法第162条第1項第1号の偏頗行為に該当するため、否認対象行為となるとするものである。
　2　しかし、抗告人は、A社が支払を停止した○○年○月○日当時、既にA社の取締役を辞任しており、A社の経営に関与できる立場にはなかった。そのため、抗告人は、代物弁済として本件自動車の引き渡しを受けた○○年○月○日当時、A社が手形不渡りにより支払いを停止したという事実を知らなかった。さらに、代物弁済の話合いの際、抗告人がA社の代表取締役BにA社の経営状態を尋ねたところ、BはA社の経営状態は好転しつつあると回答している。そこで抗告人はA社の経営状態は好転したと信じ、従前から予定していたとおり、本件自動車を代物弁済として受領した。
　3　このように、抗告人は、本件代物弁済を受領した当時、A社が支払不能であったこと又は支払停止があったことを知らなかったのであるから、本件代物弁済行為は否認対象行為とはならない（破産法第162条第1項第1号但書）。
第2　まとめ
　したがって、被保全権利が認められないから、原決定は、直ちに取り消されるべきである。

証拠書類

　　甲1　　報告書　　　1通

添付書類

　1　甲号証　　　各1通
　2　訴訟委任状　　1通
　3　資格証明書　　2通

〔注1〕　破産法171条4項。保全処分が破産管財人により続行された後の保全抗告については同法172条4項の規定に基づき、民事保全法第2章第5節に則って行う。

| 書式番号 | 6-8-2-4 | 書式名 | 否認権のための保全処分の続行届出書 |

○○年（フ）第○○号

○○年○月○日

## 否認権のための保全処分に係る手続続行の届出書

○○地方裁判所民事第○部　御中

　　　　　　　　　　　　　　　申立人　　破産者　　株式会社○○○○
　　　　　　　　　　　　　　　　　　　　破産管財人　○○○○

　　当事者の表示　　別紙当事者目録記載のとおり

　本件破産事件の開始決定前の上記当事者間における御庁○○年○月○日付仮処分命令（御庁○○年（モ）第○号）にかかる手続は、これを続行しますので、この旨届け出いたします。

（別紙）　当事者目録（略）

〔注１〕　否認のための保全処分にかかる手続を破産管財人が続行するには、開始決定から１か月以内に続行しなければならない（破産法172条）。続行するときは裁判所への届出が必要である（破産規則55条１項）。
〔注２〕　否認のための保全処分決定のために立てられた担保が破産財団に属する財産でないときは、破産管財人は手続の続行にあたり、担保を破産財団に属する担保に担保変換しなければならない（破産法172条３項）。

# 不動産仮処分命令申立書

○○年○月○日

○○地方裁判所民事第○部　御中

　　　　　　　　　　　　　　債権者　　破産者　　　　株式会社○○○○
　　　　　　　　　　　　　　　　　　　破産管財人　　○○○○

当事者の表示　　　　　　　別紙当事者目録記載のとおり
仮処分により保全すべき権利　否認権に基づく否認登記請求権

## 申立の趣旨

　債務者は、別紙物件目録記載の土地について、譲渡ならびに質権、抵当権および賃借権の設定その他一切の処分をしてはならない。
との決定を求める。

## 申立の理由

第1　被保全権利
1　株式会社○○○○（以下「破産者」という。）は、○○年○月○日午後5時御庁において破産手続開始決定を受け（○○年（フ）第○○号）、債権者が破産管財人に選任された。
2　破産者は、○○年○月○日、債務者に対し、本件土地を代金5000万円で売り渡し（以下この売買を「本件売買」という。）、同日所有権移転登記を経由した（甲1、甲2）。
3　破産者は、本件売買に先立つ○○年○月○日、事務所を閉鎖し、営業を停止し、その旨事務所入り口に張り紙を掲示した（甲3）。この事実は破産法160条1項2号の支払停止に該当する。
4　本件土地の本件売買当時の時価は、1億5000万円を下らない（甲4）。
5　本件売買当時の破産者の資産・負債の評価額はそれぞれ○○円および○○円であるので、この時点で破産者は債務超過の状態にあった（甲5）。
6　債務者の代表取締役は、破産者の代表取締役の実弟であり、3ないし5の事情を知っていた。
7　よって、債権者は、破産法160条1項2号に基づき、本件土地につきなされた○○地方法務局○○年○月○日受付第○○号所有権移転登記について否認の登記手続を請求する権利を有している。

#### 第2 保全の必要性

債権者は、本件被保全権利について、○○年○月○日、破産法174条の否認請求をし、○○年○月○日認容決定を得た（甲6）。ところが、債務者は、○○年○月○日、これに対する異議の訴えを提起したため、当該決定は確定していない。このような状況において、債務者は本件土地の第三者への売却を模索している（甲7）。これが現実化すると、債権者が否認請求認容判決を得ても、その実効性が乏しくなるので、上記否認登記請求権を保全するため本申立てに及ぶ。

疎明方法

甲1 不動産全部事項証明書
甲2 土地売買契約書
（以下省略）

添付書類

1 甲号証　　　　　　　　　各1通
2 固定資産評価証明書　　　1通
3 商業登記簿謄本　　　　　1通
4 不動産仮処分申立許可証　1通
5 破産管財人資格証明書　　1通

〔注1〕 民事保全法23条に基づく仮処分である。破産手続開始前になされる破産法171条の保全処分とは異なる。
〔注2〕 管轄裁判所は、本案の管轄裁判所または係争物の所在地を管轄する地方裁判所であるが、否認請求・否認の訴え・否認請求認容決定に対する異議の訴えは、破産裁判所が管轄するので（破産法173条2項、2条3項）、本件仮処分申立てについても破産裁判所に管轄がある。

○○年（フ）第○○号

○○年○月○日

# 否認請求の申立書

○○地方裁判所民事第○部　御中

　　　　　　　　　　　　　申立人　　破産者　　　株式会社○○○○
　　　　　　　　　　　　　　　　　　破産管財人　○○○○

当事者の表示　別紙当事者目録記載のとおり

### 申立ての趣旨

1　申立人と相手方との間において、申立人が別紙「売掛金目録Ⅰ」記載の債権を有することを確認する。
2　相手方は、申立人に対し、金234万5000円およびこれに対する○○年11月16日から支払済まで年6％の割合による金員を支払え。
3　申立費用は相手方の負担とする。
との決定を求める。

### 申立ての理由

第1　当事者
1　株式会社○○○○（以下「破産会社」という。）は、○○年12月1日に○○地方裁判所において破産手続開始決定を受けて、申立人が破産管財人に選任された（○○年（フ）第○○号）。
2　相手方は、破産者の元従業員である○○○○ほか9名が、破産者の営業停止直前の○○年11月15日に設立・開業した会社であり、破産者と同業の害虫駆除業を行っている。

第2　否認対象行為と否認権行使
1　破産者は、○○年11月16日、相手方に対し、別紙売掛金目録ⅠおよびⅡ記載の各売掛金債権を代金1000万円で売り渡した（以下この契約を「本件契約」という。）。
2　別紙売掛金目録ⅠおよびⅡ記載の各売掛金債権はいずれも回収可能であり、その価値は額面金額4890万円と同程度である。
3　第2項の時点における破産者の資産・負債の評価額はそれぞれ○○円および○○円であるので、この時点で破産者は債務超過の状態にあった。
4　相手方の代表取締役○○○○は、破産者の営業停止直前の○○年○月○日まで破産者の元

経理部長を務めていた者であり、第2項の時点において破産者が債務超過の状態にあることを知っていた。
5　相手方は、別紙売掛金目録Ⅱ記載の回収日、回収額のとおり各売掛金合計金1234万5000円を回収した。
6　申立人は、破産法160条1項1号に基づき、本件契約を否認する。

第3　まとめ
　　よって、申立人は、申立人と相手方との間で、申立人が別紙「売掛金目録Ⅰ」記載の債権を有することの確認ならびに破産法168条4項に基づき、相手方に対し、相手方の回収した別紙売掛金目録Ⅱ記載の金1234万5000円から破産者が受領した本件契約の代金1000万円を控除した金額234万5000円およびこれに対する〇〇年11月16日から支払済みまで商事法定利率による年6％の割合による遅延損害金の支払いを求める。

疎　明　方　法

甲1　履歴事項全部証明書
甲2　債権売買契約書
甲3　清算貸借対照表
（以下省略）

添　付　書　類

1　資格証明書　　　　　　　　　　2通
2　甲号証　　　　　　　　　　　　各1通

（別紙）当事者目録（略）
　　　　売掛金目録Ⅰ（略）
　　　　売掛金目録Ⅱ（略）

〔注1〕　否認権は、否認の請求によっても行使できる（破産法173条1項、174条）。
〔注2〕　管轄裁判所は、破産事件を管轄している地方裁判所であるが（破産法173条2項、2条3項）、東京地裁の場合、民事第20部が担当する。
〔注3〕　否認請求認容決定に対しては、異議の訴えを起こすことができる（破産法175条）。
〔注4〕　否認対象行為がなされなければその日から破産者が金銭を利用できたはずであるから、法定利息は否認対象行為の当日から起算することができると考えられる（条解破産法1131頁参照）。
〔注5〕　判例上、原状回復義務者（相手方）の取得した金銭が本来破産者の商行為に利用されるものと認められる場合には、否認権の行使により原状回復義務者が返還すべき金銭債務に付する利率は商事法定利率である年6分とするのが相当とされている（最判昭和40年4月22日民集19-3-689）。

## 否認請求の申立書2（動産引渡請求　対価的均衡を欠く代物弁済）

〇〇年（フ）第〇〇号

〇〇年〇月〇日

## 否認請求の申立書

〇〇地方裁判所民事第〇部　御中

　　　　　　　　　　　　　　　申立人　破産者　　　株式会社〇〇〇〇
　　　　　　　　　　　　　　　　　　　破産管財人　〇〇〇〇

当事者の表示　　別紙当事者目録記載のとおり

### 申立ての趣旨

1　相手方は申立人に対し別紙物件目録Ⅰ記載の各物件を引き渡せ。
2　申立費用は相手方の負担とする。
との決定を求める。

### 申立ての理由

第1　当事者
1　株式会社〇〇〇〇（以下「破産会社」という。）は、〇〇年12月1日に〇〇地方裁判所において破産開始決定を受けて、申立人が破産管財人に選任された（〇〇年（フ）第〇〇号）。
2　相手方は貸金業を業とする株式会社である。

第2　否認対象行為と否認権行使
1　破産会社は〇〇年11月1日当時、別紙物件目録Ⅰ及びⅡの物件を有していた。
2　相手方は破産会社に対し、〇〇年5月1日、金200万円を、期限を定めず、利息を年10％と定めて貸し渡した（以下この貸金を「本件貸金」という。）（甲1）。
3　本件貸金の〇〇年11月1日現在の残高は、次のとおりである。
　　　元金　　200万円
　　　利息　　 20万円
　　　合計　　220万円
4　破産会社は相手方に対し、〇〇年11月1日、本件貸金の弁済に代えて別紙物件目録Ⅰ記載の絵画6点および同目録Ⅱ記載の絵画3点の計9点を譲渡し、同日引き渡した（甲2）。
5　別紙物件目録ⅠおよびⅡ記載の各絵画の時価は、それぞれ目録記載のとおりであり、別紙物件目録Ⅱ記載の絵画3点だけでも合計で240万円を下らない（甲3）。したがって、本件貸

金にかかる債務を消滅させるには、別紙物件目録Ⅱ記載の絵画3点の代物弁済だけで十分であり、別紙物件目録Ⅰ記載の絵画6点の代物弁済部分は過大である。
6 第4項の時点における破産会社の資産・負債の評価額は、それぞれ○○円および○○円であるので、この時点で破産会社は債務超過の状態にあった（甲4）。
7 相手方は、本件貸付を実施した際、破産会社から同社の決算書を受領しており、かつ破産会社の主要財産である本社土地建物（簿価1億円）の時価が3000万円程度であることを認識しており、それ故、破産会社が債務超過の状態にあることを知っていた（甲5）。
8 申立人は、破産法160条2項に基づき、代物弁済により消滅した本件貸金にかかる債務の額（220万円）より過大な部分である別紙物件目録Ⅰ記載の絵画6点の代物弁済を否認する。

第3 まとめ
よって、申立人は相手方に対し、別紙物件目録Ⅰ記載の各物件の引渡しを求める。

疎明方法

甲1 金銭消費貸借契約書
甲2 代物弁済契約書
甲3 査定書
（以下省略）

添付書類

1 資格証明書 2通
2 甲号証 各1通

（別紙）当事者目録（略）
　　　　物件目録Ⅰ（略）
　　　　物件目録Ⅱ（略）

〔注1〕 否認権は、否認の請求によっても行使できる（破産法173条1項、174条）。
〔注2〕 管轄裁判所は、破産事件を管轄している地方裁判所であるが（破産法173条2項、2条3項）、東京地裁の場合、民事第20部が担当する。
〔注3〕 否認請求認容決定に対しては、異議の訴えを起こすことができる（破産法175条）。

○○年（フ）第○○号

　　　　　　　　　　　　　　　　　　　　　　　　　　　　○○年○月○日

# 否認請求の申立書

○○地方裁判所民事第○部　御中

　　　　　　　　　　　　　　　申立人　　破産者　　　　株式会社○○○○
　　　　　　　　　　　　　　　　　　　　破産管財人　　○○○○

当事者の表示　　　別紙当事者目録記載のとおり

## 申立の趣旨

1　相手方は、申立人に対し、別紙物件目録記載の各物件について、それぞれ○○地方法務局○○年○月○日受付第○○号抵当権設定登記原因の破産法による否認登記手続をせよ。
2　申立費用は相手方の負担とする。
との決定を求める。

## 申立の理由

第1　当事者
　1　株式会社○○○○（以下「破産会社」という。）は、○○年○月○日に○○地方裁判所において破産手続開始決定を受けて、申立人が破産管財人に選任された（○○年（フ）第○○号）。破産会社は、申立外株式会社Aの100％子会社である。
　　　株式会社Aは、○○年○月○日、破産会社の破産手続開始の申立てと同時に、○○地方裁判所に民事再生手続開始の申立てをなし、○月○日開始決定を受けた（○○年（再）第○○号）（甲1）。
　2　相手方は貸金業を業とする株式会社である。

第2　否認対象行為と否認権行使
　1　破産会社は、その破産手続開始の申立ての5か月前である○○年○月○日、相手方の株式会社Aに対する同日付け貸付金2億円を担保するために、相手方との間で物上保証契約を締結し、破産会社の所有する別紙物件目録記載の各不動産（以下「本件不動産」という。）に別紙登記目録記載の抵当権（以下「本件抵当権」という。）を設定した（甲2、3）。
　2　本件不動産は、破産会社の有する唯一の見るべき資産であるが、その担保提供時点における破産会社の資産・負債の評価額はそれぞれ○○円および○○円であり、破産会社は債務超

過となっていた（甲4）。
3　破産会社の営業活動は、株式会社Ａからは独立して行われており、独自の負債約4億円を負っているが、本件抵当権の設定をなすことにより破産会社自身が得た経済的利益は全くない。

第3　まとめ
　以上のとおり、本件抵当権設定は無償行為であるので、申立人は、破産法160条3項に基づき、本件抵当権の設定契約を否認し、同契約に基づく抵当権設定登記について否認の登記手続を求める。

疎明方法

甲1　破産手続開始決定書
甲2　抵当権設定契約書
　（以下省略）

添付書類

1　資格証明書　　　　　　　　　　　　　　2通
2　甲号証　　　　　　　　　　　　　　　各1通

（別紙）当事者目録（略）
　　　　物件目録（略）

〔注1〕　否認権は、否認の請求によっても行使できる（破産法173条1項、174条）。
〔注2〕　管轄裁判所は、破産事件を管轄している地方裁判所であるが（破産法173条2項、2条3項）、東京地裁の場合、民事第20部が担当する。
〔注3〕　否認請求認容決定に対しては、異議の訴えを起こすことができる（破産法175条）。

# 否認請求の申立書4（弁済金返還請求　偏頗行為）

〇〇年（フ）第〇〇号

〇〇年〇月〇日

## 否認請求の申立書

〇〇地方裁判所民事第〇部御中

申立人　破産者　　　株式会社〇〇〇〇
　　　　破産管財人　〇〇〇〇

当事者の表示　　別紙当事者目録記載のとおり

### 申立ての趣旨

1　相手方は、申立人に対し、金2000万円およびこれに対する〇〇年11月2日から支払済みまで年6％の割合による金員を支払え。
2　申立費用は相手方の負担とする。
との決定を求める。

### 申立ての理由

第1　当事者
1　株式会社〇〇〇〇（以下「破産会社」という。）は、〇〇年〇月〇日に〇〇地方裁判所において破産開始決定を受けて、申立人が破産管財人に選任された（〇〇年（フ）第〇〇号）。
2　相手方は貸金業を業とする株式会社である。

第2　否認対象行為と否認権行使
1　相手方は、〇〇年〇月〇日、破産会社に対し、利息および返済期日の約定なく、金3000万円を貸し渡した（以下この貸付を「本件貸付」という。）（甲1）。
2　破産者は、〇〇年10月31日に1回目の手形不渡りを出し、同日事業を停止し、相手方を含めた主要取引先に対し、事業を同日停止する旨のファックスを送信した。破産者はこの時点において支払不能の状態にあった（甲2）。
3　破産者は、前項の支払停止の直後である〇〇年11月2日、相手方に対し、本件貸付金の残元本3000万円のうち2000万円を弁済した（甲3）。
4　相手方は、前項の時点において、第2項記載の事実を知っていた。
5　第3項記載の破産者の行為は支払不能後になされた偏頗弁済であり、申立人は、破産法162条1項に基づき、第3項の弁済行為を否認する。

## 第3　まとめ

よって、申立人は、相手方に対し、破産法162条1項及び同167条1項に基づき、金2000万円および11月2日から支払済みまで商事法定利率年6％の割合による遅延損害金の支払を求める。

疎明方法

甲1　金銭消費貸借契約書
甲2　ファックス送信票・送信結果報告書
　（以下省略）

添付書類

| | | |
|---|---|---|
| 1 | 資格証明書 | 2通 |
| 2 | 甲号証 | 各1通 |

〔注1〕　否認権は、否認の請求によっても行使できる（破産法173条1項、174条）。
〔注2〕　管轄裁判所は、破産事件を管轄している地方裁判所であるが（破産法173条2項、2条3項）、東京地裁の場合、民事第20部が担当する。
〔注3〕　否認請求認容決定に対しては、異議の訴えを起こすことができる（破産法175条）。
〔注4〕　否認対象行為がなされなければその日から破産者が金銭を利用できたはずであるから、法定利息は否認対象行為の当日から起算することができると考えられる（条解破産法1131頁参照）。
〔注5〕　判例上、原状回復義務者（相手方）の取得した金銭が本来破産者の商行為に利用されるものと認められる場合には、否認権の行使により原状回復義務者が返還すべき金銭債務に付する利率は商事法定利率である年6分とするのが相当とされている（最判昭和40年4月22日民集19・3・689）。

○○年(フ)第○○号

○○年○月○日

# 否認請求の申立書

○○地方裁判所民事第○部御中

申立人　破産者　　○○○株式会社
　　　　破産管財人　○○○○

当事者の表示　別紙当事者目録記載のとおり

### 申立ての趣旨

1　相手方は、申立人に対し、別紙物件目録記載の各物件について、○○地方法務局○○年○月○日受付第○○号抵当権設定登記の破産法による否認登記手続をせよ。
2　申立費用は相手方の負担とする。
との決定を求める。

### 申立ての理由

第1　当事者
1　○○○株式会社(以下、「破産会社」という。)は、スーパーマーケット等の経営を目的とする株式会社であったが、○○年11月15日に○○地方裁判所において破産手続開始決定を受けて、申立人が破産管財人に選任された(事件番号○○年(フ)第○○号)。
2　相手方は、破産手続開始決定前に、破産会社と取引をしていた金融機関である。

第2　否認対象行為
1　破産会社と相手方との金融取引
　　破産会社は、○○年1月ころから相手方との間で金融取引を開始し、○○年2月1日、破産会社は相手方から金1億円を借り受けた(返済期限○○年12月末日)。
2　抵当権設定契約及び協定の締結
　　破産会社は相手方との間で、借入金にかかる債務を担保するため、前同日、別紙物件目録記載の不動産について抵当権を設定する旨の契約を締結した(以下「本件抵当権設定契約」といい、設定された抵当権を「本件抵当権」という。)。
　　また、破産会社は相手方との間で、前同日、「期限の利益喪失事由が発生し又は発生するおそれ」が生じるまで、本件抵当権設定契約に基づく抵当権設定登記手続を留保する旨の

協定を締結した（以下「本件協定」という。）。

3　追加融資の申入れとその拒絶

　　破産会社は、急速な資金繰りの悪化のために運転資金が不足した状態となり、○○年10月20日、相手方に対し、その旨説明して緊急的な融資を申し込んだ。

　　これに対し、相手方は、破産会社の経営状態の好転は期待できないと判断し、破産会社に対し、融資に応じられない旨伝えた。

　　そのため、破産会社は、○○年10月末日を弁済期とする相手方に対する借入金債務の利息金の返済ができなかった。

4　抵当権の設定登記

　　相手方は、破産会社からの返済が滞ったことから、○○年11月5日、「期限の利益喪失事由が発生し又は発生するおそれ」が生じたとして、本件協定に基づき本件抵当権設定契約に基づく抵当権設定登記手続を行うこととし、同日、本件不動産に対する抵当権設定登記手続の申請を行い、別紙登記目録記載の登記を経由した（以下「本件抵当権設定登記」という。）。

5　破産手続開始の申立て等

　　破産会社は、資金繰りの悪化により事業継続を断念し、○○年11月10日、○○地方裁判所にて破産手続開始の申立てをなし、同月15日、前記のとおり、破産手続開始決定がなされた。

6　相手方の悪意

　　相手方は、○○年10月20日の時点において、破産会社が資金繰りの悪化による資金不足の状態であることを認識しており、破産会社が支払不能の状態にあることを知っていた。

7　否認権行使

　　上記のとおり、本件抵当権の設定登記は、破産会社が支払不能の状態に陥った後になされたものであり、相手方は抵当権設定登記手続の時点において、破産会社の支払不能につき悪意であった。

　　よって、申立人は、本申立てをもって、破産法164条1項に基づき、本件抵当権の設定登記手続を否認する。

第3　結　語

　　以上のとおり、申立人は、○○地方法務局○○出張所○○年○月○日受付第○○号抵当権設定登記について否認の登記手続を求める。

以　上

疎明方法

1　甲第1号証（略）
2　甲第2号証（略）

第6部　財団の管理・換価編
第8章　否認　第3節　書式番号6-8-3-5　否認請求の申立書5（対抗要件否認）

添付書類

1　甲号証写し　　　　各1通
2　管財人資格証明　　　1通
3　相手方資格証明書　　1通
4　委任状　　　　　　　1通
5　申立許可書　　　　　1通

（別紙）　当事者目録（略）
　　　　　物件目録（略）
　　　　　登記目録（略）

　　〔注1〕　否認権は、否認の請求によっても行使できる（破産法173条1項、174条）。
　　〔注2〕　管轄裁判所は、破産事件を管轄している地方裁判所であるが（破産法173条2項、2条3項）、東京地裁の場合、民事第20部が担当する。
　　〔注3〕　否認請求認容決定に対しては、異議の訴えを起こすことができる（破産法175条）。

## 書式番号 6-8-3-6　否認請求の申立ての趣旨・例文

1　金銭給付を否認する場合
　　相手方は、申立人に対し、金○万○円及びこれに対する○○年○月○日（注：破産者からの受領日）から支払済みまで年6分の割合による金員を支払え。

2　債権譲渡を否認する場合（第三債務者が支払を留保している場合）
　　申立人と相手方との間において、申立人が別紙「売掛金目録」記載の債権を有することを確認する。

3　債権譲渡を否認する場合（第三債務者が供託をしている場合）
　　申立人と相手方との間において、申立人が別紙供託金目録記載の供託金について還付請求権を有することを確認する。

4　不動産の処分行為のうち原因行為を否認する場合
　　相手方は、申立人に対し、別紙物件目録記載の建物について○○地方法務局○○年○月○日受付第○○号抵当権設定登記原因の破産法による否認登記手続をせよ。

5　不動産の処分行為のうち対抗要件を否認する場合（抵当権）
　　相手方は、申立人に対し、別紙物件目録記載の建物について○○地方法務局○○年○月○日受付第○○号抵当権設定登記の破産法による否認登記手続をせよ。

6　動産の処分行為を否認し、引渡しを請求する場合
　　相手方は、申立人に対し、別紙物件目録記載の各物件を引き渡せ。

7　動産に対する担保権設定行為を否認する場合（動産の占有が申立人にある場合）
　　申立人と相手方との間において、別紙物件目録記載の動産について、相手方が譲渡担保権を有しないことを確認する。

第6部　財団の管理・換価編
第8章　否認　第3節　書式番号6-8-3-6　否認請求の申立ての趣旨・例文

8　価格償還を求める場合

　相手方は、申立人に対し、金○万○円及びこれに対する本申立書送達の日の翌日（○○年○月○日）から支払済みまで年6分の割合による金員を支払え。

〔注1〕　否認の請求にあたっては申立ての趣旨において、否認の宣言（「破産者と相手方との間の○○年○月○日付売買契約を否認する。」といったもの）を求める必要はなく、各否認権行使後の法律関係を前提とする給付ないし確認を求める申立ての趣旨を記載すれば足りる。
〔注2〕　東京地裁の運用では、否認の請求をするにあたって裁判所の許可は不要であるが、事前に十分に相談すべきである。
〔注3〕　否認対象行為がなされなければその日から破産者が金銭を利用できたはずであるから、法定利息は否認対象行為の当日から起算することができると考えられる（条解破産法1131頁参照）。
〔注4〕　遅延損害金の利率については、原状回復義務者（相手方）の取得した金銭（価格償還の場合には取得した物品）が本来破産者の商行為に利用されるものと認められる場合には、商事法定利率である年6分とし（最判昭和40年4月22日民集19・3・689参照）、その他の場合には民事法定利率（民法404）とするのが相当である。

# 訴　　状

○○年○月○日

○○地方裁判所民事部　御中

原告訴訟代理人弁護士　　○○○○　印

当事者の表示　　別紙当事者目録記載のとおり

否認請求の認容決定に対する異議の訴え
　　訴訟物の価額　　　　○○円
　　貼用印紙額　　　　　○○円

## 請求の趣旨

1　○○地方裁判所○○年（モ）第○○号否認請求申立事件につき、同裁判所が○○年○月○日にした決定を取り消す。
2　上記否認請求申立事件における被告の否認請求を棄却する。
3　訴訟費用は、被告の負担とする。
との判決を求める。

## 請求の原因

1　株式会社○○○○（以下「破産者」という。）は、○○年○月○日午後5時御庁において破産手続開始決定を受け、被告が破産管財人に選任された。
2　原告は、○○年○月○日、破産者に対し、利息および返済期日の約定なく、金3000万円を貸し渡した（以下この貸付を「本件貸付」という。）（甲1）。
3　破産者は、原告に対し、○○年○月○日、本件貸付の残元本3000万円のうち1500万円を弁済した（甲2）。
4　被告が、原告に対し、○○年○月○日、前項の弁済金の額が2000万円であるとして、その返還を求める否認請求の申立てを行ったところ（○○地方裁判所○○年（モ）第○○号）、御庁民事第○部は、○○年○月○日、1500万円の返還の範囲で認容する決定をした（甲3、4）。
5　しかし、第3項の返済の時点において、破産者は、申立外○○株式会社からスポンサーとして支援を受けることが決まっており、支払不能ではなかった。仮に、支払不能であったとしても、原告はこれを知らなかった（甲5）。
6　よって、原告は、被告の否認請求の一部を認容した決定の認容部分の取消しを求めて、破産

法175条1項に基づき請求の趣旨のとおり請求する。
7　(事　情)
　破産者は、○○年○月○日に1回目の手形不渡りを出し、同日事業を一旦停止したが、同月○日には○○株式会社がスポンサーとなって事業を再開すると表明したうえ、現に事業を再開し、少額債務から順次支払っていた。原告はそのような最中である○○年○月○日に上記弁済を受けたものである。

証拠方法

甲1　金銭消費貸借契約書
(以下省略)

添付書類

1　甲号証　　各1通
2　訴訟委任状　1通
3　資格証明書　2通

〔注1〕　破産法175条1項。
〔注2〕　訴えの提起期間は、否認請求認容決定の送達を受けた日から1か月間である(破産法175条1項)。
〔注3〕　管轄裁判所は、破産事件を管轄している地方裁判所である(破産法175条2項、2条3項)。
〔注4〕　一部認容決定に対する異議訴訟における請求の趣旨は、決定全体について取消しを求めるとの内容になると考えられる。

# 訴　状

〇〇年〇月〇日

〇〇地方裁判所民事部　御中

　　　　　　　　　　　　　　　　原告　　破　産　者　　株式会社〇〇〇〇
　　　　　　　　　　　　　　　　　　　　破産管財人　　〇〇〇〇　　印

当事者の表示　別紙当事者目録記載のとおり

否認の訴え
　　訴訟物の価額　　　　〇〇万円
　　貼用印紙額　　　　　〇〇円

## 請求の趣旨

1　被告は、原告に対し、別紙物件目録記載の不動産にかかる〇〇地方法務局〇〇年〇月〇日受付第〇〇号所有権移転登記原因の破産法による否認登記手続をせよ。
2　訴訟費用は被告の負担とする。
との判決を求める。

## 請求の原因

1　株式会社〇〇〇〇（以下「破産者」という。）は、〇〇年〇月〇日午後5時御庁において破産手続開始決定を受け、原告が破産管財人に選任された。
2　破産者は、被告に対し、〇〇年〇月〇日、事務所として使用していた別紙物件目録記載の不動産（以下「本件不動産」という。）を代金1億円で売り渡し（以下この売買を「本件売買」という。）、同日所有権移転登記を経由した（甲1、2）。
3　破産者は、本件売買に先立つ〇〇年〇月〇日、事務所を閉鎖して営業を停止し、その旨事務所入り口に張り紙を掲示した（甲3）。この事実は破産法160条1項2号の支払停止に該当する。
4　本件不動産の本件売買当時の時価は、1億5000万円を下らなかった（甲4）。
5　本件売買当時の破産者の資産・負債の評価額はそれぞれ〇〇円および〇〇円であるので、この時点で破産者は債務超過の状態にあった（甲5）。
6　被告は、本件売買にあたり、破産者の信用調査及び本件不動産の実地調査をしており、3ないし5の事情を知っていた。

7 原告は、破産法160条1項2号に基づき、本件売買を否認する。
8 よって、原告は被告に対し、請求の趣旨のとおり請求する。

証拠方法

甲1 売買契約書
甲2 全部事項証明書
（以下省略）

添付書類

| | | |
|---|---|---|
| 1 | 甲号証 | 各1通 |
| 2 | 訴訟委任状 | 1通 |
| 3 | 資格証明書 | 2通 |

〔注1〕 否認権は、否認訴訟によっても行使できる（破産法173条1項）。
〔注2〕 否認権の行使は、破産手続開始の日から2年以内でかつ、否認対象行為から20年以内にしなければならない（破産法176条）。
〔注3〕 管轄裁判所は、破産事件を管轄している地方裁判所である（破産法173条2項、2条3項）。

| 書式番号 6-8-5-1 | 書式名 反対給付の価額償還請求書（内容証明郵便） |

　　　　　　　　　　　　　　　　　　　　　　　　　　　○○年○月○日

〒○○○-○○○○
東京都○○区○○町○丁目○番○号
　○○ビル○階　○○法律事務所
破産者○○○株式会社
破産管財人弁護士　　○○○○　殿

　　　　　　　　　　　　　　　　　　〒○○○-○○○○
　　　　　　　　　　　　　　　　　　東京都○○区○○町○丁目○番○号
　　　　　　　　　　　　　　　　　　　　○○法律事務所
　　　　　　　　　　　　　　　　　　　電　話　○○-○○○○-○○○○
　　　　　　　　　　　　　　　　　　　ＦＡＸ　○○-○○○○-○○○○
　　　　　　　　　　　　　　　　　　　　通知人　株式会社○○○
　　　　　　　　　　　　　　　　　　　　　代理人弁護士　　○○○○

　　　　　　　　　　　　　通　知　書

　冠省　時下益々ご清栄のことと存じます。当職は、株式会社○○○の代理人として、貴職に対し、次のとおり通知いたします。
　さて、貴職は、○○地方裁判所に対し、○○年○月○日、破産会社○○○株式会社（以下、「破産会社」といいます。）と株式会社○○○（以下、「当社」といいます。）との間の○○年○月○日付別紙物件目録（略）記載の工作機械（以下、「本件機械」という。）の売買について、否認の請求を行い、同裁判所は、○○年○月○日、貴職の請求を認める決定を下しました。そして、当該決定は、○○年○月○日に確定しました。
　上記決定の確定により、当社は貴職に対して本件機械の売買代金相当額を支払う義務を負う一方、貴職は当社に対して本件機械を引き渡す義務を負うこととなりました。ところが、破産会社は、破産申立直前の○○年○月○日、本件機械を株式会社○○に対して売却したため、現在、破産財団中に本件機械は存在しておりません。
　そこで、当社は、貴職に対し、破産法168条1項2号に基づき、本件機械の価額相当額金○○万円の償還を請求いたします。ついては、上記価額相当額金○○万円を、○○年○月末日限り、後記銀行口座への振込によりお支払いください。

　　　　　　　　　　　　　　　　　記

　　　　　　○○銀行　○○支店
　　　　　　普通預金　口座番号○○○○
　　　　　　名義：弁護士○○○○預り口（ベンゴシ○○○○アズカリグチ）

　　　　　　　　　　　　　　　　　　　　　　　　　　　　　　　草　々

第6部　財団の管理・換価編
第8章　否認　第5節　書式番号6-8-5-1　反対給付の価額償還請求書（内容証明郵便）

〔注1〕　否認が認められた場合、相手方は、破産者の受けた反対給付が破産財団中に現存する場合には当該反対給付の返還を請求する権利を、破産者の受けた反対給付が破産財団中に現存しない場合には財団債権者として反対給付の価額の償還を請求する権利を有する（破産法168条1項各号）。本書式は反対給付が破産財団中に現存しないため、相手方が反対給付の価額の償還を請求する場合の管財人に対する請求書である。
〔注2〕　価格償還請求に当たっては、実務上は、管財人から通知人に対する売買代金相当額の返還請求権と通知人から管財人への価格償還請求権を対当額で相殺することが想定され、相殺通知書の形式をとることも考えられる。
〔注3〕　請求書面は後の紛争を避けるため送付の状況及び書面内容の立証が容易である内容証明郵便等で作成することが望ましい。
〔注4〕　電子内容証明郵便は、所定の書式で作成する必要がある（書式は郵便局ホームページからダウンロードできる）。

## 書式番号 6-8-5-2　否認の登記申請書

### 登記申請書

登記の目的　○番の所有権移転登記原因の破産法による否認
登記原因　　○○年○月○日決定
所有者　　　○○県○○市○○町○丁目○番○号
　　　　　　○○○株式会社
申請人　　　○○県○○市○○町○丁目○番○号
　　　　　　破産者○○○株式会社　破産管財人○○○○
添付書類　　決定正本　確定証明書　代理権限証書
○○年○月○日申請
代理人　　　○○県○○市○○町○丁目○番○号
　　　　　　　　　　　　　　　　○○○○印
登録免許税　破産法第261条により非課税
不動産の表示　（略）

〔注1〕　登記原因である処分行為や、登記そのものが否認された場合、その否認の請求を認容する判決に基づいて、破産管財人は否認の登記を申請しなければならない（破産法260条）。なお、当該登記の申請は単独登記となる。

〔注2〕　文例は登記の原因である行為が否認された場合の記載例。登記の否認の場合には、「登記の目的」欄につき「○番所有権移転登記の破産法による否認」と記載する。

| 書式番号 | 6-9-1 | 書式名 | 役員の財産に対する保全処分申立書 |

○○年（フ）第○○○号　破産者○○○○株式会社

## 不動産仮差押命令申立書

○○地方裁判所民事第○部　御中

　　　　　　　　　　　　　　　　　　　　　　　　　○○年○月○日
　　　　　　　　　　　　　　　　　　　　破産管財人　○○○○　印

　　　　　申立人
　　　　　　〒○○○-○○○○　　　東京都○○区○○丁目○番○号
　　　　　　　　　　　　　　　　　　○○法律事務所
　　　　　　電　話　○○-○○○○-○○○○
　　　　　　ＦＡＸ　○○-○○○○-○○○○
　　　　　　破産者○○○○株式会社
　　　　　　　　　　　　　　　破産管財人　○○○○
　　　　　相手方
　　　　　　〒○○○-○○○○　　　東京都○○区○○丁目○番○号
　　　　　　　　　　　　　　　　　　○○○○

第1　申立ての趣旨
　　破産者○○○○株式会社の相手方に対する金1億円の損害賠償請求権の執行を保全するため、相手方所有の別紙物件目録記載の不動産は、仮に差し押さえる
との決定を求める。

第2　申立ての理由
　1　被保全権利
　（1）当事者
　　　申立人は、○○年○月○日、破産手続開始の決定（御庁○○年（フ）第○○○号）を受けた破産者○○○株式会社（以下「破産会社」という。）の破産管財人である。
　　　相手方○○○○（以下「相手方」という。）は、○○年○月○日から破産手続開始申立てに至るまで、破産会社の取締役であった者である（甲1）。
　（2）相手方の任務懈怠行為及び破産会社の損害の発生
　　　相手方は、破産会社の取締役就任中であった○○年○月○日から○○年○月○日の間に、取締役会の決議なくして、破産会社の取引先との間で、破産会社と同一の営業を行っており、その間、相手方が得た営業利益は、金1億円を下らない（甲3）。

したがって、相手方は、取締役の競業避止義務に違反して、破産会社に少なくとも前記営業利益相当額の損害を発生させた。

(3) 被保全権利のまとめ

よって、破産会社は、相手方に対し、会社法第423条1項に基づき少なくとも金1億円の損害賠償請求権を有している。

2 保全の必要性

相手方は、別紙物件目録記載の不動産（甲2、以下「本件不動産」という。）のほかは見るべき財産を保有しておらず、本件不動産に対し仮差押命令を得ておかなければ、後日、査定の裁判で認容決定を得ても、その執行が不能または著しく困難になる（甲4）。

3 結語

よって、破産法177条1項に基づき、本件申立てに及んだ次第である。

添付書類

甲1 相手方の全部事項証明書
甲2 不動産全部事項証明書
甲3 相手方の決算書
甲4 陳述書

〔注1〕 査定手続による損害賠償請求の実効性を確保するため、役員等の個人財産に対する保全処分の制度が設けられている（破産法177条、破産規則1条2項3号、2条1項ないし3項）。

**書式番号 6-9-2　書式名　即時抗告申立書**

〇〇年〇〇月〇〇日

〇〇高等裁判所民事部　御中

## 即時抗告申立書

　　　　　　　　　　　　　　　抗告人（債務者）　　　〇〇〇〇
　　　　　　　　　　　　　　　抗告人代理人弁護士　　〇〇〇〇

　　　当事者の表示　　　別紙当事者目録記載のとおり（略）

　抗告人は、〇〇地方裁判所〇〇年（ヨ）第〇〇号不動産仮差押命令申立事件について、同裁判所が〇〇年〇月〇日に下した決定について、即時抗告の申立てをする。

第1　原決定の主文
　破産者〇〇〇〇株式会社の相手方に対する金〇億円の損害賠償債権の執行を保全するため、相手方所有の別紙物件目録（略）記載の不動産は、仮に差し押さえる。

第2　抗告の趣旨
　1　原決定を取り消す。
　2　被抗告人の不動産仮差押命令の申立てを却下する。
　3　抗告費用は、被抗告人の負担とする。
との決定を求める。

第3　抗告の理由
　1　(1)　〇〇〇〇株式会社は、〇〇年〇月〇日、〇〇地方裁判所において破産手続開始の決定を受け（〇〇地方裁判所〇〇年（フ）第〇〇〇号）、被抗告人が破産管財人に選任された。
　　(2)　その後、被抗告人は、抗告人が所有する不動産につき、不動産仮差押命令を求める申立てをし、〇〇年〇月〇日、その旨の決定がされた（〇〇地方裁判所〇〇年（ヨ）〇〇〇〇号不動産仮差押命令申立事件）。
　2　被保全権利（損害賠償請求権）の不存在
　　しかしながら、……。
　　……したがって、被抗告人が主張する被保全権利（損害賠償請求権）は存在しない。
　3　保全の必要性の不存在
　　また、……。
　　……したがって、被抗告人が主張する保全の必要性も存在しない。
　4　よって、原審裁判所の原決定は失当であるから、これを取り消して、被抗告人の不動産仮

差押命令の申立てを却下する旨の決定を求めるため、破産法177条4項に基づき、本申立てに及んだ次第である。

疎明方法

乙第1号証　不動産登記簿謄本
乙第2号証　抗告人作成にかかる報告書

添付書類

1　乙号証写し　　各1通
2　資格証明書　　1通
3　委任状　　　　1通

〔注1〕　保全処分（およびこれの変更、取消決定）に対する不服申立手段は、即時抗告である（破産法177条4項）。
〔注2〕　即時抗告は、裁判の告知を受けた日から1週間の不変期間内にしなければならない（破産法9条、民事訴訟法332条）。

## 役員責任査定申立書

○○年（フ）第○○号

## 損害賠償請求権の査定の申立書

○○年○月○日

○○地方裁判所民事第○部　御中

申立人　破産者○○○株式会社

破産管財人弁護士　○○○○　印

当事者の表示　　別紙当事者目録記載のとおり（略）

第1　申立ての趣旨
1　破産者○○○○株式会社の相手方に対する役員の責任に基づく損害賠償請求権の額を金○億円と査定する。
2　申立費用は相手方の負担とする。
との決定を求める。

第2　申立ての理由
1　破産者○○○○株式会社（以下「破産会社」という。）は、○○年○月○日、御庁において、破産手続開始の決定を受け（○○年（フ）第○○○○号、甲1）、申立人は同日破産会社の破産管財人に就任した者である。
2　相手方は、○○年○月○日に破産会社の財務・経理担当取締役に就任し、○○年○月○日までその職にあった者である（甲2）。
3　相手方は、○○年○月○日、資金繰りに窮した取引先○○○○株式会社から融通手形の交付を要請されたことから、代表取締役甲野太郎の許可も得ず、また、同社の財務状況について何らの調査をすることもなく、これに応じ、相手方の保管している手形帳および銀行印を用い、額面金○億円、満期日○○年○月○日の約束手形を同社に振り出し交付した。同社は、上記手形をただちに○○銀行で割り引いた。しかし、同社は、○○年○月○日、上記手形の決済資金を破産会社に返済することはなく、手形不渡りを出し、事実上倒産した。そのため、破産会社は、自己資金で上記手形を決済せざるを得なかった（甲1ないし甲3）。
以上のとおり、相手方の善管注意義務違反により、破産会社は金○億円の損害を受けたものである。
4　よって、申立人は、相手方に対し、申立ての趣旨記載の査定を求めるため、本申立てを行

う次第である。

証拠方法

　　甲第1号証　　陳述書
　　甲第2号証　　閉鎖事項全部証明書
　　甲第3号証　　約束手形

添付書類

　　甲号証（写し）　各1通

　　　　〔注1〕　役員責任査定の制度は、破産者（法人）の役員に対するその責任に基づく損害賠償請求権につき通常の民事訴訟によるよりも簡易迅速に決定手続で債務名義を取得できる制度である（破産法178条）。

## 役員責任査定決定に対する異議の訴えの訴状

# 訴　状
（損害賠償請求権査定決定に対する異議訴訟）

〇〇年〇月〇日

〇〇地方裁判所　民事部　御中

原告訴訟代理人　弁護士　〇〇〇〇　印

〒〇〇〇-〇〇〇〇
東京都〇〇区〇〇町〇〇丁目〇〇番地〇〇号
原　告　〇〇〇〇
（送達場所）
〒〇〇〇-〇〇〇〇
東京都〇〇区〇〇町〇〇丁目〇〇番地〇〇号
TEL　〇〇-〇〇〇〇-〇〇〇〇
FAX　〇〇-〇〇〇〇-〇〇〇〇
原告訴訟代理人　弁護士　〇〇〇〇

〒〇〇〇-〇〇〇〇
東京都〇〇区〇〇町〇〇丁目〇〇番地〇〇号
〇〇法律事務所
被告　破産者〇〇〇〇株式会社
破産管財人　〇〇〇〇

第1　請求の趣旨
　1　原告と被告との間の〇〇地方裁判所〇〇年（フ）第〇〇号損害賠償請求権査定申立事件における〇〇年〇月〇日付決定を取り消す。
　2　訴訟費用は、被告の負担とする。
との裁判を求める。

第2　請求の原因
　1　破産者〇〇〇〇株式会社（以下「破産会社」という。）は、〇〇年〇月〇日、〇〇地方裁判所において、破産手続開始決定（〇〇年（フ）第〇〇号）を受けた。
　2　その後、被告は、〇〇年〇月〇日、破産裁判所に対し、原告に対する損害賠償請求権の額を金〇億円とするとの損害賠償請求権査定の申立てを行い、同裁判所は、〇〇年〇月〇日、これと同趣旨の査定決定を行った。
　3　しかしながら、〇〇〇〇株式会社に対する本件約束手形（甲1）の振り出し交付は、破産者

の代表取締役であった甲野太郎の承諾に基づき行ったものであり、原告が無断で行ったものではない（甲2、甲3）。したがって、破産会社の原告に対する損害賠償請求権は成立しておらず、破産裁判所の前記損害賠償請求権の査定決定は事実を誤認するものである。

4　よって、原告は、原決定を取り消すため、破産法180条に基づき、本件異議の訴えを提起した次第である。

証拠方法

　　甲第1号証　　約束手形
　　甲第2号証　　取締役会議事録
　　甲第3号証　　陳述書
　　甲第4号証　　損害賠償請求権査定決定（正本）

添付書類

　　訴訟委任状　　1通
　　資格証明書　　1項
　　甲号証　　　　各1通

〔注1〕　査定の裁判に不服があるものは、査定の裁判の送達を受けた日から1か月の不変期間内に異議の訴えを破産裁判所に提起できる（破産法180条1項・2項）。
〔注2〕　査定の裁判を取り消す判決により請求権の不存在について既判力が生ずるため、別途請求の趣旨に請求権の不存在確認を記載する必要はない。
〔注3〕　査定申立てを棄却する裁判に対しては、異議の訴えにより不服申立てをすることはできず、別途、通常の損害賠償請求訴訟を提起することになる。

## 書式7-1-1 破産債権届出書

○○地方裁判所民事第○部　管財係 御中
　　　年（フ）第　　号
破産者
破産管財人
届出期間　　　　　　　　　　年　月　日まで
集会日　　　　　　　　　　　年　月　日午　時　分

### 破産債権届出書

作成日　　　年　月　日

裁判所・破産管財人使用欄
No.
受領日
年（フ）第　号
書類受領事務担当
年　月　日　受付

印は実印に限りませんが、配当時まで使用できるものにしてください。
届出書のコピーを手元に置いておくと、問い合わせ等の際に便利です。

**破産債権者の表示**

【住　所】　〒　－
【通知場所】　□住所と同じ　□異なる場合　〒　－
【氏名又は法人名・代表者名】　　　　　　　　　　　　　　　印
（事務担当者名）　　　　　　　【電話】　－　－　【FAX】　－　－

＊代理人名義で届け出る場合は、下欄も記入してください。（委任状添付必要）

代理人の住所　〒　－
代理人の氏名　　　　　印　　　　電話　－　－　　FAX　－　－

**届出破産債権の表示**　※記入欄が不足した場合は、適宜別紙（A4判・形式自由）を使用してください。

（1）届出破産債権　（届け出る債権の□にチェックしてください。）

| 債権の種類 | 債権額 | 債権の内容及び原因 | 証拠書類の例（必ずコピーを提出） |
|---|---|---|---|
| □売掛金 | 円 | 年　月　日から　年　月　日までの取引 | 請求書、納品書等 |
| □貸付金 | 円 | 貸付日　年　月　日　弁済期　年　月　日　利息年　％　遅延損害金　％ | 契約書、借用書等 |
| □給料 | 円 | 年　月　日から　年　月　日までの就労分 | 給与明細書等 |
| □退職金 | 円 | | 不要 |
| □解雇予告手当 | 円 | | 不要 |
| □手形・小切手債権 | 円 | 手形番号 | 手形、小切手（裏面もコピーすること） |
| □その他（立替金、求償金等） | 円 | | |
| □租税 | 円 | | |
| □約定利息金 | 円 | に対する　年　月　日から　年　月　日まで　％の割合 | |
| □遅延損害金 | 円 | に対する　年　月　日から　破産手続開始前日まで　％の割合 | |
| 合計 | 円 | | |

（2）別除権の種類及び訴訟の有無　（担保権を有する破産債権者、訴訟等が係属している破産債権者のみ記入）

| 別除権の種類（該当に○印） | 抵当権（順位　番）・根抵当権（極度額　　円、順位　番）仮登記担保・その他（ ） |
|---|---|
| 別除権の目的不動産の表示 | 予定不足額　　　　　円 |
| 破産債権につき係属する訴訟又は行政庁に係属する事件 | 裁判所又は行政庁名<br>当事者名<br>事件番号　　　　　　　事件名 |

（3）執行力ある債務名義又は終局判決の有無　（□にチェックしてください）
　□有り（債権の種類：　　　　　）合計　　通（コピーを提出してください。）　□無し

（少額配当金受領について）配当金額が1000円に満たない場合においても、配当金を受領する意思があります。

〔注1〕　労働債権の債権届出書としては次のような内容に管財人のほうで認識している数字を記入して債権者に送付し確認してもらうケースもある。事案に応じて裁判所と協議のうえ進めることが望ましい。

| 債権の種類 | 債権額 | 債権の内容及び原因 |
|---|---|---|
| □給料（諸手当を含む） | 円 | 年　月　日から　年　月　日までの就労分 |
| □退職金 | 円 | 年　月　就職　年　月　退職（計　か月分） |
| □解雇予告手当 | 円 | |
| 合計 | 円 | |

出典　『手引』に基づき、改変の手を加えた。

## 委 任 状

　　　　　　　　　住所
　　　　　　　　　氏名

　私は上記の者を代理人に定め破産者　　　　　　　　に対する　　　　年（フ）第　　　号破産事件につき下記の事項を委任する。

　　　　　　　　　　　　記

一　破産債権の届出及び債権者集会に出席して、破産債権者として議決権を行使する権限、その他一切の権限
一　破産手続による配当金受領の件
一　届出債権取下げの件

　　　　　　　　　年　　月　　日

　　　　　　　　　住所
　　　　　　　　　氏名　　　　　　　　　　　　印

| 書式番号 7-1-3 | 書式名 一般調査期日終了後の破産債権届出書 |

○○年(フ)第○○○○号
破産者　株式会社○○○○

〇〇年〇月〇日

## 一般調査期日終了後の破産債権届出書

○○地方裁判所民事第○部　御中

　　　　　　　　　　　　　　　〒○○○-○○○○
　　　　　　　　　　　　　　　東京都○○区○○町○丁目○番○号
　　　　　　　　　　　　　　　破産債権者　　○○○○株式会社
　　　　　　　　　　　　　　　代表者代表取締役　　○○○○

頭書事件につき、下記のとおり、債権届出をします。

記

1　届出をする破産債権
　　別紙破産債権届出書記載のとおり

2　一般調査期日の終了までに届出をすることができなかった事由

3　2項の事由が消滅した時期

疎明資料
　1
　2

〔注1〕　破産法112条1項では、「破産債権者がその責めに帰することができない事由によって、一般調査期間の経過又は一般調査期日の終了までに破産債権の届出をすることができなかった場合には、その自由が消滅した後一月以内に限り、その届出をすることができる。」とされている。これを受けて一般調査期日終了後に破産届出をする場合、本書式のような届出書を提出することが考えられる。

| 書式番号 | 書式名 |
|---|---|
| 7-1-4 | 代理委員選任許可申請書 |

○○年（フ）第○○○○号
破産者　株式会社○○○○

○○年○月○日

## 代理委員選任許可申請書

○○地方裁判所民事○部　御中

〒○○○-○○○○
東京都○○区○○○丁目○番○号
破産債権者○○○○
〒○○○-○○○○
東京都○○区○○○丁目○番○号
破産債権者
〒○○○-○○○○
東京都○○区○○○丁目○番○号
破産債権者○○○○

〒○○○-○○○○
東京都○○区○○○丁目○番○号
　　TEL○○（○○○○）○○○○
　　FAX○○（○○○○）○○○○
上記破産債権者3名代理人
　　弁護士　　○○○○

　頭書事件について、申請人らの共同の代理委員として、下記の者を選任許可されたく申請致します。

記

1　被選任者（住所）
　　　　　　（事務所）
　　　　　　（氏名）
　　　　　　（略歴）

2　選任を必要とする理由
　(1)　申請人らは、……　破産債権者であり、……　共通の利害関係を有している。
　(2)　そこで、申請人らは、……　破産手続の円滑な進行を図ることを期し、本申請に及

んだものである。

添付書類

1　委任状
2　資格証明書

〔注１〕　破産法110条１項では、「破産債権者は、裁判所の許可を得て、共同して又は各別に、一人又は数人の代理委員を選任することができる。」としている。そこで裁判所に当該許可を求める場合、本書式のような申請書を提出することが考えられる。

第7部　債権の届出・調査・確定編
第1章　債権の届出　書式番号7-1-5　新たに判明した債権者への発送（送信）報告書

**書式番号 7-1-5　書式名　新たに判明した債権者への発送（送信）報告書**

○○地方裁判所民事第○部　　管財　係　御中（※1）

年（フ）第　　　号
破産者

## 新たに判明した債権者への発送（送信）報告書（※2）

　上記事件につき新たに次の債権者が判明し、当職において開始決定通知及び債権届出書を発送（送信）済みであるので報告する。

| 債権者名 | 住　所 | 発送（送信）年月日 |
|---|---|---|
|  |  |  |
|  |  |  |
|  |  |  |
|  |  |  |
|  |  |  |

年　　月　　日

破産管財人弁護士　　　　　　印

【注意点】
※1　担当係を忘れずに表示してください。
※2　報告書は、債権者集会時にまとめて提出してください。

出典　『手引』に基づき、一部改変を加えた。

| 書式番号 | 7-1-6 | 書式名 | 債権届出取下書 |

破産管財人　　　　　殿

　　　　　　　　　　　　　　　　　　　　　　　　年（フ）第　　　号
　　　　　　　　　　　　　　　　　　　　　　　　破産者

## 債権届出取下書

　私は、破産者　　　　に対する　　　年（フ）第　　　号破産事件について先般届け出た下記債権を取り下げます。
　（取下後の届出債権の残額は、□ありません。□合計　　　円です。）
　　　　年　　月　　日

　　　住所＿＿＿＿＿＿＿＿＿＿＿＿　　　住所＿＿＿＿＿＿＿＿＿＿＿＿
　　　債権者　　　　　　　　　　　　　　代理人
　　　氏名＿＿＿＿＿＿＿＿＿＿印　　　　氏名＿＿＿＿＿＿＿＿＿＿印

　連絡先　電話　　　－　　－　　　　　　債権者
　　　　　事務担当　　　　　　　　　　　番　号

| 取　下　債　権　の　表　示 | | | | |
|---|---|---|---|---|
| 枝番号 | 債権の種類 | 届出債権額（円） | 取下額（円） | 備　考 |
|  |  |  |  |  |
|  |  |  |  |  |
|  |  |  |  |  |
|  |  |  |  |  |
|  |  |  |  |  |
|  | 取下債権額 合　　計 |  |  |  |

　　　出典　『手引』に基づき、一部改変を行った。

| 書式番号 | 7-1-7 | 書式名 | 届出名義の変更 |

破産管財人　　　　　　　殿

　　　　　　　　　　　　　　　　　　　　　　　年（フ）第　　　号
　　　　　　　　　　　　　　　　　　　　　　　破産者

## 破産債権名義変更届出書（全部・一部）

　　　　　年　月　日
　　**旧債権者**　住所・氏名（法人の場合は名称・代表資格・代表者名）
　　　〒
　　　　　　　　　　　　　　　　　　　　　　　　　　　　　　　　印

　　**新債権者**　住所・氏名（法人の場合は名称・代表資格・代表者名）
　　　〒
　　　　　　　　　　　　　　　　　　　　　　　　　　　　　　　　印

　下記のとおり破産債権者の名義変更の届出をします。
　（名義変更後の旧債権者の届出債権は、□ありません。□合計　　　円です。）
　少額配当金受領については、配当金額が1000円未満の場合においても、配当金を受領する意思があります。

　　　　　　　　　　　　　　　　　記
1　変更の原因　　　　年　月　日
　　　　　　　　代位弁済・債権譲渡・その他（　　　）
2　添付書類

| 債権者番号 | | 事務担当者名 | |
| --- | --- | --- | --- |
| | | 電　話 | （　　） |
| | | ファクシミリ | （　　） |

| 枝番号 | 債権の種類 | 届出債権額 | 承継額 | 残額（非承継額） |
| --- | --- | --- | --- | --- |
| | | | | |
| | | | | |
| 合計 | | | | |

〔注1〕　届出をした破産債権を取得した者は、一般調査期日の経過又は一般調査期日終了後でも、届出名義の変更を受けることができる（破産法113条1項）。
〔注2〕　配当金額が1000円未満の場合においても配当を受領する意思があるときは、その旨を届けなければならない（破産法113条2項、破産規則32条1項）。

出典　『手引』に基づき、一部改変を加えた。

書式番号 7-1-8　破産債権者の住所・氏名変更届

# 破産債権者の住所・氏名変更届

　　　　年（フ）第　　　　号破産手続開始申立事件
破産者

　　　　　　年　　月　　日

　　　　　　　　　　　　　　　　　　　債権者　　　　　　印

下記のとおり破産債権者の住所及び氏名の変更をお届けします。

　　　　　　　　　　　　　　記

　1　旧住所
　　　新住所
　　　変更の理由：　　年　月　日、住民票移転
　2　旧氏名
　　　新氏名
　　　変更の理由：　　年　月　日、婚姻
　3　債権の表示
　　(1)　債権番号
　　(2)　債権の種類
　　(3)　届出債権額

破産管財人　　　　　　殿

〔注1〕　破産規則33条、同規則32条5項。
〔注2〕　破産債権者が住所・氏名の変更等他の破産債権者の利益を害しない届出事項の変更を届け出る場合、証拠書類の添付は必ずしも必要ない（破産規則33条1項・3項参照）。

# 破産債権者の本店・商号・代表者変更届

　　　　年（フ）第　　　号
破産者

　　　　　年　月　日

　　　　　　　　　　　　　　　　　　　債権者　　　　　　　印

　下記のとおり破産債権者の本店、商号及び代表者の変更をお届けします。

記

1　旧本店
　　新本店
　　変更の理由：　　年　月　日、本店移転
2　旧商号
　　新商号
　　変更の理由：　　年　月　日、商号変更
3　旧代表者名
　　新代表者名
　　変更の理由：　　年　月　日、旧代表者辞任
　　　　　　　　　　年　月　日、新代表者就任
4　債権の表示
　(1)　債権番号
　(2)　債権の種類
　(3)　届出債権額

破産管財人　　　　　　　殿

〔注1〕　破産規則33条、同規則32条5項。
〔注2〕　破産債権者が本店・商号・代表者の変更等他の破産債権者の利益を害しない届出事項の変更を届け出る場合、証拠書類の添付は必ずしも必要ない（破産規則33条1項・3項参照）。

| 書式番号 | 7-1-10 | 書式名 | 債権放棄に対し債権届出取下書を催告する通知書 |

　　　　年○○月○○日
破産債権者　　　　　　殿（御中）
　（債権者番号　　　　　　）

　　　　　　　　　　　　　　　　　　　年（フ）第　　　　号
　　　　　　　　　　　　　　　　　　破産者
　　　　　　　　　　　　　　　　　　破産管財人弁護士
　　　　　　　　　　　　　　　　　　（TEL　　　　／事務担当　　　　　　）

### 債権届出取下書提出のお願い

　拝啓　時下益々ご清栄のこととお慶び申し上げます。
　常日頃、破産管財業務にご協力いただきまして厚く御礼申し上げます。貴殿（貴社）から、
　　年　月　日付で、当職宛に債権放棄書をお送りいただきましたが、「債権届出取下書」を提出していただきませんと、今後も破産債権者としての対応をしなければなりません。
　大変お手数ですが、同封の「債権届出取下書」にご署名（記名）押印の上、必要事項を記載して当職までご返送していただきたくお願い申し上げます。
　なお、押印は、債権届出時と同じ印鑑でお願いいたします。
　　　　　　　　　　　　　　　　　　　　　　　　　　　　　　　　　　敬　具

　〔注1〕　債権届出取下書の書式（書式番号7-1-6）を同封する。

## 未払労働債権一覧表

（単位：円）

| 氏名 | 未払給与 | | 退職金 | | 解雇予告手当 | | 財団債権合計 | 優先債権合計 |
|---|---|---|---|---|---|---|---|---|
| | 財団債権 | 優先債権 | 財団債権 | 優先債権 | 財団債権 | 優先債権 | | |
| ○○○○ | | | | | | | | |
| ○○○○ | | | | | | | | |
| ○○○○ | | | | | | | | |
| 合計 | | | | | | | | |

[注1] 破産法149条。
[注2] 労働債権は、財団債権と優先的破産債権に分かれるので、整理が必要である。
[注3] 破産手続開始前3か月間の未払賃金（賃金、給料）に該当するものは財団債権となり（破産法149条1項）、それ以外の賃金は優先的破産債権になる（破産法98条1項、民法306条2号、308条）。
[注4] 給料債権のなかには、退職金を除き、賃金、給料、手当、賞与その他の名称のいかんを問わず、労働の対価として使用者が労働者に支払うすべてのものが含まれる。
[注5] 退職金については、退職前の3か月の給料の総額のいずれか多い額が財団債権になる（破産法149条2項）。それ以外の部分は優先的破産債権となる。
[注6] 会社更生からの移行の場合、会社更生法130条2項、254条6項。
[注7] 民事再生からの移行の場合、民事再生法252条5項6項、破産法149条。

# 公租公課一覧表

書式番号 7-2-2

| 種類 | 課税庁 | 税目 | 本税 | | | 延滞税等 | | | 合計 | |
|---|---|---|---|---|---|---|---|---|---|---|
| | | | 財団債権 | 優先的破産債権 | 劣後的破産債権 | 財団債権 | 優先的破産債権 | 劣後的破産債権 | 優先的破産債権 | 劣後的破産債権 |
| **破産手続開始前の原因に基づき生じたもの** 納期限未到来・納期限が破産手続開始日から1年を経過していないもの[注1] | ○○税務署 | 法人税・年度 | [注5] | | | | | | | |
| | ○○税務署 | 消費税・年度 | | | | | | | | |
| | ○○税務署 | 源泉所得税 | | | | | | | | |
| | ○○市 | 住民税 | | | | | | | | |
| | 社会保険事務所 | 健康保険料 | | | | | | | | |
| 上記以外のもの[注2] | ○○税務署 | 法人税・年度 | | | | | [注6] | [注7] | | |
| | ○○都税事務所 | 固定資産税 年度○期 | | | | | | | | |
| **破産手続開始後の原因に基づき生じたもの** 破産財団の管理換価に関する費用に該当するもの[注3] | ○○都税事務所 | 固定資産税 | [注5] | | | | | | | |
| | ○○税務署 | 消費税・年度 | | | | | | | | |
| 上記以外のもの[注4] | ○○都税事務所 | 法人都民税 | | | | | | | | |
| 合計 | | | | | | | | | | |

〔注1〕 破産法148条1項3号。
〔注2〕 破産法98条。
〔注3〕 破産法148条1項2号。
〔注4〕 破産法99条1項1号、同法97条4号。
〔注5〕 財団債権である公租公課に係る延滞税等は、開始決定の前後を問わず財団債権となる。
〔注6〕 優先的破産債権である公租公課に係る延滞税等のうち破産手続開始時までに生じたものは、優先的破産債権となる（破産法98条）。
〔注7〕 優先的破産債権である公租公課に係る延滞税等のうち破産手続開始後に生じたものは、劣後的破産債権となる（破産法99条1項1号、同法97条3号）。
〔注8〕 加算税・加算金については、納期限を問わず、劣後的破産債権となる（破産法99条1項1号、同法97条5号）。
〔注9〕 納期限とは、その日までに納付しなければ履行遅滞を生じ、催促の上滞納処分を受けることとなる具体的な納期限をいう。
〔注10〕 優先的破産債権に該当する公租公課は、優先的破産債権の優先順位が、民法、商法その他の法律の定めるところによるので（破産法98条2項）、注意が必要である。例えば、優先的破産債権である公租公課を配当するための原資が、優先的破産債権の全額に満たない場合は、公租と公課を区別して、優先順位に基づいて配当する必要がある。
〔注11〕 公租公課については、債権調査の対象にならない（破産法134条1項）。

書式番号 7-2-3　書式名 債権認否一覧表

# 債 権 認 否 一 覧 表

年（フ）第　　号

破　産　者

年　月　日

破産管財人弁護士

| 債権者番号 | 枝番号 | 債権者名 | 債権の種類 | 届出債権額 | 認めない債権額 | 認める債権額 | 備 考 |
|---|---|---|---|---|---|---|---|
| 1 |  | ○○信販㈱ | 貸金 | 1,238,477 | 0 | 1,238,477 |  |
| 2 |  | ○○銀クレジット㈱ | 求償権 | 29,500,000 及び額未定 | 0 | 29,500,000 | 別除権付き（極度額2500万円の根抵当権）（※）額未定部分は劣後債権につき認否留保 |
| 3 |  | ㈱○○カード | 立替金 | 2,720,300 | 0 | 2,720,300 |  |
| 4 | 1 | ㈱○○ファイナンス | 貸金 | 790,544 | 790,544 | 0 | 証拠不十分（取引履歴開示不十分）相殺通知済み |
|  | 2 |  | 損害金 | 11,384 | 11,384 | 0 |  |
| 5 |  | ○○㈱ | 貸金 | 362,839 | 123,443 | 239,396 | 利息制限法による引直し計算後の残高 |
| 合計 |  |  |  | 34,623,544 | 925,371 | 33,698,173 |  |

［注1］破産法117条1項。
［注2］配当が見込まれる場合にのみ提出することになる。

出典　「手引」に基づき、一部改変を加えた。

第7部　債権の届出・調査・確定編
第2章　債権の調査　書式番号7-2-4　債権認否及び配当表

書式番号 7-2-4　書式名 債権認否及び配当表

## 債権認否及び配当表

破産者
　　　　　年　月　日
破産管財人弁護士　　　　　　　　年（フ）第　　号

| 債権者番号 | 枝番号 | 債権者名 | 債権の種類 | 届出債権額 | 認めない債権額 | 認める債権額 | 配当に加えるべき債権の額 | 備考 | 配当額 |
|---|---|---|---|---|---|---|---|---|---|
| 1 |  | ○○税務署 | 消費税 | 2,000,000 | − | − |  | 優先債権 | 2,000,000 |
| 2 |  | ○○㈱ | 貸金等 | 10,000,000 | 0 | 10,000,000 | 0 | 別除権付き（抵当権） | 0 |
| 3 |  | ○○信販㈱ | 貸金等 | 200,000 | 200,000 | 0 |  | 証拠不十分 | 0 |
| 4 |  | ㈱○○カード | 立替金等 | 300,000 | 0 | 300,000 | 300,000 |  | 30,000 |
| 5 |  | ㈱○○ファイナンス | 貸金等 | 500,000 | 0 | 500,000 | 500,000 |  | 50,000 |
| 合計 |  |  |  | 13,000,000 | 200,000 | 10,800,000 | 800,000 |  | 2,080,000 |

配当率　優先債権 100％　一般債権 10％

[注1]　破産法117条1項。
[注2]　配当が見込まれる場合にのみ提出することになる。
[注3]　一般調査期日を開く場合も提出する。
[注4]　本書式は、優先債権（公租公課）は債権調査と同じ書式で記載する例である（破産法134条1項）。優先債権（公租公課）は債権調査は行われないため、「認めない債権額」「認める債権額」「配当に加えるべき債権額」欄には金額を記入していない。但し、同債権も配当手続により配当するため配当表として一体化した破産者表を作成する必要がある（破産法134条1項、115条）ので、配当表とともに、破産的破産債権（公租公課）一覧表及び配当表を提出することとされているが本書式のように一般的な破産債権と同じく債権認否及び配当表の中にまとめて記載することも許されている。（書式番号7-2-5）。優先的破産債権、優先債権が少ない場合、本書式のように一般的な破産債権と同じく債権認否及び配当表の中にまとめて記載することも許されている。

出典　「手引」に基づき、一部改変を加えた。

# 第7部 債権の届出・調査・確定編
## 第2章 債権の調査　書式番号 7-2-5　優先的破産債権（公租公課）一覧表及び配当表

**書式番号** 7-2-5
**書式名** 優先的破産債権（公租公課）一覧表及び配当表

## 優先的破産債権（公租公課）一覧表及び配当表

年（フ）第　　号
破産者

年　月　日

破産管財人弁護士

| 債権者番号 | 枝番号 | 債権者名 | 債権の種類 | 届出債権額 | 備考 | 配当額 |
|---|---|---|---|---|---|---|
| 1 | | ○○税務署 | 消費税 | 100,000 | 公租 | 100,000 |
| 2 | | ○○市 | 住民税 | 200,000 | 公租 | 200,000 |
| 3 | | ○○社会保険事務所 | 健康保険料 | 300,000 | 公課 | 30,000 |
| 合計 | | | | 600,000 | | 330,000 |

配当率　公租　100%
　　　　公課　10%

[注1] 優先的破産債権間の優先順位は、民法、商法その他の法律に定めるところによる大まかには、①公租、②公課、③私債権の順に優先順位が定められている。同順位の優先的破産債権に全額配当できない場合には、按分して配当することとなる（破産法194条2項。配当原資が優先的破産債権に満たない場合は、公租の額に按分して配当する。また、配当原資が公租の合計額を超えるが、優先的破産債権に該当する公租公課の合計額に満たない場合、公租に全額配当した上で、残額を公課に按分して配当する。さらに、配当原資が公租公課の合計額を超えるが、優先的破産債権全額に満たない場合は、公租公課の全額配当をした上で、優先的破産債権に該当する私債権について、一般の先取特権の順位に従って（同順位のものは按分して）配当する。

出典　「手引」に基づき、一部改変を加えた。

| 書式番号 7-2-6 | 書式名 債権調査後の債権額等変更一覧表 |

年（フ）第　　　号

破産者

## 債権調査後の債権額等変更一覧表

年　月　日
破産管財人弁護士　　　　　印

| 債権者番号 | 枝番号 | 文書の日付 | 債権者名 | 届出書の種類，変更事項 | 変更後の認める債権額及び別除権者の不足額 | 備考 |
|---|---|---|---|---|---|---|
| | | ・・ | | □全額・一部　　　円<br>□名義変更<br>（新債権者　　　　）<br>□異議撤回　□取下<br>□その他（　　　　） | | |
| | | ・・ | | □全額・一部　　　円<br>□名義変更<br>（新債権者　　　　）<br>□異議撤回　□取下<br>□その他（　　　　） | | |
| | | ・・ | | □全額・一部　　　円<br>□名義変更<br>（新債権者　　　　）<br>□異議撤回　□取下<br>□その他（　　　　） | | |
| | | ・・ | | □全額・一部　　　円<br>□名義変更<br>（新債権者　　　　）<br>□異議撤回　□取下<br>□その他（　　　　） | | |
| | | ・・ | | □全額・一部　　　円<br>□名義変更<br>（新債権者　　　　）<br>□異議撤回　□取下<br>□その他（　　　　） | | |
| | | ・・ | | □全額・一部　　　円<br>□名義変更<br>（新債権者　　　　）<br>□異議撤回　□取下<br>□その他（　　　　） | | |

第7部　債権の届出・調査・確定編
第2章　債権の調査　書式番号 7-2-6　債権調査後の債権額等変更一覧表

| | | | | | |
|---|---|---|---|---|---|
| | | ・・ | | □全額・一部　　　　　円<br>□名義変更<br>（新債権者　　　　　　）<br>□異議撤回　□取下<br>□その他（　　　　　　） | |
| | | ・・ | | □全額・一部　　　　　円<br>□名義変更<br>（新債権者　　　　　　）<br>□異議撤回　□取下<br>□その他（　　　　　　） | |
| | | ・・ | | □全額・一部　　　　　円<br>□名義変更<br>（新債権者　　　　　　）<br>□異議撤回　□取下<br>□その他（　　　　　　） | |
| | | ・・ | | □全額・一部　　　　　円<br>□名義変更<br>（新債権者　　　　　　）<br>□異議撤回　□取下<br>□その他（　　　　　　） | |

（この書面及び記載された各書面は、破産債権者表と一体となるものである。）

出典　『手引』501頁に基づき、一部改変を加えた。

| 書式番号 | 7-2-7 | 書式名 | 不足書類追加提出のお願い |

年　月　日

## 不足書類の追加提出のお願い

〇〇〇〇株式会社　御中

　　　　　　　　　　　　　　　　　　　　　〒〇〇〇〇
　　　　　　　　　　　　　　　　　　　　　東京都〇〇区〇〇１丁目〇番〇号
　　　　　　　　　　　　　　　　　　　　　　　　〇〇ビル
　　　　　　　　　　　　　　　　　　　　　電話　〇〇－〇〇〇〇－〇〇〇〇
　　　　　　　　　　　　　　　　　　　　　FAX　〇〇－〇〇〇〇－〇〇〇〇
　　　　　　　　　　　　　　　　　　　　　　　　破産者
　　　　　　　　　　　　　　　　　　　　　　　　破産管財人

　上記破産者に対する東京地方裁判所　　年（フ）第　　　号破産事件について、貴社から破産債権の届出がなされておりますが、届出債権の添付書類として下記書類が不足しております。このままですと、貴社の届出債権の調査ができず、貴社の債権はないとの認定をせざるを得ません。

　下記書類のコピーを、〇〇年〇月〇日までに当職宛にお送りください。

　　　　　　　　　　　　　　　　　　記

〈例〉
1　資格証明書
2　登記簿謄本
3　手形のコピー（全部・一部・裏面）
4　手形の裏書の抹消
5　契約書

　　　　　　　　　　　　　　　　　　　　　　　　　　　　　　　　以　上

〔注１〕　届出債権者が届出債権に添付した資料が不足した場合に、必要書類を指摘して提出を促す書面である。

| 書式番号 | 7-2-8 | 書式名 | 異議通知書（期日方式） |

破産債権者　　　　　　　　殿
（債権者番号　　　　）

　　　　　　　　　　　　　　　　　　　　　　　年（フ）第　　　号
　　　　　　　　　　　　　　　　　　　　　　　破産者

## 異　議　通　知　書

　貴殿届出の債権に対し、　　年　　月　　日の債権調査期日において、当職は、下記のとおり「認めない」と述べる予定ですので通知します。

| 枝番号 | 債権の種類 | 届出額（円） | 認めない額（円） | 確定額（円） | 認めない理由 |
|---|---|---|---|---|---|
|  |  |  |  |  |  |
|  |  |  |  |  |  |
|  |  |  |  |  |  |

認めない理由　1　証拠不十分　2　手形要件不備　3　劣後債権　4　債権なし

　なお、異議を述べられた債権者は、債権調査期日から1か月以内に破産法が定める債権確定手続を執ることができますが、配当に加わるためには、その手続を除斥期間（破産法198条1項、205条）内に行う必要があります。

　　　　　　　　　　　　　　　　　　　　年　　月　　日
　　　　　　　　　　　　　　　　　　破産管財人弁護士　　　　　　　　　　　印
　　　　　　　　　　　　　　　　　　（電話　　－　　－　　　事務担当　　　　　）

【注意点】
※　これは最も単純な形式であり、破産管財人の工夫により必要な情報を盛り込んでいただいて差し支えありません。また、認めない理由も事案に応じて適宜検討してください。

　　　　　　〔注1〕　破産規則43条4項参照。
　　　　　　〔注2〕　債権調査期日前にあらかじめ書面あるいはFAX等で債権者に通知する。
　　　　　　〔注3〕　調査期日に異議を述べたときでも、事後に異議の通知をする必要はない（破産規則43条4項但書）。
　　　　　　〔注4〕　別除権の実行がされていないこと等を理由として債権の認否を留保したり、異議を述べる対応を執る例もみられるが、そのような対応をしなくても直ちに配当の対象になるわけではなく、別除権付破産債権者が配当を受けるためには、不足額の証明（最後配当及び簡易配当の場合）が必要であり、これがなされなければ除斥の対象となる。そ

こで東京地裁では、当該破産債権が別除権付債権であることを明示した上で、その存在及び額が認められるか否かを調査して認否すれば足りるとしている（『手引』267頁）。

出典　『手引』497頁に基づき、一部改変を加えた。

| 書式番号 | 7-2-9 | 書式名 | 異議撤回書 |

破産債権者　　　　　　　殿
（債権者番号　　　　）

　　　　　　　　　　　　　　　　　　年（フ）第　　　号
　　　　　　　　　　　　　　　　　　破産者

## 異 議 撤 回 書

　　　年　　月　　日の債権調査期日において、貴殿届出の債権について「認めない」旨認否しましたが、調査の結果、同届出債権の存在が認められましたので、下表のとおり、「認めない」旨の認否を撤回します。

　　　　　　　　　　　　　　　　　年　　月　　日
　　　　　　　　　　　　　　　　破産管財人弁護士　　　　　　　印
　　　　　　　　　　　　　　　　（電話　　－　　－　　事務担当　　　　）

| 届出債権 | | | 認めない旨認否した額（円） | 認めない旨の認否を撤回する額（円） | 認めない旨の認否を維持する額（円） | 新たに確定した額（従前の確定額を含む。）（円） |
| --- | --- | --- | --- | --- | --- | --- |
| 枝番号 | 種類 | 金額（円） | | | | |
|  |  |  |  |  |  |  |
|  |  |  |  |  |  |  |
|  |  |  |  |  |  |  |

〔注１〕　異議の撤回を債権者に通知する書式である。
〔注２〕　異議は、債権調査期日の内外を問わず、除斥期間が満了するまでの間（除斥期間満了前に破産債権査定申立て期限が満了する場合は、その満了までの間）はいつでも撤回できる。

出典　『手引』498 頁に基づき、一部改変を加えた。

## 代位弁済による異議撤回の申入書

年　月　日

破産者
破産管財人　　　　殿

　　　　　　　　　　　　　　　　　　　　住所
　　　　　　　　　　　　　　　　　　　　破産債権者　　　　　　　印
　　　　　　　　　　　　　　　　　　　　（債権者番号　　　番）

　私の届出債権（将来の求償債権）について、貴職から「認めない」として異議を述べられましたが、下記のとおり債権者に全額代位弁済しましたので、異議を撤回してください。

記

1　届出債権
　(1)　債権番号
　(2)　債権の種類
　　　　求償債権（債権者○○（債権番号　　　）に対する保証債務）
　(3)　届出債権額
2　代位弁済の内容
　(1)　弁済日
　(2)　代位弁済額
3　添付書類
　(1)　領収書
　(2)　返還された金銭消費貸借契約書

以　上

〔注１〕　破産法104条４項、５項。
〔注２〕　保証人、連帯債務者、物上保証人らの主債務者も届出をしているため異議が述べられた場合に、破産手続開始後に保証人、連帯保証人、物上保証人らが代位弁済したケース。

○○年（フ）第○○○○号　破産者　○○○○株式会社

　　　　　　　　　　　　　　　　　　　　　　　　　○○年○月○日

○○地方裁判所民事第○部　御中

債 権 査 定 申 立 書

　　　　　　　　　　〒○○○－○○○○　東京都○○区○○町１丁目２番３号
　　　　　　　　　　　　　　　　　　　申立人（破産債権者）○○株式会社
　　　　　　　　　　　　　　　　　　　代表者代表取締役　　○○○○
　　　　　　　　　　〒○○○－○○○○　東京都○○区○○町３丁目４番５号
　　　　　　　　　　　　　　　　　　　○○法律事務所（送達場所）
　　　　　　　　　　　　　　　　　　　申立人代理人
　　　　　　　　　　　　　　　　　　　弁護士　　○○○○
　　　　　　　　　　　　　　　　　　　電話　　○○－○○○○－○○○○
　　　　　　　　　　　　　　　　　　　FAX　　○○－○○○○－○○○○
　　　　　　　　　　〒○○○－○○○○　東京都○○区○○町４丁目５番６号
　　　　　　　　　　　　　　　　　　　相手方　破産者○○○○株式会社
　　　　　　　　　　　　　　　　　　　破産管財人　　○○○○

申　立　て　の　趣　旨

１　申立人の届け出た売掛金債権（破産債権者表受付番号○○）の額を金1000万円と、遅延損害金（破産債権者表受付番号○○）の額を金９万8630円及び1000万円に対する破産手続開始決定日である○○年○月○日から完済まで、年15パーセントの割合による金員とそれぞれ査定する。
２　申立費用は相手方の負担とする。
との決定を求める。

申　立　て　の　理　由

１　当事者
　　申立人は、建設機械の販売を業とする株式会社である。
　　相手方は、頭書事件（以下「本件破産事件」という。）の破産管財人である。
２　申立人の破産債権
　(1)　申立人は、○○年○月○日、破産者との間で、下記の内容で売買契約を締結し（甲１）、同日、引き渡した（甲２、甲３）。

第7部　債権の届出・調査・確定編
第3章　債権の確定　書式番号7-3-1　破産債権査定申立書

　　　売買対象物　　〇〇社製「〇〇〇」1台
　　　売買価格　　　金1000万円
　　　弁済期日　　　〇〇年〇月〇日一括払い
　　　弁済方法　　　申立人指定口座宛振込送金
　　　遅延損害金　　年15パーセント

 (2) しかし、破産者は、上記約定の弁済期日に代金の支払いをせず、現在まで、売買代金全額及びこれに対する遅延損害金を一切支払わない。

3　破産手続開始決定

　破産者は、東京地方裁判所に対し、破産手続開始の申立てをし、同裁判所は、〇〇年〇月〇日、破産手続を開始する旨決定した。

4　申立人の届出

　申立人は、本件破産事件の破産債権届出期間内である〇〇年〇月〇日、上記売掛金1000万円及びこれに対する〇〇年〇月〇日から完済まで年15パーセントの割合による遅延損害金について破産債権として届け出た。

5　相手方の否認

　ところが、相手方は、申立人の上記届出破産債権について、全額を認めない旨の認否をした。

6　結　論

　よって、申立人は、相手方に対し、破産法第125条1項に基づき、申立ての趣旨記載の債権内容の査定を求めるため、本申立てに及んだ次第である。

　　　　　　　　　　　　　証　拠　方　法

　　甲1　　売買契約書
　　甲2　　納品書
　　甲3　　受領書

　　　　　　　　　　　　　添　付　書　類

　1　　甲号証（写し）　　　　　　各1通
　2　　資格証明書　　　　　　　　1通
　3　　委任状　　　　　　　　　　1通

　　　　　　　　　　　　　　　　　　　　　　　　　　　　　以　上

　　〔注1〕　破産法125条1項。
　　〔注2〕　本書式は、破産債権の調査において、破産管財人が破産債権の額について認めなかった場合の破産債権査定申立書である。債権調査期間の末日又は債権調査期日から1月の不変期間内に申し立てを行う必要がある（破産法125条2項）。
　　〔注3〕　届出をした他の債権者が異議を述べた場合も同様である。
　　〔注4〕　異議等のある破産債権者は、その額等の確定のために、破産債権査定の申立てをするには、破産管財人及び異議を述べた届出破産債権者の全員を相手方としなければならない。
　　〔注5〕　正本1通を裁判所に提出するとともに、相手方となる破産管財人及び異議を述べた届出債権者の全員に対して申立書及び証拠書類の写しを直送することが必要（破産規則2条4項）。
　　〔注6〕　異議等のある破産債権を有する破産債権者は、破産債権表と異なる債権の発生原因や金額、優先関係を主張できない（破産法128条）。これに対し、破産管財人は、債権調査における認否の理由にかかわらず、破産者が有していたすべての抗弁を主張することができる。

書式番号 7-3-2　書式名　答弁書（破産債権査定申立事件）

○○年（モ）第○○○○号　破産債権査定申立事件
（基本事件：　　○○年（フ）第○○○○号）
申立人　○○○○
相手方　破産者○○破産管財人○○○○

# 答　弁　書

○○年○○月○○日

○○地方裁判所民事第○部○－○係　御中

相手方　破産者○○破産管財人　　○○○○

第1　申立ての趣旨に対する答弁
　1　申立人の届け出た別紙届出債権目録記載の破産債権の額を０円と査定する。
　2　申立費用は申立人の負担とする。
との決定を求める。

第2　申立ての理由に対する認否
　1　申立ての理由1ないし5記載の各事実は認める。
　2　申立ての理由6については争う。

第3　相手方の主張
　　申立人が納入した○○社製「○○○」1台（以下「本件機械」という。）は、破産者が検収をおこなったところ、○○に不備があり、正常に動作しないことが判明したため、破産者は、申立人に対し、代品の納入を求めたが、申立人は、これに応じようとしなかった。
　　そこで、破産者は、申立人に対し、○○年○月○日付で、○○年○月○日までに本件機械の代品を納入しないことを停止条件として、売買契約を解除する旨の通知を行ったが、申立人は、上記期限までに代品を納入しなかったため、売買契約は解除された。
　　よって、別紙届出債権目録記載の破産債権は存在しないので、その額を０円と査定することを求める。

証　拠　方　法

乙1号証　　　年　月　日付通知書

以　上

（別紙）

届出債権目録

○○○○

債権者：○○○○

債務者：破産者○○○○

債権額：○○万○○円

〔注1〕 届出債権の一部について異議を述べた場合には、申立ての趣旨に対する答弁は「申立人の届け出た破産債権（債権認否一覧表債権者番号○○）を○○円（破産管財人が認めた限度額）と査定する。」となる。
　債権調査期日から1か月の不変期間（破産法125条2項）の経過後の申立て等、破産債権査定申立てが不適法である場合、申立ての趣旨に対する答弁は「本件申立てを却下する。」となる。

# 書式 7-3-3　破産債権査定決定に対する異議の訴え

**訴　状**

年　　月　　日

○○地方裁判所民事部　御中

　　　　　　　　　　　　　　　　　原告訴訟代理人弁護士　　○○○○

　　　　　　　〒○○○―○○○○　　東京都○○区○○町１丁目２番３号
　　　　　　　　　　　　　　　　　原告　　○○商事株式会社
　　　　　　　　　　　　　　　　　上記代表者代表取締役　　○○○○
　　　　　　　〒○○○―○○○○　　東京都○○区○○町３丁目４番５号
　　　　　　　　　　　　　　　　　○○法律事務所（送達場所）
　　　　　　　　　　　　　　　　　上記原告訴訟代理人弁護士　　○○○○
　　　　　　　　　　　　　　　　　電　話　　○○―○○○○―○○○○
　　　　　　　　　　　　　　　　　ＦＡＸ　　○○―○○○○―○○○○
　　　　　　　〒○○○―○○○○　　東京都○○区○○町４丁目５番６号
　　　　　　　　　　　　　　　　　被告　　破産者○○○○株式会社
　　　　　　　　　　　　　　　　　破産管財人　　○○○○

破産債権査定決定に対する異議の訴え
　　訴訟物の価額　　　○○○○円
　　貼用印紙額　　　　○○○円


第１　請求の趣旨
　１　○○地方裁判所が原告の申立てに基づき、同裁判所○○年（モ）第○○号事件で○○年○月○日になした決定は取り消す。
　２　原告が破産者○○○○株式会社に対し、金1000万円の破産債権を有することを確定する。
　３　訴訟費用は被告の負担とする。

第２　請求の原因
　１　当事者
　　　原告は、建設機械の販売を業とする株式会社である。
　　　被告は、東京地方裁判所○○年（フ）第○○号破産事件破産者○○○○株式会社（以下「本件破産事件」という。）の破産管財人である。
　２　破産債権
　（1）　申立人は、○○年○月○日、破産者との間で、下記の内容で売買契約を締結し（甲１）、

同日、引き渡した（甲2、甲3）。

　　　　　売買対象物　　○○社製「○○○」1台
　　　　　売買価格金　　1000万円
　　　　　弁済期日　　　○○年○月○日一括払い
　　　　　弁済方法　　　申立人指定口座宛振込送金
　　　　　遅延損害金　　年15パーセント

(2) しかし、破産者は、上記約定の弁済期日に代金の支払いをせず、現在まで、売買代金全額及びこれに対する遅延損害金を一切支払わない。

3　破産手続開始決定

　原告は上記のとおり、被告に対し金1000万円の破産債権（以下「本件債権」という。）を有するところ、東京地方裁判所は、○○年○月○日午後○時、破産者について破産手続を開始する旨決定した。

4　査定の裁判

　原告は、○○年○月○日、上記破産事件において、東京地方裁判所に対し、破産債権者として本件債権の届出をした。

　これに対し、被告は本件債権の全額を認めない旨の認否をした。

　そこで、原告は、○○年○月○日、東京地方裁判所に対し、被告を相手方として査定の申立てをしたところ、東京地方裁判所は○○年○月○日、本件債権の額は金500万円である旨の決定をした。

5　結　論

　よって、原告は本件債権について、請求の趣旨記載の判決を求めるため訴えに及ぶ。

証　拠　方　法

　　甲1　　売買契約書
　　甲2　　納品書
　　甲3　　受領書

添　付　書　類

　1　甲号証（写し）　　　　　各1通
　2　資格証明書　　　　　　　2通
　3　訴訟委任状　　　　　　　1通

以　上

〔注1〕　破産法126条1項。
〔注2〕　破産債権査定決定に不服がある場合には、その送達を受けた日から1か月の不変期間に破産債権査定異議の訴えを提起することができる。
〔注3〕　管轄は破産裁判所（破産法126条2項）。
〔注4〕　破産債権査定異議の訴えを提起する者が異議等のある破産債権を有する破産債権者であるときは、異議者全員を被告としなければならない。また、破産債権査定異議の訴えを提起する者が当該異議者であるときは、当該破産債権者を被告としなければならない。
〔注5〕　破産管財人が破産債権査定異議の訴えを提起する場合、裁判所の許可が必要である（破産法78条2項10号）。

| 書式番号 | 7-3-4 | 書式名 | 異議のある破産債権に関する訴訟の受継申立書 |

○○年（ワ）第○○号○○請求事件

## 訴訟手続受継申立書

　　　　　　　　　　　　　　　　　　　　　　　　　　○○年○月○日

○○地方裁判所民事第○部　御中

　　　　　　　　　　　　　　　　　　原告（申立人）訴訟代理人
　　　　　　　　　　　　　　　　　　弁護士　　○○○○

　　　　　　　〒○○○―○○○○　東京都○○区○○町1丁目2番3号
　　　　　　　　　　原　　告（申立人）　○○商事株式会社
　　　　　　　　　　代表者代表取締役　　○○○○
　　　　　　　〒○○○―○○○○　東京都○○区○○町3丁目4番5号
　　　　　　　　　　○○法律事務所（送達場所）
　　　　　　　上記原告（申立人）訴訟代理人弁護士　○○○○
　　　　　　　　　　電　話　○○―○○○○―○○○○
　　　　　　　　　　FAX　○○―○○○○―○○○○
　　　　　　　〒○○○―○○○○　東京都○○区○○町2丁目3番4号
　　　　　　　　　　被　　告　破産者○○○○株式会社
　　　　　　　　　　代表者代表取締役　　○○○○
　　　　　　　〒○○○―○○○○　東京都○○区○○町4丁目5番6号
　　　　　　　　　　被申立人　破産者○○○○株式会社
　　　　　　　　　　破産管財人　　○○○○

第1　申立ての趣旨
　　上記原・被告間の御庁○○年（ワ）第○○号○○請求事件について、被申立人に対し、訴訟手続を受継させるよう申し立てる。

第2　申立ての理由
　1　被告は、○○年○月○日、○○地方裁判所民事第○部において破産手続開始決定を受け（同庁○○年（フ）第○○号）、同日、被申立人が破産管財人に選任された。同決定により、本件訴訟は破産法第44条第1項に基づき中断している。
　2　原告（申立人）は、本件において被告に対して請求している債権について、○○年○月○日、○○地方裁判所民事第○部に破産債権として届出をしたが、被申立人である破産管財人

は○○年○月○日の一般調査期日において、届出債権額金1000万円のうち金500万円について認めない旨の認否をした。
3　なお、届出破産債権者で破産法第121条2項所定の異議を述べた者はなく、同法第127条第1項の異議者等に該当するのは被申立人（破産管財人）のみである。
4　よって、原告（申立人）は、破産債権の確定を求めるため、破産法第127第1項に基づき、本申立てに及ぶ。

添　付　書　類

| | | |
|---|---|---|
| 1 | 破産債権届出書（写し） | 1通 |
| 2 | 破産債権認否書 | 1通 |
| 3 | 異議通知書 | 1通 |
| 4 | 資格証明書 | 1通 |

以　上

〔注1〕　破産法127条1項。
〔注2〕　訴訟手続の受継の申立ての相手方は、異議者等の全員である。破産管財人のみを相手方とする場合、念のため、他に異議者がいないことを付記しておく。
〔注3〕　債権調査期間の末日又は債権調査期日から1月の不変期間内に申し立てる必要がある（破産法127条2項、同法125条2項）。
〔注4〕　異議等のある破産債権が、執行力ある債務名義又は終局判決のある債権である場合、異議者等が受継を申し立てる必要がある（破産法129条2項）。破産管財人が受継を申し立てる場合にも、債権調査期間の末日又は債権調査期日から1月の不変期間内に申立てをする必要があり、期間を徒過した場合は、当該破産債権を認めたものとみなされてしまうことに注意が必要である。

| 書式番号 | 書式名 |
|---|---|
| 7-3-5 | 破産債権確定訴訟結果の記載の申立書 |

○○年（フ）第○○号

○○年○月○日

○○地方裁判所民事第○部○―○係
　裁判所書記官殿

〒○○○－○○○○　東京都千代田区丸の内○丁目○番○号
　　　　　　　　　申立人　　　株式会社○○○銀行
　　　　　　　　　代表取締役　○○○○　　　印
　　　　　　　　　　　　　　　（担当　○○○○）
　　　　　　　　　電　話　○○－○○○○－○○○○
　　　　　　　　　FAX　　○○－○○○○－○○○○

## 破産債権確定訴訟結果の記載の申立書

　破産者○○○○に対する頭書事件につき、申立人が届け出た債権表番号○○番の債権に関し、申立人と破産管財人○○○○との間の破産債権確定訴訟（御庁○○年（ワ）第○○号）が確定したので、その結果を破産債権者表に記載されたく申立てをする。

（確定した結果）

| 債権番号 | 債権の種類 | 届出債権額 | 確定額 | 備考 |
|---|---|---|---|---|
|  |  |  |  |  |
|  |  |  |  |  |
|  |  |  |  |  |

　　　　　　　　　　　添付書類

　1　判決正本　　　　　　　　　　　　　1通
　2　判決確定証明書　　　　　　　　　　1通

　　　　　　　　　　　　　　　　　　　　　　　　以　上

〔注1〕　破産法130条。

| 書式番号 7-3-6 | 書式名 破産債権者表更正の申立書 |

○○年（フ）第○○号

○○年○月○日

○○地方裁判所民事第○部○—○係
　裁判所書記官殿

〒○○○-○○○○　東京都千代田区丸の内○丁目○番○号
申立人　　株式会社○○○建設
代表取締役　　○○○○　　印
（担当　　○○○○）
電　話　○○-○○○○-○○○○
FAX　○○-○○○○-○○○○

## 破産債権者表更正の申立書

　破産者○○○○に対する頭書事件につき、申立人（債権表番号○○番）にかかる破産債権者表の「債権者名」の欄に下記のとおり誤記があるので、更正されたく、申立てをする。

　　誤　株式会社○○○建築
　　正　株式会社○○○建設

以　上

〔注1〕　破産法115条3項。

## 書式 8-1-1　債権者集会招集申立書

年（フ）第　　号　破産者〇〇〇株式会社

年　月　日

〇〇地方裁判所民事第〇部　御中

〒〇〇〇-〇〇〇〇　東京都〇〇区〇〇町1丁目2番3号
申立人（破産債権者）〇〇〇株式会社
代表者代表取締役　　〇〇〇〇

## 債権者集会招集申立書

第1　申立ての趣旨
　破産者〇〇〇株式会社に対する頭書事件につき、下記理由により、債権者集会を招集するとの決定を求める。

第2　申立ての理由
1　申立人は、破産手続開始申立書に記載された破産債権総額〇〇〇，〇〇〇，〇〇〇円の10分の1以上にあたる〇〇，〇〇〇，〇〇〇円の債権を有する破産債権者である。
2　破産管財人が作成した財産目録・貸借対照表及び報告書には破産者の財産状況が記載されているが、上記財産目録・貸借対照表及び報告書には以下のとおり不明朗な点がある。
　(1)　破産者の事業規模に鑑みると、財産目録及び貸借対照表の資産の部に記載されている売掛金の額が極めて低額である。
　(2)　また、破産者所有不動産の所在地及び面積に鑑みると、その評価額が極めて低額である。
　(3)　報告書の記載では、破産者が突然破産手続開始の申立てをするに至った経緯が不明である。
3　従って、これらの事項について破産管財人から詳細な報告を受ける必要があると思料するので、財産状況報告のため債権者集会を招集されたく申し立てる。

添付書類

1　債権者一覧表　　　　　　　1通
2　資格証明書　　　　　　　　1通

以　上

〔注1〕　破産法135条1項。
〔注2〕　債権者集会の申立権者は、①破産管財人、②債権者委員会、③知れている破産債権者の総債権について裁判所が評価した額の10分の1以上に当たる破産債権を有する破産債権者である。
〔注3〕　東京地裁においては原則として全件において財産状況報告集会が招集されるので（破産法31条1項2号）、本書式のような申立ては通常必要ない。

| 書式番号 | 8-1-2 | 書式名 | 代理権証明文書 |

○○年（フ）第○○○○号　破産者○○○○株式会社
破産債権者　　○○○○

# 委 任 状

○○地方裁判所民事○部　御中

　私（債権者番号　　番）は、下記の者を代理人と定め、頭書事件につき、破産手続における通知等を受領すること及び債権者集会（続行期日を含む）に出席し、議決権を行使することを委任します。

記

　　　（住所又は本店所在地）
　　　（電話番号）
　　　（氏名又は会社名）
　　　（代表者名）
　　　　　　　（住所又は本店所在地）
　　　　　　　（電話番号）
　　　　　　　（氏名又は会社名）
　　　　　　　（代表者名）　　　　　　　　　　　　　　　　　　印

〔注１〕　債権者集会における議決権行使の委任状。
〔注２〕　破産債権者は代理人をもって議決権を行使することが出来る（破産法143条）。
〔注３〕　代理人によって議決権を行使する場合には、代理権を証する書面を裁判所に提出しなければならない（破産規則48条）。
〔注４〕　受任者の資格を問わない。

| 書式番号 | 8-1-3 | 書式名 | 破産管財人報告書 |

○○地方裁判所民事第○部　　管財　係　御中

　　　　　　　　　　　　　　　　　　　　　　　年　月　日

　　　年（フ）第　　　号
破産者　　　＿＿＿＿＿＿＿＿
破産管財人弁護士　＿＿＿＿＿＿＿＿

## 破産法157条の報告書

1　破産手続開始の決定に至った事情
　□　破産手続開始申立書記載のとおり
　□　破産手続開始申立書に付加する点は次のとおり
　　　（　　　　　　　　　　　　　　　　　　　　　　　　　）
　□　その他
　　　（　　　　　　　　　　　　　　　　　　　　　　　　　）

2　破産者及び破産財団に関する過去及び現在の状況
　□　破産手続開始申立書及び財産目録記載のとおり
　□　その他
　　　（　　　　　　　　　　　　　　　　　　　　　　　　　）

3　損害賠償請求権の査定の裁判、その保全処分を必要とする事情の有無
　　（破産者が法人の場合に限る。）
　□　無
　□　有（内容　　　　　　　　　　　　　　　　　　　　　　）
　□　その他

【注意点】
※　担当係を忘れずに表示してください。
※　本書面は第1回の財産状況報告集会の当日にご持参ください。
※　いわゆる少額管財事件（通常管財係）では、書式45の書面も是非ご利用ください。〔注1〕

　　　〔注1〕　注意点中の「書式45の書面」とは本書の書式番号8-1-7にあたる書式を指している。
　　　出典　『手引』に基づき、一部改変を加えた。

| 書式番号 | 8-1-4 | 書式名 | 破産管財人報告書（詳細版） |

　　　　　　年（フ）第　　　　号

## 破産法 157 条の報告書

　　　　　　　　　　　　　　　　　　　　　　　　　　　年　　月　　日

○○地方裁判所民事第○部　　　　係　御中

　　　　　　　　　　　　　　　　　　　　破　産　者 _____
　　　　　　　　　　　　　　　　　　　　破産管財人弁護士 _____

第1　破産手続開始の決定に至った事情
　　　概ね、破産手続開始申立書記載のとおりであるが、その他に次の点を付記する。（省略）

第2　管財業務の遂行及び調査
　　　破産管財人が行った管財業務の概要は、以下のとおりである。

　1　資産の換価業務
　　　現在判明している破産者の資産は、添付財産目録のとおりであり、これらに関して当職が行った換価業務等の概要は以下のとおりである。
　(1)　現　金
　　　添付財産目録のとおり、破産手続開始決定時点の現金は○円であり、開始決定後、直ちに申立代理人より引き継いだ。
　(2)　預　金
　　　添付財産目録記載のとおり、破産手続開始決定時点の預金残高は合計○円であり、現在も売掛先からの入金があるため、売掛金の回収完了後に預金口座を解約のうえ、回収する予定である。
　(3)　売掛金
　　　添付財産目録記載のとおり、破産者は、破産手続開始決定時点において売掛金債権合計○円を有しており、正確な売掛金額の把握のため、当職から売掛先に対し、調査票を送付して金額の調査を行い、現在までに○円を回収した。今後さらに回収業務を行う方針である。
　(4)　有価証券
　　　添付財産目録記載のとおり、破産者は○社の株式○株を有しており、当該株式については○円で売却済である。
　(5)　不動産
　　　添付財産目録記載のとおり、破産者は本社のあるビルを所有しているが、当該不動産は本社における管財業務が完了次第、別除権者の同意を得て換価する予定である。

(6) 保　険

添付財産目録記載のとおり、破産者は火災保険その他の保険を有している。当該保険のうち、本社ビルを対象とする火災保険は、本社ビルの換価完了後に解約する予定である。その他保険については既に解約手続を完了し、解約返戻金○円を回収済である。

2　カスタマーセンター業務について

破産者には多数の債権者がおり、当該債権者あてに順次破産手続開始決定通知書の発送を行った。

また、破産債権者からの問い合わせ対応のため、破産者所有の本社ビル内にコールセンターを設け、破産者の元従業員及び破産管財人において、破産債権者からの問い合わせ対応業務を行った。また、コールセンターのみでは問い合わせ件数によっては対応が不可能となるため、破産者のホームページにても問い合わせ対応を行った。

コールセンター業務及びホームページでの対応業務は、現在も継続している。

第3　破産財団の現況

現在の破産財団の現況は、添付財産目録、貸借対照表及び収支計算書のとおりである。

第4　債権者（債権届出を含む）

1　債権者

破産手続き開始後、管財人において調査し、第2記載の債権調査業務を行った結果、添付債権者一覧表の債権者が判明している。

2　債権届出

現時点で債権者○名から○名の債権届出がされている。

第5　今後の管財業務

売掛金回収業務及び破産債権者への問い合わせ対応を中心に、引き続き換価・回収業務を行う予定である。

第6　損害賠償請求の査定の裁判、その保全処分を必要とする事情の有無

現在までの調査の範囲では、上記を必要とする事情は見受けられないが、さらに調査を継続する。

以　上

〔注1〕　東京地方裁判所では、簡易な案件については、破産法157条の報告書について、書式番号8-1-3のようなチェックマーク方式の報告書を利用することが許容されているが、より詳細な記載を行うことが適切と考えられる案件については、本書式のように、具体的な記載を行う場合もある。裁判所と適宜協議して進めることが望ましい。

# 財産目録

年(フ)第　　号
破産者
(開始決定日＝　年　月　日現在)
破産管財人弁護士

(単位：円)

## 資産の部

| 番号 | 科目 | 簿価 | 評価額 | 備考 |
|---|---|---|---|---|
| 1 | 現金（　年　月　日引継） | | 200,000 | |
| 2 | 保険解約返戻金（○○生命） | 700,000 | 700,000 | |
| 3 | 和服7枚 | 2,150,000 | 1,080,000 | ○○年○月○日付け許可により売却 |
| 4 | 過払金 | 200,000 | 200,000 | 自由財産の範囲の拡張により返還 |
| | 資産合計 | 3,050,000 | 2,180,000 | |

## 負債の部

| 番号 | 科目 | 届出額 | 評価額 | 備考 |
|---|---|---|---|---|
| 1 | 普通破産債権（別除権付債権を除く） | 5,123,544 | 4,198,173 | |
| 2 | 別除権予定不足額 | 11,500,000 | 8,500,000 | |
| | 別除権付債権 | (18,000,000) | (21,000,000) | |
| | 負債合計 | 16,623,544 | 12,698,173 | |

第8部　債権者集会・債権者委員会
第1章　債権者集会　書式番号8-1-5　財産目録

破産法157条の報告事項
1　破産手続開始の決定に至った事情
　　□破産手続開始申立書記載のとおり　□破産手続開始申立書に付加する点は次のとおり（　　　）　□その他（　　　）
2　破産者及び破産財団に関する過去及び現在の状況　□破産手続開始申立書及び財産目録記載のとおり　□その他（　　　）
3　損害賠償請求権の査定の裁判、その保全処分を必要とする事情の有無（破産者が法人の場合に限る。）
　　□無　□有（内容　　　　　　　　　　）

＊　破産者が所有する　　　区　　　町　　丁目　　番地所在家屋番号　　　の建物については、　　倍以上のオーバーローン状況にあるため、破産財団から放棄する。
※　破産財団から放棄する物件については、例えば不動産であれば所在、地番、家屋番号等により特定してください。

［注1］財産目録は、破産手続開始時を基準として作成する（破産法153条1項）。
［注2］自由財産の範囲の拡張について、財産目録の拡張をする場合は、①自由財産の資産欄に記載した上、その備考欄に「自由財産の範囲の拡張により換価等しない」と記載する。②換価等により得られた金銭の一部を自由財産の範囲の拡張により破産者に返還する場合は、収支計算書の支出欄に「自由財産の範囲の拡張により返還」と記載する（『手引』305頁以下）。
［注3］既に放棄の許可がされた財産については、「○○年○月○日付け放棄許可」などと明示する。集会において不動産を放棄する場合には、上記書式＊のような記載をして、放棄する物件を特定する。
［注4］東京地裁では、『手引』に基づき、一部改変を加えた。

出典　『手引』に基づき、一部改変を加えている。

| 書式番号 | 8-1-6 | 書式名 | 収支計算書 |

# 収 支 計 算 書

自　　　年　　月　　日
至　　　年　　月　　日

年（フ）第　　　　号

破産者　＿＿＿＿＿＿＿＿＿＿

破産管財人弁護士　＿＿＿＿＿＿＿＿＿＿

(単位：円)

| 収入の部 | | | 支出の部 | | |
|---|---|---|---|---|---|
| 番号 | 摘要 | 金額 | 番号 | 摘要 | 金額 |
| 1 | 現金（○○年○月○日引継） | 200,000 | 1 | 事務費 | 20,010 |
| 2 | 保険解約返戻金 | 700,000 | 2 | 立替金返還（口座開設費用） | 100 |
| 3 | 和服（7枚）売却代金 | 1,080,000 | 3 | 財団債権（公租公課）の弁済 | 45,000 |
| 4 | 過払金 | 200,000 | 4 | 財団債権（労働債権その他）の弁済 | 0 |
| 5 | 口座開設金 | 100 | 5 | 優先的破産債権（公租公課）に対する配当 | 50,000 |
| 6 | 預金利息 | 10 | 6 | 優先的破産債権（労働債権その他）に対する配当 | 0 |
| | | | 7 | 一般的破産債権に対する配当 | 1,065,000 |
| | | | 8 | 本人返還（自由財産の範囲の拡張） | 200,000 |
| | | | 9 | 破産管財人報酬 | 800,000 |
| | 合計 | 2,180,110 | | 合計 | 2,180,110 |

差引残高　　　金0円

第8部　債権者集会・債権者委員会
第1章　債権者集会　書式番号8-1-6　収支計算書

〔注1〕　換価業務が完了し、異時廃止又は最後配当若しくは簡易配当を行う際には、収支計算書の収入の部と支出の部の合計金額を一致させる必要がある。この場合、支払済の項目と支払予定の項目が混在すると、債権者から見てわかりづらいため、次のような注記を末尾に付することにより、支払済の項目と支払予定の項目がわかるように工夫することも考えられる。
「※　支出の部の番号1〜4は弁済済みである。番号5〜9は今後弁済又は配当予定である。」

出典　『手引』に基づき、一部改変を加えた。

書式番号 8-1-7　書式名 財産目録及び収支計算書

# 財産目録及び収支計算書

資産部分　　破産手続開始日（　　年　月　日）現在
収支計算部分　破産手続開始日～　　年　月　日

破産者

　　　年（フ）第　　　号

破産管財人弁護士

（単位：円）

## 資産及び収入の部

| 番号 | 科目 | 年月日引継 | 簿価 | 収入 | 備考 |
|---|---|---|---|---|---|
| 1 | 現金（　年　月　日引継） | | | 200,000 | |
| 2 | 保険解約返戻金（○○生命） | | 700,000 | 700,000 | |
| 3 | 過払金 | | 200,000 | 200,000 | |
| 4 | 和服7枚 | | 2,150,000 | 1,080,000 | ○○年○月○日付け許可により売却 |
| 5 | 口座開設金 | | － | 100 | |
| 6 | 預金利息 | | － | 10 | |
| | 資産合計 | | 3,050,000 | 2,180,110 | |

## 支出の部

| 番号 | 科目 | 金額 | 備考 |
|---|---|---|---|
| 1 | 事務費 | 20,010 | |
| 2 | 立替金返還（口座開設費） | 100 | |
| 3 | 財団債権の弁済（公租公課） | 45,000 | |

第8部　債権者集会・債権者委員会
第1章　債権者集会　書式番号8-1-7　財産目録及び収支計算書

| | | | |
|---|---|---|---|
| 4 | 財団債権の弁済（労働債権その他） | | 0 |
| 5 | 優先的破産債権に対する配当（公租公課） | | 50,000 |
| 6 | 優先的破産債権に対する配当（労働債権その他） | | 0 |
| 7 | 一般破産債権に対する配当 | | 1,065,000 |
| 8 | 本人返還 | 自由財産の範囲の拡張により返還 | 200,000 |
| 9 | 破産管財人報酬 | | 800,000 |
| | | 支出合計 | 2,180,110 |

財団債権（公租公課）
　　○○税務署　　　　45,000円

優先的破産債権（公租公課）
　　○○市役所　　　　50,000円

**破産法157条の報告事項**

1　破産手続開始の決定に至った事情
　　□破産手続開始申立書記載のとおり　□破産手続開始申立書に付加する点は次のとおり（　　　）
2　破産者及び破産財団に関する過去及び現在の状況　□破産手続開始申立書及び財産目録記載のとおり（破産者が法人の場合に限る。）
3　損害賠償請求権の査定の裁判、その保全処分を必要とする事情の有無　□有（内容　　　）　□その他（　　　）
　　□無

＊　破産者が所有する○○区○○町○丁目○番地所在家屋番号○○の建物については、倍以上のオーバーローン状況にあるため、破産財団から放棄する。

※　破産財団から放棄する物件については、例えば不動産であれば所在、地番、家屋番号等により特定してください。

出典『手引』に基づき、一部改変を加えた。

| 書式番号 | 書式名 |
|---|---|
| 8-1-8 | 破産貸借対照表 |

年（フ）第　　　号
破産者

## 【破産】貸借対照表
（作成日＝　　　年　　月　　日現在）

破産管財人弁護士

資産の部　　　　　　　　　　　　負債の部　　　　　　　（単位：円）

| 番号 | 科目 | 評価額<br>＝財団組入(見込)額 | 番号 | 科目 | 評価額 |
|---|---|---|---|---|---|
| 1 | 現金 | 12,000,000 | 1 | 一般破産債権（別除権付債権を除く） | 555,000,000 |
| 2 | 預金 | 23,000,000 | 2 | 優先的破産債権（公租公課） | 8,250,000 |
| 3 | 受取手形 | 3,500,000 | 3 | 優先的破産債権(労働債権) | 4,000,000 |
| 4 | 売掛金 | 13,000,000 | 4 | 財団債権(公租公課) | 2,350,000 |
| 5 | 製品／仕掛品 | 1,000,000 | 5 | 財団債権(労働債権その他) | 1,200,000 |
| 6 | 原材料 | 2,400,000 | 6 | 別除権予定不足額 | 60,000,000 |
| 7 | 貸付金 | 1,000,000 | 7 | （別除権付債権） | (105,000,000) |
| 8 | 建物 | 0 | | | |
| 9 | 土地 | 0 | | | |
| 10 | 機械装置 | 1,200,000 | | | |
| 11 | 車両運搬具 | 250,000 | | | |
| 12 | 什器備品 | 100,000 | | | |
| 13 | ゴルフ会員権 | 25,000 | | | |
| | 資産合計 | 57,475,000 | | 負債合計 | 630,800,000 |

差引　資産不足額　573,325,000

【注意点】

※　本書面は、破産財団が1000万円以上の法人事件のみ提出します（破産法153条2項、3項、破産規則52条参照）。

第 8 部　債権者集会・債権者委員会
第 1 章　債権者集会　書式番号 8-1-8　破産貸借対照表

※　予定不足額の認否は原則として留保して差し支えありません。破産貸借対照表で別除権予定不足額として記載する額は、配当を行う際の別除権者に対する配慮の要否や配当の見通し、あるいは別除権の目的となる財産の処分方法を検討するに当たっての参考となるものにすぎませんから、別除権者の届け出た予定不足額の額に対する破産管財人としての一応の評価（概算）を記載すれば足ります。

出典　『手引』に基づき、一部改変を加えた。

## 債権者集会打合せメモ

　本件破産事件について、下記事項をご記入のうえ、本書面を集会期日の1週間前までに当庁あてFAXで送信してくださるようお願いいたします。本書面に基づいて、進行予定や本件の報酬予定額等の連絡をすることがあります。

　なお、財団が1件あたり40万円以下の場合は、特記事項がない限り、送信していただく必要はありません。

○○地方裁判所民事第○部　□　通常管財係　　　FAX　○○○○-○○○○
　　　　　　　　　　　　　□　特定管財＿係　　FAX　○○○○-○○○○

　　破産管財人＿＿＿＿＿＿＿＿＿＿＿＿＿　　TEL　　－
　　　　　　　　　　　　　　　　　　　　　　FAX　　－

事件番号　　年（フ）第　　　号
破産者　　＿＿＿＿＿＿＿＿

第　　回集会期日　　　年　月　日　午前・午後　時　分

これまでの財団収集額　　金○○万○○円
　※　財団が100万円を超える場合その概要を特記事項に記載してください。

進行予定
　　　□　異時廃止予定
　　　☑　続行予定
　　　□　配当予定　　□　簡易配当
　　　　　　　　　　　□　最後配当

<u>進行、財団及び主要な管財業務の内容に関する特記事項</u>

　1　現預金等

現金として○○円を引き継いだほか、破産者名義の預金口座を解約し、○○円を財団に組み入れた。

2　売掛金

破産手続開始決定後、破産管財人から売掛先に対し、調査票を送付して売掛金額等の調査を行った。金額に相違がある売掛先については、金額相違の理由について確認を行って正確な売掛額を確認し、現時点で売掛金○○円を回収した。未回収の売掛金については引き続き回収業務を行う方針である。

3　事務所明渡し

破産者が事務所として賃借していた建物（○○所在）については、破産手続開始決定時点では賃貸借契約が継続しており、早急に明け渡す必要があった。

しかし、事務所内に相当量の什器備品があり、原状回復を行う場合数百万円もの費用が必要となる見通しである一方、これらの費用を賄えるだけの財団を形成できる見込みが低いことから、貴庁の許可を得て、敷金1,200,000円の範囲内で、原状回復などを行い、賃貸人からはその余の請求を行わない旨の和解をし、明渡しを完了した。

4　不動産

破産者が所有していた別除権付きの不動産（○○所在、以下「本件不動産」という。）については、別除権者と協議の上、任意売却を行うこととなった。

別除権者の希望金額での買受先が見つかったため、○○年○月○日、貴庁の許可を得て売却し、○○円を財団に組み入れた。

5　保　険

上記第4項記載の不動産を対象とする火災保険には質権が設定されていたが、解約返戻金には質権の効力が及ばない内容となっていたため、不動産の換価完了後、解約手続きを行い、返戻金○○円を財団に組み入れた。

6　進行についての意見

以上のとおり、未回収の売掛金があることから、続行とするのが相当である。

〔注1〕　上記書式の特記事項以外については、東京地裁の『手引』による。
〔注2〕　上記書式の特記事項は法人の場合の一例を示したものであるが、破産者が個人の場合には、免責に関する意見の項目を設け、調査状況等について報告を行う必要がある。

## 債権者集会必要書類準備チェック表（東京地裁版）

1　裁判所との事前打合せ
　　☐　債権者集会打ち合せメモのFAX　※但し、財団が40万円以下の場合は原則不要。
　　　　但し、集会続行、不動産の放棄が問題となる場合等、一定の例外事由に該当する場合は、必要（詳細は、『手引』303頁参照）。

2　通常の債権者集会で必要となる書類の準備
　　裁判所用：各1通、申立代理人用：各1通、債権者用：適宜
　　破産財団の規模、債権者数及び問合せ件数等から債権者の出席が見込まれる場合には、財産目録及び収支計算書、債権認否一覧表及び破産貸借対照表については債権者配布用として適宜準備する例が多い（『手引』304頁参照）。なお、事案によっては、債権認否一覧表については配布ではなく回覧とすることもあり得る。

　（法人事件）
　　☐　破産法157条の報告書
　　　　東京地方裁判所では、第1回債権者集会で提出させる運用である。
　　☐　財産目録
　　☐　収支計算書
　　　　（東京地方裁判所では、上記3つの書類を1つにまとめた「財産目録及び収支計算書」を用いることが多い。）
　　☐　破産貸借対照表（破産財団の総額が1000万円以上の場合のみ。破産法153条2項、3項、破産規則52条）
　　☐　債権認否一覧表（債権者集会を続行する場合、異時廃止で終了する場合等、債権認否を留保する場合には不要）
　　☐　新たに判明した債権者への発送（送信）報告書（新たに判明した債権者がいない場合には不要）
　　☐　破産管財人口座の通帳の写し（集会ごとに最新のものを提出）

　（個人事件）
　　☐　破産法157条の報告書
　　　　東京地方裁判所では、第1回債権者集会で提出させる運用である。
　　☐　財産目録
　　☐　収支計算書
　　　　（東京地方裁判所では、上記3つの書類を1つにまとめた「財産目録及び収支計算書」を用いることが多い。）

- ☐ 債権認否一覧表（法人事件と同様、債権認否を留保する場合には不要。）
- ☐ 免責に関する意見書
  　免責不許可相当の意見を述べる場合は、具体的な免責不許可事由のほか、破産管財人の調査によっても裁量免責が相当でないとする理由を具体的に記載する。
- ☐ 新たに判明した債権者への発送（送信）報告書（新たに判明した債権者がいない場合には不要）
- ☐ 破産管財人口座の通帳の写し（集会ごとに最新のものを提出）

3　異時廃止になる場合の準備
　前記2の書類に加え、以下の書類を準備する。
- ☐ 破産手続廃止決定証明申請書
- ☐ 債権届出書綴り（集会終了後、裁判官に提出する。）

4　配当手続きになる場合の準備
　前記2の書類に加え、以下の書類を準備する。
（簡易配当の場合）
- ☐ 簡易配当許可申立書
- ☐ 配当表

（最後配当の場合）
- ☐ 最後配当許可申立書
- ☐ 配当表

書式8-2-1　書面による計算報告の申立書

年（フ）第　　　号

# 書面による計算報告の申立書

年　月　日

○○地方裁判所民事第○部　御中

破　産　者　○○○○

破産管財人　○○○○　印

　　　　　　　申　立　て　の　趣　旨

　破産管財人は、破産者○○○○に対する頭書事件につき、書面による計算の報告をするとの決定を求める。

　　　　　　　申　立　て　の　理　由

1　破産管財人は、○○年○月○日、破産管財人としての任務を終了したため、貴庁に計算報告書を提出した。
2　よって、破産法89条1項に基づき、破産管財人としての任務終了による計算報告のための債権者集会の招集の申立てに代えて、本申立てに及ぶ。

〔注1〕　破産管財人はその任務が終了した場合、遅滞なく、計算の報告書を裁判所に提出しなければならない（破産法88条1項）。この場合、破産管財人は原則として、任務終了による債権者集会への計算の報告を目的として債権者集会の申立てをしなければならないが（同条3項）、同申立てに代えて、書面による計算の報告をする旨の申立てを裁判所に行うこともできる（破産法89条1項）。その場合、本書式のような申立書を裁判所に提出することが考えられる。なお、東京地裁においては、破産手続開始決定時において財産状況報告集会の期日の指定とあわせて管財人の任務終了計算報告集会の期日も同一日時に指定されており、換価未了の場合には期日を続行する扱いとなっているので、通常、本書式は利用されない。

| 書式番号 | 8-2-2 | 書式名 | 異議申述書 |

○○年（フ）第○○○○号
破産者　株式会社○○○○

## 異議申述書

　　　　　　　　　　　　　　　　　　　　　　　　　○○年○○月○○日

○○地方裁判所民事第○部　御中
破産管財人　○○○○　殿

　　　　　　　　　　　　　　　　　　　　〒○○○－○○○○
　　　　　　　　　　　　　　　　　　　　東京都○○区○○町○○
　　　　　　　　　　　　　　　　　　　　電話　○○（○○○○）○○○○
　　　　　　　　　　　　　　　　　　　　破産債権者（債権者番号　　番）
　　　　　　　　　　　　　　　　　　　　　○○○○株式会社
　　　　　　　　　　　　　　　　　　　　　代表者代表取締役　　○○○○

第1　異議申述の趣旨
　破産管財人○○○○作成の○○年○月○日付計算報告書における計算について、以下に述べるとおり異議があるので、その旨申述致します。

第2　異議申述の理由
　破産管財人○○○○作成による○○年○月○日付計算報告書によると　……　と記載されている。
　しかしながら、……　であるから、この部分の計算について承認することはできない。
　したがって、第1記載のとおり異議を述べる次第である。

〔注1〕　破産者、破産債権者等は、破産管財人の行った任務終了計算報告の内容ついて異議を述べることができる（破産法89条3項）。
〔注2〕　書面による計算の報告がなされた場合の異議の申し出の書式である。債権者集会の期日において計算の報告が行われた場合には、計算についての異議は期日において述べる（破産法88条4項）。
〔注3〕　破産管財人の計算報告書の計算に対し、異議が提出されたときは、争いの解決は、異議申立人と破産管財人との間の損害賠償請求訴訟などで解決されることになる。

**書式番号 8-2-3　書式名　債権者委員会承認の申立書**

○○年（フ）第○○号　破産者○○○○株式会社

○○年○月○日

○○地方裁判所民事第○部　御中

〒
東京都○○区○○町○○番○○
申立人（利害関係人）　○○株式会社
上記申立人代表者代表取締役　　○○○○

## 債権者委員会承認の申立書

第1　申立ての趣旨
　頭書事件について、別紙債権者一覧表の「債権者委員」欄に○印を表示した者をもって構成する委員会が、本件破産手続に関与することを承認するとの裁判を求める。

第2　申立ての理由
　別紙債権者一覧表の債権者は、いずれも頭書事件の破産債権者としてこれまでに判明している者であり、その債権の内容及び債権額は、別紙債権者一覧表の「債権の内容」欄及び「債権額」欄に記載のとおりである。
　○○年○月○日に、東京都○○区○○町○○番地○○の○○会議室において、○○主催の債権者会議が開催され、同集会には、別紙債権者一覧表の「債権者会議出席者」欄に○印を表示した者が出席し、その席上、別紙債権者一覧表の「債権者委員」欄に○印を表示した者をもって債権者委員会を構成し、本件破産手続に関与することが満場一致で可決された。同債権者委員会の委員は、金融機関、大口の下請け業者、小口の下請け業者、材料提供業者等の偏りのない委員構成となっており、本件委員会は破産債権者全体の利益を適切に代表している。
　よって本申立てに及ぶ。
　なお、同債権者委員会の連絡担当の委員は、申立人とする予定である。

添付書類
1　債権者委員会運営規約
2　債権者会議議事録
3　商業登記簿謄本

〔注1〕　裁判所は、破産債権者をもって構成する委員会がある場合には、利害関係人の申立てにより、当該委員会が破産手続に関与することを承認することができるが、そのためには、委員の数が3人以上10名以内であることが必要とされている（破産法144条1項1号、破産規則49条1項）。そこで、本申立書でも、当該委員について別紙を用いて

明らかにする体裁としている。
〔注2〕 〔注1〕の承認をするためには、破産債権者の過半数が債権者委員会の手続関与に同意していることが必要とされている（破産法144条1項2号）。
〔注3〕 〔注1〕の承認をするためには、当該委員会が破産債権者全体の利益を適切に代表すると認められることが必要とされている（破産法144条1項3号）。
〔注4〕 債権者委員会は、これを構成する委員のうち連絡を担当する者を指名し、その旨を裁判所に届け出ることが求められている（破産規則49条2項）。
〔注5〕 破産規則49条3項では、債権者委員会は、これを構成する委員又はその運営に関する定めについて変更が生じたときは、遅滞なく、その旨を裁判所に届け出なければならないとしているが、当初の段階でも、当該定めについて裁判所に届け出ることが必要と考えられる。

## 書式 8-2-4　費用償還請求許可申立書

〇〇年（フ）第〇〇〇〇号
破産者　株式会社〇〇〇〇

## 費用償還請求許可申立書

〒〇〇〇-〇〇〇〇
東京都〇〇区〇〇町〇〇
電話〇〇（〇〇〇〇）〇〇〇〇
破産債権者（債権者番号　　番）
〇〇〇〇株式会社
代表者代表取締役　　〇〇〇〇

第1　申立ての趣旨
　頭書事件について、破産財団から、申立人が支出した金〇万〇〇〇円の費用を償還することの許可を求める。

第2　申立ての理由
　債権者委員会（代表〇〇〇〇）は、　　　　　　　　　を行い、申立人は、その費用として金〇万〇〇〇〇円を支出した。かかる債権者委員会の活動は、……であって、破産手続の円滑な進行に貢献するものである。
　したがって、本申立てに及んだ次第である。

添付書類

　　　領収書　3通

〔注1〕　破産法144条4項は、債権者委員会に破産手続の円滑な進行に貢献する活動があったと認められるときは、裁判所は、当該活動のために必要な費用を支出した破産債権者の申立てにより、破産財団から当該破産債権者に対して相当と認める額の費用を償還することを許可することができるとしている。当該申立てをする場合、本書式のような申立書を提出することが考えられる。

## 書式 8-2-5　破産管財人に対する報告命令申出書

○○年（フ）第○○号

○○年○月○日

○○地方裁判所民事第○○部　御中

東京都○○区○○町○○番○○号
債権者委員会委員　　○○株式会社
上記代表者代表取締役　　　　　　○○○○
　　東京都○○区○○町○○番○○号
同　　　　　　　　○○株式会社
上記代表者代表取締役　　　　　　○○○○
　　神奈川県○○市○○町○○番○○号
債権者委員会委員　　○○作業所
　　　　　　　　　　　　　　　　○○○○

## 破産管財人に対する報告命令申出書

第1　申出の趣旨

　上記破産事件について、破産管財人甲野三郎に対し、下記破産財団に属する財産の管理及び処分に関し、下記事項の報告を命ずるとの裁判を求めます。

記

1　破産財団に属する財産
　　……
2　報告を命ずる事項
　　……

第2　申出の理由
1　申立人らは、破産法144条に基づき、本件破産手続に関与することにつき御庁の承認を受けた債権者委員会（以下、当委員会という）の全構成委員である。
2　当委員会は、○○年○月○日、委員である○○株式会社本社ビルにおいて債権者委員会を開催し、本申立てを行うことを決議した。
3　申出を行う理由
　破産財団に属する財産である○○（以下、本件財産という）について、現在、破産管財人は、……の方法でこれを管理している。
　　しかし、……との疑問もある。

4　破産債権者全体の利益のために必要あること
　　　……
5　よって……

添付書類

債権者委員会議事録

　　〔注1〕　破産法147条1項では、債権者委員会は、破産債権者全体の利益のために必要があるときは、裁判所に対し破産財団に属する財産の管理及び処分に関して必要な事項について破産法157条2項の規定による報告をすることを命ずるよう申し出ることができるとしている。同申出をする場合には、本書式のような申出書を提出することが考えられる。

| 書式番号 | 書式名 |
|---|---|
| 8-2-6 | 変更届出書 |

○○年（フ）第○○○○号
破産者　株式会社○○○○

## 変更届出書

〒○○○-○○○○
東京都○○区○○町○○
電話　○○（○○○○）○○○○
債権者委員会
　　代表　○○○○株式会社
　　代表者代表取締役　○○○○

　下記のとおり、債権者委員会を構成する委員（又は、運営に関する定め）について変更が生じましたので、届出致します。

記

（新委員）
　株式会社○○○○（神奈川県○○市○○　代表者代表取締役○○○○）

添付書類

　　全部事項証明書　　　1通
　　債権者委員会議事録　1通
　　（又は運営規則1通）

〔注1〕　破産規則49条3項では、債権者委員会は、これを構成する委員又はその運営に関する定めについて変更が生じたときは、遅滞なく、その旨を裁判所に届け出なければならないとしている。このようなときは、本書式のような届出書を提出することが考えられる。

第9部　破産管財人の税務
書式番号 9-1　補助者使用許可申立書

| 書式番号 9-1 | 書式名 補助者使用許可申立書 |

○○地方裁判所民事第○部　　係　御中

　　　　　　　　　　　　　　　　　　　　　　　　年（フ）第　　号
　　　　　　　　　　　　　　　　　　　　　　破産者

| 本件につき<br>　許可する。<br>　○○地方裁判所民事第○部<br>　　裁判官 | 本件につき<br>　許可があったことを証明する。<br>　前同日　○○地方裁判所民事第○部<br>　　裁判所書記官 |

## 補助者使用許可申立書

　本件につき、破産者の支払った租税の還付を受けるため、破産者の○○年○○月○○日（解散日）および同年○○月○○日（仮決算日）現在の確定申告事務を税理士○○○○に委嘱すること及び当該事務に伴う費用及び手数料として金○○○○円を支払うことの許可を求める。

　　　　　年　　月　　日
　　　　　　　　破産管財人　　　　　　　　　　　印

　　　　　　　　　　　　　　　　　　　　　　　　　　以　上

〔注１〕　税務申告等のために税理士を補助者として使用することについての許可を求める書面である。
〔注２〕　東京地裁破産再生部の実務では補助者使用許可は許可事項とはされていないが（財団債権の承認となる報酬の支払約束が100万円を越える場合を除く（破産規則25条）、『手引』121頁）、破産管財人代理を選任する場合は許可を取得し、弁護士に報酬を支払って依頼する場合は裁判所に相談する運用である（同書122頁）。

第9部 破産管財人の税務
書式番号 9-2 異動届出書

**書式番号 9-2　書式名 異動届出書**

# 異動届出書

※整理番号
※連結グループ整理番号

提出法人
□単体法人　□連結親法人　□連結子法人　□連結親法人となる法人　□連結子法人となる法人

税務署受付印

平成　年　月　日

税務署長殿

次の事項について異動したので届け出ます。

（フリガナ）
本店又は主たる事務所の所在地　〒　　-　　　電話（　）　　-

（フリガナ）
納税地　〒　　-

（フリガナ）
法人等の名称

法人番号

（フリガナ）
代表者氏名　　印

（フリガナ）
代表者住所　〒　　-

異動のあった
□提出法人　□連結親法人　□連結子法人　□連結親法人となる法人　□連結子法人となる法人
（提出法人の場合は記載不要）

（フリガナ）
法人名等

納税地（本店又は主たる事務所の所在地）　〒　　-　（局署）電話（　）　-

（フリガナ）
代表者氏名

代表者住所　〒　　-

※税務署処理欄
整理番号／部門／決算期／業種番号／整理簿
回付先　□親署 ⇒ 子署　□子署 ⇒ 調査課

| 異動事項等 | 異動前 | 異動後 | 異動年月日（登記年月日） |
|---|---|---|---|
|  |  |  |  |

| 所轄税務署 | 税務署 | 税務署 | |
|---|---|---|---|
| 納税地を変更した場合 | 給与支払事務所等の移転の有無　□有　□無（名称等変更有）　□無（名称等変更無）※「有」及び「無（名称等変更有）」の場合には「給与支払事務所等の開設・移転・廃止届出書」を提出してください。 | | |
| 事業年度を変更した場合 | 変更後最初の事業年度：(自)平成　年　月　日～(至)平成　年　月　日 | | |
| 合併、分割の場合 | 合併　□適格合併　□非適格合併　分割　□分割型分割：□適格　□その他　□分社型分割：□適格　□その他 | | |
| （備考） | | | |

税理士署名押印　　印

※税務署処理欄　部門／決算期／業種番号／番号／入力／名簿

（規格A4）

29.04 改正

第9部　破産管財人の税務
書式番号9-2　異動届出書

## 異動届出書の記載要領等

1　この届出書は、法人（国及び地方公共団体の特別会計、連結納税を申請中の法人、法人課税信託を含む。）が事業年度等の変更、納税地の異動、資本金額等の異動、商号又は名称の変更、代表者の変更、事業目的の変更、法人の合併、法人の分割による事業の譲渡若しくは譲受け、法人区分の変更、法人の解散（信託の終了）・清算結了、本店又は主たる事務所の所在地の異動、支店・工場等の異動等をした場合に、これを所轄の税務署長に届け出るときに使用してください。
（注）　法人の合併又は分割により新たに設立した法人が、「法人設立届出書」を届け出る場合には、当該届出書の届出は必要ありません（「法人課税信託の受託者となった旨の届出書」についても同様です。）。
2　この届出書は次の提出先にそれぞれ1通（調査課所管法人にあっては2通）提出してください。
(1)　納税地の異動があった場合（提出法人：納税地を異動した法人）
　　　異動前の納税地の所轄税務署長
(2)　連結子法人の本店又は主たる事務所の所在地に異動があった場合（提出法人：連結親法人）
　①　連結親法人の納税地の所轄税務署長
　②　異動のあった連結子法人の異動前の本店又は主たる事務所の所在地の所轄税務署長
　　　（注）　上記①及び②の両方に提出していただくことになります。
(3)　上記(1)及び(2)以外の異動があった場合（提出法人：異動のあった法人）
　　　異動のあった法人の納税地（連結子法人の場合は、本店又は主たる事務所の所在地）の所轄税務署長
3　各欄は、次により記載してください。
(1)　「提出法人」欄には、該当する□にレ印を付すとともに、当該提出法人の「本店又は主たる事務所の所在地」、「納税地」、「法人等の名称」、「法人番号」、「代表者氏名」及び「代表者住所」を記載してください。なお、提出法人が外国法人である場合には、「本店又は主たる事務所の所在地」欄は国外の本店又は主たる事務所の所在地を記載してください。
　また、提出法人が法人課税信託の受託者である場合には、「法人等の名称」欄に法人名又は氏名のほか、その法人課税信託の名称を併せて記載してください。おって、受託者が個人である場合には「代表者氏名」及び「代表者住所」をそれぞれ「氏名」及び「住所」と読み替えて記載してください。
(2)　「異動のあった□連結子法人等」欄には、次の異動に応じて該当する□にレ印を付すとともに、当該法人の「法人名等」、「納税地（本店又は主たる事務所の所在地）」、「代表者氏名」及び「代表者住所」を記載してください。
　①　提出法人が連結親法人（又は連結親法人となる法人）の場合は、異動のあった連結子法人（又は連結子法人となる法人）の□にレ印を付してください。
　②　提出法人が連結子法人（又は連結子法人となる法人）の場合は、異動のあった法人に係る連結親法人（又は連結親法人となる法人）の□にレ印を付してください。
(3)　法人の合併等に係る異動の場合は、「異動事項等」の各欄は、次の記載事項により記載してください。
　イ　本店又は主たる事務所の所在地の異動の場合

　ロ　吸収合併の場合（被合併法人）

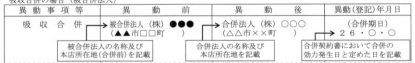

　（注）1　連結子法人が合併等で連結親法人との間に連結完全支配関係を有しなくなった場合は、別途「連結完全支配関係等を有しなくなった旨を記載した書類」を提出してください。
　　　　2　信託の併合は合併とみなされるので、適格合併、非適格合併のいずれかの□にレ印を付してください。
(4)　普通法人に該当していた一般社団法人若しくは一般財団法人が公益法人等に該当することとなった場合、公益法人等に該当していた一般社団法人若しくは一般財団法人が普通法人に該当することとなった場合、又は社団法人若しくは財団法人が行政庁からの認定若しくは認可を受けた場合は、「異動事項等」欄に「法人区分の変更」と記載の上、右側の各欄にそれぞれ異動前、異動後の法人区分等を記載してください。なお、公益法人等に該当することとなった場合には「（備考）」欄に収益事業の有無を併せて記載してください。
　（注）　法人区分は、一般社団法人又は一般財団法人のうち、①公益認定を受けているものを「公益認定法人」、②法人税法上の非営利型法人に該当しているものを「非営利型法人」、①及び②以外のものを「普通法人」としてください。
(5)　「所轄税務署」欄には、納税地を異動した場合のみ記入してください。
(6)　「納税地を変更した場合」欄には、給与支払事務所等の移転の有無について、該当する□にレ印を付してください。
　給与支払事務所等の移転がなく、名称等に変更があった場合には、「無（名称等変更有）」にレ印を付してください。
　また、「有」及び「無（名称等変更有）」の場合は、「給与支払事務所等の開設・移転・廃止届出書」を提出してください。
(7)　「合併、分割の場合」欄には、該当する□にレ印を付してください。なお、分割の場合には、分割型分割、分社型分割の区分のほか、適格分割に該当するかどうかの区分も□にレ印を付してください。また、信託の分割は、分割型分割に含まれるものとされています。
(8)　「税理士署名押印」欄は、この届出書を税理士及び税理士法人が作成した場合に、その税理士等が署名押印してください。
(9)　「※」欄は、記載しないでください。
4　異動事項の内容確認のため、定款等の写しを確認させていただく場合があります。
5　留意事項
　○　法人課税信託の名称の併記
　　　法人税法第2条第29号の2に規定する法人課税信託の受託者がその法人課税信託について、国税に関する法律に基づき税務署長等に申請書等を提出する場合には、申請書等の「法人等の名称」欄には、受託者の法人名又は氏名のほか、その法人課税信託の名称を併せて記載してください。

　　　　　　注1　国税局・東京都・市町村統一様式の異動届出書である。
　　　　　　注2　破産手続開始後、速やかに関係各所に提出する。
　　　　　　注3　提出を怠ると破産法人に対する住民税の均等割部分について課税され、その債権は財団債権にあたるとするのが判例である（最判昭62・4・21民集41・3・329）。

330 書式番号 9-3 書式名 **解散事業年度の確定申告書**

OCR入力用　・この用紙はとじこまないでください。
・この用紙は機械で読み取ります。折ったり汚したりしないでください。　法　FB0603

御注意
1　期末の資本金の額又は出資金の額が一億円以下の普通法人のうち、次の①から③までのいずれかの法人（以下「大法人」といいます。）との間にこれらの大法人による完全支配関係がある法人に該当する場合又は当該法人との間に完全支配関係がある全ての大法人が有する株式及び出資の全部をいずれか一の大法人が有するものとみなしたときにその一の大法人による完全支配関係があることとなる法人に該当する場合には、この表の上段の「非中小法人等」を○で囲みます。
①資本金の額又は出資金の額が五億円以上である法人　②法人税法第4条の7に規定する受託法人（2において「受託法人」といいます。）　③相互会社
2　「48」から「50」までの各欄は、期末の資本金の額若しくは出資金の額が一億円以下の法人、資本若しくは出資を有しない法人、一般社団法人等又は人格のない社団等（1に該当する非中小法人等、相互会社、投資法人、特定目的会社及び受託法人を除きます。）に該当する場合に記載します。

税務署受付印　平成　年　月　日　税務署長殿

| | |
|---|---|
| 納税地 | 電話（　　）　－ |
| (フリガナ)<br>法人名 | |
| 法人番号 | |
| (フリガナ)<br>代表者自署押印 | ㊞ |
| 代表者住所 | |

| 所管 | 業種目 | 概況書 | 要否 | 別表等 |
|---|---|---|---|---|
| | | | | |

| | | |
|---|---|---|
| 事業種目 | | |
| 期末現在の資本金の額又は出資金の額 | 円 | 非中小法人等 |
| 同上が1億円以下の普通法人のうち中小法人等に該当しないもの | | |
| 同非区分 | 特定同族会社　同族会社 | 非同族会社 |
| 一般社団・財団法人のうち非営利型法人に該当するもの | | 非営利型法人 |
| 経理責任者自署押印 | ㊞ | |
| 旧納税地及び旧法人名等 | | |
| 添付書類 | 貸借対照表、損益計算書、株主（社員）資本等変動計算書又は損益金処分表、勘定科目内訳明細書、事業概況書、組織再編成に係る契約書等の写し、組織再編成に係る移転資産等の明細書 | |

※税務署処理欄

| | |
|---|---|
| 青色申告 | 一連番号 |
| 整理番号 | |
| 事業年度（至） | 年　月　日 |
| 売上金額 | 兆　十億　百万 |
| 申告年月日 | 年　月　日 |
| 通信日付印　年月日 | 確認印　庁指定　局指定　指導等　区分 |
| 申告区分 | |
| 法人税 | 中間　期限後　修正 |
| 地方法人税 | 中間　期限後　修正 |

別表一（一）　普通法人（特定の医療法人を除く。）、一般社団法人等及び人格のない社団等の分……平二十九・四・一以後終了事業年度等分

平成　年　月　日　**事業年度分の法人税　申告書**
平成　年　月　日　**課税事業年度分の地方法人税　申告書**
（中間申告の場合の計算期間　平成　年　月　日　平成　年　月　日）

| | | | |
|---|---|---|---|
| 翌年以降送付要否 | 要　否 | 適用額明細書提出の有無 | 有　無 |
| 税理士法第30条の書面提出有 | 有 | 税理士法第33条の2の書面提出有 | 有 |

**この申告書による法人税額の計算**

| 項目 | 番号 | 金額（十億　百万　千　円） |
|---|---|---|
| 所得金額又は欠損金額（別表四「48の①」） | 1 | |
| 法人税額 (54)又は(55) | 2 | |
| 法人税額の特別控除額（別表六(六)「22」+別表六(七)「18」+別表六(八)「10」+別表六(九)「22」+別表六(十一)「23」+別表六(十二)「28」+別表六(十三)「24」+別表六(十四)「6」+別表六(十五)「19」+別表六(十六)「19」+別表六(十七)「18」+別表六(十八)「18」+別表六(十九)「38」+別表六(二十)「10」+別表六(二十一)「22」+別表六(二十二)「23」+別表六(二十三)「22」+別表六(二十四)「21」+別表六(二十五)「28」+別表六(二十六)「12」） | 3 | |
| 差引法人税額 (2)－(3) | 4 | |
| 連結納税の承認を取り消された場合等における既に控除された法人税額の特別控除額の加算額 | 5 | |
| 土地譲渡利益金　課税土地譲渡利益金額（別表三(二)「24」+別表三(二の二)「25」+別表三(三)「20」） | 6 | 000 |
| 土地譲渡利益金　同上に対する税額 (21)+(22)+(23) | 7 | |
| 留保金　課税留保金額（別表三(一)「41」） | 8 | 000 |
| 留保金　同上に対する税額（別表三(一)「49」） | 9 | |
| | | 00 |
| 法人税額計 (4)+(5)+(7)+(9) | 10 | |
| 仮装経理に基づく過大申告の更正に伴う控除法人税額 | 11 | |
| 控除税額（((10)－(11))と(18)のうち少ない金額） | 12 | |
| 差引所得に対する法人税額 (10)－(11)－(12) | 13 | 00 |
| 中間申告分の法人税額 | 14 | 00 |
| 差引確定法人税額 (13)－(14)（中間申告の場合はその税額とし、マイナスの場合は、(25)へ記入） | 15 | 00 |
| 控除税額の計算　所得税の額（別表六(一)「6の③」） | 16 | |
| 控除税額の計算　外国税額（別表六(二)「20」） | 17 | |
| 控除税額の計算　計 (16)+(17) | 18 | |
| 控除税額の計算　控除した金額 (12) | 19 | |
| 控除税額の計算　控除しきれなかった金額 (18)－(19) | 20 | |
| 土地譲渡税額の内訳　土地譲渡税額（別表三(二)「27」） | 21 | 0 |
| 土地譲渡税額の内訳　同上（別表三(二の二)「28」） | 22 | 0 |
| 土地譲渡税額の内訳　同上（別表三(三)「23」） | 23 | 00 |
| この申告による還付金額　所得税額等の還付金額 (20) | 24 | |
| この申告による還付金額　中間納付額 (14)－(13) | 25 | |
| この申告による還付金額　欠損金の繰戻しによる還付請求税額 | 26 | 外 |
| この申告による還付金額　計 (24)+(25)+(26) | 27 | 外 |
| この申告が修正申告である場合　この申告前の所得金額又は欠損金額 (60) | 28 | |
| この申告が修正申告である場合　この申告により納付すべき法人税額又は減少する還付請求税額 (65) | 29 | 外　00 |
| 欠損金又は災害損失金等の当期控除額（別表七(一)「4の計」+(別表七(二)「9」若しくは「21」又は別表七(三)「10」)） | 30 | |
| 翌期へ繰り越す欠損金又は災害損失金（別表七(一)「5の合計」） | 31 | |

**この申告書による地方法人税額の計算**

| 項目 | 番号 | 金額 |
|---|---|---|
| 課税標準法人税額の計算　基準法人税額　所得の金額に対する法人税額 (4)+(5)+(7)+(10の外書) | 32 | |
| 課税標準法人税額の計算　基準法人税額　課税留保金額に対する法人税額 (9) | 33 | |
| 課税標準法人税額の計算　課税標準法人税額 (32)+(33) | 34 | 000 |
| 地方法人税額 (58) | 35 | |
| 課税留保金額に係る地方法人税額 (59) | 36 | |
| 所得地方法人税額 (35)+(36) | 37 | |
| 外国税額の控除額（別表六(二)「50」） | 38 | |
| 仮装経理に基づく過大申告の更正に伴う控除地方法人税額 | 39 | |
| 差引地方法人税額 (37)－(38)－(39) | 40 | 00 |
| 中間申告分の地方法人税額 | 41 | 00 |
| 差引確定地方法人税額 (40)－(41)（中間申告の場合はその税額とし、マイナスの場合は、(43)へ記入） | 42 | 00 |
| この申告による還付金額 (41)－(40) | 43 | 外 |
| この申告が修正申告である場合　この申告前の　所得の金額に対する法人税額 (68) | 44 | |
| この申告が修正申告である場合　この申告前の　課税留保金額に対する法人税額 (69) | 45 | |
| この申告が修正申告である場合　この申告前の　課税標準法人税額 (70) | 46 | 000 |
| この申告が修正申告である場合　この申告により納付すべき地方法人税額 (74) | 47 | 00 |
| 剰余金・利益の配当（剰余金の分配）の金額 | | |

| | | | |
|---|---|---|---|
| 残余財産の最後の分配又は引渡しの日 | 平成　年　月　日 | 決算確定の日 | 平成　年　月　日 |

還付を受けようとする金融機関等：銀行・金庫・組合・農協・漁協　本店・支店・出張所・本所・支所　預金　郵便局名等
口座番号　ゆうちょ銀行の貯金記号番号　－
※税務署処理欄

法0301-0101

| | |
|---|---|
| 税理士署名押印 | ㊞ |

## 書式 9-4 欠損金の繰戻しによる還付請求書

# 欠損金の繰戻しによる還付請求書

※整理番号　　　　　　
※連結グループ整理番号

税務署受付印

平成　年　月　日

納税地　〒　　　電話（　）　−
（フリガナ）
法人名等
法人番号
（フリガナ）
代表者氏名　　　　　　㊞
代表者住所　〒
事業種目　　　　　　業

税務署長殿

法人税法第80条の規定に基づき下記のとおり欠損金の繰戻しによる法人税額の還付を請求します。

記

| 欠損事業年度 | 自 平成　年　月　日<br>至 平成　年　月　日 | 還付所得事業年度 | 自 平成　年　月　日<br>至 平成　年　月　日 |
|---|---|---|---|

| | 区　　　　分 | | 請求金額 | ※金額 |
|---|---|---|---|---|
| 欠損事業年度の欠損金額 | 欠損金額 | (1) | | |
| | 同上のうち還付所得事業年度に繰り戻す欠損金額 | (2) | | |
| 還付所得事業年度の所得金額 | 所得金額 | (3) | | |
| | 既に欠損金の繰戻しを行った金額 | (4) | | |
| | 差引所得金額（(3)−(4)） | (5) | | |
| 還付所得事業年度の法人税額 | 納付の確定した法人税額 | (6) | 0 0 | |
| | 仮装経理に基づく過大申告の更正に伴う控除法人税額 | (7) | | |
| | 控除税額 | (8) | | |
| | 使途秘匿金額に対する税額 | (9) | | |
| | 課税土地譲渡利益金額に対する税額 | (10) | | |
| | リース特別控除取戻税額 | (11) | | |
| | 法人税額（(6)+(7)+(8)−(9)−(10)−(11)） | (12) | | |
| | 既に欠損金の繰戻しにより還付を受けた法人税額 | (13) | | |
| | 差引法人税額（(12)−(13)） | (14) | | |
| 還付金額（(14)×(2)／(5)） | | (15) | | |

| 請求期限 | 平成　年　月　日 | 確定申告書提出年月日 | 平成　年　月　日 |
|---|---|---|---|

還付を受けようとする金融機関等
1　銀行等の預金口座に振込みを希望する場合
　　銀行　　　　　本店・支店
　　金庫・組合　　出張所
　　漁協・農協　　本所・支所
　　　　　　預金　口座番号
2　ゆうちょ銀行の貯金口座に振込みを希望する場合
　　貯金口座の記号番号　　　−
3　郵便局等の窓口での受け取りを希望する場合
　　郵便局名等

この請求書が次の場合に該当するときは、次の事項を記載した書類を別に作成して添付してください。
1　期限後提出の場合、確定申告書をその提出期限までに提出することができなかった事情の詳細
2　法人税法第80条第4項の規定に基づくものである場合には、解散、事業の全部の譲渡等の事実発生年月日及びその事実の詳細

税理士署名押印　　　　　　㊞

| ※税務署処理欄 | 部門 | 決算期 | 業種番号 | 番号 | 整理簿 | 備考 | 通信日付印　年月日 | 確認印 |
|---|---|---|---|---|---|---|---|---|

（規格A4）

28.06改正

第9部 破産管財人の税務
書式番号9-4 欠損金の繰戻しによる還付請求書

## 欠損金の繰戻しによる還付請求書の記載要領等
（単体申告用）

1 この請求書は、次に掲げる場合に使用してください。
  (1) 法人税法（以下「法」といいます。）第80条第1項によって各事業年度において生じた欠損金額をその事業年度開始の日前1年以内に開始したいずれかの事業年度に繰り戻し、法人税額の還付を請求する場合（外国法人が、平成28年4月1日前に開始した事業年度において生じた欠損金額の繰戻しによる法人税額の還付を請求する場合を含みます。）
    （注）法第80条第1項の規定は、平成4年4月1日から平成30年3月31日までの間に終了する各事業年度において生じた欠損金額については、次の①又は②の欠損金額を除き、適用されませんからご注意ください。
    ① 次のイからニまでに掲げる法人の欠損金額（租税特別措置法第66条の13）
      イ 普通法人（投資法人及び特定目的会社を除きます。）のうち、当該事業年度終了の時において資本金の額若しくは出資金の額が1億円以下であるもの（次の(イ)から(ロ)に掲げる法人に該当するものを除きます。）又は資本若しくは出資を有しないもの（保険業法に規定する相互会社及び外国相互会社（以下「相互会社等」といいます。）を除きます。）。
        (イ) 大法人（次に掲げる法人をいい、以下(ロ)までにおいて同じです。）との間にその大法人による完全支配関係がある普通法人
          (i) 資本金の額又は出資金の額が5億円以上である法人
          (ii) 相互会社等
          (iii) 法第4条の7に規定する受託法人
        (ロ) 普通法人との間に完全支配関係がある全ての大法人が有する株式及び出資の全部をその全ての大法人のうちいずれか一の法人が有するものとみなした場合においてそのいずれか一の法人とその普通法人との間にそのいずれか一の法人による完全支配関係があることとなるときのその普通法人
      ロ 公益法人等又は協同組合等
      ハ 認可地縁団体、管理組合法人、団地管理組合法人、法人である政党等、防災街区整備事業組合、特定非営利活動法人、マンション建替組合、マンション敷地売却組合
      ニ 人格のない社団等
    ② 平成22年10月1日以後に解散が行われた場合における清算中に終了する事業年度において生じた欠損金額（租税特別措置法第66条の13、平22法律第6号改正法附則第93条）
  (2) 法第80条第4項の規定によって次に掲げる解散等の事実（以下「解散等の事実」といいます。）が生じた場合に、当該事実が生じた日前1年以内に終了したいずれかの事業年度又は同日の属する事業年度において生じた欠損金額をこれらの事業年度開始の日前1年以内に開始したいずれかの事業年度に繰り戻し、法人税額の還付を請求する場合
    イ 解 散（適格合併による解散を除きます。）
    ロ 事業の全部の譲渡
    ハ 更生手続の開始
    ニ 事業の全部の相当期間の休止又は重要部分の譲渡（これらの事実が生じたことにより繰越欠損金の損金算入の適用を受けることが困難となると認められるものに限ります。）
    ホ 再生手続開始の決定
2 欠損金の繰戻しによる法人税額の還付請求は、欠損金額の繰戻しの対象となる所得金額及び法人税額の生じた事業年度（以下「還付所得事業年度」といいます。）から、当該欠損金額の生じた事業年度（以下「欠損事業年度」といいます。）まで、連続して青色申告書である確定申告書を提出している場合に限って請求することができます。
3 この請求書は、次の提出期限までに、納税地の所轄税務署長に1通（調査課所管法人の場合は2通）提出してください。この場合、還付所得事業年度が2以上ある場合には別葉に作成して提出してください。
  (1) 法第80条第1項の規定によって提出する場合は、欠損事業年度の確定申告書の提出期限
    なお、やむを得ない事情によって確定申告書をその提出期限までに提出することができなかったものと税務署長が認めた場合には、期限後提出のものでも有効に取り扱われることになっていますので、このような場合には、その事情の詳細を記載した書類を添付してこの請求書を提出してください。
  (2) 法第80条第4項の規定によって提出する場合は、解散等の事実が生じた日以後1年以内
4 この請求書の各欄は、次により記載します。
  (1) 「※」欄は、記載しないでください。
  (2) 「欠損事業年度の欠損金額」の各欄
    イ 「欠損金額(1)」欄には、欠損事業年度において生じた欠損金額（申告書別表一(一)等の「所得金額又は欠損金額」欄に記載された欠損金額）を記載してください。
    ロ 「同上のうち還付所得事業年度に繰り戻す欠損金額(2)」欄には、欠損事業年度の欠損金額のうち還付所得事業年度に繰戻しをしようとする金額を記載してください。
      （注）欠損事業年度の欠損金額は、この請求書を提出する日までに確定した還付所得事業年度の所得金額が限度となりますからご注意ください。
  (3) 「還付所得事業年度の所得金額」の各欄
    イ 「所得金額(3)」欄には、還付所得事業年度の所得金額（申告書別表一(一)等の「所得金額又は欠損金額」欄に記載された所得金額ですが、その事業年度について更正が行われている場合には、更正決定通知書の「所得金額又は欠損金額」欄に記載された更正後の所得金額）を記載してください。

ロ　「既に欠損金の繰戻しを行った金額（４）」欄には、還付所得事業年度について、既に欠損金の繰戻しにより、その一部の法人税額の還付を受けている場合にその繰戻しを行った欠損金額を記載してください。
　(4)　「還付所得事業年度の法人税額」の各欄
　　　イ　「納付の確定した法人税額（６）」欄には、還付所得事業年度の申告書別表一（一）若しくは別表一（三）の「差引所得に対する法人税額」欄又は別表一（二）の「差引この申告により納付すべき法人税額」欄の金額を記載しますが、その事業年度について更正が行われている場合には、更正決定通知書の「差引所得に対する法人税額」欄に記載された更正後の法人税額を記載してください。
　　　ロ　「仮装経理に基づく過大申告の更正に伴う控除法人税額（７）」欄には、還付所得事業年度において法人税額から控除した仮装経理に基づく過大申告の更正に伴う控除法人税額があった場合に、その金額を記載してください。
　　　ハ　「控除税額（８）」欄には、還付所得事業年度において法人税額から控除した所得税額、みなし配当の25％相当額及び外国税額の合計額を記載してください。
　　　　　なお、還付所得事業年度において法人税額から控除できないため還付を請求した所得税額等については、これに含まれないことになりますからご注意ください。
　　　ニ　「使途秘匿金額に対する税額（９）」欄には、租税特別措置法第62条第１項（使途秘匿金の支出がある場合の課税の特例）の規定により加算された税額がある場合に、その金額を記載してください。
　　　ホ　「課税土地譲渡利益金額に対する税額（10）」欄には、租税特別措置法第３章第５節の２（土地の譲渡等がある場合の特別税率）の規定により加算された税額がある場合に、その金額を記載してください。
　　　ヘ　「リース特別控除取戻税額（11）」欄には、還付所得事業年度の申告書別表一（一）の「連結納税の承認を取り消された場合等における既に控除された法人税額の特別控除額の加算」欄又は別表一（二）若しくは別表一（三）の「リース特別控除取戻税額」欄の金額を記載してください。
　　　ト　「既に欠損金の繰戻しにより還付を受けた法人税額（13）」欄には、還付所得事業年度について既に欠損金の繰戻しにより、その一部の法人税額の還付を受けている場合に、その還付を受けた法人税額（還付加算金は含みません。）を記載してください。
　(5)　「還付金額（15）」欄には、$(14) \times \dfrac{(2)}{(5)}$ の算式によって計算した金額（１円未満の端数が生じた場合は切り捨てます。）を記載してください。
　(6)　「還付を受けようとする金融機関等」欄には、還付金の支払を受ける場合に、取引銀行等の預金口座への振込みを希望されるときは、その取引銀行等の名称等（該当の文字は○で囲んでください。）、預金の種類及びその口座番号を記載してください。ゆうちょ銀行の貯金口座への振込みを希望されるときは、その貯金口座の記号番号を記載してください。また、ゆうちょ銀行又は郵便局窓口での受取りを希望される場合には、支払を受けるのに便利な郵便局名等を記載してください。
　(7)　「税理士署名押印」欄は、この請求書を税理士及び税理士法人が作成した場合に、その税理士等が署名押印してください。
５　留意事項
　○　法人課税信託の名称の併記
　　　法第２条第29号の２に規定する法人課税信託の受託者がその法人課税信託について、国税に関する法律に基づき税務署長等に申請書等を提出する場合には、申請書等の「法人名等」欄には、受託者の法人名又は氏名のほか、その法人課税信託の名称を併せて記載してください。

〔注１〕　破産法人が青色申告法人の場合には、①破産手続開始決定日の属する事業年度（解散事業年度）に欠損が生じている場合、あるいは②破産手続開始決定前１年以内に終了した事業年度に欠損が生じている場合に法人税の還付を請求することができる（法人税法80条）。
〔注２〕　欠損金の繰戻し還付請求は、申告期限内に確定申告をするのと同時に行う。
〔注３〕　青色申告をしている個人も同様である（所得税法140条）。
〔注４〕　破産法人が連結納税をしていたときは、法人税法81条の31の規定に基づき、連結欠損金の繰戻しによる還付請求を行う。

**書式 9-5　審査請求書**

○○　知事　殿

　　　　　　　　　　　　　　　　　　　　　　　○○年○月○日

　　　審査請求人　破産者○○破産管財人　　○○○○　印

都税の滞納処分について、行政不服審査法に基づき、次のとおり審査請求をする。

1　審査請求人の氏名又は名称及び住所又は居所
　(1)　破産者の表示
　　　〒○○○－○○○○　　東京都○○区○○　○丁目○○番地
　　　○○○○
　(2)　破産管財人の表示
　　　〒○○○－○○○○　　東京都○○区○○　○丁目○○番地　○○法律事務所
　　　弁護士　○○○○
　　　電　話　○○－○○○○－○○○○
2　審査請求に係る処分の内容
　　　破産者が所有する別紙物件目録記載の不動産（以下「本件不動産」という。）について、○○知事が○○年○○月○○日付けで差し押えた滞納処分（以下「本件処分」という。）
3　審査請求に係る処分があったことを知った年月日
　　　　○○年○○月○○日
4　審査請求の趣旨及び理由
　(1)　審査請求の趣旨
　　　本件処分の取消しを求める。
　(2)　審査請求の理由
　　　ア　……

　　　〔注１〕　行政不服審査法に基づく審査請求である。行政不服審査法に基づく審査請求は、滞納処分があったことを知った日の翌日から起算して３か月以内にしなければならない（行政不服審査法18条）。
　　　〔注２〕　国税滞納処分に対する不服申立ては、行政不服審査法に基づく審査請求ではなく、国税通則法に基づく再調査の請求又は審査請求である（国税通則法80条1項、81条、87条）。

## 書式 9-6　粉飾事項の調査許可申立書

○○地方裁判所民事第○部　　係　御中

年（フ）第　　　号
破産者

| 本件につき<br>許可する。<br>　○○地方裁判所民事○部<br>　　裁判官 | 本件につき<br>許可があったことを証明する。<br>　前同日　○○地方裁判所民事第○部<br>　　裁判所書記官 |
|---|---|

### 粉飾事項の調査委託許可申立書

1　申立ての趣旨
　　公認会計士○○○○に対し、報酬上限金400万円の条件にて後記「委託事項」記載の手続を委託すること
　の許可を求める。
2　申立ての理由
　(1)　破産者は、これまで毎期多額の法人税の申告をしてきており、本件破産財団に対する法人税として、約5,000万円の交付要求がなされている。
　(2)　しかしながら、破産管財人が破産者の代表者及び経理担当者から事情を聴取した結果、破産者は過去数期に渡り仮装経理に基づく過大申告をしてきたことが判明した。
　(3)　仮装経理をした年度の修正の経理を行った上、減額更正の請求をし、あるいは源泉徴収所得税の還付及び欠損金の繰戻し還付の請求をすることにより、前記交付要求額全額の支払を免れるほか、多額の税金の還付を受けられる見込みがある。
　(4)　そのため、公認会計士○○○○（東京都○○区○○町○丁目○番○号　○○監査法人）に対し、後記「委託事項」記載の手続を委託したく、本申立てに及ぶ。

記

【委託事項】
　1　過年度及び解散事業年度の粉飾事項の調査
　2　過年度の修正申告書の作成及び仮装経理による更正請求手続
　3　解散事業年度の決算書類作成及び確定申告手続
　4　上記に伴う源泉所得税の還付及び欠損金の繰戻しによる還付請求手続
　5　その他上記各事項に付随する手続

添 付 書 類

委託契約書（案）　1通

年　　月　　日

　　　　　　　　破産管財人　　　　　　　　　印

　　　　　　　　　　　　　　　　　　　　以　上

〔注1〕　破産法78条2項13号・3項1号、破産規則25条。
〔注2〕　財団債権として100万円を超える調査委託報酬を支払うときに必要となる書式である。
〔注3〕　減額の更正を受けられる対象には、仮装経理をした事業年度の申告期限から5年を経過するまで、という期間制限がある。減額更正を受けるためには、減額更正を受けようとする事業年度の修正経理をして、その決算に基づく確定申告書を提出する必要がある。

| 書式番号 9-7 | 書式名 換価完了証明申立書 |

○○地方裁判所民事第○○部　　管財　係　御中

　　　　　　　　　　　　　　　　　　　年（フ）第　　　　号
　　　　　　　　　　　　　　　　　　　破　産　者

## 換　価　完　了　証　明　申　立　書

　上記の者に対する破産事件について、　　年　　月　　日破産財団に属する財産は全部換価が完了し、同日付けで残余財産が確定したことの証明をされたく申し立てます。

　　　　　　　　　　　年　　月　　日

　　　　　　　　　破産管財人弁護士　　　　　　　　印


上記証明する。
　　　　前同日同庁
　　　　　裁判所書記官

出典　『手引』524頁の書式に基づき一部改変した。

第9部 破産管財人の税務
書式番号9-8 清算確定申告書（簡易版）

## 9-8 清算確定申告書（簡易版）

（破産管財人による清算確定申告書（簡易版）の様式画像。主な記載欄は以下のとおり。）

- 解散法人の納税地：東京都○○区○○ ○○○○　電話（03）××××-××××
- 解散法人の名称（フリガナ：カブシキガイシャ○○○○）：株式会社○○○○
- 清算人の代表者自署押印（フリガナ）：株式会社○○○○破産管財人○○○○ ㊞
- 清算人の代表者住所：東京都○○区○○ ○○○○
- 従前の主たる事業種目
- 経理責任者自署押印
- 旧納税地及び旧法人名等
- 添付書類：
  (1) 解散の時の貸借対照表、残余財産の分配又は引渡しの時における貸借対照表及び財産目録、解散後の残余財産の分配又は引渡しの時までの清算計算書
  (2) 解散の時の貸借対照表、残余財産の確定の時における貸借対照表及び財産目録、解散後残余財産の確定の時までの清算計算書
- 整理番号／事業年度（自・至）／売上金額 0 0 0 0 0 0 0 0 ／申告年月日／申告区分／通信日付印／確認印
- 昭和・平成 YY 年 MM 月 DD 日 解散の 確定 申告書
- 税理士法第30条の書面提出有／税理士法第33条の2の書面提出有

清算所得
1. 清算所得金額（別表二十（三）「8」又は「39」）　△50,000
2. 法人税額（同上の ％相当額）
3. 課税土地譲渡利益金額（別表三（二）「24」＋別表三（二）「25」＋別表三（三）「20」＋別表三（三）「21」）　　0 0 0
4. 同上に対する税額（31）＋（32）＋（33）＋（34）
5. 法人税額計（2）＋（4）　0 0
6. 控除税額（5）と（28）のうち少ない金額
7. 差引清算所得に対する法人税額（5）－（6）　0 0

清算中の各事業年度既に納付の確定した基本税額の分
8. 昭和・平成　　　　・
9. 昭和・平成　　　　・
10. 昭和・平成
11. 昭和・平成
12. 昭和・平成
13. 昭和・平成
14. 昭和・平成
15. 昭和・平成
16. 昭和・平成
17. 昭和・平成
18. 計

19. 差引この申告により納付すべき法人税額（7）－（18）　0 0

土地譲渡税額の内訳
31. 土地譲渡税額（別表三（二）「27」）　0
32. 同上（別表三（二の二）「28」）　0

この申告による還付金額
20. 所得税額等の還付金額（30）
21. 清算中の予納額（18）－（7）　0
22. 計（20）＋（21）

この申告が修正申告である場合
23. 清算所得金額
24. 課税土地譲渡利益金額
25. 法人税額
26. 還付金額
27. この申告により納付すべき法人税額（((19)＋(26))－(25)) 若しくは(19)＋(26))－(22)))　0 0

控除税額の計算
28. 所得税額（みなし配当の25％相当額を含む）（別表二十（五）「7の③」）及び「11の計」）
29. 控除した金額（6）
30. 控除しきれなかった金額（28）－（29）

土地譲渡税額の内訳
33. 土地譲渡税額（別表三（三）「23」）　0 0
34. 同上（別表三（四）「15」）

- 解散の日：昭和・平成　年　月　日
- 残余財産の確定の日：平成　年　月　日
- この申告に係る残余財産の分配又は引渡しの日：平成　年　月　日

還付を受けようとする金融機関等：銀行・金庫・組合・農協・漁協　本店・支店・出張所・本所・支所　預金　口座番号／ゆうちょ銀行の貯金記号番号／郵便局名等

税理士署名押印：○○○○ ㊞

※別表二十（二）残余財産分配等予納及び清算確定申告分……平二二・四・一以後提出分

法 0301-2002

# 書式番号9-8 清算確定申告書（簡易版）

【設例1──破産手続きが開始決定から1事業年度以内に終わるケース】
×1年6月30日に破産手続の開始決定がなされ、×1年11月30日に残余財産確定。
×1年7月1日から×1年11月30日の事業年度における法人税申告書の記入方法。

○残余財産の確定が、開始決定後の事業年度内に行われるケースです。なお、破産手続き中の事業年度の末日には定款に記載した事業年度の末日と同じであるため、その日以前に残余財産が確定する場合が本設例に該当します。

(単位：円)
収支または損益

| | | | |
|---|---|---|---|
| 財産の総額 | 500,000 | 諸費用 | 50,000 |
| 債務の総額 | 1,000,000 | | |
| 資本金 | 200,000 | | |

貸借対照表（破産開始決定日時点）
×1年6月30日　　　　　　　　　　　　　　単位：円

| 科目 | 評価額 | 科目 | 評価額 |
|---|---|---|---|
| 財産の総額 | 500,000 | 債務の総額 | 1,000,000 |
| 資産合計 | 500,000 | 負債合計 | 1,000,000 |

| | | |
|---|---|---|
| 差引債務超過額 | 500,000 | 債務超過額に資本金を加えたものを期限切れ欠損金とする |
| 資本金 | 200,000 a | |
| 欠損金合計 | 700,000 b | |

収支計算書（損益計算書）
（×1年7月1日～1年11月30日）(単位：円)

| | |
|---|---|
| 諸費用 | 500,000 |
| 当期純損失 | 500,000 c |

×1/7/1～1/11/30間の損益

【ポイント】
本事業年度の申告書における期首の期限切れ欠損金は、×1年6月30日（破産手続開始決定日）における債務超過額（債務の総額から財産の総額を控除した金額）に資本金を加算した金額になります。

## 法人税申告書別表

別表1(1)　事業年度分の確定申告書
事業年度分の確定申告書

法人税申告書別表の区分欄の数字を意味します(以下、同じ)。

| | | |
|---|---|---|
| 所得金額又は欠損金額<br>（別表四「44の①」） | 1′ | 円<br>△ 50,000 |
| 差引確定法人税額　　　(13)−(14)<br>中間申告の場合はその税額とし、マイナスの場合は(17)へ記入 | 15 | 0 |

cを記入

別表4　所得の金額の計算に関する明細書

| 区分 | | 総額 | 処分 | | |
|---|---|---|---|---|---|
| | | | 留保 | 社外流出 | |
| | | ① | ② | ③ | |
| 当期利益又は当期欠損の額 | 1 | 円<br>△ 50,000 | 円<br>△ 50,000 | 配当 | 円 |
| | | | | その他 | |
| 欠損金又は災害損失金の当期控除額 | 42 | △ | | ※ | △ |
| 所得金額又は欠損金額 | 44 | △ 50,000 | △ 50,000 | 外 ※ | |

第9部　破産管財人の税務
書式番号9-8　清算確定申告書（簡易版）

**別表5(1)　利益積立金額及び資本金等の額の計算に関する明細書**

bcを記入 →

I　利益積立金額の計算に関する明細書

| 区　分 | | 期首現在利益積立金額① | 当期の増減　減② | 当期の増減　増③ | 差引翌期首現在利益積立金額①-②+③ ④ |
|---|---|---|---|---|---|
| 繰越損益金(損は赤) | 26 | b △700,000 円 | 円 | c △50,000 円 | △750,000 円 |
| 差引合計額 | 31 | △700,000 | | △50,000 | △750,000 |

aを記入 →

II　資本金等の額の計算に関する明細書

| 区　分 | | 期首現在資本金等の額① | 当期の増減　減② | 当期の増減　増③ | 差引翌期首現在資本金等の額①-②+③ ④ |
|---|---|---|---|---|---|
| 資本金又は出資金 | 32 | 200,000 円 | 円 | 円 | 200,000 円 |
| 差引合計額 | 36 | 200,000 | | | 200,000 |

cを記入 →

**別表7(1)　欠損金又は災害損失金の損金算入に関する明細書**

| 事業年度 | 区分 | 控除未済欠損金額 1 | 当期控除額 2 | 翌期繰越額 (1)-(2) 3 |
|---|---|---|---|---|
| 当期分 | 欠損金額(別表四「44の①」) | 50,000 円 | 欠損金の繰戻し額 | |
| | うち同上の　災害損失金 (10) | | | 円 |
| | うち同上の　青色欠損金 | 50,000 | 円 | 50,000 |
| | 合　計 | | | 50,000 |

（注）　別表7(1)は青色申告の場合のみ、作成します。

〔注1〕　事業再生研究機構 税務問題委員会編『清算法人税申告の実務』（2010、商事法務＝絶版）11-13頁、18-21頁、44-45頁。

〔注2〕　内国法人は、各事業年度終了の日の翌日から2か月以内に確定申告をしなければならないのが原則であるが（法人税法74条1項）、清算中の内国法人につきその残余財産が確定した場合には1か月以内（1か月以内に残余財産の最後の分配又は引渡しが行われる場合には、その行われる日の前日まで）が期限となる（同条2項）。

〔注3〕　清算所得課税の廃止（平成22年度税制改正）に伴い、清算時の課税も通常の所得計算の方法と同様に行うが、法人税の申告を要件に期限切れ欠損金の利用に関する措置が講じられたため、法人税の申告をすれば、通常は債務免除益への課税は避けることが可能である。平成22年度税制改正及び同改正後の破産管財人による税務申告については、前掲書が詳しい。

〔注4〕　会計帳簿が継続していない破産会社について法人税の申告をする場合、開始決定時点以降の情報のみで申告書の作成をせざるを得ない。すなわち、開始決定時点の財産の総額（時価）、開始決定後の収支（財産処分）の状況、債務の総額をもって申告書を作成することになる。具体的には、まず、開始決定時点の財産の総額、資本金の額及び債務総額をもって簡易な貸借対照表を作成し、債務超過額を算出する。債務超過額に資本金の額を加えた額が期限切れ欠損金の額となる。

〔注5〕　申告書には、清算B/S（又は財産目録若しくは財産目録に準ずるものと、債務総額を示す書類）、開始決定後の財産の換価状況等を添付する。

〔注6〕　別表の作成方法の具体例は、前掲書18頁以下及び44頁以下を参照されたい。

## 延滞金額減免申請書

　　　　　　　　　　　　　　　　　　　　　　　　　　　　年　　月　　日

　　　　殿

　　　　　　　　　　　　　　　　　　　　　　　　住所
　　　　　　　　　　　　　　　　　　　　　　　　氏名　　　　　　　印


次のとおり、延滞金額の減免を申請します。

| 年　度 | 期　別 | 税　　目 | 減免する延滞金額 |
|---|---|---|---|
|  |  |  |  |

| 減免を受けようとする理由（災害等による場合は、災害の種類、罹災年月日、災害の程度等詳細に記入） |
|---|
|  |

〔注1〕　交付要求には、延滞税（延滞金）が付されていることが多いが、交付要求庁に対し、延滞税（延滞金）の減免の申請をして、できる限り免除してもらうようにする。
〔注2〕　各地方自治体の条例により、延滞金額減免申請書の書式が異なる場合がある。
〔注3〕　交付要求後の延滞税については、破産管財人が交付要求額に相当する金額を確保した日の翌日からこれを当該交付要求庁に交付するまでの間の延滞税は免除を受けることができるので（国税通則法63条6項4号、国税通則法施行令26条の2第1号、地方税法20条の9の5第2項3号、地方税法施行令6条の20の3）、忘れずに免除の申立てをする。

第9部 破産管財人の税務
書式番号9-10 労働保険の確定申告書

## 書式番号 9-10 労働保険の確定申告書

[注1] 当該年の4月から破産手続開始決定日までの確定申告をする。
[注2] 労働保険料の還付請求をするには、別途「労働保険料還付請求書」の提出が必要。
[注3] 用紙は労働基準監督署で受け取れるほか、法令様式販売店でも販売している。

# 書式9-11 労働保険料還付請求書

（注意事項）

　「労働保険の保険料の徴収等に関する法律」第４１条第１項及び石綿による健康被害の救済に関する法律第３８条第１項において、保険料及び一般拠出金の還付を受ける権利は、２年を経過したときは時効によって消滅する旨規定されております。
　したがいまして、事業主のみなさまにおかれましては、本請求書をできる限り早めに作成していただき、所轄都道府県労働局あて御提出いただきますようお願いいたします。
　なお、２年を経過した後に、本請求書を御提出いただいた場合は、還付を受けることはできませんので御注意ください。
　御不明な点等がございましたら、所轄都道府県労働局若しくは所轄労働基準監督署までお問い合わせください。
〈参考〉労働保険の保険料の徴収等に関する法律（昭和４４年法律第８４号）第４１条第１項
　　　　労働保険料その他この法律の規定による徴収金を徴収し、又はその還付を受ける権利は、二年を経過したときは、時効によって消滅する。
　　　　石綿による健康被害の救済に関する法律（平成１８年法律第４号）第３８条第１項
　　　　労働保険の保険料の徴収等に関する法律第４１条第１項の規定は、第１項一般拠出金について準用する。


〔注１〕　労働保険料の還付を受けられる場合には、当該「労働保険料還付請求書」を提出する。
〔注２〕　用紙は法令様式販売店で購入するか、労働基準監督署、ハローワークあるいは労働局で取得する。

## 10-1　財団債権弁済のご通知【名古屋】

〇〇年〇〇月〇〇日

〇〇〇〇御中

〇〇市〇〇区〇〇町〇丁目〇番〇号
破産者〇〇〇〇
破産管財人〇〇〇〇
Tel（〇〇）〇〇-〇〇　Fax（〇〇）〇〇-〇〇

### 財団債権弁済のご通知（※１）（※２）

　破産者〇〇〇〇（名古屋市〇〇区〇〇町〇丁目〇番〇号）の破産事件（〇〇地方裁判所〇〇年（フ）第〇〇号）に関し、下記のとおり租税等請求権のうち財団債権に該当する部分に対する弁済を行います。

記

1　弁済額　〇〇〇〇円
　　按分弁済の対象となる財団債権の総額〇〇〇〇〇〇円、弁済原資〇〇〇〇〇円、弁済率〇〇．〇〇〇〇〇〇〇〇％
2　弁済の要領
　(1)　現金による弁済の場合
　　　　弁済の日時　　　　　　　〇〇年〇〇月〇〇日午〇〇時～午〇〇時
　　　　弁済の場所　　　　　　　当職事務所
　(2)　納付書による弁済の場合
　　　　納付書の送付期限　　　　〇〇年〇〇月〇〇日必着
　　　　納付書の送付先　　　　　当職事務所
　　　　※納付書の納期限は(1)の弁済日以後の日をご記載ください。
　(3)　振込みによる弁済の場合
　　　　弁済の日　　　　　　　　〇〇年〇〇月〇〇日
　　　　※振込手数料は控除します。（※３）

（※１）　破産手続は国税徴収法上の強制換価手続であり（国税徴収法２条12号）、破産管財人はその執行機関（国税徴収法２条13号）であることから、財団債権たる租税等請求権は、性質上取立債務である。
　　本書式は、異時廃止事案において、財団債権に対する按分弁済をする場合（破産法152条１項）の、租税等請求権の財団債権者に対する弁済通知である。財団債権に租税等請求権と労働債権の双方が含まれる場合、弁済方法等に差異があるので、租税等請求権と労働債権とで異なる弁済通知を送付するのが望ましい。
（※２）　交付要求庁によっては財団債権弁済額一覧表の送付を求められることがあるが、これに応じるか否かは破産管財人の任意である。
（※３）　財団債権たる租税等請求権は性質上取立債務であることから、振込手数料は交付要求庁の負担としてよい。

出典　愛知県弁護士会倒産実務委員会『破産管財書式集　3訂』271頁により、一部改変を加えた。

書式番号 10-2　書式名　財団債権弁済報告書【名古屋】

○○年（フ）第○○号
破産者　○○○○

## 財団債権弁済報告書（※1）

○○年○○月○○日

○○地方裁判所民事第○部破産管財［□01　□02　□03］係　御中

破産管財人○○○○

　○○年○○月○○日、別紙財団債権弁済一覧表のとおり財団債権の弁済をしたので、報告する。（※2）

添付資料（※3）

1　領収書（写し）　　　　○通（※4）
2　納付書（写し）　　　　○通（※5）
3　振込金受取書（写し）　○通（※6）

〔※1〕本書式は、異時廃止事案において、財団債権に該当する租税等請求権および労働債権に対して弁済した際に提出する報告書である。
〔※2〕財団債権の内容および弁済額が一覧できるよう、財団債権弁済一覧表を付して報告する。
〔※3〕破産手続廃止決定後に財団債権の（按分）弁済を行った事案においては、本書式の提出時に通帳写し（解約済み）を提出する。
〔※4〕現金で、支払った場合に受領した領収書の写しを添付する。
〔※5〕納付書にて支払った租税等請求権について、納付書（領収済通知書）の写しを添付する。
〔※6〕振込みにて支払った租税等請求権および労働債権について、銀行に振込みを依頼した際の振込金受取書の写しを添付する。振込依頼書の添付は必要ない。

出典　愛知県弁護士会倒産実務委員会編『破産管財書式集　3訂』276頁により、一部改変を加えた。

第10部　財団債権
書式番号 10-3　財団債権の債権現在額通知のご依頼【名古屋】

| 書式番号 | 10-3 | 書式名 | 財団債権の債権現在額通知のご依頼【名古屋】 |

〇〇年〇〇月〇〇日

交付要求庁　各位

〇〇市〇〇区〇〇町〇丁目〇番〇号
破産者〇〇〇〇
破産管財人〇〇〇〇
Tel（〇〇）〇〇-〇〇　Fax（〇〇）〇〇-〇〇

## 財団債権の債権現在額通知のご依頼（※1）

　破産者〇〇〇〇（〇〇市〇〇区〇〇町〇丁目〇番〇号）の破産事件（〇〇地方裁判所　〇〇年（フ）第〇〇号）に関し、貴庁からの交付要求のうち財団債権となる債権について、本年〇〇月〇〇日に支払を行います。ただし、財団債権総額は支払原資を超過しておりますので、財団債権額に応じた按分支払となります。（※2）（※3）

　つきましては、支払額算定に必要ですので、本年〇〇月〇〇日時点の財団債権現在額を〇〇月〇〇日までに当職宛にご連絡ください。（※4）

　追って、支払の日時・場所並びに支払額を通知いたします。

（※1）　名古屋地裁では、原則として、破産廃止申立て後、財団債権の弁済を終え、管財業務をすべて終了したうえで債権者集会を開催する運用である。
　　　　本書式は、財団債権に対する按分弁済を行うため（破産法152条1項）、租税等請求権を有する財団債権者に対し、弁済日時点の債権額を通知することを求めるためのものである。
（※2）　財団債権となる租税等請求権の範囲は、
　　①　破産手続開始後の原因に基づいて生ずる租税等請求権のうち、破産財団の管理、換価及び配当に関する費用の請求権に該当すると認められるもの（破産法148条1項2号）
　　②　破産手続開始前の原因に基づいて生じた租税等請求権で、破産手続開始当時、まだ納期限の到来していないものまたは納期限から1年を経過していないもの（破産法148条1項3号）
　　③　①②の租税等請求権の延滞税・延滞金等
　　である。このうち、①（例えば、破産財団に属する財産に関して生じた破産手続開始決定後の固定資産税など）は②③に先立って弁済されるので、按分支払の対象に注意を要する（破産法152条2項）。
　　なお、②③について、交付要求庁は、財団債権と優先的破産債権とを区別し、財団債権については破産管財人に対し、優先的破産債権は裁判所に対し、交付要求を行う（破産法114条1号、破産規則36条3号、国税徴収法82条1項）。
（※3）　破産廃止の場合、財団債権間での按分支払となるため、延滞税等のカット交渉をする実益に乏しい。加えて、財団債権となる労働債権がある場合、支払をすべき日の翌日から未払額に年6％または14.6％の遅延損害金を付した金額が財団債権額となることから、財団債権となる租税等請求権と財団債権となる労働債権との均衡を図る必要もある。そのため、租税等請求権について、弁済時点の債権現在額を照会して、同額を支払額の計算の基礎とすればよい。
（※4）　破産廃止の場合における財団債権の弁済は、破産手続廃止決定の前に行うという運用である。

出典　愛知県弁護士会倒産実務委員会編『破産管財書式集　3訂』269頁により、一部改変を加えた。

| 書式番号 10-4 | 書式名 | 財団債権としての労働債権弁済のご通知 |

○○年○○月○○日

○○○○御中

○○市○○区○○町○丁目○番○号
破産者○○○○
破産管財人○○○○
Tel (○○)○○-○○　Fax (○○)○○-○○

## 財団債権としての労働債権弁済のご通知

　当職は、破産者○○○○の破産管財人です。貴殿の未払給与等のうち財団債権に該当する部分の弁済（支払）を実施するので、ご通知いたします。
　貴殿に対する弁済額および、弁済の要領は下記のとおりです。
1　貴殿に対する弁済額　　金○○○○円
　　財団債権に対する弁済率は○○．○○○○％です（弁済の対象たる財団債権総額は金○○○○円であり、これに対し、支払原資は金○○○○円です）。
　　なお、貴殿の未払給与等のうち、優先的破産債権に該当する部分については、配当できません。
2　弁済の要領
　(1)　直接受取りに来られる場合
　　　　弁済の日時　　　　○○年○○月○○日○○時～○○時
　　　　弁済の場所　　　当職事務所
　　　同封の「領収書」を持参して、上記日時に上記場所へお越しください。
　(2)　振込みによる受領希望の場合
　　　　必要事項を記載した同封の「払込証明書」を、下記の日までに下記の場所に郵送してください。この場合、振込手数料は貴殿が負担する（前記弁済金から振込手数料を控除して振り込む）ことになります。
　　　　・振込依頼書の送付期限　　　　○○年○○月○○日必着
　　　　・振込依頼書の送付先　　　当職事務所
3　注意事項
　(1)　「領収書」または「払込証明書」には、破産債権届出書に押印したものと同一の印を押印してください。その印鑑がわからない場合は、実印を押印し印鑑証明書を添付してください。
　(2)　債権届出以後に、氏名・住所等に変更が生じている場合は、それを証明する戸籍謄本・住民票を添付してください。
　(3)　その他の弁済に関するお問い合わせは、当職（事務局○○）までご連絡ください。

出典　『法律事務職員実務講座―応用編（3・下）破産管財第3版（研修テキスト）』による。

**書式10-5　財団債権支払いのご通知**

〇〇年〇〇月〇〇日

〇〇〇〇御中

〇〇市〇〇区〇〇町〇丁目〇番〇号
破産者〇〇〇〇
破産管財人〇〇〇〇
Tel（〇〇）〇〇-〇〇　Fax（〇〇）〇〇-〇〇

**財団債権支払いのご通知**

　当職は、破産者〇〇の破産管財人です。
　財団債権に対する支払率は〇〇.〇〇〇〇％です（財団債権総額〇〇〇〇円に対し、支払原資は金〇〇〇〇円）。
　したがって、貴庁に対する支払額は、金〇〇〇〇円ですので、ご通知いたします。支払いは下記の要領で行います。

記

1　取立てによる納付希望の場合
　　　支払の日時　　　　　　　〇〇年〇〇月〇〇日〇〇時～〇〇時
　　　支払の場所　　　　　　　当職事務所
2　納付書送金による納付希望の場合
　　　納付書の送付期限　　　　〇〇年〇〇月〇〇日必着
　　　納付書の送付先　　　　　当職事務所
　　［注意］　　納付書の納期限は1の支払日以後の日を記載してください。
3　納付書によらない送付による納付送金の場合
　　　支払の日　　　　　　　　〇〇年〇〇月〇〇日
　　［注意］　　振込手数料は控除します。

出典　『法律事務職員実務講座―応用編（3・下）破産管財第3版（研修テキスト）』による。

# 第11部 配当
## 第1章 配当の準備　書式番号11-1-1　配当スケジュール

### 書式11-1-1　配当スケジュール

※ このスケジュール表は、配当実施に伴って破産管財人が行うべき事務等を週単位で示したものです。

| | 簡易配当（A・財団少額型） | 簡易配当（B・異議認否型） | 最後配当（通知型） | 最後配当（官報公告型） | 中間配当（通知型） | 中間配当（官報公告型） | 追加配当 |
|---|---|---|---|---|---|---|---|
| 債権者集会第1週 | 簡易配当許可申立書(A)・配当表を裁判所に提出(204 I、205、196 I)<br>②配当通知(A)を届出債権者に発送(204 II)<br>③除斥期間等の起算日届出書を裁判所に提出(205、197 III) | ①簡易配当許可申立書(B)・配当表を裁判所に提出(204 I、205、196 I)<br>②配当通知(B)を発送(204 II)<br>③除斥期間等の起算日届出書を裁判所に提出(205、197 III) | | 最後配当許可申立書・配当表を裁判所に提出(195 II、196 I)<br>②配当公告依頼(197 I参照) | ①中間配当許可申立書・配当表を裁判所に提出(209 II、209 III、196 I)<br>②配当通知(209 II)<br>③除斥期間等の起算日届出書を裁判所に提出(209・197 III) | ①中間配当許可申立書・配当表を裁判所に提出(209 II、209 III、196 I)<br>②配当公告依頼(209 III、197 I参照) | 追加配当を許可申立書・配当表を裁判所に提出(215 I、215 III) |
| 第2週 | (水)配当通知のみなし到達日(205、197 II) | (水)配当通知のみなし到達日(205、197 II) | ①配当通知①を届出債権者に発送(197 I)<br>②除斥期間等の起算日届出書を裁判所に提出(197 III) | | ①配当通知①を届出債権者に発送(209、197 I)<br>②除斥期間等の起算日届出書を裁判所に提出(209・197 III) | | 配当通知を届出債権者に通知(215 V) |
| 第3週 | 火曜日の経過＝除斥期間満了(205、198 I)・簡易配当に対する異議期間満了(206)→簡易配当に対する異議があった場合は最後配当手続を行う | 火曜日の経過＝除斥期間満了(205、198 I)・簡易配当に対する異議期間満了(206)→簡易配当に対する異議があった場合は最後配当手続を行う | (水)配当通知のみなし到達日(197 II) | 官報掲載(197 I) | (水)配当通知のみなし到達日(209・197 II) | 官報掲載(209 III、197 I) 中間配当公告依頼報告書を裁判所に提出 | 配当実施 |
| 第4週 | 火曜日の経過＝配当表に対する異議期間満了(205、200 I) | 配当実施 | | 除斥期間満了(197 I) | | 火曜日の経過＝除斥期間満了(209 III、198 I) | |
| 第5週 | 配当実施 | | 火曜日の経過＝除斥期間満了(198 I) | 火曜日の経過＝配当表に対する異議期間満了(209、200 I)<br>配当通知②発送(201 VII) | 火曜日の経過＝配当表に対する異議期間満了(209・200 I)<br>①配当通知②発送(211)<br>②配当率の報告書を裁判所に提出(規68) | 配当実施報告書を裁判所に提出(規63、215 VI) | |
| 第6週 | 配当実施報告書(規63)・任務終了計算報告書(88 I)・債権届出書綴り提出 | 配当実施報告書(規63)・任務終了計算報告書(88 I)・債権届出書綴り提出 | 配当実施 | 配当実施 | 配当実施 | | |
| 第7週 | (木)(金)任務終了集会(88 IV) | (木)(金)任務終了集会(88 IV) | 配当実施 | 配当実施報告書(規63)・任務終了計算報告書(88 I)・債権届出書綴り提出 | 配当実施報告書(規63) | 配当実施報告書(規63) | |
| 第8週 | | | 配当実施報告書(規63)・任務終了計算報告書(88 I)・債権届出書綴り提出 | | 配当実施報告書(規63)を裁判所に提出 | | |
| 第9週 | | | (木)(金)任務終了集会(88 IV) | | | | |
| 第10週 | | | | | | | |
| 第11週 | | | | | (木)(金)任務終了集会(88 IV) | | |

[注1] 東京地裁では、中間配当の場合の「配当率の報告書」の提出を必ずしも求めていないようである。

書式番号 11-1-2　書式名　根抵当権の被担保債権額の照会書

　　　　　　　　　　　　　　　　　　　　　　　　　　　○○年○○月○○日
○○銀行○○支店　御中
　　　　　　　　　　　　　　　　　　　　　　○○市○○区○○町○丁目○番○号
　　　　　　　　　　　　　　　　　　　　　　　　　破　産　者　　○○○○
　　　　　　　　　　　　　　　　　　　　　　　　　破産管財人　　○○○○
　　　　　　　　　　　　　　　　　　　　　　Tel(○○)○○-○○　Fax(○○)○○-○○

## 根抵当権の被担保債権額の照会書〔注1〕

　前　略
　当職は、破産者○○（○○地方裁判所○○年（フ）第○号）の破産管財人として、貴行に対し、以下のとおり照会いたします。
　本件破産事件については、換価が終了し、裁判所から配当の許可決定が出されましたので、現在、配当表を作成中です。
　ところで、貴行は、後記不動産に設定された根抵当権によって担保されている債権を有しております。破産法上、このような債権は、配当許可日における債権額のうち根抵当権の極度額を超過する部分の額について配当の対象になるものとされております。
　そこで、貴行の配当対象債権額を確定するため、配当許可日である○○年○○月○○日における貴行の前記根抵当権の被担保債権額（元本、利息、損害金の別）を照会いたします。
　ご回答は、早期に配当を実施する必要上、○○年○○月○○日までにお願いいたします。また回答にあたっては、計算式をお示しいただきますようお願いいたします。〔注2〕
　お手数をおかけしますが、宜しくお願いいたします。
　　　　　　　　　　　　　　　　　　　　　　　　　　　　　　　　　草々
　　　　　　　　　　　　　　　　記
　　　　　　○○市○○区○○町○-○-○　宅地　○○㎡

〔注1〕　別除権の被担保債権は、原則として別除権の行使によって回収ができない不足額のみ破産債権として配当対象となるため（破産法108条1項。不足額責任主義）、簡易配当に関する除斥期間内に、不足額の証明をする必要がある（破産法205条、同法198条3項）。もっとも、別除権にかかる根抵当権については、不足額の証明がない場合でも、簡易配当許可日における極度額を超過する部分の額は不足額とみなして配当の対象となる（破産法205条、同法198条4項、同法196条3項）。そこで、配当表を作成するにあたり、行使未了で不足額が確定していない根抵当権がある場合、配当許可日における被担保債権額を算出する必要がある。本書式は、その算出を金融機関に求める場合の照会書であり、配当の許可証明書受領後、速やかに送付する。
〔注2〕　回答期限は、照会書到達見込み日の1週間後位とするのが適当であろう。
出典　愛知県弁護士会倒産実務委員会編『破産管財書式集　3訂』221頁をもとに作成した書式である。

| 書式番号 11-1-3 | 書式名 外国倒産手続における弁済届出書 |

年（フ）第　　　号
破産者

**外国倒産手続における弁済届出書**

年　　月　　日

○○地方裁判所民事第○部　　　管財　係　御中

債権者　　　　　　　　　印

　債務者○○○に対する○○○国破産手続（以下「○○○国破産手続」といいます。）において、以下のとおり弁済を受けましたので、届出いたします。

1　○○○国破産手続における届出債権額　　＿＿＿＿＿＿＿＿＿＿＿＿円
2　○○○国破産手続における弁済額　　　　＿＿＿＿＿＿＿＿＿＿＿＿円
3　本破産手続における届出債権額　　　　　＿＿＿＿＿＿＿＿＿＿＿＿円

添付書類

1　○○○国破産手続配当表

〔注1〕　破産手続開始決定があった後に、破産財団に属する財産で外国にあるものに対して権利を行使したことにより破産債権について弁済を受けた場合（外国倒産手続において配当を受けた場合もこれに含まれる。）であっても、弁済を受ける前の債権の額について破産手続に参加することができるが（破産法109条）、他の同順位の破産債権者が自己の受けた弁済と同一の割合の配当を受けるまでは、最後配当を受けることができない（破産法201条4項）。

〔注2〕　届出をした破産債権者は、破産財団に属する財産で外国にあるものに対して権利を行使したことにより破産債権について弁済を受けた場合には、速やかに、その旨及び当該弁済の内容を裁判所に届け出るとともに、破産管財人に通知しなければならない（破産規則30条）。

| 書式番号 | 11-1-4 | 書式名 | 配当率計算書 |

○○年（フ）第○○○号

　　　　　　　　　　　　　　　　　　　破産者　　　　　○○○○株式会社
　　　　　　　　　　　　　　　　　　　破産管財人弁護士　　　○○○○

## 配当率の算出について（少額配当金の計算がある場合）〔注1〕

1　寄託金残高
　（1）配当予定日　　○○年○月○日　及び　○○年○月○日　の両日
　（2）普通預金（配当日までの利息を含む）〔注2〕　　939,457円
　（3）定期預金（配当日までの利息を含む）〔注2〕　　44,800,176円
　（4）合計　　　　　　　　　　　　　　　　　　　　45,739,633円・・・A

2　破産予納金残額の財団組入金（裁判所予納方式を取った場合）
　　　　　　　　　　　　　　　　　　　　　　　　　　　0円・・・B

3　清算未了の管財人立替金　　　　　　　　　　　　　2,000円・・・C

4　配当費用
　（1）官報公告費　　　　　　　　　　　　　　34,248円〔注3〕
　（2）債権者宛て通知（通知方法 □郵送 □FAX）　10,730円〔注4〕
　（3）合計　　　　　　　　　　　　　　　　　44,978円・・・D

5　今後発生する事務手数料（コピー代、用紙代、通信費、転居先不明の債権者の住所の調査費用など）
　　　　概　算　　　　　　　　　　　　　　　3,000円・・・E

6　管財人報酬　　　　　　　　　　　　　　4,000,000円・・・F

7　配当可能金額〔注5〕
　　　（A＋B）－（C＋D＋E＋F）　　＝　　41,689,655円

8　配当率〔注6〕
　　　配当表資料の〈配当表作成手順〉に従って配当率を算出
　　　　　　　　　　　　　　　　　　　　4.87749933％

第11部 配　当
第1章 配当の準備　書式番号11-1-4　配当率計算書

9　調整事務手数料

| 41,689,655円 | － | 41,689,114円 | ＝ | 541円 |
|---|---|---|---|---|
| （配当可能金額） | | （各債権者ごとの配当金の合計額） | | （調整事務手数料） |

10　総　括

| 清算未了の立替金 | 2,000円 | |
|---|---|---|
| 配当費用 | 44,978円 | |
| 配当金 | 41,689,114円 | |
| 事務手数料 | 3,541円 | |
| 管財人報酬 | 4,000,000円 | |
| 合　計 | 45,739,633円 | Ａ＋Ｂの合計 |

〔注1〕　破産手続に参加しようとする破産債権者は、自己に対する配当額の合計額が1000円未満となる場合（「少額配当金」という。）においても配当金を受領する意思がある場合には、その旨を裁判所に届け出なければならない（破産法111条1項4号、破産規則32条1項）。

〔注2〕　配当日までに発生する利息については、その額が少額であることが明らかな場合、配当率計算の際に配当原資に加える必要がないという運用もある。その場合、発生した利息は、解約後に事務手数料等で控除することになろう。

〔注3〕　最後配当（官報公告型）の場合のみ計上する。官報公告費（掲載料金）については、予め申込予定の官報販売所に確認してもらう。

〔注4〕　最後配当（官報公告型）、簡易配当（少額、配当時異議確認型）の場合は、債権者数×1回分、最後配当（通知型）の場合は、債権者数×2回分の郵便料金が必要になる。

〔注5〕　配当可能額は、換価終了後の破産財団から財団債権の支払に必要な金額を控除した金額である。

〔注6〕　配当率は、配当可能金額を配当に参加することができる破産債権額で除した割合となる。

出典　裁判所職員総合研修所『破産事件における書記官事務の研究―法人管財事件を中心として（裁判所書記官実務研究報告書）』（司法協会）96頁をもとにした書式である。

第11部　配当
第2章　簡易配当　書式番号11-2-1　簡易配当許可申立書（A・財団少額型）

| 書式番号 11-2-1 | 書式名 簡易配当許可申立書（A・財団少額型） |

○○地方裁判所民事第○部　　管財　　係　御中（※1）

　　　　　　　　　　　　　　　　　　　年（フ）第　　　号
　　　　　　　　　　　　　　　　破産者

| 本件につき<br>許可する。<br>　○○地方裁判所民事第○部<br>　　裁判所書記官　（※3） | 本件につき<br>許可があったことを証明する。<br>　前同日　○○地方裁判所民事第○部<br>　　裁判所書記官 |

### 簡易配当許可申立書（A・財団少額型）（※2）

　頭書事件につき、破産財団に属する財産は全部換価を終了し、下記のとおり1000万円未満の配当可能な現金がありますので、簡易配当の許可を願います。

記

　　財団現在額及び収支の明細　　収支計算書のとおり（※4）
　　配当に加える債権及び配当額　　配当表のとおり（※4）

　　　　　　　　　年　　月　　日
　　　　　　　　　破産管財人弁護士　　　　　　　　　　印
　　　　　　　　　　　　　　　　　　　　　　　　以　上

【注意点】
※1　担当係を忘れずに表示してください。
※2　配当可能金額1000万円未満の場合は、この書式を使用してください（破産法204条1項1号参照）。
※3　簡易配当の許可権者は、裁判所書記官です（破産法204条1項参照）。
※4　債権者集会の席上で提出済みのもので足り、別途提出は不要です。なお、債権者集会の席上で債権認否一覧表のみを提出した場合は、忘れずに配当表を添付してください。

出典　『手引』504頁により、一部改変を加えた。東京地方裁判所の運用に従ったものである。

簡易配当の御通知（A・財団少額型）

(A)

破産債権者　　　　　　　殿

年（フ）第　　　号
破産者

## 簡 易 配 当 の 御 通 知

　上記破産者に対する○○地方裁判所　　年（フ）第　　　号破産事件について、簡易配当を行いますので、破産法204条2項により、下記のとおり御通知いたします。
　また、異議なく配当表が確定した場合、配当金のお支払は、銀行口座への振込送金により行いますので、下記の要領にしたがって必要書類を当職まで送付してください。

記

| | | |
|---|---|---|
| 1 | 簡易配当の手続に参加することができる債権の総額 | 金　　　　　円 |
| 2 | 簡易配当をすることができる金額 | 金　　　　　円 |
| 3 | 貴殿に対する配当見込額 | 金　　　　　円 |

配当金受領について
1　必要書類（　　　　年　　月　　日まで（※）に当職あてに送付してください。）
　① 振込送金依頼書（記名捺印のこと。印鑑は債権届出書と同じものを使用してください。）
　② 手形金・小切手金債権を届け出た方は、手形・小切手の原本
　③ 破産債権届出以後、住所変更、商号変更、債権届出書に押印した印鑑の変更があった場合は、そのことを証する資格証明書・印鑑証明書・住民票
　④ 代理人によって配当金を受領するときは、配当金受領に関する委任状及び本人の印鑑証明書
2　注意事項
　① 必要書類に不備がありますと、配当金のお支払ができないときがあります。
　② 振込送金手数料は、貴殿の負担になりますので、御了承ください。
　③ 提出された必要書類につき、返還を希望される方は、返信用封筒（郵便切手貼付のこと）をお送りください。

　　　　　　　　　　　　　　　　　年　月　日
　　　　　　　　　　　　　　　　　破産管財人弁護士　　　　　　　　印
　　　　　　　　　　　　　　　　　（電話　　－　　－　　　事務担当　　）
　　　　　　　　　　　　　　　　　　　　　　　　　　　　　　　　以　上

第11部　配　当
第2章　簡易配当　書式番号11-2-2　簡易配当の御通知（A・財団少額型）

【注意点】
※　破産管財人において、配当スケジュールに支障のない適宜の日をご記入ください。

〔注1〕　簡易配当の許可を得た後、本書式により届出をした債権者に配当見込額等を通知する（配当時異議確認型の場合は書式番号11-2-4参照（『手引』書式74））。

出典　『手引』505頁により、一部改変を加えた。東京地方裁判所の運用に従ったものである。

第11部 配当
第2章 簡易配当　書式番号 11-2-3　簡易配当許可申立書（B・異議確認型）

**書式番号 11-2-3**　**書式名** 簡易配当許可申立書（B・異議確認型）

○○地方裁判所民事第○部　　管財　　係　御中（※１）

年（フ）第　　　号
破産者

| 本件につき<br>許可する。<br>　○○地方裁判所民事第○部<br>　　裁判所書記官（※３） | 本件につき<br>許可があったことを証明する。<br>　前同日　○○地方裁判所民事第○部<br>　　裁判所書記官 |
|---|---|

## 簡易配当許可申立書（B・異議確認型）（※２）

　頭書事件につき、破産財団に属する財産は全部換価を終了し、下記のとおり配当可能な現金がありますので、簡易配当の許可を願います。

記

　　財団現在額及び収支の明細　　　収支計算書のとおり
　　配当に加える債権及び配当額　　　配当表のとおり

　　　　　　　年　　月　　日
　　　　　　　破産管財人弁護士　　　　　　　印

以　上

【注意点】
※１　担当係を忘れずに表示してください。
※２　配当可能金額1000万円以上で簡易配当による場合は、この書式を使用してください（破産法204条1項3号参照）。
※３　簡易配当の許可権者は裁判所書記官です（破産法204条1項参照）。

出典　『手引』520頁により、一部改変を加えた。東京地方裁判所の運用に従ったものである。

第11部　配当
第2章　簡易配当　書式番号11-2-4　簡易配当の御通知（B・異議確認型）

書式番号 11-2-4　書式名　簡易配当の御通知（B・異議確認型）

（B）

破産債権者　　　　　　　殿

年（フ）第　　　号
破産者

## 簡 易 配 当 の 御 通 知

　上記破産者に対する○○地方裁判所　　年（フ）第　　　号破産事件について、簡易配当（破産法204条1項3号）を行いますので、同法204条2項により、下記のとおり御通知いたします。
　この簡易配当手続につき異議がある場合は、　　年　月　日（※1）まで（必着）に異議を述べることができます。
　異議なくこの手続が進められ、さらに配当表に対する異議期間が経過し配当表が確定した場合、配当を実施することになります。
　配当金のお支払は、銀行口座への振込送金により行いますので、下記の要領にしたがって必要書類を当職まで送付してください。

記

1　簡易配当の手続に参加することができる債権の総額　　　　　　金　　　　　　円
2　簡易配当することができる金額　　　　　　　　　　　　　　　金　　　　　　円
3　配当見込額（貴殿に対する配当見込額）　　　　　　　　　　　金　　　　　　円

|配当金受領について|
1　必要書類（　　　年　　月　　日まで（※2）に当職あてに送付してください。）
　①　振込送金依頼書（記名捺印のこと。印鑑は債権届出書と同じものを使用してください。）
　②　手形金・小切手金債権を届け出た方は、手形・小切手の原本
　③　破産債権届出以後、住所変更、商号変更、債権届出書に押印した印鑑の変更があった場合は、そのことを証する資格証明書・印鑑証明書・住民票
　④　代理人によって配当金を受領するときは、配当金受領に関する委任状及び本人の印鑑証明書
2　注意事項
　①　必要書類に不備がありますと、配当金のお支払ができないときがあります。
　②　振込送金手数料は、貴殿の負担になりますので、御了承ください。
　③　提出された必要書類につき、返還を希望される方は、返信用封筒（郵便切手貼付のこと）をお送りください。

第11部　配当
第2章　簡易配当　書式番号11-2-4　簡易配当の御通知（B・異議確認型）

年　月　日

破産管財人弁護士　　　　　　　印
（電話　－　－　　事務担当　　）

以　上

【注意点】
※1　簡易配当に対する異議期間（破産法206条）は、みなし到達日から起算して1週間後の日付（初日算入）を記載します。具体的には、みなし到達日（除斥期間等の起算日）は水曜日なので、その翌週の火曜日（通知発送の翌々週火曜日）の日付を記載します（ただし、当該火曜日が祝日に当たる場合は、翌営業日の日付を記入してください。）。**簡易配当の通知発送と同時に裁判所に対し、除斥期間等の起算日届出書（書式63（本書式集書式番号11-2-7））を必ず提出してください。**
※2　破産管財人において配当スケジュールに支障のない適宜の日をご記入ください。

〔注1〕　簡易配当の許可を得た後、本書式により届出をした債権者に配当見込額等を通知する。

出典　『手引』521頁により、一部改変を加えた。東京地方裁判所の運用に従ったものである。

## 書式11-2-5　配当額変更のご通知【名古屋】

○○年○○月○○日

（債権者表番号○、配当表番号○）
破産債権者　　○○○○　　御中

　　　　　　　　　　　　　　　　　○○市○○区○○町○丁目○番○号
　　　　　　　　　　　　　　　　　○○法律事務所
　　　　　　　　　　　　　　　　　破産者　　　　○○○○
　　　　　　　　　　　　　　　　　破産管財人　弁護士　○○○○
　　　　　　　　　　　　　　　　　Tel（○○）○○―○○　Fax（○○）○○―○○

### 配当額変更のご通知〔注1〕

　破産者○○○○（名古屋市○○区○○町○丁目○番○号）に対する名古屋地方裁判所○○年（フ）第○○号破産事件について、○○年○○月○○日付けの書面にて配当見込額をご連絡いたしました。ところが、その後の事情により、配当額等が変更となりましたので、ご通知いたします。
　配当は、下記の要領に従って行います。書類に不備がありますと配当できない場合もありますので、よくお読みください。
　なお、変更となったのは、下記1～3の金額です。したがって、配当金領収書や振込依頼書は、変更後の配当額を記載した本通知書同封のものを利用してください。

記

1　配当手続に参加することができる債権の総額
　　　　　金○○○○円（うち優先的破産債権額金○○円）
2　配当をすることができる金額
　　　　　金○○○○円（うち優先的破産債権額金○○円）
3　貴殿（貴社）に対する配当額
　　　　　金○○○○円（配当率　○○．○○○○○○％）
4　配当の要領
（1）直接受け取りに来られる場合
　　　同封の「配当金領収書」を持参して、下記の日時に下記の場所にお越しください。「配当金領収書」には印紙税法に従った収入印紙を貼付してください。
　　　①配当の日時　○○年○○月○○日（○曜日）午前○時～午後○時
　　　②配当の場所　当職事務所
（2）銀行振込みを希望される場合
　　　必要事項を記載した同封の「振込依頼書」を、下記の日までに下記の場所に郵送してください。すでに、配当見込額を記載した振込依頼書を送付済みの場合には、お手数ですが、再度、郵送していただくこととなります（すでに送っていただいた振込依頼書は、後日、当職

第 11 部　配　当
第 2 章　簡易配当　書式番号11-2-5　配当額変更のご通知【名古屋】

より、返送いたします。）。なお、配当金額の振込みは（1）の配当日に行います。
　　①書類提出期限　　○○年○○月○○日必着
　　②書類提出先　　　当職事務所
（3）郵便切手の送付を希望される少額配当（1000円未満）の債権者の場合
　　同封の「配当金領収書」の本文1行目の□にチェックを記したうえ、（2）の書類提出期限までに（2）の書類提出先に郵送してください。すでに、配当見込額を記載した配当金領収書を送付済みの場合には、お手数ですが、再度、郵送していただくこととなります（すでに送っていただいた配当金領収書は、後日、当職より、返送いたします。）。（1）の配当日に配当額に相当する郵便切手を送付いたします。
5　注意事項
（1）「配当金領収書」または「振込依頼書」には、債権届出書に押印したものと同一の印を押印してください。債権届出書に押印した印鑑がわからない場合は、実印を押印し、印鑑証明書を添付してください。
（2）債権届出以後に住所・本店所在地・氏名・商号・代表者等に変更が生じている場合は、それを証明する戸籍謄本・住民票・資格証明書（登記事項証明書）等を添付してください。
（3）代理人によって配当金を受領するときは、配当金受領に関する委任状および本人の印鑑証明書を提出してください。
（4）その他配当に関するお問い合わせは、当職（事務局○○）までご連絡ください。
6　任務終了による計算報告のための債権者集会
　　任務終了による計算報告のための債権者集会が下記の日時場所において開催されますので、お知らせします。特にご意見がなければ、出席の必要はありません。また、欠席による特段の不利益もありません。

記

　　日時　○○年○○月○○日午後○時○分
　　場所　名古屋地方裁判所執行部債権者集会室
　　　　　（名古屋簡裁交通部合同庁舎2階）〔注2〕

以　上

〔注1〕　配当見込額を債権者に通知した後に、配当表の更正（破産法199条。同法205条により簡易配当に準用。）がなされた場合に行う通知の書式である。
〔注2〕　任務終了に伴う収支計算報告は、任務終了集会において行う方法と、書面によって行う方法（破産法89条1項）がある。本書式は、任務終了集会で行う場合の書式である。
出典　愛知県弁護士会倒産実務委員会編『破産管財書式集　3訂』206頁をもとにした書式である。名古屋地方裁判所の運用に従ったものである。

| 書式番号 | 11-2-6 | 書式名 | 振込送金依頼書 |

破産管財人　　　　　　殿
　　　　事件番号　　年（フ）第　　　号
　　　　破　産　者

債権者番号

## 振　込　送　金　依　頼　書〔注1〕

　頭書事件についての私（当社）に対する配当金は、<u>振込手数料を差し引いた上</u>（※）、次の銀行口座に振込送金してください。〔注2〕

| 銀行名・支店名 | 　　　　　　　　　　銀行　　　　　　　　支店 |
| --- | --- |
| 預金種目 | 　　　　　普通　・　　当座<br>（該当するものを○で囲んでください。） |
| 口座番号 | |
| フリガナ | |
| 口座名義人 | |

　　　　年　　月　　日
　　住　　所
　　フリガナ
　　氏　　名
　（法人名及び代表者名）　　　　　　　　　　　　　印
　　連　絡　先　事務担当
　　　　　　　電話番号　　　　－　　　　－

第11部 配　当
第2章 簡易配当　書式番号11-2-6　振込送金依頼書

【注意点】
※　振込手数料を破産財団負担で送金する場合は、「破産財団負担での振込みを依頼しますので」と記載します。

　　〔注1〕　破産債権者に配当の通知をする際に、同時に本書式を送付する。
　　〔注2〕　配当金支払債務は取立債務であるため（破産法193条2項本文）、配当金から振込手数料を差し引いて振込送金する。ただし、破産管財人と破産債権者との合意により別段の定めをすることは妨げられないから（同条項但書）、【注意点】記載のとおり、振込手数料を破産財団負担で送金することもできる。
　　出典　『手引』507頁により、一部改変を加えた。東京地方裁判所の運用に従ったものである。

第11部　配当
第2章　簡易配当　書式番号11-2-7　除斥期間等の起算日届出書

書式番号 11-2-7　書式名　除斥期間等の起算日届出書

**重　要**

○○地方裁判所民事第○部　　管財　　係　御中（※１）
（ＦＡＸ　通常管財係　〇〇－〇〇〇〇－〇〇〇〇
　　　　　特定管財係　〇〇－〇〇〇〇－〇〇〇〇）

年（フ）第　　　　号
破産者

## 除斥期間等の起算日届出書〔注１〕

　頭書事件につき、債権届出をした各破産債権者に対し、下記のとおり配当をすることができる金額等の通知を発送したので、除斥期間等の起算日を確定するために届出をします。（※２）

記

1　発送日
　　　　年　　月　　日
　　□普通郵便、□ＦＡＸ、□その他（　　　　　　　）により送付

2　みなし到達日（発送日の翌週の水曜日を記載します。）（※３）
　　　　年　　月　　日

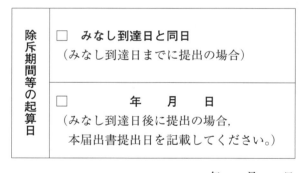

| 除斥期間等の起算日 | □　みなし到達日と同日<br>（みなし到達日までに提出の場合） |
| --- | --- |
| | □　　　年　　月　　日<br>（みなし到達日後に提出の場合，本届出書提出日を記載してください。） |

　　　　　　　　　　　　　　　　　　年　　月　　日
　　　　　　　　　　　　　　　破産管財人弁護士　　　　　　　　印

【注意点】
※１　担当係を忘れずに表示してください。
※２　破産法197条3項、204条4項、破産規則64条、67条参照
※３　みなし到達日となるべき水曜日が祝日の場合には、翌営業日がみなし到達日となります。また、除斥期間満了日、配当表に対する異議期間満了日となるべき日が祝日の場合には、翌営業日が除斥

第 11 部　配　当
第 2 章　簡易配当　書式番号 11-2-7　除斥期間等の起算日届出書

期間満了日等となります。

※　本届出書は、除斥期間や各種異議期間の起算日となる重要な書面ですので、通知書発送とともに、必ずご提出ください。

〔注1〕　東京地方裁判所では、配当の通知発送と同時に、本書式を裁判所に提出する運用である（破産法197条3項、204条4項）。この届出に基づいて除斥期間や配当異議期間等が定まることになるので、必ず提出する。

出典　『手引』509頁により、一部改変を加えた。東京地方裁判所の運用に従ったものである。

書式番号 11-2-8　配当の実施及び任務終了の計算報告書

○○地方裁判所民事第○部　　管財　係　御中（※１）

　　　　　　　　　　　　　　　　　　　　　　　　年（フ）第　　　号
　　　　　　　　　　　　　　　　　　　　　　　　破産者

## 配当の実施及び任務終了の計算報告書（※２）

　頭書事件について、配当表記載のとおり配当を実施し、破産管財人の任務が終了しましたので、前回債権者集会で提出済みの収支計算書のとおり報告します。（※３）
　なお、上記配当のうち破産法第202条に基づき供託したものは、別添供託書写しのとおりです。（※４）

　　　　　　　　　　　　　　　　　　　年　　月　　日
　　　　　　　　　　　　　　　　　破産管財人弁護士　　　　　　　印

　　　　　　　　　　　　　　　　　　　　　　　　　　　　　　以　上

【注意点】
※１　担当係を忘れずに表示してください。
※２　任務終了計算報告集会期日の１週間前までに裁判所に提出してください。
※３　解約済みの預金通帳の写し（表紙から解約まで）を添付してください。
※４　供託したものがないときは、この記載を抹消してください。供託したものがあるときは、供託書写しを添付してください。

　　　　　　出典　『手引』523頁により、一部改変を加えた。東京地方裁判所の運用に従ったものである。

| 書式番号 | 11-3-1 | 書式名 | 最後配当許可申立書 |

○○地方裁判所民事第○部　　管財　係　御中（※１）

年（フ）第　　号
破産者

| 本件につき<br>許可する。<br>　○○地方裁判所民事第○部<br>　裁判所書記官（※２） | 本件につき<br>許可があったことを証明する。<br>　前同日　○○地方裁判所民事第○部<br>　裁判所書記官 |

## 最後配当許可申立書（□通知型　□官報公告型）〔注１〕

　頭書事件につき、破産財団に属する財産は全部換価を終了し、下記のとおり配当可能な現金がありますので、最後配当の許可を願います。

記

　　財団現在額及び収支の明細　　収支計算書のとおり（※３）
　　配当に加える債権及び配当額　　配当表のとおり　（※３）

　　　　　　　　　年　　月　　日
　　　　　　　　　破産管財人弁護士　　　　　　　　　印

以　上

【注意点】
※１　担当係を忘れずに表示してください。
※２　最後配当の許可権者は、裁判所書記官です（破産法195条2項参照）。
※３　債権者集会の席上で提出済みのもので足り、別途提出は不要です。なお、債権者集会の席上で債権認否一覧表のみを提出した場合は、忘れずに配当表を添付してください。

〔注１〕　最後配当は、破産財団に属する財産の換価を終了した後に行われる原則的な配当手続である。債権者集会終了後、速やかに当該最後配当許可申立書と配当表を提出する。

出典　『手引』510頁により、一部改変を加えた。

第11部 配当
第3章 最後配当　書式番号11-3-2　配当表

書式番号 **11-3-2**　書式名 **配当表**

　　　　　　　　　　　　　　　　　　　　　　　年（フ）第　　　号
　　　　　　　　　　　　　　　　　　　　　破　産　者

## 配　当　表

　　　　　　　　　　　　　　　　　　　　　　　年　月　日
　　　　　　　　　　　　　　　　　　　　　破産管財人弁護士

| 債権者番号 | 枝番号 | 債権者名 | 〒 | 住　所 | 配当に加えるべき債権の額 | 配当額 | 備考（※） |
|---|---|---|---|---|---|---|---|
|  |  |  |  |  |  |  |  |
|  |  |  |  |  |  |  |  |
|  |  |  |  |  |  |  |  |
|  |  |  |  |  |  |  |  |
|  |  |  |  |  |  |  |  |
|  |  |  |  |  |  |  |  |
|  |  |  |  |  |  |  |  |
|  |  |  |  |  |  |  |  |
|  |  |  |  |  |  |  |  |
|  |  |  |  |  |  |  |  |
|  |  |  |  |  |  |  |  |
|  |  |  |  |  |  |  |  |
|  |  |  |  |  |  |  |  |
|  |  | 総合計 |  |  |  |  |  |

　　　　　　　　　　　　　　　　　　　　　　　　配当率　　　　％

【注意点】
※　備考欄には、取下げ、名義変更などの債権の変動事由を記載してください。

〔注1〕　配当表には、①配当に参加することができる破産債権者の氏名又は名称及び住所、②配当に参加することができる破産債権額、③配当できる金額を記載する（破産法196条1項、205条等）。

出典　『手引』503頁により、一部改変を加えた。

| 書式番号 | 11-3-3 | 書式名 | 配当表の更正書 |

　　　　　　　　　　　　　　　　　　　　　　　　　　　　年　　月　　日
　　　　　　　　　　　　　　　　　　　　破　産　者
　　　　　　　　　　　　　　　　　　　　破産管財人弁護士　　　　　　印
○○地方裁判所民事第○部　　管財　係　御中

## 配当表更正書〔注1〕

　上記の者に対する　　年（フ）第　　　号破産事件につき、当職は下記の理由により、　　年　　月　　日提出した配当表を更正したので、その更正した配当表を別紙のとおり作成し、提出します。

　　　　　　　　　　　　　　記

更正した部分とその理由
　　　　年　　月　　日提出の配当表の
1　優先債権の部
　　番号3　甲株式会社　優先債権の放棄があったため普通債権の部へ

2　普通債権の部
　①番号2　　乙株式会社　債権譲渡により丙株式会社に変更〔注2〕
　②同10　丁株式会社の債権に関する査定決定に対する異議の訴えにつき、訴訟係属を証明したため。〔注3〕
　③同17　丙株式会社につき届出債権全額について取下があったため削除
　④同30　戊株式会社につき別除権不足額を証明したため。〔注4〕〔注5〕

〔注1〕　破産法199条1項。破産管財人は、配当表作成後、配当表記載事項に変更が生じたときは、配当表を更正しなければならない。更正は職権で行い、裁判所の許可を要しない。
〔注2〕　破産法199条1項1号。
〔注3〕　破産法199条1項2号。
〔注4〕　破産法199条1項3号。
〔注5〕　上記のうちのほか、最後配当の場合は配当額の通知前、簡易配当の場合は配当表に対する異議期間満了前に新たに配当に充てることができる財産が発見されたときは、当該財産を原資に加えて配当を実施するため、配当表の更正が必要となる（破産法201条6項、同法205条）。

| 書式番号 | 11-3-4 | 書式名 | 配当表に対する異議申立書 |

　　　　年（フ）第　　　　号破産事件

　　　　　　　　　　　　　　　　　　　　　　　　　　　　　年　月　日

○○地方裁判所民事第○部　御中

### 配当表に対する異議申立書

　　　　　　　　　　　　　　　　　　　　○○県　　　区　　　丁目　　　番号
　　　　　　　　　　　　　　　　　　　　異議申立人（破産債権者）

　破産者　　　　に対する　　　年（フ）第　　　号破産事件につき、　　年　月　日破産管財人○○○○の作成した配当表のうち、破産債権者である申立人の配当に加えるべき債権の額が金1,233,445円〈債権表受付番号第　　号〉と記載されているが、債権表の記載金12,233,445円に照らして金額の記載があやまりであるから、破産管財人に対し、上記の記載を金12,233,445円と更正するよう異議を申し立てる。

　　　　　　　　　　　　　　　　　　　　　　　　　　　　　　　　　以　上

〔注１〕　配当表に対する異議の申立権者は、届出をした破産債権者であり、最後配当に関する除斥期間が経過した後１週間以内に限り、裁判所に対し、異議を申し立てることができる（破産法200条１項）。
　　　　異議事由は、配当に加えるべき破産債権を配当表に記載しなかったこと、加えるべきでない破産債権を記載したこと、破産債権の額又は順位に誤りがあることなどであるが、破産債権の内容については、これを異議事由とすることはできない。
〔注２〕　裁判所は、異議申立てに理由があると認めるときは、破産管財人に対し、配当表の更正を命じる（破産法200条２項）。当該決定に対しては、利害関係を有する者は即時抗告をすることができる（破産法200条３項、同法９条）。
　　　　異議申立却下決定に対する即時抗告権者は異議申立人のみである。
　　　　他方、配当表の更正を命ずる決定に対しては、破産管財人及び更正決定に利害関係を有する届出破産債権者が即時抗告をすることができる。

# 即時抗告申立書

年　月　日

○○高等裁判所御中

抗告人代理人弁護士○○○○

　　当事者の表示　　　別紙当事者目録記載のとおり（略）

　上記破産者の○○地方裁判所　　　年（モ）第　　　号配当表に対する異議申立事件（基本事件○○年（フ）第○○号破産申立事件）につき、同裁判所が　　年　月　日になした決定について不服であるから、即時抗告を申し立てる。〔注1〕〔注2〕

原決定の主文

本件異議申立てを却下する

抗告の趣旨

1　原決定を取り消す。
2　破産管財人は配当表記載の抗告人の配当額を金　　　　万円と更正せよ
との決定を求める。

抗告の理由

1　抗告人は、○○年○月○日、東京地方裁判所に対し、破産者○○○○株式会社の破産管財人○○○○が作成した配当表につき、同配当表に記載された抗告人の配当額金○○万円について異議を申し立て、決定を求めた。
2　これに対し、原審は、○○年○月○日、上記抗告人の異議申立てを却下した。
3　抗告人の届出債権額は金○○万円、これに対する破産管財人の異議申出額は金○○○○円であり、異議のなかった債権の範囲で抗告人の債権は確定した。抗告人のこの確定した債権額及び破産管財人が配当表作成に際し算出した配当率によれば、抗告人の配当額は金○○○○円となるから、原審が抗告人の異議を認めなかったことは不当である。（以下、略）

4　よって、抗告の趣旨記載の決定を求め、本抗告をする。

添付書類

1　委任状
2　資格証明書
3　甲号証写し

〔注1〕　配当表に対する異議の申立権者は、届出をした破産債権者であり、最後配当に関する除斥期間が経過した後1週間以内に限り、裁判所に対し、異議を申し立てることができる（破産法200条1項）。
　　　　異議事由は、配当に加えるべき破産債権を配当表に記載しなかったこと、加えるべきでない破産債権を記載したこと、破産債権の額又は順位に誤りがあることなどであるが、破産債権の内容については、これを異議事由とすることはできない。
〔注2〕　裁判所は異議申立てに理由があると認めるときは、破産管財人に対し、配当表の更正を命じる（破産法200条2項）。当該決定に対しては、利害関係を有する者は即時抗告をすることができる（破産法200条3項、同法9条）。
　　　　異議申立却下決定に対する即時抗告権者は異議申立人のみである。
　　　　他方、配当表の更正を命ずる決定に対しては、破産管財人及び更正決定に利害関係を有する届出破産債権者が即時抗告をすることができる。

# 第11部 配当
## 第3章 最後配当　書式番号11-3-6　配当公告（官報公告型）

**書式番号 11-3-6　書式名 配当公告（官報公告型）**

```
配当公告

　○○県○○市○○町一丁目一番一号
　　破産者　○○○

　右の者に対する○○地方裁判所○○年（フ）第○○○○号破産事件の最後配当を行うので、次のように公告する。

一、配当に加えるべき債権の総額
　　　　金○、○○○、○○○円
一、配当することのできる金額
　　　　金○、○○○、○○○円

　　○○年○月○日
　　○○県○○市○○町一丁目一番一号
　　　○○ビルディング二五階
　　　　　　破産管財人　○○○
```

〔注1〕　最後配当、中間配当では、配当の官報公告又は届出債権者に対する通知を行う必要がある（破産法197条、209条3項）。なお、追加配当では公告の必要はない（破産法215条）。

〔注2〕　東京地裁では、原則として通知型の最後配当を実施しているが、債権者数が300名を超えるなど多数の場合には官報公告型によることもある。

〔注3〕　官報公告は、官報販売所（政府刊行物センター等）で、所定の用紙に最後配当等の手続に参加することができる債権の総額、最後配当等をすることができる金額を記入して申し込む。

〔注4〕　申込みの際、掲載日を確認する。東京地裁では、除斥期間の起算日確認のため、官報公告掲載後、直ちに裁判所に公告掲載日を報告することになっている（書式番号11-3-7参照）。

〔注5〕　官報公告費用については、官報販売所に問い合わせる（1行（22文字）2936円×行数となる。）。

第11部　配当
第3章　最後配当　書式番号11-3-7　最後配当公告掲載報告書（官報公告型）

| 書式番号 | 書式名 |
|---|---|
| 11-3-7 | 最後配当公告掲載報告書（官報公告型） |

（官報公告型）

　〇〇地方裁判所民事第〇部　　管財　　係　御中（※1）
　（ＦＡＸ　通常管財係　〇〇－〇〇〇〇－〇〇〇〇
　　　　　　特定管財係　〇〇－〇〇〇〇－〇〇〇〇）

　　　　　　　　　　　　　　　　　　年（フ）第　　　　号
　　　　　　　　　　　　　　　　破産者

## 最後配当公告掲載報告書

　頭書事件につき、別紙のとおり、　　　年　　月　　日の官報に掲載して最後配当の公告をしましたので、報告いたします。

　　　　　　　　　　　　　　　　　年　　月　　日

　　　　　　　　　　　　破産管財人弁護士　　　　　　　　印

　　　　　　　　　　　　　　　　　　　　　　　　　　　　　以　上

【注意点】
※1　担当係を忘れずに表示してください。
※2　この書面は、除斥期間の起算日を知る上で重要な書面となりますので、必ず提出してください。

〔注1〕　官報公告掲載日は、申込みの際に教示されるので、掲載報告のために控えておく必要がある。
〔注2〕　最後配当には、最後配当の手続に参加することができる債権の総額及び最後配当をすることができる金額を公告する方法と、公告に代えて各届出債権者に対し通知する方法がある。東京地裁破産再生部では、通知型の方が迅速に配当を実施することができ、債権者にとっても配当手続の進捗状況等を理解しやすいこと等から、原則として通知型の最後配当を実施し、債権者数が300名を超えるなど多数の場合には、官報公告型による運用が取られている。

出典　『手引』514頁により、一部改変を加えた。この書面は、除斥期間の起算日を知る上で重要な書面となるので、必ず提出する。

| 書式番号 11-3-8 | 書式名 最後配当の通知書（官報公告型） |

(官報公告型)

破産債権者　　　　　　殿

　　　　　　　　　　　　　　　　　　　年（フ）第　　　号
　　　　　　　　　　　　　　　　　　破産者

## 最後配当の御通知

　上記破産者に対する○○地方裁判所　　　年（フ）第　　　号破産事件について、最後配当を行いますので、破産法201条7項により、御通知いたします。〔注1〕
　貴殿に対する配当額は、下記のとおりです。
　また、配当金のお支払は、銀行口座への振込送金により行いますので、下記の要領にしたがって必要書類を当職まで送付してください。

記

1　貴殿に対する配当金額　　　　　　　金　　　　　　　　円也
2　配当金振込実施日　　　　　　　　　　　　年　月　日（　）

**配当金受領について**

1　必要書類（　　　年　月　日まで（※）に当職あてに送付してください。）
　① 振込送金依頼書（記名捺印のこと。印鑑は債権届出書と同じものを使用してください。）
　② 手形金・小切手金債権を届け出た方は、手形・小切手の原本
　③ 破産債権届出以後、住所変更、商号変更、債権届出書に押印した印鑑の変更があった場合は、そのことを証する資格証明書・印鑑証明書・住民票
　④ 代理人によって配当金を受領するときは、配当金受領に関する委任状及び本人の印鑑証明書
2　注意事項
　① 必要書類に不備がありますと、配当金のお支払ができないときがあります。
　② 振込送金手数料は、貴殿の負担になりますので、御了承ください。
　③ 提出された必要書類につき、返還を希望される方は、返信用封筒（郵便切手貼付のこと）をお送りください。

　　　　　　　　　　　　　　　年　月　日
　　　　　　　　　　　　　　　破産管財人弁護士　　　　　　　印
　　　　　　　　　　　　　　　（電話　　－　　－　　　事務担当　　）

以　　上

【注意点】
※　破産管財人において配当スケジュールに支障のない適宜の日をご記入ください。

〔注1〕　最後配当の手続に参加することができる債権の総額及び最後配当をすることができる金額について、官報公告をする方法（官報公告型）によって最後配当を実施する場合であっても、破産管財人は最後配当の手続に参加することができる破産債権者に対し、配当額を通知しなければならない（破産法201条7項）。本書式はその通知のための書式である。

出典　『手引』515頁により、一部改変を加えた。東京地方裁判所の運用に従ったものである。

| 書式番号 11-3-9 | 書式名 最後配当の通知書（通知型） |

(通知型1)

破産債権者　　　　　　　殿

　　　　　　　　　　　　　　　　　　　　　　　年（フ）第　　　　号
　　　　　　　　　　　　　　　　　　　　破産者

## 最後配当の御通知

　上記破産者に対する○○地方裁判所　　　年（フ）第　　　　号破産事件について、最後配当を行いますので、破産法197条1項により、下記のとおり御通知いたします。〔注1〕〔注2〕
　なお、異議なく配当表が確定した場合は、確定した配当額を再度通知いたします。
　その後の配当金のお支払は、銀行口座への振込送金により行いますので、あらかじめ下記の要領にしたがって必要書類を当職まで送付してください。

記

1　最後配当の手続に参加することができる債権の総額　　　　金　　　　　円
2　最後配当をすることができる金額　　　　　　　　　　　　金　　　　　円
3　貴殿に対する配当見込額　　　　　　　　　　　　　　　　金　　　　　円

**配当金受領について**
1　必要書類（　　　年　　月　　日まで（※）に当職あてに送付してください。）
　① 振込送金依頼書（記名捺印のこと。印鑑は債権届出書と同じものを使用してください。）
　② 手形金・小切手金債権を届け出た方は、手形・小切手の原本
　③ 破産債権届出以後、住所変更、商号変更、債権届出書に押印した印鑑の変更があった場合は、そのことを証する資格証明書・印鑑証明書・住民票
　④ 代理人によって配当金を受領するときは、配当金受領に関する委任状及び本人の印鑑証明書
2　注意事項
　① 必要書類に不備がありますと、配当金のお支払ができないときがあります。
　② 振込送金手数料は、貴殿の負担になりますので、御了承ください。
　③ 提出された必要書類につき、返還を希望される方は、返信用封筒（郵便切手貼付のこと）をお送りください。

第11部　配当
第3章　最後配当　書式番号11-3-9　最後配当の通知書（通知型）

　　　　　　　　　　　　　　　　　　年　月　日
　　　　　　　　　　　　　　破産管財人弁護士　　　　　　　印
　　　　　　　　　　　　　　（電話　－　－　　事務担当　　）
　　　　　　　　　　　　　　　　　　　　　　　　　　以　上

【注意点】
※　破産管財人において配当スケジュールに支障のない適宜の日をご記入ください。

〔注１〕　最後配当の手続に参加することができる債権の総額及び最後配当をすることができる金額について、届出をした破産債権者に通知する方法（通知型）によって最後配当を実施する場合、最後配当の許可後、速やかに届出債権者への通知を行う。本書式は、その際に利用する書式である。

〔注２〕　東京地方裁判所では、配当額が300円未満であり、切捨て計算により、配当をしない債権者に対しては、本書式による通知と併せて、書式番号11-3-12（配当金についての御連絡）の通知をする運用である。

出典　『手引』511頁により、一部改変を加えた。東京地方裁判所の運用に従ったものである。

第11部 配当
第3章 最後配当　書式番号11-3-10　最後配当の通知書（通知型）（優先的破産債権のみの配当事案）

| 書式番号 11-3-10 | 書式名 最後配当の通知書（通知型）（優先的破産債権のみの配当事案） |

破産債権者　　　　　　　殿

年（フ）第　　　号
破産者

## 最後配当の御通知

上記破産者に対する東京地方裁判所　　年（フ）第　　　号破産事件について、最後配当を行いますので、{☐ 破産法197条1項 / ☐ 破産法201条7項} により、下記のとおり御通知いたします。〔注1〕

なお、本件は、{☐ 優先的破産債権のみ / ☐ 優先的破産債権である公租公課のみ} に対する配当事案であるため、貴殿に対しては、{☐ 配当見込み / ☐ 配　当} はございません。

記

1　最後配当の手続に参加することができる債権の総額　　　　金　　　　　円

2　最後配当をすることができる金額　　　　　　　　　　　　金　　　　　円

3　貴殿に対する{☐ 配当見込額 / ☐ 配　当　額}　　　　　　　金　　　0円

　　　　　　　　　　　　　　　　　　　年　月　日
　　　　　　　　　　　　　　　　　　　破産管財人弁護士　　　　　印
　　　　　　　　　　　　　　　　　　　（電話　－　－　／事務担当　　）

〔注1〕　最後配当をするにあたり、優先的破産債権のみの配当の事案で、配当のない届出債権者に対して通知する際に利用する書式である。

出典　『手引』512頁により、一部改変を加えた。東京地方裁判所の運用に従ったものである。

| 書式番号 | 11-3-11 | 書式名 | 配当額確定の御通知（通知型） |

(通知型２)

破産債権者　　　　　　　殿

　　　　　　　　　　　　　　　　　　　　　　　年（フ）第　　　号
　　　　　　　　　　　　　　　　　　　　　　破産者

## 配当額確定の御通知

　上記破産者に対する〇〇地方裁判所　　年（フ）第　　　　号破産事件について、破産法201条7項により、下記のとおり御通知いたします。

記

1　貴殿に対する配当額　　　　　　　　　　　　　金　　　　　　円
2　配当金振込実施日　　　　　　　　　　　　　　年　月　日（　）

　　　　　　　　　　　　年　月　日
　　　　　　　　　　　　破産管財人弁護士　　　　　　　　印
　　　　　　　　　　　　（電話　－　－　　　事務担当　　）

以　上

〔注1〕　配当表に対する異議期間が経過した後、遅滞なく配当額を定めて、直ちに本書式により通知し、配当を行う。

出典　『手引』513頁により、一部改変を加えた。東京地方裁判所の運用に従ったものである。

| 書式番号 | 11-3-12 | 書式名 | 配当金についての御連絡 |

破産債権者　　　　　　　　殿

　　　　　　　　　　　　　　　　　　年（フ）第　　　　号
　　　　　　　　　　　　　　　　破産者

## 配当金についての御連絡

　上記破産者に対する○○地方裁判所　　年（フ）第　　　　号破産事件につき、同封の「配当の御通知」のとおり配当を実施することになりましたが、貴殿に対する配当額は、配当事務費用よりも少額であるため、配当金はございません。

　　　　　　　　　年　　月　　日
　　　　　　　　　破産管財人弁護士　　　　　　　　　　　　　印
　　　　　　　　　（電話　　－　　－　　　事務担当　　　）

〔注１〕　東京地方裁判所では、配当額が300円未満であり、切捨て計算により配当をしない届出債権者に対しては、書式番号11-2-2（『手引』書式59）の通知と併せて本書式を送付して、配当額が０円である理由を通知する取扱いをしているとのことである。

出典　『手引』508頁により、一部改変を加えた。東京地方裁判所の運用に従ったものである。

第11部 配当
第4章 同意配当、中間配当及び追加配当　書式番号11-4-1　同意配当許可申立書

| 書式番号 | 11-4-1 | 書式名 | 同意配当許可申立書 |

○○地方裁判所民事第○部　　管財　　係御中

　　　　　　　　　　　　　　　　　　　年（フ）第　　　　号
　　　　　　　　　　　　　　　　破産者

| 本件につき<br>許可する。<br>　　○○地方裁判所民事第○部<br>　　　裁判所書記官 | 本件につき<br>許可があったことを証明する。<br>　　前同日　○○地方裁判所民事第○部<br>　　　　　裁判所書記官 |

## 同意配当許可申立書〔注1〕

　頭書事件につき、届出破産債権者の全員が、当職の定めた配当表、配当額並びに配当の時期及び方法について、同意していますので、同意配当の許可を願います。

　　　　　　　　　　　　　　　　　記

全債権者の同意書　　　　　別紙添付のとおり
財団現在額及び収支の明細　別紙収支計算書のとおり
配当に加える債権及び配当額　配当表のとおり
配当時期　　　　　　　　　　　　年　　月　　日
配当方法　　　　　　　　　銀行振込送金　その他（　　　）
　　　　年　　月　　日
　　　　　　　　　　　　　　　　　破産管財人弁護士　　　　　　　印
　　　　　　　　　　　　　　　　　　　　　　　　　　　　　　　以　上

〔注1〕　破産法208条。

| 書式番号 11-4-2 | 書式名 中間配当許可申立書 |

○○地方裁判所民事第○部　　管財　　係御中（※１）

年（フ）第　　　号
　　　　　　　　破産者

| 本件につき<br>許可する。<br>　○○地方裁判所民事第○部<br>　　裁判官（※２） | 本件につき<br>許可があったことを証明する。<br>　前同日　○○地方裁判所民事第○部<br>　　裁判所書記官 |

## 中間配当許可申立書

頭書事件につき、現在下記の現金がありますので、第　　回の配当をしたく、許可願います。

記

　財団現在額及び収支の明細　　　収支計算書のとおり
　配当に加える債権及び配当額　　　　年　　月　　日付け
　　　　　　　　　　　　　　　配当表のとおり

　　　　　　　　　　年　　月　　日
　　　　　　　　　　　　破産管財人弁護士　　　　　　　印

　　　　　　　　　　　　　　　　　　　　　　　　　以上

【注意点】
※１　担当係を忘れずに表示してください。
※２　中間配当の許可権者は裁判所です（破産法209条2項）。

出典　『手引』516頁により、一部改変を加えた。東京地方裁判所の運用に従ったものである。

| 書式番号 11-4-3 | 書式名 中間配当通知書 |

（通知型）

## 中間配当の御通知

記

　　　　　　　　　　　　　　　　　　　　　　　　　年　　月　　日

破産債権者　　　　　　殿

　　　　　　　　　　　　　　　　　破産者
　　　　　　　　　　　　　　　　　破産管財人弁護士　　　　　　　印
　　　　　　　　　　　　　　　　　（TEL　　　　／事務担当　　　　）

　上記破産者に対する〇〇地方裁判所　　年（フ）第　　号破産事件について中間配当を行いますので、破産法209条3項により準用する197条により、下記のとおり御通知いたします。
　また、異議無く配当表が確定した場合、配当金のお支払いは、銀行口座への振込送金により行いますので、下記の要領にしたがって必要書類を当職まで送付してください。

記

1　中間配当の手続に参加することができる債権の総額　　　金　　　　　　円
2　中間配当することができる金額　　　　　　　　　　　　金　　　　　　円
3　中間配当率（見込み）　　　　　　　　　　　　　　　　　　　　　　　％

※配当金受領について
・必要書類（　　年　　月　　日までに当職あてに送付して下さい。）
　① 振込送金依頼書（記名捺印のこと。印鑑は債権届出書と同じものを使用してください。）
　② 手形金・小切手金債権を届け出た方は手形・小切手の原本（一部弁済の事実を記入しますので必要となります。）
　③ 破産債権届出以後、住所変更、商号変更、印鑑届出の変更があった場合は、そのことを証する資格証明書・印鑑証明書・住民票
　④ 代理人によって配当金を受領するときは、配当金受領に関する委任状及び本人の印鑑証明書
・注意事項
　① 必要書類に不備がありますと、配当金のお支払いができないときがあります。
　② 振込送金手数料は、貴殿の負担になりますので、御了承ください。
　③ 提出された必要書類につき、返還を希望される方は、返信用封筒（郵便切手貼付のこと）をお送りください。

　　　　　　　　　　　　　　　　　　　　　　　　　　　　　　以　上

**書式番号 11-4-4　書式名　中間配当の御通知（通知型）**

　　　　　　　　　　　　　　　　　　　　　　　　　　　　（通知型）

破産債権者　　　　　　　殿

　　　　　　　　　　　　　　　　　　　　　年（フ）第　　　　号
　　　　　　　　　　　　　　　　　　破産者

## 中間配当の御通知

　上記破産者に対する○○地方裁判所　　　年（フ）第　　　　号破産事件について、破産法211条により、下記のとおり御通知いたします。

記

1　中間配当の手続に参加することができる債権の総額　　金　　　　　　円
2　中間配当をすることができる金額　　　　　　　　　　金　　　　　　円
3　中間配当率　　　　　　　　　　　　　　　　　　　　　　　　　　　％
4　貴殿に対する中間配当額　　　　　　　　　　　　　　金　　　　　　円
5　中間配当金振込実施日　　　　　　　　　　　　　年　　月　　日（　）

　　　　　　　　　　　　　　　年　　月　　日
　　　　　　　　　　　　　　　破産管財人弁護士　　　　　　　　印
　　　　　　　　　　　　　　　（電話　　－　　－　　　事務担当　　）

　　　　　　　　　　　　　　　　　　　　　　　　　　　　以　上

〔注1〕　破産管財人は、配当表に対する異議期間経過後、遅滞なく、配当率を定めて、その配当率を中間配当の手続に参加することができる破産債権者に通知しなければならない（破産法211条）。

| 書式番号 | 11-4-5 | 書式名 | 配当率の報告書（中間配当） |

年（フ）第　　　号
破産者

〇〇地方裁判所民事第〇部　管財　　係　御中

　　　　　　　　　　　　　　　　　　　　　　　　　年　月　日
　　　　　　　　　　　　　　破産管財人弁護士　　　　　　　印

## 配当率の報告書

　頭書事件について、下記のとおり配当率を定めましたので、破産規則68条に基づき、報告します。

記

1　中間配当することができる金額　　金　　　　　円（A）
2　配当費用を算出　　金　　　　円（B）
　（内訳）

3　中間配当する債権
　　優先的破産債権（労働債権）　総額　　　　円（C）
4　配当率の計算
　　配当率＝（A－B）÷C
　　　　　＝＿＿＿＿％

以　上

〔注1〕　破産規則68条。
〔注2〕　報告書には、配当の優先順位（破産法194条1項）、すなわち、優先的破産債権、一般の破産債権、劣後的破産債権、約定劣後破産債権をそれぞれ区分し、優先的破産債権については実体法上の優先順位（破産法98条2項参照）に従って更に区分した上で、各区分ごとに、それぞれ配当率を記載する（破産規則68条2項参照）。

| 書式番号 | 11-4-6 | 書式名 | 中間配当実施報告書 |

　　　　　年（フ）第　　　　　号
　破産者

　○○地方裁判所民事第○部　　管財　係　御中

　　　　　　　　　　　　　　　　　　　　　　　　　年　　月　　日
　　　　　　　　　　　　　　　　　破産管財人弁護士　　　　　　　　　印

## 中間配当の実施報告書

　頭書事件について、○○年○月○日、配当表記載のとおり中間配当を実施しましたので報告します。
　なお、上記中間配当のうち破産法214条2項に基づき供託したものは、別添供託書正本のとおりです。

　　　　　〔注1〕　破産規則63条。

| 書式番号 | 11-4-7 | 書式名 | 中間配当公告掲載報告書 |

(官報公告型)

○○地方裁判所民事第○部　　管財　係　御中（※１）
（ＦＡＸ　通常管財係　○○－○○○○－○○○○
　　　　　特定管財係　○○－○○○○－○○○○）

　　　　　　　　　　　　　　　　　　　　年（フ）第　　　号
　　　　　　　　　　　　　　　　　　　破産者

## 中間配当公告掲載報告書

　頭書事件につき、別紙のとおり、　　年　　月　　日の官報に掲載して中間配当の公告をしましたので、報告いたします。

　　　　　　　　　　　　　　　　　　　　　　　年　　月　　日

　　　　　　　　　　　　　　　　破産管財人弁護士　　　　　　　印

　　　　　　　　　　　　　　　　　　　　　　　　　　　　　以　上

【注意点】
※１　担当係を忘れずに表示してください。
※２　この書面は、除斥期間の起算日を知る上で重要な書面となりますので、必ず提出してください。

出典　『手引』514頁の「最後配当公告掲載報告書」を参考に作成した書式である。

書式番号 11-4-8　書式名　中間配当の御通知（官報公告型）

（官報公告型）

破産債権者　　　　　　　殿

　　　　　　　　　　　　　　　　　　　　　　　　年（フ）第　　　号
　　　　　　　　　　　　　　　　　　　　　　　破産者

## 中 間 配 当 の 御 通 知

　上記破産者に対する〇〇地方裁判所　　　年（フ）第　　　号破産事件について、中間配当を行いますので、破産法211条により、御通知いたします。
　また、配当金のお支払は、銀行口座への振込送金により行いますので、下記の要領にしたがって必要書類を当職まで送付してください。

記

1　中間配当の手続に参加することができる債権の総額　　金　　　　　円
2　中間配当をすることができる金額　　　　　　　　　　金　　　　　円
3　中間配当率　　　　　　　　　　　　　　　　　　　　　　　　　　％
4　貴殿に対する中間配当金額　　　　　　　　　　　　　金　　　　　円也
5　中間配当金振込実施日　　　　　　　　　　　　　年　月　日（　）

**配当金受領について**
1　必要書類（　　年　月　日まで（※）に当職あてに送付してください。）
　①　振込送金依頼書（記名捺印のこと。印鑑は債権届出書と同じものを使用してください。）
　②　手形金・小切手金債権を届け出た方は、手形・小切手の原本
　③　破産債権届出以後、住所変更、商号変更、債権届出書に押印した印鑑の変更があった場合は、そのことを証する資格証明書・印鑑証明書・住民票
　④　代理人によって配当金を受領するときは、配当金受領に関する委任状及び本人の印鑑証明書
2　注意事項
　①　必要書類に不備がありますと、配当金のお支払ができないときがあります。
　②　振込送金手数料は、貴殿の負担になりますので、御了承ください。
　③　提出された必要書類につき、返還を希望される方は、返信用封筒（郵便切手貼付のこと）をお送りください。

　　　　　　　　　　　　　　　　　　　年　月　日
　　　　　　　　　　　　　　　　破産管財人弁護士　　　　　　　　印

第11部　配当
第4章　同意配当、中間配当及び追加配当　書式番号11-4-8　中間配当の御通知（官報公告型）

（電話　－　－　事務担当　）

以　上

【注意点】
※　破産管財人において配当スケジュールに支障のない適宜の日をご記入ください。

|出典|　『手引』515頁の「最後配当の御通知」を参考に作成した書式である。

書式番号 11-4-9　書式名　追加配当許可申立書

○○地方裁判所民事第○部　　管財　　係御中（※１）

　　　　　　　　　　　　　　　　　　　年（フ）第　　　号
　　　　　　　　　　　　　　　　破産者

| 本件につき<br>許可する。<br>　　○○地方裁判所民事第○部<br>　　　裁判官（※２） | 本件につき<br>許可があったことを証明する。<br>　　前同日　○○地方裁判所民事第○部<br>　　　裁判所書記官 |
|---|---|

## 追 加 配 当 許 可 申 立 書

　頭書事件につき、配当に充てることができる新たな財産が見つかり、現在下記の現金がありますので、追加配当をしたく、許可願います。

記

　　　財団現在額及び収支の明細　　収支計算書のとおり
　　　配当に加える債権及び配当額　　　年　月　　日付け
　　　　　　　　　　　　　　　　　　配当表のとおり　（※３）

　　　　　　　　　　　　　　年　　月　　日
　　　　　　　　　　　　　　　破産管財人弁護士　　　　　　　　　　　印

　　　　　　　　　　　　　　　　　　　　　　　　　　　　　　　以　上

【注意点】
※１　担当係を忘れずに表示してください。
※２　追加配当の許可権者は裁判所です（破産法215条１項）。
※３　上記配当表は、最後配当又は簡易配当時に作成した配当表に追加配当分を記載した配当表になります。

　　　〔注１〕　追加配当実施後、裁判所に対し、追加配当の計算報告書（書式番号11-4-12）を提出する必要がある（破産法215条６項）。
　　　出典　『手引』517頁により、一部改変を加えた。東京地方裁判所の運用に従ったものである。

| 書式番号 | 11-4-10 | 書式名 | 配当表（追加配当） |

年（フ）第　　　号
破産者

# 配　当　表　（　追　加　）

年　月　日
破産管財人弁護士

| 債権者番号 | 枝番号 | 債権者名 | 〒 | 住所 | 配当に加えるべき債権の額 | 配当額 | 追加配当額 | 備考（※） |
|---|---|---|---|---|---|---|---|---|
| | | | | | | | | |
| | | | | | | | | |
| | | | | | | | | |
| | | | | | | | | |
| | | | | | | | | |
| | | | | | | | | |
| | | | | | | | | |
| | | | | | | | | |
| | | | | | | | | |
| | | | | | | | | |
| | | | | | | | | |
| | | 総合計 | | | | | | |

配当率（簡易配当）　　　　％　配当率（追加配当）　　　　％

## 【注意点】

※　備考欄には、取下げ、名義変更などの債権の変動事由を記載してください。

〔注1〕　最後配当等にかかる配当表は別に、あらためて各債権者に対する追加配当額を記載した配当表を作成するのが通例である。

出典　『手引』503頁をもとに、一部改変を加えた書式である。東京地方裁判所の運用に従ったものである。

第11部　配当
第4章　同意配当、中間配当及び追加配当　書式番号11-4-11　配当額確定の御通知（追加配当）

書式番号 11-4-11　書式名 配当額確定の御通知（追加配当）

（通知型３）

破産債権者　　　　　　殿

年（フ）第　　　号
破産者

## 配　当　額　確　定　の　御　通　知

　上記破産者に対する○○地方裁判所　　年（フ）第　　　号破産事件について、配当に充てることができる新たな財産があることが判明し、追加配当を実施しますので、破産法215条5項により、下記のとおり御通知いたします。

記

1　追加配当の手続に参加することができる債権の総額　　　金　　　　　円
2　追加配当をすることができる金額　　　　　　　　　　　金　　　　　円
3　貴殿に対する配当額　　　　　　　　　　　　　　　　　金　　　　　円
4　配当金振込実施日　　　　　　　　　　　　　　年　月　日（　）

年　月　日
破産管財人弁護士　　　　　　　印
（電話　－　－　事務担当　　）

以　上

〔注１〕　追加配当については、配当の公告又は通知をせず、配当額の通知のみ行う。
出典　『手引』519頁により、改変を加えた。東京地方裁判所の運用に従ったものである。

| 書式番号 | 11-4-12 | 書式名 | 追加配当の計算報告書 |

　　　　　　年（フ）第　　　　号
破産者

○○地方裁判所民事第○部　　管財　係御中
　　　　　　　　　　　　　　　　　　　　　　　　年　月　日
　　　　　　　　　　　　　　　　破産管財人弁護士　　　　　　　印

## 追加配当の実施及び計算報告書

　頭書事件について、配当表に記載された基準のとおり追加配当を実施しましたので、既に提出済みの収支計算書のとおり報告します。なお、上記配当のうち破産法第202条に基づき供託したものは、別添供託書正本のとおりです。

　　　〔注１〕　破産法215条６項。

## 書式番号 12-1-1　異時廃止手続進行表【大阪】

〇〇年〇〇月〇〇日

事件番号　〇〇年（フ）第〇〇号
破産者　〇〇〇〇
破産管財人　〇〇〇〇
Tel（〇〇）〇〇-〇〇　Fax（〇〇）〇〇-〇〇

債権者数　〇〇人
〇〇地方裁判所第〇民事部〇〇係
裁判所書記官　〇〇〇〇
Tel　（〇〇）〇〇-〇〇〇〇
Fax　（〇〇）〇〇-〇〇〇〇

### 異時廃止手続進行表

下記の予定で廃止の手続をしていただくようにお願いいたします。

| 管財人 | 裁判所 |
|---|---|
| 1　事前の確認事項 | |
| □換価未了財産有無の確認<br>□破産登記抹消の確認<br>□予納金の補填の要否の確認<br>□財団債権処理の確認<br>□債権調査終了等の確認<br><br>確認後 | |
| 2　以下の提出 | |
| □破産手続廃止の申立書（未指定の場合）<br>□収支計算書<br>□預金通帳の写し<br>□交付要求書の写し<br><br>※廃止決定後する、債権者及び課税庁への結果通知の費用の計上を忘れないでください。<br><br>〇〇月〇〇日 | |

第12部　破産手続の終了
第1章　廃止一般　書式番号12-1-1　異時廃止手続進行表【大阪】

| | |
|---|---|
| | 3　廃止意見聴取 |
| | 任務終了集会（約3週間後）指定<br>（未指定の場合） |
| 3から約10日後 | |
| 4　財団債権弁済報告書の提出 | |
| 　　　　〇〇月〇〇日 | |
| 4から約5日後 | |
| 5　任了報告書の提出 | |
| 　　　　〇〇月〇〇日 | |
| | 5から約4日後 |
| | 6　任務終了集会期日 |
| | 　　　　〇〇月〇〇日<br>　　午（前・後）〇〇時〇〇分 |
| 廃止決定後 | |
| 7　債権者及び課税庁に結果通知 | |

出典　『新版　破産管財手続の運用と書式』による。

| 書式番号 | 12-1-2 | 書式名 | 異時廃止手続チェックシート |
|---|---|---|---|

## 異時廃止手続チェックシート

1　申立前のチェック事項
　□　換価未了財産有無の確認
　　　財産目録により財産がすべて換価又は放棄されているかどうか確認する。
　□　破産登記抹消の確認
　　　自然人破産の場合で破産登記をした物件については、抹消登記の上申の漏れがないかどうか確認する。
　□　財団債権処理の確認
　　　管財費用、公租公課及び労働債権のうち財団債権の額、予納金の補填の要否を確認し、財団に余裕があれば支払っても差し支えないが、原則として報酬額決定後支払う。
　□　債権調査終了等の確認
　　　一般調査期日が終了している事案の場合、未調査の債権届出の有無、特別調査・取下げ等の処理が済んでいるかどうか確認する。
2　申立後のチェック事項
　□　収支計算書等の提出
　　①　換価終了後直ちに提出する。廃止意見聴取・任務終了集会期日が未指定の場合、破産手続廃止の申立書も提出する。
　　②　収支計算書には、破産手続開始日から報告日までの収支の内容を記載する。預金通帳の写しも提出する。
　　③　必要があれば財団債権一覧表を作成し、未払いの公租公課がある場合には、交付要求書の写しも提出する。
　□　報酬額決定正本の受送達
　　　報酬額決定があれば裁判所から連絡があるので、報酬額決定正本を取りに行く。
　□　任務終了（廃止）集会までの進行予定の打合せ
　　①　裁判所と打ち合わせて任務終了（廃止）集会までの進行予定を決める。
　　②　裁判所に任務終了（廃止）集会期日決定正本を取りに行く（未指定だった場合）。
　□　財団債権の弁済
　　　財団債権弁済後、財団債権弁済報告書を提出する。
　□　任務終了（廃止）報告書の作成・提出
　　①　予め決めた提出予定日に任務終了（廃止）報告書を提出する。
　　②　任務終了（廃止）報告書には、収支計算書及び解約した預金口座の通帳写しを添付する。
　　③　債権届出書綴りを裁判所に返還する（当初配当見込みの予定が廃止になった揚合）。
　□　任務終了（廃止）集会
　□　破産手続廃止決定後債権者及び課税庁に結果通知

　　　出典　『新版　破産管財手続の運用と書式』による。

| 書式番号 12-1-3 | 書式名 破産手続廃止の申立書 |

○○年（フ）第○○号
破産者　○○○○株式会社

## 破産手続廃止の申立書

破産者　○○○○

　　　　　　　　　　　　　　　　　　　　　　　　　　　　○○年○○月○○日

○○地方裁判所民事破産係　御中

　　　　　　　　　　　　　　　　　　　　　　　　破産管財人　○○○○　㊞

　頭書破産事件について、破産財団の現況は、○○年○○月○○日付け収支計算書のとおりであり、ほかに破産財団の資産と認めるべき財産はありません。なお、財団債権は、別紙一覧表のとおり、合計金○○○，○○○円です。
　したがって、破産財団をもって破産手続きの費用を支弁するのに不足すると認めますので、破産手続の廃止を申し立てます。
　なお、上記破産廃止に関する意見を聴くための債権者集会を招集する場合、同集会で異議がないときは、併せて、任務終了による計算報告のための債権者集会の招集を申し立てます。

　　　添付書類
　　1　収支計算書
　　2　預金通帳（写し）
　　3　交付要求書（財団債権分写し）
　　4　財産目録

〔注1〕　東京地方裁判所では、債権者集会の際に、破産管財人から口頭で申立てを行い、申立書の提出はなされないケースがほとんどである。

出典　『破産事件における書記官事務の研究―法人管財事件を中心として（裁判所書記官実務研究報告書）』による。

| 書式番号 | 12-1-4 | 書式名 | 破産手続廃止決定証明申請書 |

○○地方裁判所民事第○部　　　管財　　係御中

　　　　　　　　　　　　　　　　　　　　年（フ）第　　　号
　　　　　　　　　　　　　　　　　　　破　産　者

## 破産手続廃止決定証明申請書

　上記の者に対する破産事件について、破産財団をもって破産手続費用を支弁するのに不足すると認められ、　　　年　　月　　日破産手続廃止の決定があったことを証明されたく申請する。
　　　　　　　　　　　　　　　　　　　　　　　　　　　　　　　　以　上

　　　　　年　　月　　日
　　　　　　破産管財人弁護士　　　　　　　　　　　　印

　　　上記証明する。
　　　　　　同日同庁
　　　　　　　裁判所書記官

出典　『手引』の書式に一部改変を加えた。

書式番号 12-1-5　書式名　破産廃止決定に対する即時抗告申立て

# 即時抗告申立書

○○年○月○日

○○高等裁判所　御中

〒
破産債権者　　　　○○○○
〒　（送達場所）
上記代理人弁護士　　○○○○　印

第1　抗告の趣旨
　　○○地方裁判所　○○年（フ）第○○号について、○○年○月○日にされた破産手続廃止決定を取り消すとの決定を求める。
第2　抗告の理由
　1　破産廃止事由の不存在
　　破産者は、別紙目録記載の不動産を破産手続開始の申立直前に、債権者である破産者の弟○○○○に代物弁済しており、これは否認の対象となる（破産法160条1項2号）。
　2　手続の違法
　　同不動産は無担保であり、破産管財人が上記破産者の処分行為について否認権を行使してこれを取り戻し、処分すれば、届出債権者に対し数十パーセントの配当の見込みがある。にもかかわらず、これを行わないまま異時廃止決定を行ったのは違法である。
　3　よって、抗告の趣旨記載の決定を求める。

添付書類

　1　委任状
　2　甲号証写し

〔注1〕　破産法216条4項（同時廃止の決定について）、同217条6項（異時廃止の決定について）、同218条5項（同意廃止の決定について）。

**書式番号 12-2-1　書式名 同意廃止の申立て**

○○年（フ）第○○○○号　　破産者

## 同意廃止の申立書

○○年○月○日

○○地方裁判所民事第○部　御中

破産者　　　　　　○○○○
破産者代理人弁護士　○○○○

第1　申立ての趣旨
　　　頭書破産手続を廃止するとの決定を求める。
第2　申立ての理由
　1　破産債権者の同意または担保の提供
　　　本件破産手続廃止については、別紙のとおり、債権届出期間内に届出をした破産債権者のうちほとんどがこれに同意しており、破産者は、同意をしていない破産債権者については、別紙のとおり担保を供した。
　2　よって、申立ての趣旨記載の決定を求める。

添付書類

　1　同意書
　2　担保を供したことを証する書類
　3　委任状

　　〔注1〕　破産法218条。
　　〔注2〕　破産者が法人の場合、あらかじめ法人継続の手続が必要（破産法219条）。

| 書式番号 12-2-2 | 書式名 同意廃止の申立てに対する意見書 |

○○年（フ）第○○○○号　　破産者

## 同意廃止の申立てに対する意見書

　　　　　　　　　　　　　　　　　　　　　　　　　　○○年○月○日

○○地方裁判所民事第○部　御中

　　　　　　　　　　　　　　　　　　　　　　破産債権者　　　○○○○
　　　　　　　　　　　　　　　　　　　　　　代表者代表取締役　○○○○

　頭書破産事件に関し、今般破産者から同意廃止の申立てがなされたが、破産廃止について異議があるので意見を述べる。

1　当社は、下記の債権を有する破産債権者である。

記

　(1)　破産債権者表番号
　(2)　債権の種類
　(3)　金額

2　当社は、破産廃止については同意しておらず、当社のための担保の提供もない。

添付書類

　　1　甲号証写し

　　　〔注1〕　破産法218条4項。

## 管財人事務についてのご通知【大阪】

○○年（フ）第○○○○号
破産者　○○○○

### 管財人事務についてのご通知

○○年○○月○○日

破産債権者　各位

　　　　　　　　　　　　　　　　　　破産管財人　　　　○○○○
　　　　　　　　　　　　　　　　　　ＴＥＬ　○○-○○○○-○○○○
　　　　　　　　　　　　　　　　　　ＦＡＸ　○○-○○○○-○○○○

　頭書破産事件について、破産管財業務を行った結果、　○○年○○月○○日、○○地方裁判所第○民事部において、破産手続廃止決定がなされました。
　つきましては、上記廃止決定に至る管財事務について、下記のとおりご通知申し上げます。

1　負　債
債権調査の結果、次のとおりの負債を認めました。
　（1）財団債権　　　　　　○件　　　　　　　　合計金○○○○円
　（2）優先破産債権　　　　○名　　　　　　　　合計金○○○○円
　　　一般破産債権　　　　○名　　　　　　　　合計金○○○○円

2　破産財団
　（1）収　入　　　　　　　　　　　　　　　　　合計金○○○○円
　　　　　（内訳）　預金解約金　　　　　　金○○○○円
　　　　　　　　　　保険解約返戻金　　　　金○○○○円
　　　　　　　　　　売掛金回収　　　　　　金○○○○円
　　　　　　　　　　電話解約返戻金　　　　金○○○○円
　　　　　　　　　　動産売却代金　　　　　金○○○○円
　　　　　　　　　　予納金　　　　　　　　金○○○○円

　（2）支　出　　　　　　　　　　　　　　　　　合計金○○○○円
　　　　　（内訳）　破産管財人報酬　　　　金○○○○円
　　　　　　　　　　事務・通信・交通費　　金○○○○円
　　　　　　　　　　財団債権支払金　　　　金○○○○円

以上の支出につきましては、すべて○○地方裁判所第○民事部の許可を得ております。

(3) 残　高　　　　　　　　　　　　　　　　　合計金○○○○円

　　破産管財人が保管中です。

3　以上の次第で、破産財団をもって破産手続費用を支弁するのに不足するものと認められるため、本件破産手続を廃止するとの決定がなされるに至りました。したがいまして、破産債権者各位に対する配当を行うことができませんので、本書をもってご通知申し上げます。

　　出典　『新版　破産管財手続の運用と書式』による。

○○年○○月○○日
債権者○○○○
債務者○○○○
所有者○○○○

**破産手続廃止の上申書**　※1

○○地方裁判所民事第○部　競売係　御中

○○年○○月○○日<br>
破産者○○○○<br>
破産管財人○○○○<br>
Tel（○○）○○−○○　Fax（○○）○○−○○

　御庁　○○（フ）第○○号破産手続開始申立事件については、○○年○○月○○日付けで廃止決定がなされましたので、この旨上申します。

添付書類

破産手続廃止決定正本（写し）

---

※1　本書式は、①破産者を債務者とし、第三者が所有者である不動産（物上保証）につき、競売手続が進行している事案で、破産手続が終了した場合または②破産者が債務者かつ所有者である不動産につき競売手続が進行している事案で、破産手続が終了した場合に、競売裁判所に提出するものである。

　すなわち、上記の各場合には、破産手続が終了しても、破産裁判所から競売裁判所に連絡はされない（同一裁判所同一部相互間でも同じ）。そのため、本書を提出しないと、破産手続終了後も競売裁判所から債務者に送付すべき書類が破産管財人宛に送付されてしまう。ところが、破産手続終了後は破産管財人に書類の受領権限がないため、その後の競売手続が無効となってしまうおそれがある。これを避けるため、本書式の提出が必要となる。

　この上申書は、廃止決定後直ちに提出すべきである。なお、実務上、法人破産の場合には、破産管財人（であった者）が引き続き特別代理人に選任されることが多い。

**書式番号 12-3-3　書式名 破産手続廃止決定のご連絡【名古屋】**

〇〇年〇〇月〇〇日

債権者　各位

　　　　　　　　　　　　　　　　　　　　〇〇市〇〇区〇〇町〇丁目〇番〇号
　　　　　　　　　　　　　　　　　　　　　　　　　　　　破産者〇〇〇〇
　　　　　　　　　　　　　　　　　　　　　　　　　　　破産管財人〇〇〇〇
　　　　　　　　　　　　　　Tel（〇〇）〇〇-〇〇　Fax（〇〇）〇〇-〇〇

**破産手続廃止決定のご連絡**　　※1　※2

　破産者〇〇〇〇（〇〇市〇〇区〇〇町〇丁目〇番〇号の破産事件（〇〇地方裁判所　〇〇年（フ）第〇〇号））につきまして、〇〇年〇〇月〇〇日、〇〇地方裁判所より破産手続廃止の決定があり、破産手続がすべて終了しましたので、ご連絡いたします。

添付書類

破産手続廃止決定正本　（写し）

※1　本書式は、破産手続廃止決定の後、破産管財人が破産債権者に対して決定があった旨を通知する文書である。
　　　本書式の送付は、破産管財人の法律上の義務ではないものの、破産債権者が破産債権を貸倒損失として計上するため、破産手続廃止決定書の写しを必要とすることから行うものである。
　　　名古屋地裁においては、破産管財人が、破産手続廃止決定後、知れたる破産債権者（※2参照）に対して本通知を送付する運用である。
※2　送付先は、破産債権を届け出た者および破産手続開始決定後に破産管財人において新たに判明した破産債権者である。

　　　出典　愛知県弁護士会倒産実務委員会編『破産管財書式集　3訂』279頁により、一部改変した。

| 書式番号 12-4-1 | 書式名 破産手続終結決定証明書 |

○○地方裁判所民事第○部　　　管財　係　御中

　　　　　　　　　　　　　　　　　　　　　　年（フ）第　　　号
　　　　　　　　　　　　　　　　　　　　　破　産　者

## 破　産　手　続　終　結　決　定　証　明　申　請　書

　上記の者に対する破産事件について、　　　年　　月　　日破産手続終結の決定があったことを証明されたく申請する。

　　　　　　　　　　　　　　　　　　　　　　　　　　　　　　　　以　上

　　　　　　　　　年　　月　　日
　　　　　　　　　　破産管財人弁護士　　　　　　　　　　　印

　上記証明する。
　　　　同日同庁
　　　　　　裁判所書記官

　　出典　『手引』に基づき、一部改変を加えた。

## 書式 12-4-2　破産手続終結の上申書【名古屋】

○○年○○月○○日
債権者○○○○
債務者○○○○
所有者○○○○

破産手続終結の上申書　※1

名古屋地方裁判所民事第○部　競売係　御中

○○年○○月○○日
破産者○○○○
破産管財人○○○○
Tel（○○）○○－○○　Fax（○○）○○－○○

　御庁○○（フ）第○○号破産手続開始申立事件については、○○年○○月○○日付けで終結決定がなされましたので、この旨上申します。

添付書類

破産手続終結決定正本（写し）

※1　本書式は、①破産者を債務者とし、第三者が所有者である不動産（物上保証）につき、競売手続が進行している事案または②破産者が債務者かつ所有者である不動産につき競売手続が進行しているが、不動産を財団から放棄し、破産手続が終了した場合に競売裁判所に提出するものである。
　　すなわち、上記の各場合には、破産手続が終了しても、裁判所から競売裁判所に連絡はされない（名古屋地裁民事第2部相互間でも同じ）。そのため、本書を提出しないと、破産手続終了後も競売裁判所から破産者に送付すべき書類が破産管財人宛に送付されてしまう。ところが、破産手続終了後は破産管財人に書類の受領権限がないため、その後の競売手続が無効となってしまうおそれがある。これを避けるため、本書の提出が必要となる。
　　この上申書は、破産手続が終了したら直ちに提出すべきである。なお、実務上、法人破産の場合には、破産管財人（であった者）が引き続き特別代理人に選任されることが多い。

出典　愛知県弁護士会倒産実務委員会編『破産管財書式集　3訂』261頁により、一部改変した。

| 書式番号 | 13-1-1 | 書式名 | 免責申立書 |

○○年（フ）第○○○○号〔注2〕

# 免責許可申立書

年　月　日

○○地方裁判所民事第○部御中

（ふりがな）
申立人氏名：＿＿＿＿＿＿＿＿＿＿　（旧姓：　　　通称：　　　）
生年月日　：破産申立書記載の通り
本　　籍　：□破産開始決定時と同じ
　　　　　　□破産開始決定後変更あり　※本籍地の記載ある住民票添付のこと
　　　　　　　→変更後の本籍地：＿＿＿＿＿＿＿＿＿＿＿＿＿＿＿＿＿
住　　所　：□破産開始決定時と同じ
　　　　　　□破産開始決定後変更あり　※住民票添付のこと
　　　　　　　→変更後の住所：＿＿＿＿＿＿＿＿＿＿＿＿＿＿＿＿＿＿
居　　所　：□破産開始決定時と同じ
　　　　　　□破産開始決定後変更あり
　　　　　　　→変更後の居所：＿＿＿＿＿＿＿＿＿＿＿＿＿＿＿＿＿＿
申立代理人（代理人が複数いる場合には主任代理人を明記）
事務所（送達場所）、電話、ファクシミリ、代理人氏名・印
　　　　　　　　　　　　　　　　　破産者代理人弁護士　　○○○○

## 申立ての趣旨

破産者について免責を許可する。

## 申立ての理由

1　破産者には□免責不許可事由がない
　　　　　　　□免責不許可事由があるが、後記事情により免責を許可すべきである。
2　破産手続開始決定確定日以後1か月を経過する日までの間に、申立てができなかった場合、その事由及びその事由が消滅した日〔注3〕

（添付資料）
1　債権者一覧表〔注4〕　　2　陳述書

〔注1〕　破産法248条4項により、債務者が破産手続開始の申立てをした場合には、同時に免責許可の申立てをしたものとみなされる。したがって、本書式は、債権者申立ての場合を想定している。
〔注2〕　破産事件の表示が必要（破産規則74条1項）。
〔注3〕　破産法248条2項、破産規則74条2項。
〔注4〕　破産法248条3項、破産規則74条3項。書式番号13-1-2参照。

## 書式13-1-2　免責申立書添付用債権者名簿

**債権者一覧表（一般用）**（　枚中　枚目）

| 番号 | 債権者名 | 債権者住所（送達先） | 電話番号 | 借入時期（○○月○日） | 現在の残高（円） | 原因使途 | 保証人（保証人名） | 最終返済日（○○月○日） | 備考（別除権、差押等がある場合は、注記してください） |
|---|---|---|---|---|---|---|---|---|---|
| | | （〒　　） | | 年　月　～<br>年　月　日 | | 原因　A・B・C・D<br>使途・内容<br>（　　） | □無<br>□有<br>（　　） | 最終返済日<br>年　月　日<br>□一度も返済していない | |
| | | （〒　　） | | 年　月　～<br>年　月　日 | | 原因　A・B・C・D<br>使途・内容<br>（　　） | □無<br>□有<br>（　　） | 最終返済日<br>年　月　日<br>□一度も返済していない | |
| | | （〒　　） | | 年　月　～<br>年　月　日 | | 原因　A・B・C・D<br>使途・内容<br>（　　） | □無<br>□有<br>（　　） | 最終返済日<br>年　月　日<br>□一度も返済していない | |
| | | （〒　　） | | 年　月　～<br>年　月　日 | | 原因　A・B・C・D<br>使途・内容<br>（　　） | □無<br>□有<br>（　　） | 最終返済日<br>年　月　日<br>□一度も返済していない | |
| | | （〒　　） | | 年　月　～<br>年　月　日 | | 原因　A・B・C・D<br>使途・内容<br>（　　） | □無<br>□有<br>（　　） | 最終返済日<br>年　月　日<br>□一度も返済していない | |
| | | （〒　　） | | 年　月　～<br>年　月　日 | | 原因　A・B・C・D<br>使途・内容<br>（　　） | □無<br>□有<br>（　　） | 最終返済日<br>年　月　日<br>□一度も返済していない | |
| | | （〒　　） | | 年　月　～<br>年　月　日 | | 原因　A・B・C・D<br>使途・内容<br>（　　） | □無<br>□有<br>（　　） | 最終返済日<br>年　月　日<br>□一度も返済していない | |
| | | （〒　　） | | 年　月　～<br>年　月　日 | | 原因　A・B・C・D<br>使途・内容<br>（　　） | □無<br>□有<br>（　　） | 最終返済日<br>年　月　日<br>□一度も返済していない | |

「原因」欄は、A＝現金の借り入れ、B＝物品購入、C＝保証、D＝その他、のいずれかの記号を○で囲む。

# 債権者一覧表（一般用）（　枚中　枚目）（最終頁用）

| 番号 | 債権者名 | 債権者住所（送達先）電話番号 | 借入時期（○○月○日） | 現在の残高（円） | 原因<br>使途 | 保証人（保証人名） | 最終返済日（○○月○日） | 備考（別除権、差押等がある場合は、注記してください） |
|---|---|---|---|---|---|---|---|---|
| | | (〒　　)<br>（　　） | 年　月　～<br>年　月　日 | | 原因　A・B・C・D<br>使途・内容<br>（　　　） | □ 無<br>□ 有<br>（　　　） | □ 最終返済日<br>　年　月　日<br>□ 一度も返済していない | |
| | | (〒　　)<br>（　　） | 年　月　～<br>年　月　日 | | 原因　A・B・C・D<br>使途・内容<br>（　　　） | □ 無<br>□ 有<br>（　　　） | □ 最終返済日<br>　年　月　日<br>□ 一度も返済していない | |
| 債権者数合計（一般用）　　　　名 | | | 総債権額 | 円 | | | | |

[注1] 破産法248条3項、破産規則74条3項
出典 東京地裁民事20部が東京三弁護士会に交付した書式を参考に作成し、一部改変した。

# 第13部　免責および復権
## 第1章　免責　書式番号13-1-3　上申書

**書式番号 13-1-3　書式名　上申書**

○○地方裁判所民事第○部　即日面接係　御中

○○年（フ）第○○○○号破産手続開始申立事件
破産者

## 上　申　書

年　月　日
破産者代理人弁護士　　　　　　　　　　　　　印
（電　話　　　　　　　　）
（ＦＡＸ　　　　　　　　）

　上記の事件につき、○○年○月○日午後5時に破産手続開始・同時廃止の決定がされましたが、決定後、次のとおり新たな債権者が判明したことから、当職において、これらの債権者に対して、所定事項（①事件番号、②破産者の住所・氏名・生年月日、③破産手続開始・同時廃止の決定の日、④免責意見申述期間・意見書の提出先、⑤免責審尋期日・場所）を通知いたしましたので、上申します。

| 番号 | 債権者名 | 債権者住所（送達先） | 借入始期及び終期 | 現在の残高（円） | 原因使途 | 保証人（保証人名） | 最終返済日 | 発送（送信）年月日 |
|---|---|---|---|---|---|---|---|---|
|  |  | （〒　－　） | 年　月　日～年　月　日 |  | 原因使途・内容（　） | □無□有（　） | □最終返済日　年　月　日□一度も返済していない | 年　月　日 |
|  |  | （〒　－　） | 年　月　日～年　月　日 |  | 原因使途・内容（　） | □無□有（　） | □最終返済日　年　月　日□一度も返済していない | 年　月　日 |
|  |  | （〒　－　） | 年　月　日～年　月　日 |  | 原因使途・内容（　） | □無□有（　） | □最終返済日　年　月　日□一度も返済していない | 年　月　日 |
|  |  | （〒　－　） | 年　月　日～年　月　日 |  | 原因使途・内容（　） | □無□有（　） | □最終返済日　年　月　日□一度も返済していない | 年　月　日 |
|  |  | （〒　－　） | 年　月　日～年　月　日 |  | 原因使途・内容（　） | □無□有（　） | □最終返済日　年　月　日□一度も返済していない | 年　月　日 |
|  |  | （〒　－　） | 年　月　日～年　月　日 |  | 原因使途・内容（　） | □無□有（　） | □最終返済日　年　月　日□一度も返済していない | 年　月　日 |

出典　『手引』に基き、一部改変した。

| 書式番号 | 13-1-4 | 書式名 | 通知書 |

○○年（フ）第○○○○号

債権者　○○○○御中

年　月　日

# 通　知　書

〒　　　　　東京都○○○○○○○○○○
　　　　　　破産者
　　　　　　　　　　　年　月　日生
〒　　　　　東京都○○○○○○○○○○
　　　　　　申立代理人
　　　　　　　　（電　話　　　　　　　　）
　　　　　　　　（FAX　　　　　　　　　）

　上記破産者は、貴殿に対し、下記4記載の債務を負担しているところ、○○年○月○日午後5時、○○地方裁判所において、破産手続開始・同時廃止の決定（○○年○月○日申立て）を受けましたので通知いたします。
　また、破産者の免責について意見を述べることができる期間及び免責審尋期日が下記1及び3のとおり定められました。破産者について免責不許可事由（破産法252条1項）に該当する事実があれば、「免責についての意見申述書」を下記1の期間内に下記2の部署へ提出してください。

記

1　免責意見申述期間　下記3免責審尋期日まで
2　免責意見書提出先　郵便番号○○○－○○○○
　　　　　　　　　　（住所）
　　　　　　　　　　○○地方裁判所民事第○部即日面接係
3　免責審尋期日
　　　日時　　　　年　月　日　午前・午後　　時　　分
　　　場所　（住所）
　　　　　　○○高等・地方・簡易裁判所合同庁舎（○階）
　　　　　　○○○号法廷
　　　　　　※不明な点は上記申立代理人へご連絡ください。
4　債務の表示
　　金額　　　　　　円
　　債権の発生原因

以　上

〔注1〕　同時決定廃止後に、債権者の変更・追加があった場合、代理人から適宜の方法により変更後、追加分の債権者に通知する必要が生じることがある。

出典　『弁護士業務書式文例集　4訂版』による。

| 書式番号 13-1-5 | 書式名 免責に関する意見書（破産管財人） |

　　　　　　　　　　　　　　　　　　　　　　　　　　　年　月　日

担当係名　　　係

〇〇年（フ）第〇〇〇〇号　　破産者

　　　　　　　　　　　　　　　　　破産管財人弁護士　　〇〇〇〇

## 免責に関する意見書

（□内にチェックしたもの）

□　免責不許可事由はない。

□　免責不許可事由はあるが、免責相当である。

□　免責は不相当である。

※　本書面は集会日に御持参ください。

　　　　　〔注1〕　破産法250条1項。
　　　　　出典　『手引』に基き、一部改変した。

# 免責に関する管財人の意見書（不許可相当）

○○年（フ）第○○○○号

## 免責に関する意見書

○○年○月○日

○○地方裁判所民事第○部　管財○○係　御中

破産者　　○○○○
破産管財人弁護士　　○○○○

上記事件の破産者について、以下の理由により免責は不相当と思料する。

1　免責不許可事由の存在

破産者については、少なくとも次のとおり、破産法252条1項1号の不利益処分、同4号の浪費・賭博、同8号の説明義務違反の各事実が存する。

(1)　破産者は、破産手続開始決定の日の3週間前の○○年○月○日に、○○生命保険相互会社の生命保険（保険契約者破産者）の解約返戻金360万円を、破産申立書に記載のない破産者名義の預金口座（○○信用金庫○○支店）に振込みを受けて受領し、翌日同預金の払戻しを受けた。

なお破産者は、それに先立ち、○○年○月○日、本破産手続開始の申立手続を代理人弁護士に依頼し、同弁護士は同日付で各債権者に対し、受任通知を送付している。

(2)　当職は、破産手続開始後、破産者宛の同保険会社からの郵便物を調査したところ上記事実を把握し、同解約返戻金の使途等について、破産者に対し説明を求めたところ、破産者は次のように説明を行った。

ア　まず、○○年○月○日管財人事務所にて、破産者と面談した際には、同解約返戻金のうち、60万円は申立代理人に対し、弁護士費用と破産予納金として支払い、残りの300万円は離婚した妻に財産分与したとの説明であった。

イ　アの説明を受けて、当職は申立代理人への事実関係の調査照会を依頼したところ、申立代理人から○○年○月○日付で次のような報告書が提出された。

すなわち、破産者から申立費用として一括して60万円を受領した事実はなく、また、離婚した妻に対しては、生活費として30万円程度の生活費を渡しただけである。

破産者は、同解約返戻金については、知人のAに対し、300万円の借入金の返済として100万円、同じく知人のBに対し、600万円の借入金の返済として200万円の弁済資金として使い、残りは生活費に費消した。

なお、同知人A及びBからの借入については、債権者一覧表にも記載がない。

当職は、破産者に対し、同知人A及びBの領収証その他借入及び弁済の事実を基礎付け

る資料の提出を求めると同時に、同人ら宛てに文書で事実の照会を行ったが、資料の提出も、A及びBからの回答も得られなかった。

　ウ　その後、破産者は、○○年○月○日付報告書を提出し、次のような説明を行った。

　　すなわち、上記アの説明及び上記イの申立代理人報告書記載の内容はいずれも虚偽であり、解約返戻金は、生活費、新宿、池袋等でのクラブ等での飲食費、競馬・競輪・競艇等で使い切った。しかし、その通ったクラブ等の飲食店の名称や、賭けたレース名、日時については、全て「覚えていない」との説明であり、具体的な説明はまったく得られなかった。

(3)　上記解約返戻金の使い道については、これを確定することは困難であるが、破産者の最終的な説明のとおりであるとすれば、その行為は破産法252条1項1号（不利益処分）、同4号（浪費、賭博）に該当する。

　また、上記のとおり破産者には、同8号の説明義務違反も存する。

2　手続費用の未納

　破産者は、予定された手続費用20万円のうち10万円しか納付していない。

3　破産者は、虚偽の説明を行った理由として、真実を言えば免責が認められないと考えそれを恐れたためである旨説明し、裁量免責を求めている。

　しかし、上記事情等を考慮すれば、本件においては裁量免責すべき事情は存しない。

4　以上から、破産者には免責不相当と思料する。

　　　〔注1〕　破産法250条。
　　　〔注2〕　免責相当の場合は、書式番号13-1-5だけの提出で足りる。

書式番号 13-1-7　免責に関する意見書（債権者）

〇〇年（フ）第〇〇〇〇号
破産者　　　　〇〇〇〇

# 免責についての意見書

〇〇年〇月〇日

〇〇地方裁判所民事第〇部　管財〇〇係　御中

　　　　　　　　　　　　　　　　　　　　　破産債権者　　　　〇〇〇〇
　　　　　　　　　　　　　　　　　　　　　代表者代表取締役　〇〇〇〇

　上記破産者の免責許可の申立てについて、破産者には、次の免責不許可事由があるから[注2]、免責は不許可とすべきである。
1　破産法252条1項2号及び5号の事由
　　破産者は、破産手続開始決定の2か月前の〇〇年〇月〇日、破産開始を遅延させる目的で、当社発行のクレジットカードを使用して「〇〇」にて17万円のパソコンを購入し、その当日、これをパソコンショップ「〇〇〇」にてわずか2万円で売却した。
　　破産者のこの行為は、破産手続の開始を遅延させる目的で信用取引により商品を買い入れてこれを著しく不利益な条件で処分したこと（同2号）、並びに、破産手続開始の原因となる事実があることを知りながら、詐術を用いて信用取引により財産を取得したこと（同5号）にあたる。
2　破産法252条1項1号及び8号の事由
　　さらに破産者は、破産手続開始決定の約1か月前に、〇〇生命保険相互会社との生命保険契約を解約し、破産開始決定の1週間前に、その解約返戻金約200万円を受領していたが、破産裁判所及び破産管財人にはこの事実を報告せず、破産管財人に受領した金員を引継ぎせずに、破産開始決定後の生活費として費消した。
　　破産者のこの行為は、債権者を害する目的での財産隠匿（同1号）並びに説明義務違反（同8号）にあたる。
3　よって、破産者については、免責を許可すべきではない。

添付資料

　　1　カード利用明細書
　　2　調査報告書

〔注1〕　免責についての破産債権者の意見の申述は、期日においてする場合を除き、書面でしなければならない（破産法251条1項、破産規則76条1項）。
〔注2〕　意見の申述は、破産法252条1項各号に掲げる事由に該当する具体的な事実を明らかにしてしなければならない（破産規則76条2項）。

## 免責許可決定書

○○年（フ）第○○○○○号（○○年○月○日午後5時破産手続開始決定）

## 決　　　定

東京都○○区○○町○丁目○-○
破産者　　　○○○○

### 主　　　文

破産者○○○○について免責を許可する。

### 理　　　由

　破産者の負債額、負債が生じた経緯その他本件で明らかになった全ての事情を総合しても、破産法252条の規定により免責不許可決定をすべきものとは認められないから、破産者について免責を許可することとする。

○○年○月○日
○○地方裁判所民事第○部
　裁　判　官

〔注1〕　破産法252条。
〔注2〕　東京地方裁判所の破産同時廃止事件における決定書。

## 書式 13-1-9　免責不許可に対する即時抗告申立て

即時抗告申立書

〇〇年〇月〇日

〇〇高等裁判所　御中

　　　　　　　　　　　　　　　　　　　破産者　　　　〇〇〇〇
　　　　　　　　　　　　　　　　　　　代理人弁護士　〇〇〇〇

第1　抗告の趣旨
　　〇〇地方裁判所〇〇年（フ）第〇〇号免責許可申立事件について、〇〇年〇月〇日にした免責不許可決定を取り消すとの裁判を求める。
第2　抗告の理由
　1　原決定の認定
　　　原決定は、破産者が「破産手続の開始を遅延させる目的で、信用取引により商品を買い入れてこれを著しく不利益な条件で処分したこと」（破産法252条1項2号）を理由に、免責を不許可とした。
　2　免責不許可事由の不存在
　　　しかしながら、破産者は商品の処分行為は行ったものの、次のとおり、破産者には「破産手続の開始を遅延させる目的」はなかったものであるから、破産者には免責不許可事由は存しない。
　　(1)　……
　3　よって、抗告の趣旨記載の決定を求める。

添付書類

　1　委任状
　2　甲号証写し

　　　〔注1〕　破産法252条5項。

## 免責取消の申立て

〇〇年〇月〇日

〇〇地方裁判所民事第〇部　御中

　　　　　　　　　　　　　　　　　　　　破産債権者　　　〇〇〇〇　株式会社
　　　　　　　　　　　　　　　　　　　　代表者代表取締役　　　〇〇〇〇

第1　申立ての趣旨
　　御庁〇〇年（フ）第〇〇〇〇号破産手続開始申立事件につき、御庁が〇〇年〇月〇日なした免責許可決定を取り消すとの裁判を求める。

第2　申立ての理由
　1　破産者につき、有罪の判決が確定したこと
　　(1) 刑事事件の表示
　　　　〇〇地方裁判所〇〇年（特わ）第〇〇号詐欺破産被告事件
　　(2) 判決言渡しの日　　　　〇〇年〇月〇日
　　(3) 判決の内容

　　(4) 判決確定の日　　　　〇〇年〇月〇日
　2　よって、申立ての趣旨記載の決定を求める。

添付書類

1　刑事判決が確定したことを証する資料

〔注1〕　破産法254条1項前段。破産債権者の申立てにより又は職権でなされる。
〔注2〕　刑事確定訴訟記録は、原則として事件終結後3年以内は閲覧が認められ（刑事確定訴訟記録法第4条）、実務上、一定の必要性がある場合には、検察庁の許可により、その謄写が認められる場合もある。

# 免責取消の申立て

〇〇年〇月〇日

〇〇地方裁判所民事第〇部　御中

破産債権者　〇〇〇〇

第1　申立ての趣旨
　　御庁〇〇年（フ）第〇〇〇〇号破産手続開始申立事件につき、御庁が〇〇年〇月〇日なした免責許可決定を取り消すとの裁判を求める。
第2　申立ての理由
　1　免責許可の決定がされたこと
　　〇〇年〇月〇日、破産者について、御庁は免責許可の決定を行った。〔注2〕
　2　免責許可の決定が破産者の不正の方法によってなされたこと
　（1）破産者は、従前㈱〇〇に勤務していたが、破産手続開始決定の約2週間前の同年〇月〇日に同社を退職し、破産手続開始後の〇月〇日、退職金950万円を受領している。この退職金債権は本来破産財団に属すべきものであり、破産者のこの行為は、破産法256条1項1号の詐欺破産罪、252条1項1号の免責不許可事由にあたる。
　（2）しかるに破産者は、破産債権者の〇〇及び〇〇にこの事実を知られるや、同人らに対し、この事実を破産管財人や破産裁判所に知らせないように頼み、その対価として、受領した退職金の中から債権額に応じてそれぞれ50万円と100万円を交付した。
　（3）以上のとおり、破産者は、破産債権者の一部に対し不当な利益供与を行って、免責不許可事由のあることを隠し、免責決定を得たのであり、破産法254条1項後段の不正の方法によって免責許可の決定がされた場合に該当することが明らかである。
　3　よって、申立ての趣旨記載のとおり、免責許可決定の取消を求める。

添付書類

　1　調査報告書

〔注1〕　破産法254条1項後段。
〔注2〕　免責許可の決定があった後、1年以内に、破産債権者が申し立てを行う必要がある。

第13部　免責および復権
第1章　免責　書式番号13-1-12　強制執行停止上申（異時廃止、破産終結）

| 書式番号 | 13-1-12 | 書式名 | 強制執行停止上申（異時廃止、破産終結） |

## 強制執行停止上申書

○○地方裁判所民事第○部　御中

当事者　　別紙当事者目録記載のとおり

　上記当事者間の○○地方裁判所○部○○年（ル）第○○○○号債権差押命令申立事件について、債務者が申し立てた破産手続開始申立事件（○○地方裁判所○○年（フ）第○○○○号）において、免責許可の申立てがあり、かつ、
□　破産法217条1項の破産手続廃止の決定
□　破産法220条1項の破産手続終結の決定
が、○○年○月○日にされたので、強制執行を停止されたく上申する。

年　　月　　日
債務者　　　　　　　　　　　　　印

添付書類

□破産法217条1項の破産手続廃止の決定
　　破産手続開始決定正本　　　1通
　　破産手続廃止決定証明書　　1通
　　同確定証明書　　　　　　　1通
　　免責許可申立係属証明書　　1通
□破産法220条1項の破産手続終結の決定
　　破産手続開始決定正本　　　1通
　　破産手続終結決定証明書　　1通
　　免責許可申立係属証明書　　1通
　※　該当事項の□にレ印を付す。

〔注1〕　破産法249条1項。
〔注2〕　債権の差押えに関しては、管財人就任後まもなく、管財人から執行取消しの上申が行なわれるため、本書式が利用される場面は限定されます。

出典　東京地裁から東京三弁護士会に配付された書式に一部改変を加えた。

| 書式番号 | 13-1-13 | 書式名 | 強制執行取消上申（免責確定） |

# 強制執行取消上申書

〇〇地方裁判所民事第〇部　御中

　　　　　　　　　　　　　　　当　事　者　　別紙当事者目録記載のとおり

　上記当事者間の〇〇地方裁判所第〇部〇〇年（ル）第〇〇〇〇号債権差押命令申立事件について、債務者が申し立てた破産手続開始申立事件（〇〇地方裁判所〇〇年（フ）第〇〇〇〇号）において、〇〇年〇月〇日に免責許可決定があり、〇〇年〇月〇日に同決定が確定したので、上記差押命令を取り消されたく上申する。

　　　　　　　　　　　　　　　年　　　月　　　日
　　　　　　　　　　　　　　　債務者　　　　　　　　　　　　　　印

添付書類
　　免責許可決定正本　　1通
　　免責許可確定証明書　1通

〔注1〕　破産法249条2項。
〔注2〕　債権の差押えに関しては、管財人就任後まもなく管財人から執行取消しの上申が行なわれるため、本書式が利用される場面は限定されます。
出典　東京地裁から東京三弁護士会に配付された書式を基に一部改変を加えた。

| 書式番号 13-1-14 | 書式名 免責許可申立係属証明申請書 |

## 証明申請書

○○地方裁判所民事第○部　御中

　　　　　○○年○月○日
　　　　　　　申請人　住所
　　　　　　　　　　　氏名

```
収入印紙
1通につき
150円
```

　御庁○○年（フ）第○○○○号破産手続開始申立事件について、現在、免責許可の申立てが係属していることを証明されたく申請する。


（以下は裁判所が記載）


　　　　　上記のとおり証明する。
　　　　　　○○地方裁判所民事第○部
　　　　　　裁判所書記官

〔注1〕　破産法249条1項の申請の添付書類。
出典　東京地裁から東京三弁護士会に配付された書式を基に、一部改変を行った。

○○年（フ）第○○号　破産者

<br>

## 復権の申立て

○○年○月○日

○○地方裁判所民事第○部　御中

破産者代理人弁護士　　○○○○

第1　申立ての趣旨
　　　頭書事件につき、破産者を復権する、との決定を求める。
第2　申立ての理由
　　　破産者は、今般、破産債権者から債務免除を受け、破産債権者に対する債務の全部についてその責任を免れた。
　　　よって、申立ての趣旨記載の決定を求める。

添付書類

1　債務免除確認書
2　委任状

　　　〔注1〕　破産法256条1項。

第13部　免責および復権
第2章　復権　書式番号13-2-2　復権の申立てに対する意見書

**書式番号 13-2-2　書式名 復権の申立てに対する意見書**

○○年（モ）第○○号　復権申立事件
（基本事件　○○年（フ）第○○○号　破産手続開始申立事件）

## 復権の申立てに対する意見書

　　　　　　　　　　　　　　　　　　　　　　　　　　　○○年○月○日

○○地方裁判所民事第○部　御中

　　　　　　　　　　　　　　　　　　　　　破産債権者　　○○○○株式会社
　　　　　　　　　　　　　　　　　　　　　代表者代表取締役　　○○○○

　頭書事件に関し、破産者の復権の申立てにつき意見を述べます。
　破産者は、破産債権者に対する債務の全部についてその責任を免れたとしていますが、当社が破産者に対して有する下記債権については弁済を受けておりませんので、破産者を復権すべきではないと思料します。

記

1　破産債権者表番号
2　債権の種類
3　金　額

　　　　　　　　　　　　　　　　　　　　　　　　　　　　　　　　以　上

添付書類

1　調査報告書

〔注1〕　破産法256条3項、破産規則77条、71条2項前段。書面により、意見の理由も付して申述する必要がある。

| 書式番号 | 14-1-1 | 書式名 | 相続財産破産手続開始申立書 |

# 相続財産破産申立書

　　　　　　　　　　　　　　　　　　　　　　　　　　　年　　月　　日

○○地方裁判所民事第○部　御中

　　　　　　　　　　　　　　　　　　　申立人代理人弁護士　　○○○○　印

　　　　　　　　　〒○○○－○○○○　東京都○○区○○町１－２－３
　　　　　　申立人　　　　　　　被相続人○○○○相続人○○○○

　　　　　　　　　〒○○○－○○○○　東京都○○区○○町２－３－４
　　　　　　　　　　　　　　　　　○○○○法律事務所（送達場所）
　　　　　　　　　　上記申立代理人弁護士　　○○○○
　　　　　　　　　　電　　話　○○－○○○○－○○○○
　　　　　　　　　　ＦＡＸ　　○○－○○○○－○○○○

　　　　　　　　　〒○○○－○○○○　東京都○○区○○町３－４－５
　　　　　　　　　　　　　（被相続人の相続開始の時の住所地）
　　　　　　債務者　　　　　　被相続人○○○○の相続財産

　　　　　　　申　立　て　の　趣　旨

　被相続人○○○○の相続財産に対し破産手続を開始する
との決定を求める。

　　　　　　　申　立　て　の　理　由

1　申立人
　被相続人○○○○は、　　年　　月　　日、死亡したが、申立人は、被相続人○○○○の子であり、相続人である。

2　破産手続開始の原因である事実
　被相続人○○○○は、債権者一覧表記載のとおり、債権者○○人に対し、金○○万円の債務を負担し、別紙財産目録記載の財産を遺して死亡しており、相続財産をもって相続債権者及び受遺者に対する債務を完済することはできない。

3　よって、被相続人〇〇〇〇の相続財産に対し、破産手続開始の決定をしていただきたく申立てをする。

添付書類

1　　　　　戸籍謄本
2　　　　　住民票
3　　　　　債権者一覧表
4　　　　　財産目録
5　　　　　委任状

〔注1〕　破産法224条1項。
〔注2〕　申立期間は、第1種財産分離の請求のできる期間（民法941条1項）に限定される（破産法225条）。

**書式番号 14-1-2　書式名　破産手続続行申立書**

○○年（フ）第○○号

続行申立書

年　月　日

○○地方裁判所民事第○部　御中

申立人代理人弁護士○○○○　印

　　　　　　　　〒○○○―○○○○　東京都○○区○○町１－２－３
　　　　　　　　　申立人　　被相続人○○○○相続人○○○○

　　　　　　　　〒○○○―○○○○　東京都○○区○○町２－３－４
　　　　　　　　　　　　　　○○○○法律事務所（送達場所）
　　　　　　　　　　上記申立代理人弁護士　　○○○○
　　　　　　　　　　電　話　○○－○○○○－○○○○
　　　　　　　　　　ＦＡＸ　○○－○○○○－○○○○

　　　　　　　　〒○○○―○○○○　東京都○○区○○町３－４－５
　　　　　　　　　　　　（被相続人の相続開始の時の住所地）
　　　　　　　　　　債務者　　被相続人○○○○の相続財産

申　立　て　の　趣　旨

　頭書事件につき、被相続人○○○○の相続財産について、その破産手続を続行するとの決定を求める。

申　立　て　の　理　由

１　債務者の相続開始
　　被相続人○○○○は、　　年　月　日、御庁に対し、破産手続開始の申立て（○○年（フ）第○○号）をしたが、　　年　月　日、死亡し、相続が開始した。

２　破産手続開始の原因である事実
　　被相続人○○○○は、債権者一覧表記載のとおり、債権者○○人に対し、金○○万円の債

務を負担し、別紙財産目録記載の財産を遺して死亡しており、相続財産をもって相続債権者及び受遺者に対する債務を完済することはできない。

3 よって、被相続人〇〇〇〇の相続財産に対し、被相続人〇〇〇〇の申し立てた破産手続の続行の決定をしていただきたく申立てをする。

添付資料

1 戸籍謄本
2 債権者一覧表
3 財産目録
4 委任状

〔注１〕 破産法226条１項。
〔注２〕 申立期間は、相続が開始した後１か月以内である（破産法226条２項）。

書式番号 14-1-3　書式名　即時抗告申立書（続行申立却下）

○○年（フ）第○○号

即時抗告申立書

　　　　　　　　　　　　　　　　　　　　　　　　　年　　月　　日

○○高等裁判所　御中

　　　　　　　　　　　　抗告人　　被相続人○○○○相続人　　○○○○
　　　　　　　　　　　　　　　　　抗告人代理人弁護士　　　　○○○○　印

　　当事者の表示　　別紙当事者目録記載のとおり（略）

抗　告　の　趣　旨

1　頭書事件につき、○○地方裁判所が　　年　　月　　日になした破産手続続行の申立てを却下する決定を取り消す
2　頭書事件につき、被相続人○○○○の相続財産について、その破産手続を続行するとの決定を求める。

抗　告　の　理　由

1　原審裁判所は、抗告人に対し、抗告人の申立てに係る破産手続続行申立事件について、　　年　　月　　日、申立てを却下する決定を行った。
2　しかし、（……以下取消事由）
3　よって、抗告の趣旨記載の決定を求め、本抗告をする。

添付書類

1　　　　訴訟委任状
2　　　　甲号証写

〔注1〕　破産法226条4項。
〔注2〕　取消事由としては、相続財産破産の開始要件があること等が考えられる。

## 通知書

年　月　日

〇〇〇〇　殿

〒〇〇〇－〇〇〇〇　〇〇県〇〇市〇〇町１－２－３
〇〇〇〇法律事務所
破産者　被相続人〇〇〇〇相続財産
破産管財人　弁護士　〇〇〇〇
電　話　〇〇－〇〇〇〇－〇〇〇〇
ＦＡＸ　〇〇－〇〇〇〇－〇〇〇〇

前略
　当職は、〇〇年〇月〇日、〇〇地方裁判所において破産開始決定を受けた（〇〇地方裁判所〇〇年〇月〇日（フ）第〇〇〇〇号）被相続人〇〇〇〇相続財産の破産管財人です。
　貴殿は、被相続人〇〇〇〇の遺言により、相続財産のすべてについて遺贈を受けられ、〇〇年〇月〇日に、〇〇銀行〇〇支店の被相続人名義の口座から、金〇〇〇万円を引き出しておられます。
　しかし、かかる行為は、貴殿に優先する相続債権者を害するものであり、破産法235条1項に基づく否認権行使の対象となります。
　つきましては、貴殿が引き出された前記預金金〇〇〇万円を、下記の当職名義の口座へお振り込みのうえ、お支払いいただきますよう本書をもって請求致します。

記

振込口座の記載（略）

以　上

〔注1〕　破産法235条1項。

| 書式番号 | 14-1-5 | 書式名 | 相続財産の管理報告書 |

○○年（フ）第○○○○号
破産者　○○○○

# 相続財産の管理報告書

年　月　日

○○地方裁判所第○○民事部　御中

破産者　○○○○
破産管財人　弁護士　○○○○　印

　頭書事件につき、破産者○○○○の相続（被相続人○○○○）について、相続財産の限定承認の申立てがありましたが、相続財産の管理状況は以下のとおりでありますから、その旨ご報告致します。

1　財産の状況について
　　資産及び負債の状況については、財産目録（略）記載及び下記のとおりです。
　(1)　現金、預貯金について

　(2)　不動産について

　(3)　有価証券等について

　　（中略）

　(6)　負債について
　　　現時点での知れたる債権者は、相続債権者一覧表（略）記載のとおり、○○名で負債総額は約○○○○万円である。
　(7)　管理費用について
　　　別紙管理費用計算書（略）記載のとおりである。

2　今後の見込みについて
　　○○の換価を終了すれば、全資産について換価が終了するが、現時点での資産総額の見込みは約○○○○万円であり、他方、負債は約○○○○万円であることから、相続財産は約○○○万円の剰余が生じ、破産者の破産財団に組入れが可能になる見込みである。

第14部　相続財産（及び信託財産）破産
第1章　相続財産破産　書式番号14-1-5　相続財産の管理報告書

添付書類

1　　財産目録
2　　預金通帳写し
3　　相続債権者一覧表
4　　管理費用計算書

以　　上

〔注1〕　破産法242条。本書式は、相続人について破産手続開始決定があった後に、当該相続人について限定承認の申立てがなされた場合の破産管財人による相続財産の管理に関する報告書である。

## 書式14-1-6　相続財産の処分行為に対する利得返還請求書

利得返還請求書

　　　　　　　　　　　　　　　　　　　　　　　　　　年　　月　　日

○○○○　殿

　　　　　　　　　　　　　〒○○○―○○○○　○○県○○市○○町１－２－３
　　　　　　　　　　　　　　○○○○法律事務所
　　　　　　　　　　　　　　破産者　被相続人○○○○相続財産
　　　　　　　　　　　　　　破産管財人　弁護士　　○○○○
　　　　　　　　　　　　　　電　話　　○○－○○○○－○○○○
　　　　　　　　　　　　　　ＦＡＸ　　○○－○○○○－○○○○

前　略
　当職は、○○年○月○日、○○地方裁判所において相続財産の破産手続開始決定を受けた（○○地方裁判所○○年○月○日（フ）第○○○○号）被相続人○○○○相続財産の破産管財人です。
　被相続人○○○○の相続人である貴殿は、本件破産手続開始決定前である○○年○月○日に、被相続人の相続財産である土地（○○県○○市○○町２－３－４所在）を売却し、当該土地の売買代金金○○○○万円を、買主である○○○○氏から、受領されておられます。
　しかし、破産法229条３項本文では、相続財産の破産手続が開始された当時、すでに相続財産の全部又は一部が処分されていた場合において、処分をした相続人が反対給付を受けている場合には、相続人は当該給付を破産財団に返還しなければならないと規定されております。
　つきましては、貴殿には受領済みの本件土地の売買代金につき、破産財団に返還する義務がありますので、貴殿に対し、上記売買代金金○○○○円を、下記の当職名義の口座へお振り込みのうえ、お支払いいただきますよう本書をもって請求致します。

記

振込口座の記載（略）

　　　　　　　　　　　　　　　　　　　　　　　　　　　　　　　　以　上

〔注１〕　破産法229条２項、３項。

**書式番号 14-1-7　書式名 相続放棄承認申述書**

<br>

## 相続放棄承認申述書

　　　　　　　　　　　　　　　　　　　　　　　　　　　　年　　月　　日

○○家庭裁判所　御中

　　　　　　　　　　　　　　　　　　申　述　人
　　　　　　　　　　　　　　　　　　　　破産者○○○○破産管財人　弁護士　　○○○○　印

　　　　　　　　　　　　　　　　　〒○○○—○○○○　○○県○○市○○町1－2－3
　　　　　　　　　　　　　　　　　　　　○○○○法律事務所（送達場所）
　　　　　　　　　　　　　　　　　　　　破産管財人　弁護士　　○○○○
　　　　　　　　　　　　　　　　　　　　電　話　○○－○○○○－○○○○
　　　　　　　　　　　　　　　　　　　　ＦＡＸ　○○－○○○○－○○○○

　　　　　　　　　　　　　　破産者（相続人）
　　　　　　　　　　　　　　本　　　籍　　○○県○○市○○町2丁目3番地4
　　　　　　　　　　　　　　住　　　所　　○○県○○市○○町2－3－4
　　　　　　　　　　　　　　氏　　　名　　○○○○

　　　　　　　　　　　　　　被相続人
　　　　　　　　　　　　　　本　　　籍　　○○県○○市○○町3丁目4番地5
　　　　　　　　　　　　　　住　　　所　　○○県○○市○○町3－4－5
　　　　　　　　　　　　　　氏　　　名　　○○○○

1　申述の趣旨
　　破産者○○○○がなした被相続人亡○○○○の相続の放棄を承認する。
2　申述の実情
　　被相続人は、○○年○月○日に死亡した。
　　破産者は、○○年○月○日、○○地方裁判所において破産手続開始決定を受け（○○地方裁判所○○年（フ）第○○○○号）、申述人が破産管財人に選任された。
　　その後、破産者は、○○年○月○日、御庁において被相続人の相続を放棄する旨申述を行い、同申述は受理されている（御庁○○年（家）第○○○○号）。
　　申述人は、破産者の上記相続放棄を○○年○月○日に知るに至ったが、被相続人の相続財産は債務超過であるため、破産法238条2項に基づき、破産者のなした相続放棄について承認の申述を行う。

第14部　相続財産（及び信託財産）破産
第1章　相続財産破産　書式番号14-1-7　相続放棄承認申述書

添付書類

1　　　資格証明書
2　　　戸籍謄本（破産者）
3　　　除籍謄本（被相続人）
4　　　破産裁判所の許可書

〔注1〕　破産法238条2項。本書式は、相続人の破産手続開始決定後、相続人たる破産者が相続放棄をした場合に、破産管財人も当該相続放棄の効力を認め、家庭裁判所にその旨の申述をする際の申述書である。
〔注2〕　破産管財人による破産者の相続の放棄の承認は、破産裁判所の要許可事項である（破産法78条2項6号）。
〔注3〕　申述期間は、破産管財人が破産者による相続放棄があったことを知った時から3か月以内である（破産法238条2項）。

## 特定遺贈の承認書（放棄書）

　　　　　　　　　　　　　　　　　　　　　　　　　　　　年　　月　　日

亡〇〇〇〇殿相続人　各位

　　　　　　　　　　　　　　〒〇〇〇―〇〇〇〇　〇〇県〇〇市〇〇町１－２－３
　　　　　　　　　　　　　　　　　　　　　　　　〇〇〇〇法律事務所
　　　　　　　　　　　　　　　　　　　　　　　　破産者〇〇〇〇
　　　　　　　　　　　　　　　　　　　　　　　　破産管財人　弁護士　　〇〇〇〇
　　　　　　　　　　　　　　　　　　　　　　　　電　話　〇〇－〇〇〇〇－〇〇〇〇
　　　　　　　　　　　　　　　　　　　　　　　　ＦＡＸ　〇〇－〇〇〇〇－〇〇〇〇

前　略
　当職は、破産者〇〇〇〇の破産管財人であるところ、破産者〇〇〇〇は、亡〇〇〇〇殿の遺言書において下記の内容の遺贈（特定遺贈）を受けております。
　そこで、当職において破産裁判所の許可を得ましたので、破産法244条１項に基づき、上記特定遺贈を承認（放棄）致します。

記

１　別紙物件目録（略）記載の土地を〇〇〇〇に贈与する

添付書類

１　遺言書
２　物件目録
３　破産裁判所の許可書

〔注１〕　破産法244条１項。本書式は、破産手続開始決定前に破産者のために特定遺贈がなされたものの、破産者が当該特定遺贈について承認又は放棄をしていなかった場合に、破産管財人が破産者に代わって承認又は放棄する際の相続人宛ての承認書（放棄書）である。
〔注２〕　放棄の場合には、裁判所の許可が必要である（破産法78条２項６号）。

**書式番号 14-1-9　否認後の残余財産分配の通知書**

## 残余財産分配通知書

年　月　日

〇〇〇〇　殿

〒〇〇〇-〇〇〇〇　〇〇県〇〇市〇〇町1-2-3
　　　　　　　　　〇〇〇〇法律事務所
　　　　　　　　　被相続人〇〇〇〇相続財産
　　　　　　　　　破産管財人　弁護士　〇〇〇〇
　　　　　　　　　電　話　〇〇-〇〇〇〇-〇〇〇〇
　　　　　　　　　FAX　〇〇-〇〇〇〇-〇〇〇〇

前　略
　当職は、被相続人〇〇〇〇相続財産の破産管財人として、貴殿に対し、以下のとおり通知致します。
　先般、当職より貴殿に対し否認権を行使した結果、貴殿より、金〇〇〇万円を破産財団へ返還いただきましたが、この度、破産財団から相続債権者に対してすべての弁済を実施しても、破産財団に金〇〇万円の残余財産があることが判明しました。
　その結果、同残余財産によって、貴殿よりご返還いただきました金〇〇〇万円のうち金〇〇万円を破産法236条に基づき、残余財産の分配としてお支払いする運びとなりました。
　つきましては、下記ご返金に関する要領をご確認のうえ、同封致しました「残余財産分配金領収書」によりお受け取りくださいますようご通知申し上げます。

記

ご返金に関する要領（略）

以　上

〔注1〕　破産法236条。

# 信託財産破産申立書

　　　　　　　　　　　　　　　　　　　　　　　　　　　年　　月　　日

○○地方裁判所民事第○部　御中

　　　　　　　　　　　　　　　　　　申立人代理人弁護士　　○○○○　㊞

　　　　　　〒○○○―○○○○　東京都○○区○○町1-2-3
　　　　　　　申立人　　○○○○限定責任信託　受託者○○○○

　　　　　　〒○○○―○○○○　東京都○○区○○町2-3-4
　　　　　　　○○○○法律事務所（送達場所）
　　　　　　　上記申立代理人弁護士　　○○○○
　　　　　　　　電　話　○○-○○○○-○○○○
　　　　　　　　ＦＡＸ　○○-○○○○-○○○○

　　　　　　　債務者　　○○○○限定責任信託

## 申　立　て　の　趣　旨

　○○○○限定責任信託に対し破産手続を開始する
との決定を求める。

## 申　立　て　の　理　由

1　申立人
　　申立人は、委託者を○○○○、受託者を○○○○、受益者を○○○○とする○○年○○月○○日付け信託契約により、○○○○限定責任信託の受託者となった者である。

2　破産手続開始の原因である事実
　　○○○○限定責任信託において、現在、信託財産に属する財産は、信託財産目録記載のとおりであり、他方、信託財産責任負担債務は、債権者一覧表記載のとおりである。
　　したがって、信託財産責任負担債務について、信託財産に属する財産をもって完済することができないことは明らかであり、○○○○限定責任信託は債務超過の状態にある。

3 よって、〇〇〇〇限定責任信託に対し、破産手続開始の決定をしていただきたく申立てをする。

添付書類

1 信託契約書
2 住民票
3 債権者一覧表
4 信託財産目録
5 限定責任信託の登記に係る登記事項証明書
6 委任状

〔注1〕 破産法224条の4。本書式は、限定責任信託に係る信託財産が破産した場合を想定している。
〔注2〕 信託財産破産事件の管轄は、原則として、受託者の住所地（受託者が数人ある場合にあっては、そのいずれかの住所地）を管轄する地方裁判所となる（破産法244条の2第2項）。
〔注3〕 手続開始原因は、支払不能又は債務超過である（破産法244条の3）。
〔注4〕 信託財産破産手続開始の申立権者は、信託債権者、受益者、受託者、信託財産管理者、信託財産法人管理人等である（破産法244条の4第1項）。
〔注5〕 限定責任信託に係る信託財産について破産手続開始の申立てをするときは、限定責任信託の登記に係る登記事項証明書が必要書類となる（破産規則14条第3項第3号）。

| 書式番号 | 14-2-2 | 書式名 | 信託財産破産に関する同意廃止申立て |

○○年（フ）第○○号

## 同意廃止の申立書

　　　　　　　　　　　　　　　　　　　　　　　　　年　　月　　日

○○地方裁判所民事第○部　御中

　　　　　　　　　　　　　　　　　　　申立人代理人弁護士　　○○○○　印

　　　　　　　〒○○○―○○○○　東京都○○区○○町１－２－３
　　　　　　　　　申立人　　○○○○限定責任信託　受託者○○○○

　　　　　　　〒○○○―○○○○　東京都○○区○○町２－３－４
　　　　　　　　　○○○○法律事務所（送達場所）
　　　　　　　　　上記申立代理人弁護士　　　○○○○
　　　　　　　　　　電　話　○○－○○○○－○○○○
　　　　　　　　　　ＦＡＸ　○○－○○○○－○○○○

　　　　　　　債務者　　○○○○限定責任信託

第１　申立ての趣旨
　　　頭書破産手続を廃止するとの決定を求める。

第２　申立ての理由
　１　破産債権者の同意または担保の提供
　　　本件破産手続廃止については、別紙のとおり、債権届出期間内に届出をした破産債権者のうちほとんどがこれに同意しており、同意をしていない破産債権者については、申立人において、別紙のとおり担保を供した。
　２　よって、申立ての趣旨記載の決定を求める。

添付書類

　　１　同意書
　　２　担保を供したことを証する書類

3　委任状

〔注１〕　破産法244条の13、218条。本書式は、限定責任信託に係る信託財産が破産した場合を想定している。
〔注２〕　信託財産破産の場合は、同意廃止の申立権者は受託者等（受託者、信託財産管理者、信託財産法人管理人又は信託法170条１項の管理人）となる。
〔注３〕　信託財産の破産手続開始決定は信託の終了事由とされているため（信託法163条7号）、信託財産破産の同意廃止を申し立てる場合には、法人破産の場合と同様に（破産法219条）、あらかじめ清算段階に入っている信託の継続手続が必要となる。

○○年（フ）第○○号
破産者　株式会社○○○○

再生手続開始申立許可申立書

年　　月　　日

○○地方裁判所　民事第○部　御中

破産者　　　　株式会社○○○○<br>
破産管財人　弁護士　　○○○○　印

1　申立ての趣旨
　　別紙申立書により再生手続開始の申立てをすることにつき許可を求める。

2　申立ての理由
　　破産者株式会社○○○○は、事業継続につき裁判所の許可を得て、現在、後記のような事業を継続しているが、今後も同事業を継続することにより破産債権者への弁済の引き当てとなる財産を一層増殖させることが可能であると見込まれる。
　　よって、再生手続によることが、債権者の一般の利益に適合すると認められる。

3　継続中の事業の概要
　　　………

以　上

〔注1〕　民事再生法246条。なお、会社更生手続開始申立許可については、会社更生法248条。
〔注2〕　「債権者の一般の利益に適合する」と認められる場合としては、事業を継続させることにより破産配当（清算価値）以上の弁済が見込まれ、なおかつ、再生の見込みが認められる場合などが考えられる。

| 書式番号 | 15-1-2 | 書式名 | 再生手続開始申立書 |

○○年（フ）第○○号
破産者　株式会社○○○○

再生手続開始申立書

　　　　　　　　　　　　　　　　　　　　　　　　　年　　月　　日

○○地方裁判所　民事第○部　御中

　　　　　　　　　　　　　　　　　　　　破産者　　　株式会社○○○○
　　　　　　　　　　　　　　　　　　　　破産管財人　弁護士　○○○○　印

第1　申立ての趣旨
　　　破産者について再生手続を開始する
　　との決定を求める。

第2　会社の事業の状況及び概要等
　1　会社の目的　………
　2　会社の経歴及び業界における地位　………
　3　事業の状況
　　　過去1年間の事業の状況は、別紙資金繰り実績表（月別、過去1年分）記載のとおりである。
　4　会社の役員　………
　5　会社の従業員　………
　6　事務所及び営業所の状況　………

第3　会社の発行済株式の総数、資本の額、資産、負債その他財産の状況
　1　会社の発行済株式の総数　　○○万株
　2　資本の額　　○億○○万円
　3　会社の株主
　　　○○年○月○日現在の株主数は○名である。
　　　株主の内訳は、別紙株主名簿記載のとおりである。
　4　会社の資産、負債及び財産の状況
　　　別紙財産目録、比較貸借対照表、比較損益計算書のとおりである。
　5　会社に対する債権者

- (1) 別除権付債権者　　別紙債権者一覧表Ⅰ記載のとおりである。
- (2) 租税・公租公課関係債権者　　別紙債権者一覧表Ⅱ記載のとおりである。
- (3) 従業員関係（賃金・退職金等）　　別紙債権者一覧表Ⅲ記載のとおりである。
- (4) その他の債権者　　別紙債権者一覧表Ⅳ記載のとおりである。
  6　会社の主要取引先　………

第4　労働組合の有無
　………
第5　会社の設立又は目的である事業について官庁その他の機関の許可
　………
第6　再生計画案作成の方針についての意見
　1　事業の再生の方法　………
　2　今後の資金繰りの予定　………
　3　破産配当率の試算と再生手続の弁済率の試算
　　当職は、これまで破産管財人として管財業務を遂行してきたところ、現時点において見込まれる破産配当率は○％である。
　　これに対し、破産者について民事再生手続が開始された場合の今後5年間の破産者の事業計画は、甲第○号証「事業計画表」のとおりである。同計画表記載の「営業利益」の税引き後の金額が弁済原資となるところ、破産者は年間平均約○億○万円前後の弁済原資を確保し得ることができ、負債総額約○億円に対する再生手続による弁済率は○％と見込まれる。
　　したがって、再生手続による弁済率が上記破産配当率を上回ることは明らかであるから、破産債権者にとって、破産手続によるよりも再生手続によるほうが格段に有利であるといえる。
　4　債権者、従業員及び主要取引先の協力の見込み　………
　5　破産管財人の意見
　　以上より、破産者が事業を継続することにより破産配当以上の弁済が見込まれ、かつ、再生の見込みも認められるから、破産者について再生手続を開始することが相当であると思料する。

以　上

疎明方法
（略）

添付書類

1　疎甲号証　　　　　各1通

〔注1〕　民事再生法246条。なお、会社更生手続開始申立許可に係る更生手続申立書は、本申立書とほぼ同内容であるため、本申立書を適宜参照されたい。

### 初版　監修者・執筆者紹介
（初版『破産法書式集』2006年9月刊）

**監修者**
宮川　勝之

**執筆者**（五十音順）
阿部　裕介
石井　和男
上野　　保
浦　　勝則
上床　竜司
大貫　裕仁
岡田　尚人
岸　　郁子
権田　修一
佐々木　奏
白石　和泰
高木　裕康
高橋　　啓
高山　　烈
長沢美智子
野本　　彰
三森　　仁
深山　雅也
村田由里子
八杖　友一

＊監修者・執筆者とも、執筆時点で全員第二東京弁護士会所属弁護士＊

## 監修者・執筆者紹介

| | | |
|---|---|---|
| 深山　雅也 | 深山・小金丸法律会計事務所 | |
| 髙井　章光 | 髙井総合法律事務所 | |
| 古里　健治 | 東京富士法律事務所 | |
| 柴田　義人 | アンダーソン・毛利・友常法律事務所 | |
| 内藤　　滋 | 東京丸の内法律事務所 | |
| 岩崎　通也 | 楠・岩崎法律事務所 | |
| 権田　修一 | 東京富士法律事務所 | |
| 小笹　勝章 | 笠井総合法律事務所 | |
| 森　　円香 | 新都総合法律事務所 | |
| 金井　　暁 | 大知法律事務所 | |
| 南部　恵一 | あさひ法律事務所 | |
| 宮坂　幸子 | 深山・小金丸法律会計事務所 | |
| 中村　繁史 | 東京丸の内法律事務所 | |
| 六角　麻由 | 東京丸の内法律事務所 | |
| 野中　英匡 | 東京富士法律事務所 | |
| 増田　智彦 | 東京丸の内法律事務所 | |
| 犬塚暁比古 | 髙井総合法律事務所 | |
| 宇田川敦史 | 髙井総合法律事務所 | |
| 木田翔一郎 | 東京丸の内法律事務所 | |
| 田辺　晶夫 | 弁護士法人ネクスパート法律事務所 大宮オフィス | |
| 岸本　　悠 | 大知法律事務所 | |
| 片山いずみ | アンダーソン・毛利・友常法律事務所 | |
| 阿井　崇宏 | アンダーソン・毛利・友常法律事務所 | |
| 奥田　美希 | アンダーソン・毛利・友常法律事務所 | |
| 花渕　悠果 | ＴＭＩ総合法律事務所 | |
| 藤浪　郁也 | 東京丸の内法律事務所 | |
| 依田　俊一 | アンダーソン・毛利・友常法律事務所 | |
| 深田　大介 | アンダーソン・毛利・友常法律事務所 | |
| 宮本　武明 | アンダーソン・毛利・友常法律事務所 | |
| 堀田　陽平 | 日比谷タックス＆ロー弁護士法人 | |
| 村松　　篤 | アンダーソン・毛利・友常法律事務所 | |

本書の編集に当たった第二東京弁護士会倒産法研究会は、第二東京弁護士会の会員により構成された任意の私的な研究会であり、本書の出版及び記載内容についての責任に関して第二東京弁護士会は何ら関わるものではなく、本書の出版及び記載内容についての全ての責任は当研究会にあります。

---

破産手続書式集　新版

---

初版第1刷　2018年6月20日発行

監修者　深山雅也

編　集　第二東京弁護士会倒産法研究会

発行者　村岡俞衛

発行所　有限会社　慈学社出版
　　　　〒190-0182　東京都西多摩郡日の出町平井2169の2
　　　　TEL・FAX 042-597-5387　http://www.jigaku.jp

発　売　株式会社　大学図書
　　　　〒101-0062　東京都千代田区神田駿河台3の7
　　　　TEL 03-3295-6861　FAX 03-3219-5158

印刷・製本　亜細亜印刷　Ⓒ2018, 第二東京弁護士会倒産法研究会
ISBN978-4-909537-00-3　C3032

## 慈学社

蕪山 嚴　吉井直昭
小川昭二郎　田中永司　横山 長　著
### 遺言法体系 Ⅰ 補訂版
A5判　上製　本体価格9000円

小圷眞史　著
### 遺言法体系 Ⅱ 補訂版
A5判　上製　近刊

蕪山 嚴　著
### 司法官試補制度沿革
続 明治前期の司法について
A5判　上製　本体価格5600円

本間靖規・中島弘雅・菅原郁夫
西川佳代・安西明子・渡部美由紀　編
### 民事手続法の比較法的・歴史的研究
河野正憲先生古稀祝賀
A5判　上製　本体価格18000円

飯村佳夫　清水正憲　西村 健　安木 健
印藤弘二　桑山 斉　髙橋 司　著
### 弁護士倫理 第2版
A5判　並製　本体価格3000円

佐藤歳二・松村和德・菅原郁夫　編
### 民事模擬裁判ティーチング・マニュアル
A4判　並製　本体価格3300円

スティーブン・ルベット　著
菅原郁夫・小田敬美・岡田悦典　訳
### 現代アメリカ法廷技法
B5判　並製　本体価格4700円

戒能通孝　著
### 法律時評　1951—1973
戒能通孝生誕100年記念
A5判　上製　本体価格9400円